47都道府県・花風景百科

西田　正憲 編著

上杉　哲郎
佐山　　浩
渋谷晃太郎 著
水谷　知生

丸善出版

はじめに

　花には不思議な魅力がある。花は華麗さ、優美さ、可憐さなどを持ち、鮮やかで多彩な色彩を帯び、形も多様で時に神秘的でさえある。花の魅力の感受は原初的で無垢な感情による純粋経験かもしれない。あるいは、人類が愛でる対象として築き上げてきた文化かもしれない。いずれにしても、花の不思議な魅力は疑う余地がない。人間の心を高揚させたり、慰安したり、厳粛にさせたりする強い力を持っている。また、華やかな空間を生み出す一方で、厳かな空間も生み出し、場所の風景を一変させたり、部屋の雰囲気を支配したりする。儀式のような晴の場に飾られることもあれば、日常の生活空間のような褻の場にも用いられる。御祝い、贈り物、御見舞いの花束になれば、庭園や窓辺や路傍の日常的な花としても楽しむことができる。

　本書は「花百科」とはせず、「花風景百科」として、土地に根ざす野外の「花風景」に着目することとした。場所には、人間が忘れても、場所だけが知っている記憶がある。各地の花風景も単なる美的な環境ではなく、歴史と文化の記憶を内包した多様で重層的な風景であるはずだ。花風景の背後にひそむ歴史と文化の物語を掘り起こすことが本書の最大の狙いである。そうすることによって、地域らしさがより浮き彫りにでき、花風景に奥行きが出るのだと思う。美しいという感嘆も重要であるが、歴史や文化を知ることができれば、花風景にいっそうの深みと広がりをみることができよう。

　本書で取り上げた花風景は、大きくは次の4分野である。
① 花見、観梅、菊花展、アジサイの名所など名所・祝祭の花風景
② フラワーパーク、公園、ヒマワリ畑などの観光・観賞の花風景
③ リンゴ、ジャガイモ、ソバ、柑橘などの農のなりわいの花風景
④ 里地里山、海浜、湿原、高山、亜熱帯などの自然地域の花風景
別の見方をすると、伝統的な名所、都市地域、農業地域、自然地

域の花風景ともいうことができ、事例紹介の順番はほぼこの順で並べた。原則として地域に根ざす風景とし、花は草本(草)・木本(木)、自生・栽培、和花(わばな)・洋花(ようばな)、固有種(こゆうしゅ)・移入種(いにゅうしゅ)の全てを対象とし、サクラの古木のような単木も対象とした。

この他にも、ユリノキ、ハナミズキなどの街路樹、キンモクセイ、サザンカなどの生垣、タンポポ、ツユクサなどの路傍の花風景やモクレン、コブシ、アカシア、ネムノキ、ライラック、レンギョウ、ユキヤナギ、シャガなども取り上げられないかと考えたが、広域に普通に見られるものであったり、風景として注視すべき場所がなかったりして、断念せざるを得なかった。また、花と見間違うような色鮮やかな葉や茎は避けることとした。

現在、われわれの多くは大都会に住み、風土の持つ力を忘れてしまっている。過去から連なる風土、自然と一体となる風土、そこには土地の趣(おもむき)ともいうべき比類ない風土性があった。われわれはそのような意味のある風土に拠(よ)るべき場所を見いだし、過去や自然との交感によって心を豊かにし、地域らしさやアイデンティティを確立してきた。近代とはこの風土性を破壊する歴史でもあった。自然破壊によって都市化・工業化を進め、経済性・合理性・利便性を追求し、どこも均質化した同じ風景にしつつある。同時に、実景ではなく虚景(きょけい)であるバーチャルな世界にも魅了されつつある。

風土力の重要性を再認識し、此処(ここ)をまさに此処にしている持続する風土性を捉えなおすべきである。土地の花風景もその一助となるであろう。美しさや癒(い)やし、地域らしさや季節感、豊かな土地の趣をもたらしてくれる花風景は郷土の花風景遺産である。

執筆者は環境省の国立公園レンジャー経験者で、全国の国立公園に勤務し、地域の自然を見つめ、地域の土地勘を有しているが、地域の重要な花風景をもし見落としているならば、お許し願いたい。

2019年4月

西田正憲

目　　次

第Ⅰ部　花風景の基礎知識

1．花の魅力
　　花とは何か　2／花はなぜ美しいのか　5／花彩列島の豊かな花　8

2．花を愛でる歴史
　　万葉集の花　10／ウメからサクラへ　14／洋花・高山植物の台頭　17

3．花の文化
　　園芸文化　22／文芸・絵画の花風景　25／花の東西交流　29

4．郷土の花風景
　　名所・観光地の花風景の変遷　34／郷土の花風景の創出　37

第Ⅱ部　都道府県別 花風景とその特色

北海道　42 / 青森県　54 / 岩手県　60 / 宮城県　68 / 秋田県　73 / 山形県　79 / 福島県　85 / 茨城県　93 / 栃木県　99 / 群馬県　104 / 埼玉県　109 / 千葉県　115 / 東京都　119 / 神奈川県　126 / 新潟県　130 / 富山県　135 / 石川県　139 / 福井県　143 / 山梨県　147 / 長野県　151 / 岐阜県　159 / 静岡県　163 / 愛知県　169 / 三重県　175 / 滋賀県　180 / 京都府　184 / 大阪府　194 / 兵庫県　200 / 奈良県　207 / 和歌山県　214 / 鳥取県　219 / 島根県　224 / 岡山県　229 / 広島県　235 / 山口県　240 / 徳島県　245 / 香川県　250 / 愛媛県　255 / 高知県　260 / 福岡県　265 / 佐賀県　269 / 長崎県　273 / 熊本県　279 / 大分県　284 / 宮崎県　289 / 鹿児島県　294 / 沖縄県　299

巻末付録

付録1　都道府県の花　303
付録2　日本さくら名所100選　305

引用・参考文献　307
索引　312

〈執筆分担〉

第Ⅰ部　西田正憲
第Ⅱ部　地域の特色…西田正憲
　　　　北海道・東北6県…渋谷晃太郎
　　　　関東7都県・福井…上杉哲郎
　　　　静岡・兵庫・岡山・広島・山口・四国4県…佐山浩
　　　　愛知・三重・大阪・奈良・和歌山・鳥取・島根・宮崎・鹿児島…水谷知生
　　　　上記以外の14府県…西田正憲

第Ⅰ部

花風景の基礎知識

1. 花の魅力

花とは何か

われわれが愛でる花　われわれが一般に花といえば木本(木)のサクラやウメ、草本(草)のキクやタンポポなどを想起する。豪華な花束に使われるバラは一見草本のようであるが、蔓性などの木本である。高級な贈り物として用いられる観賞価値の高いランは特殊な環境下で自生するものが多く、われわれが見るのはほぼ栽培種であり、自生種は乱掘で絶滅に瀕しているものが多い。われわれが愛でるこれらの花は全て被子植物の花である。

　種子で繁殖する種子植物は大きく分けると被子植物と裸子植物に分かれる。被子植物と裸子植物には花が咲くが、このほか植物には花が咲かないシダ植物、コケ植物、藻類などがある。被子植物が植物の約90％を占めていると推定されている。花が咲くということは種子や種子を含む果実を生み、同じ種を残していくということである。花が咲かない植物は胞子などで種を増やすこととなるが、必ずしも効率的ではない。種子には栄養分があり、発芽に確実で有利だと考えられている。みずから動くことができない植物は虫や鳥、風の力を借りて繁殖せざるを得ないが、被子植物は生存競争に有利なように効率的に増やせる方向に進化したといえよう。

　なお、人為的な繁殖方法としては接ぎ木、挿し木、株分けなどがあり、さまざまな技術が確立されている。同じ特性を持つ子孫を簡単に増やせるため効率は良いが、反面、遺伝子の多様性を減少し、弱点もある。

　木本か草本かの相違は風景としては大きく異なる。木本は長年生長し続け、大木にもなるが、草本は一年草、多年草、宿根草(球根で増殖)などで寿命は短く、大きくならない。一般的に、石の日本庭園、花の西洋庭園といわれるように、伝統的な日本庭園は花を用いることは比較的少ない。

被子植物の花　被子植物とは花弁(花びら)の中にめしべとおしべがあっておしべの花粉をめしべが受粉し、めしべの根

元にある子房の中の胚珠が受精して、やがて種子や果実を生み出すものである。受粉は通常昆虫が行う。これを虫媒花という。すなわち、われわれが通常愛でる花とは植物が命を継承するために進化してきた最重要部であり、特に被子植物の花であり、緑の葉に映える色鮮やかな花弁の美しさや香りを楽しんでいるのである。もっとも、赤い実をつけるアオキのように雌雄異株（後述）の被子植物もあり、植物の世界は単純に割り切れない。

被子植物の中でもわれわれがあまり賛美しない花もある。多くの人が赤い実を愛でるナンテン、マンリョウ、センリョウ、ヒイラギなども、また、紅葉が美しいモミジ、カエデ、ハゼなども、花が咲く被子植物である。これらの花はほとんど注目されないが、種を維持するには必ず花が咲き、種子を残さなければならない。これらの種子は鳥が食べて運ぶ。これを鳥媒花という。シイやクリの木の花はまるで新緑が咲き誇っているかのように樹冠を覆いつくす。濃緑のシイの山は春になると花の淡緑に変わり、もう新芽が出ているのかと見間違ってしまう。遠景では抵抗感がなくとも近景で褒める人はいない。花らしくないのである。香りもむせぶように強い。

裸子植物の花

被子植物に対して子房がなく胚珠がむきだしている植物が裸子植物で、これも花と称する部分を持っているが、これらは花として愛でられることはまずない。われわれがイメージしている花のようではないからである。被子植物は木本と草本の両方に美しい花を咲かせるが、裸子植物は主に針葉樹やイチョウなどの木本からなり、むしろその常緑や紅葉が愛でられることになる。スギの木やイチョウの木にも花は咲く。スギの木の花は花粉症の元凶であるが、雄花が離れている雌花に向かって花粉をまき散らすからである。これを風媒花という。スギは雌雄同株と呼ばれ、1本の木（個体）に雄花と雌花が分かれて付いている。花と呼んでいるが、小さな木の実かマツボックリのような感じで、とても花のイメージではない。同じ針葉樹で雌雄同株のマツは雄花と雌花が近くにあるが、これも花のイメージではない。これに対して、イチョウは雄花と雌花が別々の木（個体）にあり、雌雄異株と呼ばれている。ギンナンの実を付けるのは雌花の木であり、イチョウの街路樹には道路を汚さないように通常、ギンナンが落ちない雄花の木が用いられている。

花の形

植物の種は分類学で門・綱・目・科・属・種に分類されるが、通常用いるのは科・属・種である。さらに、植物学では前述し

たように花の咲く種子植物、花の咲かないその他の植物など、種とは別のレベルで大きな分類をしている。種子植物は芽生え方から単子葉類と双子葉類に分けられる。これらはそれぞれ根のあり方や維管束（水分・養分を運ぶ管）と葉脈（葉の維管束）のあり方も異なるが、花弁（花びら）の数も双子葉類は4、5枚が多く、単子葉類は3、6枚が多い。さらに双子葉類は、花弁が一つに合わさっている合弁花と花びらが1枚1枚離れる離弁花に分類される。植物を分かりやすく分類すると図－1のとおりである。

　合弁花と離弁花は単純に見分けられるものもあれば、複雑で見分けられないものもあり、合弁花と離弁花によって花の美しさがどうだと簡単に論じることはできない。ただ、ヤマザクラやソメイヨシノのように花びらが風に吹かれてヒラヒラと美しく散る様は離弁花ならではあろうが、それは花びらの大きさ、重さ、形なども微妙に関係しているのにちがいない。ツバキも離弁花であるが、花全体が重たそうに落花する。

　花の美しさは花そのものの形、色、艶などに大いに関係しているものの、花序と呼ばれる個体における花の配置も大きな要素である。茎の頂点に単体で咲くチューリップも美しいが、個体全体に群となって幾つもの花をつけるアジサイも美しい。もっとも、われわれが見ているアジサイの花の大部分は、通常は花の周りを囲む萼が発達した装飾花であり、本当の花はわずかである。ちなみに、ヒマワリの大輪は一つの花のようであるが、幾つもの花が集まったもので、キクも同様である。花の形の成立は単純ではなく、花の構造も実に多様に進化してきたといえる。

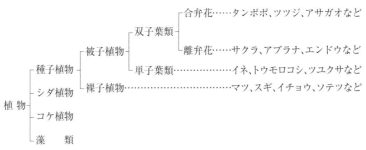

図－1　植物の分類

花はなぜ美しいのか

ユクスキュルの環世界

花がなぜ美しいのか一つの示唆を与えたのは、ヤーコプ・フォン・ユクスキュルの環世界（Umwelt、環境世界とも訳す）の理論である。彼はエストニア生まれでドイツのハイデルベルク大学で学び、ハンブルク大学環世界研究所の偉大な動物生理学者となった1934年に『動物と人間の環世界への散歩―見えない世界の絵本』、40年に『意味の理論』を出版し、これらが73年にわが国で『生物から見た世界』として邦訳された。

彼はまずダニの研究から、ダニは環境（Umgebung）に対し、生きることに必要な限られた知覚世界（Merkwelt）と作用世界（Wirkwelt）しか持っていないことを明らかにする。客観的な環境に対し、ダニに必要な固有の主観的な環世界でのみ生きているのである。ここから、ハエやミツバチなどが知覚している世界を明らかにし、動物はそれぞれ固有の環世界を持ち、その環世界は多種多様であると結論づける。このような研究は視覚をはじめとする感覚器官の構造や精度を究明することによってなされた。現代のカメラの画素数と解像度の関係から連想すると分かりやすいかもしれない。解像度が低ければ見えるものも写らず、解像度が高ければ見えないものも写る。われわれ人間も可視光線しか見えず、聴覚や嗅覚も限界があるので、われわれも独特の環世界に生きているといえる。コウモリは超音波で空間を認識するし、モンシロチョウは紫外線を知覚している。

ミツバチのための花の進化

ユクスキュルはミツバチの知覚する世界も挿絵で解説しているが、ミツバチにとって重要な情報は蜜を集められる花であり、花のみが知覚できる環世界を構成している。ミツバチは花の色を知る視覚と花の香りを知る臭覚と、そして方向と位置を知る触覚によって環世界を構成している。なお、その後の研究ではミツバチは紫外線を感知することによって蜜を見いだしているという。ミツバチにとって茎や葉の様子や、いわんや周辺の風景は見えていないし何の意味も持たない。花はこのミツバチなどと共生している。めしべがおしべの花粉を受粉するにはミツバチなどの助けが必要である。そのためにはミツバチなどが来てくれる華やかな色彩や芳しい香りを持たねばならず、花はそのように進化してきたと考えるのである。花

の世界ほど色彩豊かで目立つ世界はない。ミツバチなどのために進化した色彩豊かな花がやがて人目も惹くようになったのである。

人間はなぜ花を愛でるのか

おそらく花は原色などカラフルで目立ち、また、華麗さ、優美さ、可憐さなどを持ち、しかも、多彩で時に神秘的な形態で、柔らかく手ごろな大きさであることから、人間は花を愛でるのであろう。動物のように動かない飾りやすさもある。枯れてなくなることもいっそうはかない美しさを際立たせている。わが国では季節感もある。山岳信仰、巨石信仰、巨木信仰などの畏敬や崇敬とは基本的に異なる素朴な感動や嗜好や祈願に基づくものであろう。

花は場所の風景を一変させたり、部屋の雰囲気を変えたり、人間の心を高揚させたり、慰安したり、厳粛にさせたりする強い力を持っている。それゆえ、儀式のような晴(はれ)の場に飾られ、御祝い、贈り物、御見舞いの花束になり、日常の生活空間のような褻(け)の場にも用いられる。都市空間や道路沿道も、同じ外来種ばかりでは全てが適切とは必ずしもいえないが、美しく飾られている。大阪、京都の下町などでは庭がないのでわずかな軒先の路地(ろじ)にポットを並べて花を咲かせ、街角のお地蔵様の小さな祠(ほこら)には常に花を生けている。新潟の中山間地域の豪雪地帯では、道と家の間の雪を堆積する空間に径庭(みちにわ)と呼ぶ素朴な花を咲かせる場所を設け、つかのまの春と夏を楽しんでいる。

ミツバチやチョウなどは花の蜜が食料の対象であり、花を愛でている訳ではないが、ミツバチやチョウなどのための花の進化の偶然が人間をも魅了することになったのである。しかし、その美しさが人間にとって先天的・本能的なものなのか、あるいは、後天的・文化的なものなのかは、「美」が哲学における永遠のテーマであるように、永遠の謎である。

先天説と後天説

非常に有名な話は、イラクのシャニダール洞窟で発見されたネアンデルタール人の埋葬に花が飾られていたという発見である。化石となった人骨に8種類の花粉が集中的に発見されたのである。ネアンデルタール人は約3万年前に滅びるヒトの亜種で、われわれの直接の祖先である約20万年前にアフリカから世界に広がったホモ・サピエンスとは異なる。このネアンデルタール人の献花は花賛美の先天的・本能的事例として用いられる。しかし、ネアンデルタール人が

本当に死者に花を飾ったのかは、この事例以外発見されていないので、定説とはなっていない。ただ少なくとも、ヒトは古くから死者を敬い、手厚く葬っていたことは間違いない。

スペインのアルタミラ洞窟やフランスのラスコー洞窟の先史時代の壁画はよく知られている。しかし、ここには動物が描かれていても、植物はまったく描かれていない。描いたのは約数万年前の旧石器時代の人々であり、彼らは狩猟採集民であった。動物の狩りが大きな関心事であったと解釈でき、植物も食料として大切であったろうが、植物よりも動物に圧倒的に心をうばわれていたことは事実だろう。

描かれた花を最初に確認できるのは古代文明発祥の地のメソポタミアやエジプトの土器や壁画である。特に古代エジプトでは花は祭礼や儀式に用いられていたという。

文化としての花

こうみてくると、人類は先天的・本能的に花を愛でていたとは考えられないように思われる。現代のわが国でも、一時期外来種として空き地や土堤など一面にはびこった黄色いセイタカアワダチソウが嫌われたものだ。その後、数が減ってくると観賞用に使われたりしている。秋の田んぼの畔に咲く赤いヒガンバナ（マンジュシャゲ）も現代では田園風景の添景として賛美されることが多いが、かつては地方によっては不吉な花として忌み嫌われていた。キクも葬祭に用いられるので病気見舞いには禁忌である。

植物学者の中尾佐助はネパールとブータンを訪れたとき、見事なシャクナゲが咲き誇っているのに、人々がそれを愛でていないことに驚く。わが国であれば、サクラが咲き誇れば、多くの国民が観賞し、中にはお花見にうかれる人々も多いであろう。これらの事例をもって先天的か後天的か議論するのは難しい。

風景には、あまりにも当たり前であれば、人間は注目しない、あるいは見えてこないという性質がある。日常的な風景は注視せず、視界にも入ってこないのである。非日常的な風景は注視し、視界にとどめる。近所の風景には気付かず、海外の風景は注意深く見入る。内部のまなざしは風景を発見できず、外部のまなざしこそが風景を発見できる。ネパールとブータンのシャクナゲはそこの内部の定住者にとっては生活的風景であり、外部の来訪者にとっては見事な探勝的風景ではなかったろうか。内部のまなざ

しにとっては日常的風景であり、外部のまなざしにとっては非日常的風景になったのである。

　われわれにとってのサクラは、美しい対象として心に刻印された文化としてのサクラではないだろうか。しかも、開花期間が短いので常に外部のまなざしで見ることができる。さらに、心が高揚する季節にそれを祝福するかのように豪華絢爛の風景を展開する。人間は対象を前にひとたび美しいという観念を形成すると、その見方は容易に変わらない。変わるとしても時代や世代の変化を待たねばならない。

花彩列島の豊かな花

花彩列島（かさいれっとう）　明治から昭和の時代にかけて活躍し、日本の植物学の父と呼ばれた牧野富太郎（まきのとみたろう）は伊豆諸島の大島を、多彩な花が咲き乱れることから、「花彩島」と呼んだ。近年、「花彩」は花に彩られているという意味で使われることが多くなっている。一方、明治後期のジャーナリストの小西和（こにしかなう）の地誌『瀬戸内海論』（1911）では花が咲き乱れるように島が多いことを「花彩島」と呼んだ。江戸中期の文人建部綾足（たけべあやたり）も『紀行』（1758〜63）で瀬戸内海の多島海の美しさを多くのハスの花に見立て「七十二芙蓉（ふよう）」と讃えた。「花彩列島」にも花飾りのように島々が連なっているという意味がある。日本列島は大陸周縁にあって花飾りのように北から南まで連なり、各々の島々は豊かな花に彩られている。

　モンスーン気候にある国土は70％近くが森に覆われ、急峻な山地が多く、河川も変化に富み、海辺に囲まれ、豊かな自然に恵まれている。日本人は自然と共に生き、自然に対する繊細な感覚を磨いてきた。

多彩な水平分布と垂直分布

　日本列島は、アジア大陸の東縁の湿潤（しつじゅん）なモンスーン地帯に北緯20度から45度まで、長さ約3,000キロにわたって長く延び、数千の島嶼（とうしょ）から成り立っている。ソメイヨシノの開花期を示す桜前線は高知県などの3月下旬から徐々に北上し、北海道の5月上旬まで達する（観測にソメイヨシノが用いられるのは同じ特質を持ち、全国に最も普及しているからである）。日本列島は亜寒帯（あかんたい）、冷温帯（れいおんたい）、暖温帯（だんおんたい）、亜熱帯（あねったい）と幅広い気候帯となり、南北にわたる植生の水平分布が明確になっている。亜寒帯ではエゾマツ、トド

マツなどの針葉樹林とミズナラなどの広葉樹林が混生している。冷温帯ではブナを中心とする落葉広葉樹林が生育し、暖温帯ではシイ・カシなどの常緑広葉樹林が生育する。亜熱帯ではスダジイなどの照葉樹林やマングローブ林が生育している。

また、海洋の暖流と寒流の影響もあり、さらに、脊梁（せきりょう）山脈が太平洋側と日本海側に気候区を分け、豊かな植生をもたらしている。植物社会学的には緯度に伴う水平分布と標高による垂直分布も同一の植生区分を用い、高山帯（高山草原とハイマツ群落域）、亜高山帯（コケモモートウヒクラス域）、夏緑広葉樹林帯（ブナクラス域）、常緑広葉樹林帯（ヤブツバキクラス域）と分類している。わが国は山岳の標高差による植生の垂直分布も明確である。一般的には、本州では標高2,500メートル程度が森林限界となり、それより上が高山帯となる。

豊かな花

わが国の野生の維管束植物（種子植物・シダ植物）の種数は環境省によると約7,000種といわれている。イギリスは日本と同じ島国で田園をこよなく愛し、イグリッシュ・ガーデンと呼ばれる野の花が咲き乱れるような庭園を生み出した。しかし、イギリスの自生種はこれほど豊富ではなく、北欧に比べ一見植生が豊かそうに見える南欧も日本に比べれば植生は貧弱である。哲学者の和辻哲郎が『風土―人間学的考察』（1935）で、風土をモンスーン、砂漠、牧場と3類型に分け、日本をモンスーン、中近東を砂漠、地中海沿岸を牧場と位置づけた。風土が人間のあり方を規定するという環境決定論がその後排斥され、環境可能論が台頭してしまったが、彼の直観は植生に関しては間違ってはいないであろう。わが国は手入れをしなければ自然に植物が生い茂る風土なのである。

わが国は人口が多いことから、人の手によって改変され、維持されてきた雑木林（ぞうきばやし）や草原がかつて広くあった。これらは集落と一体となり、生活を支える場所であり、親しみを込めて人里や里山と呼ばれてきた。原生的な自然林や自然草原も重要であるが、このような減少しつつある二次林や二次草原が見直されている。ここには今や絶滅しつつある貴重な草花が生育している。

生物多様性の減少

現在、種全体の絶滅速度は自然状態をはるかに越えて異常なスピードに達している。1年間に絶滅する種の数は、1600〜1900年には毎年0.25種、1900〜50年には毎年

１種、1950〜75年には毎年1,000種、1975〜2000年には毎年４万種と驚くばかりの急増を指摘する説もある。

　失われゆく花風景は、産業構造の変化によるなりわいの花風景のみならず、種の絶滅という大きな問題があり、花も例外ではない。都市化などの開発や里山などの荒廃による環境変化に起因する生物多様性の減少である。里山の林内に咲くカタクリやニリンソウ、野原や道端に咲くニホンタンポポ、オオイヌノフグリ、ツユクサ、シロツメグサ（クローバー）などはかつては身近な花であったが、現在、都市ではほとんど見ることができない。環境省レッドリスト2017によると維管束植物（種子植物・シダ植物）約7,000種のうち28種が絶滅、11種が野生状態で絶滅、1,782種が絶滅危惧種とされている。約25％が絶滅の危機に瀕しているのである。この中で保護対策を要する特に重要なものを、種の保存法によって国内希少野生動植物種として指定しているが、2017（平成29）年末でそうした植物は78種に及び、レブンアツモリソウ、アツモリソウ、キタダケソウ、ハナシノブ、ムニンノボタン、ヤクシマリンドウなど草花も多い。

2. 花を愛でる歴史

万葉集の花

動植物の表現　わが国の数千年前の狩猟採集生活を中心とする縄文時代の土器には絵が描かれているが、動物の絵はあっても植物の絵はない。３世紀頃以降の稲作と定住を始める土器には樹木の絵らしきものが現れるが、多くは建物や動物の絵である。銅鐸にも建物、農作業、動物は描かれているが、植物は描かれていない。しかし、描かれていなかったからといって関心がなかったと言い切るのは難しい。植物の生育は暦の代わりになったであろうし、木の実などの食料の在り処でもあったであろう。表現されるかどうかは、表現できるかなど図像、言説などのメディアの特性とも関係しているであろう。

やがて中央集権国家が生まれ、大和時代には中国大陸と朝鮮半島の文化が移入される。8世紀の奈良時代の『古事記』『日本書紀』には食糧の植物を中心として若干の花も記されている。しかし、『万葉集』になると花が数多く詠まれる。ホトトギス、ウグイス、ガン、ツル、カモなどの鳥類を主とする動物も多く詠まれるが、植物は圧倒的に多くなる。

中国の植物賛美

　古代の花鳥風月や雪月花に代表される貴族の風雅な自然賛美は中国文化に由来するものである。古代の貴族は植物に対する賛美もまた中国文化に学んでいた。幸い植物種に大きな相違はなく、中国の植物賛美をわが国にも適用できた。中国では詩人が特定の植物を愛で、詩人と植物種が結びついていた。

　孔子は永遠にも通じる常緑の松を讃えたが、陶弘景も松を讃え、松は植物の「君子仁人」つまり優れた人の象徴と称されていた。王徽之が讃えた竹は「韻士墨客の伴侶」つまり風流を知る詩人と画人の素材と称された。林逋がこよなく讃えた梅は、蘭、竹、菊とともに「四君子」と称され、君子のように高潔な最高の植物と見なされた。蘭は屈原が讃えていた。故郷の田舎に隠遁した陶淵明は、晴耕雨読の生活を実践し、隠逸詩人、田園詩人と呼ばれ、菊を愛し、菊は「華の隠逸」と称された。周濂渓が讃えた蓮は、本来の仏教との関連性は稀薄になり、「華の君子」と呼ばれた。牡丹は絵画や衣装の模様にもなっているように、人々に愛され、「華の富貴」と称され、「富貴花」とも別称された。桃は薬でもあり、霊力をもった花でもあった。桃源郷はユートピアであった。橘は道教が重視した植物であり、中国は儒教、仏教のほか今も道教が広く残っている。

中国文化の影響

　雪月花の言葉に関係する雪見、花見、月見も中国文化であった。平安中期、10世紀末から11世紀初め頃に成立した清少納言の随筆『枕草子』は雪見の面白いエピソードを次のように伝えている。

　　雪のいと高う降りたるを、例ならず御格子まゐりて、炭櫃に火おこして、物語などして集まりさぶらふに、「少納言よ、香炉峰の雪いかならむ」と仰せらるれば、御格子上げさせて、御簾を高く上げたれば、笑はせたまふ。（第299段）

　宮中で寒い雪の日に、格子を降ろし、火鉢に火をおこして、女官たちが部屋に閉じ込もっていたら、中宮定子が作者に「香炉峰の雪はどんなか

しら」と問いかけたので、作者はとっさにその真意をくみとり、格子を上げて、外の雪景色をお見せしたというものである。中宮は婉曲に雪見がしたいとほのめかされたのである。中国の香炉峰の雪とは白楽天（白居易）が七言律詩の漢詩で褒め讃えた風景で、1013（長和2）年頃成立の漢文の『和漢朗詠集』にも収められた、平安朝貴族の人口に膾炙した詩句であった。

また、天皇が器に雪を盛り、そこに梅の花を挿して、月光に照らされたその雪と梅を歌に詠めと配下の者に問われると、その者は「雪月花の時に」と応じ、天皇は感嘆されたというエピソードも載っている（第182段）。これも白楽天の詩「琴詩酒の友皆我をなげうつ　雪月花の時に最も君をおもう」（原文は漢文）に基づいている。友との遊興はむなしいが、雪月花を愛でる時は君を思うという意味であり、天皇への敬慕を掛けたのであろう。

万葉集の植物──ハギ・ウメ・マツ

『万葉集』は主に629（舒明元）年から759（天平宝字3）年にかけての約130年間の大和を中心とした歌約4,500首を収め、8世紀末に編纂された。『万葉集』の歌は羈旅を含む雑歌、相聞、挽歌に大別されるように、異性や家族への思い、あるいは望郷などの人間的な思いを風景に投影することが中心で、必ずしも風景を詠じるものではないが、叙景歌も少なくない。植物学者の中尾佐助によると約166種の植物が記載され、最多の1位がハギ、2位がウメ、3位がマツで、以下、モ（藻）、タチバナ、スゲ、ススキ、サクラ、ヤナギ、アズサと続く。キリスト教の『聖書』、インドの宗教の教典『ベーダ』、中国の『詩経』『唐詩選』などの世界の古典に比べると、『万葉集』は観賞用植物の具体名が多いと指摘している。

わが国は中国の植物文化を多く移入した。ウメは雪月花を象徴する美意識として雪や月と結びつき、また、ウグイスとともに風雅を代表する花鳥となった。マツは庭園、絵画、祝祭、盆栽などの素材として重用してきた。マツはわが国の里山のアカマツや海岸のクロマツとして広く生育し、海岸の根上がりマツや松原は愛でられた。ランは『万葉集』でわずかに「蘭蕙」として出てくるが、現在の清楚な野の花シュンランかシランではないかと推定されている。モモは中国でも必ずしも観賞する花木ではなく、『万葉集』にもわずかに詠まれるのみである。それでは、ハギが1位となり、キクが出てこないのはなぜだろうか。キクは『万葉集』には皆無である。

ハギとキク

ハギは日本原産で野に咲く低木の身近な花であった。ハギは秋の七草の一つとして、奈良時代の歌人山上憶良が『万葉集』で「秋の野に咲きたる花」として7種選んだ筆頭にあげたものである。都のはずれの野原や山里に咲いていた花であろう。『万葉集』では「萩が花 尾花 葛花 瞿麦の花 姫部志 藤袴 朝貌の花」（巻8、1538）をあげている。ハギ、オバナ（ススキ）、クズ、ナデシコ、オミナエシ、フジバカマ、アサガオである。最後の「朝貌」は現在のキキョウ、ムクゲ、アサガオ、ヒルガオなどを指しているという説がある。奈良時代の貴族たちも野に咲く清楚で可憐な花に目をとめたのであろう。ハギはススキと共に中秋の名月を愛でる観月の行事にも供えられた。ハギの名所も歌枕の地として定着していた。鎌倉時代の1215（建保3）年、順徳院の命で編纂された和歌集『建保名所百首』（内裏名所百首）は、いわば当時の日本百景であるが、東北のハギの名所宮城野があげられている。

キクがなぜ『万葉集』には出てこないのか。キクが愛でられるのは平安時代になってからである。奈良時代にようやく栽培された美しいキクが中国から渡来して、平安時代になって重陽の節句に菊を愛で、歌を詠む「菊合せ」や節句を祝う「菊酒」が貴族のあいだに広まったのである。節句もまた中国渡来の文化であった。1月7日の人日の節句（七草の節句）、3月3日の上巳の節句（桃の節句）、5月5日の端午の節句（菖蒲の節句）、7月7日の七夕の節句、9月9日の重陽の節句（菊の節句）の五節句が祝われる習わしとなっていた。

鎌倉時代には後鳥羽上皇が特にキクを好み、その紋様を衣服などにつけたことから、やがて菊紋章が皇室の御紋になっていくのである。

風土に呼応した美意識

文化の受容は取捨選択され、変容されるものである。わが国では植物を中国のように花を君子、韻士墨客、隠逸など擬人化することはなかった。松竹梅もわが国では特化して、古代のわが国に広く定着した。松竹梅の文化は詩歌、絵画、庭園、祝祭などに普及し、今もわが国のさまざまな大衆文化に残っている。

雪月花の雪見、月見、花見はもともと中国に由来する文化である。しかし、花見の花がウメからサクラに変容したように、愛でる花もまた風土に呼応して変容したのではなかろうか。雪月花や花鳥風月はわが国の風土に呼応

第Ⅰ部　花風景の基礎知識

して、わが国固有の自然賛美へと変容していった。四季の変化や天候の移ろいなども美意識に影響していた。鎌倉後期の1330（元徳２）年頃の作と思われる吉田兼好の随筆『徒然草』は、自然観照のうちに自然と人生の無常を見つめ、花や月についても満開や満月が素晴らしいとは限らず、見えない風景や移ろいゆく風景も良いものだと次のように語る。

> 花は盛りに、月はくまなきをのみ見るものかは。雨に向かひて月を恋ひ、たれこめて春のゆくへ知らぬも、なほあはれに情け深し。咲きぬべきほどのこずゑ、散りしをれたる庭などこそ、見どころ多けれ。（第137段）

この段はさらに花や月について蘊蓄が傾けられていくが、日本人にとって花の風景、月の風景は永遠のテーマであった。白砂、松原、干潟、葦（ヨシ）、白砂青松、長汀曲浦、山紫水明なども身近にあった風景だからこそ、日本人は特に愛でたのであろう。

ハギは美しい花ではあるが、現代では地味な野生の花に属しているようだ。実はハギは常に身近に見ているにもかかわらず、風景として注目されない。道路を車で走っていると道路建設のために開削した山地斜面が現れる。道路法面と呼ぶが、ヤマハギが生い茂っていることがある。ハギはマメ科の植物で根粒菌との共生によって、痩せ地でも活着し生育する性質があることから、岩盤の吹き付け緑化に適しているのである。われわれは当たり前のように普通に見られるようになると慣れてしまって美しさを感じなくなってしまう。現代都市の電柱電線の風景はその逆で慣れてしまって醜さが見えなくなってしまったのである。

ウメからサクラへ

古今和歌集のサクラ

平安中期の10世紀になると中国文化が昇華され始め、国風文化が確立されていく。その象徴的な事例の一つがウメからサクラへの賛美の拡大である。ウメはもちろん重要な花であり続けたが、わが国固有のサクラが台頭してくるのである。雪月花、花鳥風月に象徴される風流な自然賛美においては、花といえばウメであったが、やがて花といえばサクラに固定していく。わが国の山地にはヤマザクラ、カスミザクラなどの山桜が自生していた。

サクラは『万葉集』にも登場していたが、『古今和歌集』になると一気に増える。歌人の馬場あき子は、『古今和歌集』の時代になると、サクラが山野の野生の花から庭園の都の花となり、サクラに物狂おしいまでの愛着が寄せられるようになったと指摘している。平安朝貴族は爛漫の花が雪かと見まがう華麗な落花の光景をつくりだすところにサクラの美質を見てとったという。『古今和歌集』は平安中期905（延喜5）年のわが国最初の勅撰和歌集であり、小倉百人一首にも入っている親しみ深い歌もある。漢詩文に対し和歌を確立させたものである。『万葉集』の歌風が素朴で写実的で直観的なますらおぶり（男性的）な傾向を示すのに対し、『古今和歌集』は優美で観念的で技巧的なたおやめぶり（女性的）の傾向を示しているといわれる。『古今和歌集』のサクラの歌は次のとおりである。

　　世の中にたえて桜のなかりせば春の心はのどけからまし　　在原業平
　　久方の光のどけき春の日にしづ心なく花の散るらむ　　　　紀友則
　　さくら散りぬる風のなごりには水なき空に波ぞ立ちける　　紀貫之

　風もまた、花鳥風月というように、四季を伝え、香りを運び、人生の無常を読み取る重要な要素であった。サクラは『古今和歌集』の美意識の中で見事に開花したのである。

新古今和歌集の西行のサクラ

　『古今和歌集』の300年後の1205（元久2）年、八代和歌集最後の勅撰和歌集『新古今和歌集』が編纂される。歌風は優艶、幻想的、象徴的となり、幽玄と有心と呼ばれる美を表し、静寂、妖艶といった余情美をとらえる。西行のサクラの花の歌が数多く現れるのも『新古今和歌集』である。『新古今和歌集』1,978首のうち、西行の歌は94首に達している。

　西行は桜や月の美しさを讃え、日本人の美意識をかたちづくった人物の一人として、後世に与えた影響は大きかった。西行の山家集は自然と人生を叙情的に詠んだ歌を収めた歌集である。西行は、後の松尾芭蕉が和歌は西行、連歌は宗祇、絵は雪舟、茶は利休と敬慕した人物である。また、漂泊の歌人として各地に残した足跡も後の世まで人々の心を強くとらえてやまなかった。近世の紀行文には西行の話がよく出てくる。

　西行は鳥羽法皇に仕えた俗名佐藤義清という武士であったが、23歳で出家、旅と修行の生涯を送る人となった。西行物語絵巻は、出家の決意を実行に移せない義清が、可愛い4歳の娘を縁から庭に蹴り落とし、煩悩をた

ちきる場面を描いている。約1年の逡巡をへて家族を捨てる非情の決意をしたことを象徴的に伝えている。

　僧となった西行は歌人の能因法師がたどった歌枕の地を東北に訪ね、その後高野山に草庵をむすび、吉野山、熊野、大峯山で修行を積む。そして、亡き崇徳院を慕う西行は、院の御陵参拝と弘法大師の遺跡歴訪のため、1167（仁安2）年、50歳の年に都から四国の旅へ出る。元天皇であった崇徳院は、56（保元元）年、時の権力闘争であった保元の乱で異母弟の後白河天皇に敗れ、讃岐（現香川県）に配流されて、その地で果てた人物であった。恨みから生きながら怨霊と化したと伝えられ、江戸時代の上田秋成の『雨月物語』などにも西行と共に登場する。

サクラの吉野

室町時代の歌論書に「花は吉野、紅葉は竜田」の固定観念が定着する。大和（現奈良）の吉野山と竜田川は花の名所、紅葉の名所として知れ渡る。「花の吉野」を生み出したのは西行であった。『新古今和歌集』に57首もの吉野山のサクラの西行の歌が選ばれていた。次は一例である。

　　吉野山こずゑの花を見し日より心は身にもそはずなりにき
　　花を見し昔の心あらためて吉野の里に住まんとぞ思ふ

　『古今和歌集』には吉野山のサクラの歌は3首のみであった。吉野は古代7世紀に持統天皇が飛鳥から行幸する山岳信仰の聖地であり、天皇の宮があった。吉野のイメージは風光明媚ではあるが、かつて宮のあった雪の降る寂しい場所であった。それが一転してサクラの名所になったのである。

　そこには修験道が平安・鎌倉時代を通じてサクラを植樹するという宗教的行為があったからである。吉野山の金峰山寺蔵王堂は修験道の中心地であり、サクラが蔵王権現の御神木として植樹された。また、多くの人々が蔵王堂に参詣し、何世紀もの間、献木していた。サクラは比較的寿命の短い樹木であり、維持するには更新のための植樹が欠かせなかった。

文人の吉野詣で

吉野山のサクラを愛でる文人の紀行文は多い。公家の歌人の三条西公条『吉野詣記』（1553）は和歌の弟子の里村紹巴を伴い、花見の様子を伝えている。同じく公家の歌人の飛鳥井雅章『吉野記』（1658）は献木で植樹をしたと記している。旅が盛んとなる江戸時代には文人墨客の紀行文や詩歌集が100点を超えるといわれている。吉野山のサクラがいかに知られていたかである。俳人の松尾芭

蕉の『野ざらし紀行』(1684)と『笈の小文』(1688)は西行を慕う旅の様子を伝えている。好奇のまなざしで旅をした儒学者貝原益軒は『和州巡覧記』(1696)と『和州吉野山景勝図』(1713)でその遠さや広さなどを客観的に伝えようとしている。吉野山は下千本、中千本、上千本、奥千本と呼ばれるように山麓から奥山まで全山サクラの山々であった。国学者の本居宣長『菅笠日記』(1772)は吉野山の水分神社の参詣を目的としていた。宣長の父親はここに詣でたことから、宣長を授かったと信じていた。水分山は神奈備山や田上山などと同様、山自体が御神体である。

本居宣長の山桜

伊勢国松阪（現三重県松阪市）の本居宣長は江戸中期・後期の国学者で古事記や源氏物語の研究で知られている。日本人の本来の神の観念や美意識を古代の文献研究から解き明かそうとした秀才である。鈴屋という2階の書斎に生涯こもり続けた逸話はよく知られている。当時は、徳川幕府が儒学を奨励したように、また、古代以来、当時の先進国中国の漢学を尊重してきたように、漢学こそが最も支配的な学問であった。そこに、国学が興り、国学者たちが日本本来の文化を評価しようとしたのである。本居宣長は自画像の賛に次の歌を記す。

　　敷島の大和心を人問はば　朝日に匂ふ山桜花

　宣長はサクラをこよなく愛した人で、この歌で日本文化の神髄を表したかったのであろう。この山桜はわが国の自生種を指していると思われる。

　しかし、この歌は本人の意に反して、思わぬ方向へ走り出し、数奇な運命をたどる。まず大和魂に結びつき、サクラこそ大和魂の象徴になる。武士道とも結びつき、日本男子は時にいさぎよくサクラの花が散るように死ななければならないと説かれる。これが近代の軍国主義で宣揚される。日本男子は大和魂を持ち、花が散る美学のように、皇国の軍人として散っていくべきだとされる。同期の軍人を「同期の桜」と称し、共に戦死することが称揚される。今では忘れ去られたサクラの負の記憶である。

洋花・高山植物の台頭

洋花の普及

洋花と高山植物のわが国における普及は西洋文明の受容と軌を一にしている。奈良時代、ウメをはじめとして先進国中国の植物を憧憬から受け入れたように、明治時代、西洋文明に憧

第Ⅰ部　花風景の基礎知識

れ、欧化の一環として洋花も普及する。その象徴的な出来事は日比谷公園の花壇にバラ、チューリップ、ダリア、パンジーなどが植えられ、民衆の眼前に現れたことである。洋花とは日本古来の和花に対して主に近代に普及した西洋の花である。洋花の普及には明治新政府も関与していた。

　東京都の日比谷公園は、1903（明治36）年、ドイツ留学を果たしていた東京帝国大学教授・林学博士本多静六の設計によって誕生した、日本人造営によるわが国最初の近代的な都市公園である。1889（同22）年に陸軍練兵場跡地に公園設置が決まってから東京市への土地の移管やその後の設計案の決定に混迷をきわめる。混迷した最大の理由は洋風公園の実現のためであった。著名な漢学者・庭園史家の小沢圭次郎が分担していた日本庭園部分は不採用となるほど、いかに洋風にこだわっていたかがよく分かる。日比谷公園は、官庁街に接し、近くには帝国ホテルもあり、園内には洋食店の松本楼も開店し、洋楽を奏でる小音楽堂も設置され、華々しい最先端の都市文化の舞台となる。洋花は洋食と洋楽と共に、近代文明の実現にとって重要な要素であった。やがて洋花は上流階級の洋風庭園に普及していく。

バラ　ギリシャ神話では愛と美の神アフロディーテ（ヴィーナス）と共にバラが誕生したと語られ、ギリシャ叙情詩にもバラが賛美されている。15世紀のイギリスでは王位継承をめぐって、赤バラを紋章とするランカスター家と白バラを紋章とするヨーク家が争う薔薇戦争が起きる。約30年間に及ぶ戦いであったが、最後は両家が結ばれ、やがて赤バラと白バラを組み合わせた紋章がイギリス王室の紋章「チュードル・ローズ」となり、バラがイギリスの国花となった。

　バラの花束は愛情を示す贈り物となり、香りが良いことから香水にもなっている。花びらの並び方が不規則な変化を示し、厚く深みのある色彩を示すことから油絵のモチーフにもなってきた。

　バラは一見、洋花の典型のように見える。バラはバラ科バラ属の総称で多くの種を擁し、園芸品種も多い。バラはもともとヨーロッパにも自生していたが、種類はアジアの自生が圧倒的に多かった。ヨーロッパの園芸品種は中世に十字軍が中東から持ち帰ったものである。しかも、現在の四季型のバラは18世紀に中国からプラントハンターが持ち帰ったものである。香りの良いバラはようやく19世紀初頭に中国から移入される。その後、開

花期、色・形・香と徹底した品種改良がなされ、ついに青色の花まで生み出される。

バラの原種はわが国にも自生していた。『万葉集』にも詠まれ、江戸時代には洋花ももたらされていたし、品種改良も行われていた。しかし、広く愛好されるのは明治時代以降に美しい洋花が普及してからである。明治新政府は国の農園で試験栽培をし、やがて、接ぎ木で増やす方法が見いだされ、埼玉県川口市安行や兵庫県宝塚市山本の植木産地で栽培され、切花として広範な普及をみることとなった。

アルピニズムの普及

高山植物の賛美はアルピニズムと呼ばれる近代登山と共にもたらされた。わが国も昔から信仰登山や採薬登山が行われ、山岳には赴いていた。1828（文政11）年には、僧の播隆上人が槍ヶ岳に登頂し三尊仏を安置していた。北アルプスの槍ヶ岳は後に近代登山であるアルピニズムのメッカになる、日本のマッターホルンとも呼ばれる3,180メートルの秀峰である。一方、好奇心から高山に登る人物も近世から現れていた。絵師の狩野探幽や池大雅、俳人の大淀三千風、探検家の松浦武四郎などが現れる。しかし、彼らには高山植物は見えてこなかった。

やがて近代になってアルピニズムがヨーロッパから伝えられる。1894（明治27）年、地理学者志賀重昂の近代的風景論の嚆矢『日本風景論』は風景のみならず近代登山も詳細に説いて推奨する。フランシス・ガルトン『旅行術』（1855）、バジル・チェンバレン他『日本旅行案内』（1891など）などの翻案であったが、15版まで出版されるベストセラーとなる。この『日本旅行案内』の「日本アルプス」を記述したのは、明治初期のお雇い外国人ウィリアム・ガウランドとロバート・アトキンソンであり、ガウランドは「日本アルプス」の命名者である。

後に日本アルプス登山の父と仰がれ、上高地にウェストン碑も建てられたイギリス人宣教師ウォルター・ウェストンも『日本旅行案内』の執筆者の一人であった。三度来日し、足掛け17年滞在した親日家であった。日本アルプスの登山を終えて、1895（明治28）年にいったん帰国し、翌年『日本アルプスの登山と探検』をロンドンで出版する。

『日本風景論』の影響を受けてアルピニストになっていた小島烏水は日本アルプスを詳述したウェストンの書に驚き、著者について調べると何と

第Ⅰ部　花風景の基礎知識

同じ横浜市在住と知り、すぐさま駆けつけて意気投合する。ウェストンの助力もあり、1905（明治38）年、日本山岳会を創設する。小島は銀行員のかたわら、『山水無尽蔵』(1906)、『雲表』(1907)、『日本山水論』(1905)、『山水美論』(1908) など多数の著作を残している。

高山植物の誕生

小島烏水と同じ時期に、三好学・牧野富太郎『日本高山植物図譜』（全2巻、成美堂、1906・08）、小西和『日本の高山植物』（二松堂、1906）が出版されている。この時期に高山植物の世界が確立されたのである。

アルピニスト（登山家）にとって高山植物は心地良い語感をもった言葉であろう。エーデルワイス（セイヨウウスユキソウ）の歌は映画サウンド・オブ・ミュージックでも唄われるようになるが、アルプスなどに生える美しい高山植物の名である。高山植物とは森林が形成されない高山帯や亜寒帯の草地や湿原に生える植物であり、美しい可憐な花を咲かせることからアルピニストなどに愛でられてきた。山岳を単純に図式的に示すと、下から広葉樹林帯、針葉樹と広葉樹の針広混淆林帯となり、ここが森林限界と呼ばれ、それより上部の高山がハイマツ帯や草地や裸地になる。美しい高山植物が群生する所は「お花畑」とも呼ばれる。高山植物は土壌、気温、積雪、風衝などきわめて厳しい環境条件に生育している。高山植物の女王と呼ばれるコマクサは砂礫の間に小さくひっそりと咲き、知らない人は見落としてしまうであろう。チングルマ、イワカガミ、ハクサンイチゲなども小さく可憐な花を見せている。

大下藤次郎と武田久吉の尾瀬

高層湿原の尾瀬は高山植物や山野草の宝庫である。小島烏水の山岳賛美の著書や高山植物の図鑑が出版された頃、文才も持ち合わせた水彩画家大下藤次郎が尾瀬を広く紹介する。1908（明治41）年、大下は雑誌『みづゑ』44号の尾瀬を特集した臨時増刊号を出す。そこに大下の挿絵と共に尾瀬の詳細な紀行文「尾瀬沼」と「尾瀬日記」を掲載する。

大下は、1895（明治28）年、雑誌『太陽』創刊号に載った群馬県師範学校教諭の渡辺千吉郎の「利根水源探検紀行」で尾瀬の文章を読み、尾瀬にどうしても行きたいと思う。その後、尾瀬の情報を集め、とても行くことができない場所だと諦める。ところが、1906（明治39）年になって雑誌『山岳』の創刊号に載った武田久吉の「尾瀬紀行」を読み、さらに翌07（同

40)年の中村春二の紀行文『旅ころも』に載った尾瀬紀行を読むに至り、同年、尾瀬旅行を決意し、翌08(同41)年、ようやく夢をかなえる。

　植物学者武田久吉は1905（明治38）年に早田文蔵らと尾瀬旅行を行い、翌年、紀行文「尾瀬紀行」を発表した。武田はイギリスの外交官アーネスト・サトウの息子であり、尾瀬旅行からもどってきた後、小島烏水らと日本山岳会を結成している。武田は、尾瀬については、それまで03（明治36）年の『植物学雑誌』に載った早田文蔵の一文を知るのみだと記している。後に東京帝国大学教授となる早田文蔵は、同大学で植物学を学び、尾瀬沼の植物を調査し、『植物学雑誌』に「南会津並ニ其ノ附近ノ植物」と題する雑録を発表する。その中で、「（燧ヶ岳は）四時雪ヲ戴キ山麓ニ尾瀬沼アリ。周囲三里ト称ス。風景愛スベシ」と記していた。

　中村春二は、中学から東京帝国大学時代にかけて、各地を巡り、すでに登山を行い、1907（明治40）年、33編の紀行文を『旅ころも』にまとめ、刊行した。彼は、成蹊学園創設者として、また、植物学者牧野富太郎の支援者として知られている人物である。

花の百名山

　高度経済成長期の1964（昭和39）年、ジャーナリストで登山家の深田久弥が『日本百名山』を著す。品格、歴史、個性の観点から百名山を選ぶが、その根底には当時の真のアルピニズムを阻害し始めていた観光開発や、登山の大衆化・通俗化に対する警告もこめていた。80（同55）年、脚本家で登山家の田中澄江が『花の百名山』を発表する。その後、95（平成7）年に新たに見直して『新・花の百名山』を発表する。100カ所の山を選定し直し、それぞれの山の代表的な高山植物などを紹介する。この頃、テレビでも花の百名山が放映され、類書も多数出てくる。92（同4）年、登山家の田部井淳子が女性として世界で初めて七大陸最高峰を制覇する。すでに高山植物も男女の差なく評価される時代になっていた。

　日本百名山、花の百名山は登山愛好家の間に100座の山を制覇するブームを引き起こした。「日本100名城」(2006)の選定もお城巡りの火付け役になったという。古代の建保名所百首や近世の日本三景のように風景を定数で選ぶことは古くからあった。風景の定数化（名数化）は、中国文化の二十景や八景などに由来し、風景の権威付けであり、風景の価値について単純明快な解り易さを与えるものである。

3. 花の文化

園芸文化

室町時代の園芸文化

植物学者中尾佐助は室町時代を社会と文化が大転換した「室町ルネッサンス」の時代と呼び、花の園芸も中国の模倣から日本独自の創造へと進展したと指摘している。室町時代にこそ現代の日本文化につながる原型があったと考えている。花の園芸の飛躍の代表的事例がツバキとサクラの品種改良で、無数の品種が生まれることとなる。品種改良といえば、草本の花かせいぜい低木の花であるが、室町時代の日本は高木の品種改良をやってのけたのだ。また、冬に海岸の崖地に群生するスイセンは、地中海沿岸が原産地であるが、室町時代に中国を経て渡来したものと推定されている。

室町時代のツバキとサクラ

ツバキはツバキ科ツバキ属の総称で、日本が原産であるが、中国に渡って品種改良されたものが逆移入され、さらに、日本で品種改良されたものが中国に移入されるという、古くから相互に往来し、愛でられていた。一般的にサクラが短命樹であるのに対し、ツバキは長命樹といわれ、品種改良を進めた京都では、数百年の樹齢の名木が残っている。わが国では温暖な海岸の照葉樹林帯で自生している、濃い光沢のある常緑の葉に黄色いおしべをもった深紅の花びらのツバキを観賞することができる。

しかし、近代になって鮮やかな洋花が入ってくると、ツバキ愛好熱は下火になるが、戦後、大型で華麗な西洋ツバキが入ってきて、再び注目されるようになる。花の品種改良といえばイギリスやオランダを想起するが、西洋ツバキはアメリカやオーストラリアの温暖な地域で品種改良されたものである。ツバキは茶室や庭園の花として、また、椿油の材料や和菓子のデザインなどとして、日本人には親しまれてきたが、花の世界にもグローバル化の波が押しよせ、オペラの椿姫もあるように、今やツバキ文化は日本固有のものではなくなっている。

サクラはバラ科サクラ属の総称で数多く存在する。サクラとして観賞したわが国の野生原種は中尾佐助によるとヤマザクラ、カスミザクラ、エドヒガン、オオシマザクラ、オオヤマザクラなどである（原種全体は10種程度の説もある）。歴史的には奈良の八重桜（やえざくら）や京都近衛家の枝垂桜（しだれざくら）などが有名であるが、八重桜はオオヤマザクラの八重咲き変種（他説もあり）、枝垂桜はエドヒガンの栽培種として改良された変種である。サトザクラ（里桜）とも呼ぶ変種の栽培種は一説に400種から500種に及ぶといわれる。これら多様な品種は主に江戸の園芸文化で生み出されたと推定されているが、その発端は室町時代の武家文化と見なされている。室町時代には庭園にサクラが植えられ、すでに庶民による花見があったことが確認されている。

江戸時代の園芸文化

　江戸時代の園芸文化は、その独創性においても、また、技術力と影響力においても、さらに大衆性においても、世界に誇る輝かしい一時期を築いた。現代にも継承されるさまざまな園芸品種を生み出した。ソメイヨシノをはじめとするサクラの変種、ツツジ類やヒバ類の造園樹木、キクやアサガオの多様な変種、斑入りの多数の観葉植物、サクラソウやハナショウブの園芸品種、古典的園芸植物の変種、自然風の盆栽などである。この園芸文化は庶民にも広がり、同好団体も多く誕生した。庶民の花見も盛んになり、見世物の菊人形も生まれる。園芸書が刊行され、植木屋や庭師も増え、一大植木産地も出現するようになる。

　後述するが、ヨーロッパから植物を求めてやってきたプラントハンターはこれらに驚くのである。江戸を訪れたプラントハンターは団子坂（だんござか）、染井（そめい）、王子などの植木屋や植木産地を訪ね歩き、運べる限りに収集していた。現代ではサクラといえばその華やかさや咲き方散り方などからソメイヨシノであるが、この染井で生まれた。また、浅草寺境内の多種類の豊富なキクの展示に圧倒されていた。

　ここで驚くべきことは、当時の品種改良をやってのけた植木職人は人為的におしべの花粉をめしべにつければ、種子や果実ができるという人工授粉を知らなかったということである。望ましい特徴のある花を集め、虫や風による偶然の授粉に頼り、播種（はしゅ）、接ぎ木（つぎき）、挿し木（さしき）などを根気よく繰り返していたのであろう。植木職人の優れた経験や直感と努力のたまものであ

第Ⅰ部　花風景の基礎知識

園芸文化の地方と世界への波及

花の園芸書には水野元勝『花壇綱目』(1681)、伊藤伊兵衛『花壇地錦抄』(1695)、貝原益軒『花譜』(1698) などがある。これらは主に元禄時代であり、この時代は園芸文化も開花させたといえよう。園芸文化は徳川将軍家も好んでいたことから、諸大名にも広がり、江戸の大名屋敷にも普及していった。諸大名は参勤交代で国元に帰ることから、園芸文化は地方にも波及していった。細川家の肥後熊本では、独特の栽培法によって肥後六花と呼ばれる特色ある園芸品種が生まれた。ヒゴツバキ、ヒゴハナショウブ、ヒゴシャクナゲ、ヒゴアサガオ、ヒゴサザンカ、ヒゴギクである。徳川御三家の紀州家の所領であった伊勢松阪では、イセギク、イセハナショウブ、イセナデシコなどが生まれた。

ハナショウブは江戸中期に旗本の松平定朝(通称左金吾・号菖翁)という人物が生涯をかけて品種改良を行い、現代のハナショウブを生み出したという。この結果、江戸ハナショウブ、伊勢ハナショウブ、肥後ハナショウブという3類型のハナショウブが生まれ、欧米にも伝えられ、世界の花の一つになった。

ベネディクト『菊と刀』

1948(昭和23)年、アメリカの文化人類学者ルース・ベネディクトが『菊と刀』(原題 The Chrysanthemum and the Sword:Patterns of Japanese Culture) という日本文化論を出版する。第2次世界大戦中、彼女が戦時情報局で敵国の国民性について調べた調査報告書を基にしたものである。これは、欧米人の「罪の文化」に対して日本人の「恥の文化」を指摘した書として、今では古典となっている。それでは、なぜ「菊」と「刀」という書名になったのであろうか。一般的にこの言葉からは、皇室の御紋章の「菊」と武士の精神的支えを表す「刀」、つまり、公家と武家の文化を象徴するものと勘違いしてしまうのではなかろうか。そうではなく、菊は豪華に仕立てるために、盆栽のように、針金の輪で支えられているが、針金がなくても美しく咲き誇れ、戦後の日本人はそのように自由になれる。また、日本人は内なる不動の力を持つ美しい刀を持ち、主体的な自己責任を果たすことができるというもので、日本人は戦後の荒波を必ず乗り越えるだろうという日本人賛美論であった。

日本を象徴するキク

しかし、そこにはやはり出版社の販売戦略が働いていたであろう。書名は出版社と著者の間で『日本人の課題』『日本文化のパターン』『美しい刀剣』『蓮と刀』などと二転三転していた。「菊」と「刀」に落ち着いたのはそこに日本的な優美さを見いだしたからではなかろうか。

日本人の中には菊より桜ではないかと思う人がいるかもしれない。しかし、菊花展や品評会の菊の展示を見ると、花の形も色も多種多様で、大輪、中輪、小輪、懸崖（けんがい）づくり、千輪咲きなどの多彩な仕立て方に圧倒される。江戸時代の園芸ブーム以来、品種改良がされ続けてきた結果である。この伝統文化は元皇室苑地であった新宿御苑に継承されている。また、キクは独特の菊人形も生み出してきた。ベネディクトらは菊に日本的な美の象徴を見いだしたのであろう。

だが、豪華絢爛なキクは必ずしも現代人の好みに合わない。同時に都市化の中で、伊藤左千夫（いとうさちお）の小説『野菊の墓』（1906）や文部省唱歌の『野菊』（1942、石森延男（いしもりのぶお）作詞、下総皖一（しもふさかんいち）作曲）の素朴な野菊の世界も失ってしまった。

文芸・絵画の花風景

在原業平（ありわらのなりひら）のカキツバタ

歴史的な花の名所といえば、平安初期9世紀の歌人在原業平を主人公にしたと思われる『伊勢物語』の第9段に出てくる三河八橋（みかわやつはし）のカキツバタである。通称「東下り（あずまくだり）」の段と呼ばれ、京から東に赴こうとしている時、八橋の水辺の美しいカキツバタを見て、京に残した妻を偲び、次の歌を詠む。

　　からころも　きつつなれにし　つましあれば

　　はるばるきぬる　たびをしぞおもふ

「つま」は袖の裾の「褄」と自分の「妻」を掛けている。唐衣を着ていると褄もなじんできたが、長年なじんだ妻を残して、遠い旅をしてしまったというような意味であろうか。ここには掛詞（かけことば）のほか、枕詞（まくらことば）、序詞（じょことば）と技巧に富んでいるが、最大の技巧は折り句（おりく）という五七五七七の各句頭の5文字をつなげると「かきつばた」になるということである。これは現代でも落語家の大喜利（おおぎり）（大切）などで行う言葉遊びになっている。この歌は在原

業平の歌として古今和歌集にも選ばれ、業平は六歌仙、三十六歌仙の一人にもなっている。業平は天皇の孫にも当たる貴族であり、文才から人気のある歌人であった。三河八橋は東海道の近くにあったこともあり、この歌によって長くカキツバタと八橋の一大名所となっていく。

八橋は河川が支流に分かれ、8基の橋が架かっていたところから地名になったといわれる。現在も愛知県知立市八橋町と地名が残り、広大なカキツバタ園が設置されている。八橋は一方庭園では折れ曲がって連なる橋を指すようになっている。

尾形光琳の燕子花図

カキツバタの美しさをいっそう広めたのが、江戸時代18世紀の京の琳派の絵師尾形光琳の《燕子花図屏風》である。六曲一双(六つに折れる一対の二つの屏風)の総金地の背景に、カキツバタが群青と緑で鮮やかに描かれている。群生するカキツバタを大胆にリズミカルに配置している構図は琳派の伝統でもあり、何よりも光琳の才能であろう。

琳派は江戸時代17世紀の本阿弥光悦と俵屋宗達に代表される豪華で装飾性の強い作風である。光悦は京の都のはずれの鷹峯に光悦村を開き、絵師たち職人を集めていた。同時代の狩野派が唐絵という中国の作風を引き継ぎ武家の文化を築いていたのに対し、琳派は大和絵というわが国の作風を追求し、工芸品なども制作して、町人の文化に浸透していた。もっとも、大和絵の最大の継承者は古くからの土佐派であり、宮廷など公家の世界の絵画を独占的に描く一大勢力であった。

光琳がカキツバタをモチーフとしたのはもちろんカキツバタに魅せられ、絵になるとふんだからであろうが、庶民にも人気のある在原業平の『伊勢物語』の大衆性もあったのではなかろうか。光琳は六曲一双のカキツバタをまじえた《八橋図屏風》も描いている。ちなみに、光琳のカキツバタは現在の5千円札の図柄にも用いられている。

いずれが菖蒲か杜若

いずれがアヤメかカキツバタか判別できないという慣用句がある。よく似ていて優劣がつけがたい例えに用いられる。一説によると、室町時代14世紀の軍記物『太平記』に出てくる故事で、美女に優劣がつけがたい言葉として述べられたといわれている。アヤメもカキツバタもアヤメ科アヤメ属で共に紫色で花弁も葉の形も似ており、確かに見分けにくい。わずかに花の模様と大きさ

や背丈が違うが、アヤメは乾燥地を好み、カキツバタは湿地を好む。

さらに混乱させるのは、「菖蒲」と表記して「アヤメ」と「ショウブ」と読むことである。ショウブは菖蒲湯に用いるショウブ科（旧分類ではサトイモ科）の植物で、アヤメとは異なる。ショウブは薬効があり、その葉は鋭く芳香があることから古来中国で厄除けに用いられていた。また、「花菖蒲」（ハナショウブ）という種類もあるが、これはアヤメやカキツバタと共にアヤメ科アヤメ属で類似しており、総称してアヤメと呼ぶこともある。

松尾芭蕉の花

江戸時代の松尾芭蕉の俳句には夏草や青葉若葉などの植物表現はあっても、花は杜若、紫陽花、藤、木槿などわずかしか出てこず、しかもそれほど賛美しているとは思えない。さび、しおり、ほそみ、かるみなどの閑寂枯淡を重んじ、平易な対象に余韻をたたえながらその本質を見ようとした芭蕉にとっては、華やかな花風景は奥行きのない平板な風景であり、深みを持たない皮相の美であったのかもしれない。西行を慕う芭蕉は西行庵があったサクラの吉野山も訪れるが、奥深い寂しさはとらえるものの爛漫のサクラは讃えない。

古来の歌枕の地を訪ね歩いていた芭蕉は三河八橋にも訪れる。そこで「杜若　われに発句の　思ひあり」と詠む。ここでいう発句とは連歌の最初の五七五の部分である。彼はこの発句を独立させた五七五のみの新しい文芸である俳諧を築こうと決意していた。これは明らかに在原業平の和歌を念頭において、和歌に対抗する深遠な芸術を打ち立てるという決意表明ではなかったか。杜若は業平を想起する素材でしかなかった。

芭蕉の傑作「古池や　蛙飛びこむ　水の音」は彼の革新的芸術観をよく表しているが、彼の花の評価に関する物語も隠されている。当初「蛙飛びこむ　水の音」が出来上がったが、どうしても最初の五文字が決まらない。芭蕉の才覚のある弟子の其角が即座に「山吹や　蛙飛びこむ　水の音」を提案する。万葉以来、蛙、清流、鳴く、山吹は一緒に詠まれる素材と決まっていたのである。しかし、芭蕉は清流に替えて古池を出し、蛙の鳴き声に替えて飛びこむ音を出し、山吹は尊重しないという、今までになかった新たな世界を見いだしたのである。ここに芭蕉の偉大さがある。

明治時代、故郷の愛媛県松山で脊椎カリエスの痛みに苦しめられ病に臥していた正岡子規は『病床六尺』という日記を残し、病床から見える世

界が自分の全ての世界だと記す。その時、庭のアサガオを見て「朝顔やわれに写生の　心あり」と詠むが、彼もまた写生文こそが風景を発見し、その本質を捉えるのだと俳句の革新を決意していた。

豪華絢爛なサクラの絵画

サクラは富士山、松竹梅、牡丹などと同じように、日本画の重要なモチーフであり続けた。いずれも爛漫のサクラを豪華絢爛に描き、改めてサクラの美しさを再認識させられる。現実のサクラよりも絵画のサクラが幻想的で美しいのかもしれない。画家は我々に新たな美を教えてくれ、我々はその美を現実の中に発見する。

現代の日本画壇には名前に山がつく「五山」と呼ばれる巨匠がいた。日展三山の東山魁夷、杉山寧、高山辰雄、創画会の加山又造、院展の平山郁夫である。彼らは国民的人気を博する画家であり、彼らの描く風景は、日本人の心象風景となり、風景観の形成に大きく影響しているといっても過言ではなかった。五山が近年相次いで故人となられたことは惜しまれる。この中で、東山魁夷、加山又造、平山郁夫はサクラの絵を多く描いている。

東山魁夷は京都の北山杉や町屋の瓦屋根などの美しさを描き出したが、月に映える《宵桜》《花明かり》なども美しく印象的である。加山又造は女性の人物像を妖艶に描いたが、《夜桜》シリーズなども妖艶である。平山郁夫はシルクロードで独特の世界を描いたが、その画風で《法隆寺の夜桜》《仁和寺の夜桜》など寺院の塔と夜桜を美しく捉えていた。

《ウォーターフォール》シリーズで世界的名声を得た現在活躍中の日本画家千住博も《満開の瀧桜》など幻想的で豪壮な夜桜を多く描いている。現代の人気画家は宵闇に浮かぶ幻想的なサクラを描く。しかし、現役の日本画家で「桜の画家」とも称される中島千波は全国のサクラを明るい光の中に浮かび上がらせている。日本画の木村圭吾、平松礼二などの桜の絵も印象的である。

安土桃山時代の長谷川久蔵《桜楓図》、江戸時代の酒井抱一《桜図》、近代の横山大観《山桜》、菱田春草《桜下美人図》、上村松園《花見》、奥村土牛《吉野》などサクラは連綿と描き継がれてきた。バラやヒマワリが油彩の西洋画に合うように、ウメやサクラは水墨や岩絵具の日本画に合っていたのであろう。そして、何よりも風土に呼応して感性や美意識が培われ、絵画もそれに合った表現法が生み出されるのであろう。

花の東西交流

ヨーロッパにおける異国の花への関心

15世紀末の大航海時代以降、特に食料や嗜好品となる植物が大陸間を移動する。1492年のコロンブスのアメリカ大陸発見以来、ヨーロッパ大陸とアメリカ大陸の物と文化の移動が始まる。これを「コロンブス交換」と呼んでいるが、名称を与えるほど世界史的に大量で重要な移動であり、いわばこの流動性がお互いの発展性と均質性に寄与してきたといえる。有名なのは、トウモロコシ、ジャガイモ、トマト、タバコなどがアメリカ大陸からヨーロッパ大陸にもたらせられたことである。逆方向のものもあれば、人間にとって重要な宗教や病気の伝播もあった。

17世紀になると物の移動が徐々に変化し始める。特にオランダとイギリスは異国の美しい植物に旺盛な探究心を向け始める。もともとトルコ原産のチューリップは、十字軍遠征や東方貿易を行ったイタリアや南欧に持ち込まれながら、最も栽培し定着させたのは北方のオランダであった。ヨーロッパの窓辺に飾られるゼラニウムはイギリス人が南アフリカから持ち込んだものであった。

18世紀になると、イギリスのジェームズ・クックとフランスのアントワーヌ・ド・ブーガンヴィルが太平洋の覇権を争って調査を競い、ハワイ諸島やタヒチ島が常夏の鮮やかな花が咲くパラダイスだと楽園幻想をもたらす。この時期、博物学が盛んとなり精緻な博物図譜が描かれるようになる。スウェーデンのカール・フォン・リンネが植物分類学を確立するのもこの頃である。ちょうど1800年頃には近代地理学の祖であるドイツのアレクサンダー・フォン・フンボルトが南アメリカのアンデス山脈を調査し、その後野生の自然の魅力を伝えていた。彼は科学と芸術の融合を説き、著書の挿絵は科学も学んだドイツ・ロマン派の風景画家に描かせていた。遠い異国の花がヨーロッパの人々に憧憬をもたらす。

シーボルトによる花の普及

17世紀の博物学者エンゲルベルト・ケンペル、18世紀の植物学者カール・ツンベルク、19世紀の博物学者フィリップ・フランツ・フォン・シーボルトが日本学を築いていた。彼らはオランダ商館員として来日し日本を調査した。ケンペルは泰平を保つ日本の鎖国を評価していたが、ツンベ

ルクは厳しい警護や船の遅延から思うように調査できず、後に『日本植物誌』を出版するものの、早々に離日する。

シーボルトは、1823（文政6）年、長崎出島に赴任し、29（同12）年までの6年余りを日本に滞在した。医学、植物学、地理学などの近代科学を身に付け、東洋研究を志し、オランダの陸軍の軍医となって、ファン・デル・カペレン東インド総督に日本の総合的な調査研究を命じられたものであった。シーボルトはモンタヌス、ペルーズ、クルーゼンシュテルンなどそれまでの日本に関する文献について徹底した研究を行い、ケンペルとツンベルクについても長崎の出島の植物園に彼らの業績を讃える碑を建てるほどであった。国禁違反により日本退去を命じられたシーボルトは、30（天保元）年、オランダのライデンにもどり、『日本』『日本植物誌』『日本動物誌』の三大著作を資金難の中で分冊形式で自費出版を始める。

一方、シーボルトは日本から持ち帰った植物をヨーロッパに広める。主なものはアジサイ、ツバキ、サザンカ、ウメ、ユリ、ボタン、レンギョウ、キリ、コウヤマキなどである。アジサイは彼が発見したものとして「ハイドランゼア・オタクサ」と命名する。「オタクサ」は彼が日本での妻とした「おたきさん」（楠本お滝）にちなむと伝えられ、二人の間には後に女医となる楠本伊禰（いね）が生まれている。ところが、この品種のアジサイはすでにツンベルクが命名しており、オタクサという名前は無効となる。また、牧野富太郎などの植物学者は神聖な学名に情婦の名をつけるとはけしからんと批判した。しかし、長崎ではこの物語に打たれ、今もアジサイをオタクサと呼ぶこともあるという。

ウォードの箱

イギリスの園芸学者たちは中国には早くから訪れ、キクの園芸品種などを多数持ち帰っていた。そこで日本の独特の園芸品種を知り、彼らは極東の地に魅了される。極東の地の花が持ち帰れたのは「ウォードの箱」と呼ばれる植物栽培ケースの発明によるところが大きい。

1829年頃、大気汚染が広まっていたロンドンで医師ナサニエル・ウォードがガラスケース内の土に生える植物が健全に生育していることを偶然発見する。そして34年、イギリスからオーストラリアまでの約6カ月に及ぶ航海が行われ、このウォードの箱と呼ばれるガラスケースが水を与えなくても植物を生きたまま運ぶことが可能であると実証される。同時代に蒸気

機関車が実用化され、カメラの原型が発明されるが、ウォードの箱はそれらと同じぐらい植物の文化史において画期的な出来事であった。遠い異国の地から植物を生きたまま移入できるのである。われわれは種子や球根を運べばよいではないかと思うが、異国の地ではこれらは十全には発芽しない可能性がある。人工的な播種(はしゅ)は難しく、自然繁殖こそ異国の環境に適応して種子や球根も生き残るのである。

プラントハンター

19世紀になると、ロンドン園芸協会(後の王立園芸協会)が誕生し、世界に珍しい植物を求めるプラントハンターを派遣する。オランダとイギリスは花を愛する国民性なのか、強い博物学的探究心か、あるいは貧弱な植生や陰鬱な気候が関係しているのか、世界に花を求める情熱には目を見張るものがある。オランダもイギリスも世界に誇るライデン大学植物園とキュー王立植物園を持っている。19世紀のプラントハンターの特徴は、もはや食料や薬用の植物の採集ではなく、美しい植物や珍しい植物の採集であった。実用性より審美性・希少性なのである。19世紀のヴィクトリア朝時代のイギリスは太陽の沈まない大英帝国として全盛期であり、世界の情報網を掌握していた。イギリスにはヴィーチ商会という一大園芸商も生まれ、世界のランを集め、19世紀のランブームをつくりあげていた。

フォーチュンの園芸文化の評価

ウォードの箱を使って日本のキクの園芸品種など多数を持ち帰ったプラントハンターに、イギリスのロンドン園芸協会の園芸学者ロバート・フォーチュンがいた。フォーチュンは東洋の植物を収集するために、1860(万延元)年の夏にイギリスを出発、10月に日本に到着し12月まで滞在、上海を訪問の後再び翌61(文久元)年4月から7月まで日本滞在、その後上海、北京を訪れ、翌62(同2)年1月に帰国した。当時は桜田門外の変やアメリカ公使館通訳ヒュースケン暗殺事件が起きた時代であり、欧米人排斥の攘夷の嵐が吹き荒れていた。それでも植物を求めて歩き回り、斑入りの観葉植物や整ったコウヤマキに感動し、収集に専念していた。

帰国後の1863年2月、フォーチュンは日本と中国(当時清国(しんこく))の旅行記『江戸と北京』を出版し、わが国の園芸文化や庶民の園芸愛好を高く評価している。彼はケンペルやツンベルクの日本研究の文献を熟読しており、本文にはケンペルやツンベルクの引用が多くみられる。また、在日中、再

来日した長崎のシーボルトや、江戸のイギリス公使オールコックやアメリカ公使ハリスにも会っている。造園学者白幡洋三郎によると、プラントハンターは名もない人が多かったが、フォーチュンはその業績と著書で名を残した数少ない一人だと指摘している。

パーソンズのハス

プラントハンターは植物を生きたまま持ち帰ることが使命であったが、花の風景画を描くことを目的として来日した人物もいた。イギリス人水彩画家アルフレッド・ウィリアム・パーソンズは1892（明治25）年に日本を訪れ、その日本旅行記を96（同29）年に『日本印象記』（原題 Notes in Japan）を出版する。この『日本印象記』は、92（同25）年3月に香港から長崎港に入り、約9カ月の日本旅行の後、12月に太平洋へと去っていく内容を克明に記したものである。

パーソンズは、本国イギリスで水彩画家として知られ、後に王立美術院会員となり、さらに王立水彩画家協会の会長まで務める人物である。風景画や植物画を描き、特に花の絵を得意として植物図譜の挿絵も描き、庭園の設計までしている。写実的な風景画は明るく透明で輝く色彩をみせている。パーソンズは『日本印象記』では極東の花の国である日出づる国を訪れ、花の絵を描くことが長年の夢であったと述べているが、イギリスのファイン・アート・ソサイエティから日本の風景を描くように委嘱を受けたか、パトロン（出資者）から日本の植物などを描くように依頼を受けたのではないかと推測されている。

パーソンズの『日本印象記』では瀬戸内海、吉野、日光、中禅寺湖、湯元、箱根、芦ノ湖、富士山、青木ヶ原、富士五湖などを跋渉し、写生を行っている記述と共に図版127図が添えられている。このようにわが国の自然地域の実景を賛美し、あるがままに精緻に写生した画家は彼の他には国内外共にいなかった。そこには農家と共にレンコン畑のハスの花が美しく描かれている。日本人にとって当たり前の普通のなりわいの風景が絵になっているのである。さらに、日光の草原、男体山の山麓、湯元の湿原、富士山北斜面、富士山火口、箱根の草原などの原生的自然を描いていることが特徴的である。山野草の花がさりげなく目立たないように描き込まれている。彼の風景画は後に画家として名をなす若き中村不折、丸山晩霞、大下藤次郎（前述）、三宅克己らに大きな影響を与える。風景画といえば名所絵や

四季絵しか知らなかった彼らにとって、わが国の無名の場所の自然が風景画になることを知ったのである。パーソンズの花の風景画は欧米人による日本発見であったが、同時に、日本人による日本発見にもつながっていた。外部のまなざしが内部のまなざしに強く影響していた。

シドモア桜

アメリカの首都ワシントンD.C.のポトマック河畔にはサクラが咲き誇り、盛大なサクラ祭も開かれている。20世紀初頭にこの日本のサクラの移植に貢献した一人に、親日家のアメリカ人女性エリザ・シドモアがいた。兄が外交官であったことから、同行したり、特権を利用したりして、アジアを巡っていた。1884（明治17）年、27歳で来日し、その他中国、ジャワ、インドなども訪れ、その文才から多数の旅行記を出版している。

極東に楽園を見いだし、日本にも好意的であった。1891（明治24）年に出版した旅行記『シドモア日本紀行』（原題 Jinrikisha Days in Japan）は3年近い滞在を含む二度の来日について記し、その中で六度訪れた瀬戸内海をアルカディア風の地域として絶賛している。96（同29）年には、三陸の津波被害を取材し、Tsunamiの言葉を用いて『ナショナル・ジオグラフィック・マガジン』に寄稿している。1904（同37）年から翌年にかけての日露戦争中も日本に滞在し、ロシア人捕虜の妻が愛媛県松山の捕虜収容所を訪れる日記風の小説『ハーグ条約が定めるままに　ロシア人捕虜の妻による日本報告』（原題 As the Hague Ordains）を07（同40）年に出版しているが、この中でも瀬戸内海を「純粋な風景美」と讃えている。瀬戸内海の城下町などで見られるサクラも美しいが、シドモアは各地の日本のサクラに魅入られたのであろう。特に東京の向島のサクラは絶賛していたという。長年温めてきたワシントンへのサクラ移植の着想を、さまざまな人々の協力をとりつけ、一度は病虫害で移送に失敗するものの、ようやく12（同45）年に実現する。東京市から約6,000本の苗木が送られた。その返礼としてアメリカからはハナミズキが届けられた。彼女は28（昭和3）年にスイス・ジュネーブで他界するが、墓所は母と兄も眠る横浜外国人墓地にあるという。墓所にはポトマック河畔から里帰りした「シドモア桜」が生育している。

4. 郷土の花風景

名所・観光地の花風景の変遷

花見　日本人は古くからウメ、サクラソウ、ヤマブキ、ハナショウブ、秋の七草などの観賞を花見として楽しんでいた。江戸時代、水戸の偕楽園のウメ（茨城県）、荒川河川敷の田島ヶ原のサクラソウ（埼玉県）、江戸の向島百花園のウメとハギをはじめとする秋の七草、同じく江戸の堀切菖蒲園のハナショウブ、松尾大社のヤマブキ（京都府）、月ヶ瀬のウメ（奈良県）などの花見の名所があった。しかし、花見といえばサクラになるように、サクラの花見は古くから今も根強く続いている。

サクラを愛でる伝統の由来は、ウメなどを愛でる花見の中国文化を持つ貴族文化と、山入り・春山行きという山のサクラを田の神の寄り付く所として五穀豊饒を祈願する農民文化の、両方の融合にあるという。やがて西行や文人たちが吉野山のサクラを讃え、1594（文禄3）年、太閤秀吉は一族、全国の名だたる大名、茶人、連歌師、能役者ら約5,000人を集め、吉野山で茶会、能、歌会をまじえた盛大な花見の宴を催す。秀吉は98（慶長3）年にも京都の醍醐寺で花見を催す。

サクラ名所の誕生

江戸中期、八代将軍の徳川吉宗は武勇再興のため鷹狩りを奨励するが、田畑を踏み荒らし、農民を動員する見返りとして、庶民のために花見の名所づくりを進める。吉宗の享保時代（1716〜36年）に向島、飛鳥山、御殿山の三大新名所が生まれる。こうして江戸に庶民の行楽地が誕生する。

造園学者白幡洋三郎によると、数多くの海外を見聞してきた経験から、日本のような花見は独特で、世界のどこにも見られないという。花の観賞はあるが、多くのサクラの樹の下に車座になってお酒を酌み交わし、しかもそのような人々が大勢ひしめきあっている光景は日本だけだという。うららかな季節に桜が咲き誇る下で、日本人は宴を催し、その横を人々も楽しげに通り抜けるのだ。その特徴を「群桜、飲食、群集」にあると指摘し

ている。この根源には日本独特の物を贈り、贈り返す「贈与」と身分を問わずお酒を飲む「貴賤群集（きせん）」の伝統が息づいていると読み解いている。

今も花見の場所取りは大変である。1990（平成2）年、公益財団法人日本さくらの会が建設省、運輸省（共に現国土交通省）、環境庁（現環境省）、林野庁などの後援を受けて、「日本さくら名所100選」を選定した。全国には城郭跡、河川土堤（どて）、道路並木、都市公園など多くのサクラ名所がつくられ、郷土の名所として親しまれてきた。

消失した月瀬（つきがせ）の梅林

江戸後期に大和（やまと）の国の北部に位置する渓谷の月瀬（現奈良県奈良市月ヶ瀬）にウメの一大名所が誕生する。多くの見物客を集め、1922（大正11）年には、史蹟名勝天然紀念物保存法（現文化財保護法）によるわが国初の名勝の一つとなる。しかし、その後、月瀬は徐々に衰退し、戦後の高度経済成長期にはダム建設で渓谷が水没し、梅林はほとんど消滅する。

月瀬を一大名所に仕立てたのは、津藩（現三重県）の儒学者齋藤拙堂（せつどう）であった。拙堂は1830（文政13）年に紀行文『梅渓遊記』を著し、その後漢詩文の俊才頼山陽（らいさんよう）の添削によって52（嘉永5）年に『月瀬記勝（つきがせきしょう）』と改題して刊行する。儒学者は漢学者でもあり、中国文学を読み、中国文化に憧れていた。山水愛好趣味とも呼ぶべき山水と梅花（ばいか）を観賞する見方を中国の漢詩文から学んでいた。月瀬は中国文学からの引喩である漢詩文の名文で世に広まる。歴史人類学の大室幹雄（おおむろみきお）は著書『月瀬幻影（げつらいげんえい）』で、この風景の賞賛はシノワズリ（フランス語のchinoiserie）つまり中国趣味と指摘し、拙堂は、自身の肉眼や感覚で月瀬を見ているのではなく、シノワズリという見方を通して風景を享受したのであり、人々もその教養と言葉に酔い、月瀬に驚喜し感嘆したのである。名（表現）が実（現実）に優越したのであり、言述が世界に先行し、文学が生の現実に先行したのである。

失われゆくなりわいの花風景

それでは、なぜ、月瀬が衰退したのであろうか。最大の原因は漢詩文の教養と言葉の喪失であり、新たに移入された西欧の近代文学やロマン主義的な風景評価の台頭であろう。明治後期の徳冨蘆花（とくとみろか）、国木田独歩（くにきだどっぽ）、島崎藤村（しまざきとうそん）などの文学は代表的なものである。もう一つ重要なことは、現実の梅林が消失していったことである。月瀬のウメの栽培は江戸中期18世紀頃から行われる。江戸、京、大坂の絹の需要が増大し、その紅花染（べにばな）めのた

第Ⅰ部　花風景の基礎知識　35

めに、出羽(でわ)（現山形県）の紅花と共に、烏梅(うばい)という染色の触媒となるウメの実が月瀬に求められたのである。しかし、月瀬の梅林は明治時代の化学染料と第2次世界大戦の食糧増産のために、一気に減少する。元来、なりわいの花は観賞する花風景としては愛でないが、梅林は例外的であった。このなりわいの花風景は失われゆくと懐かしくもあり、美しくも見えてくる。ベニバナ、ジョチュウギク、ワタ、クワなどの再生の取り組みが各地で行われ始めている。

バラ園・ヒマワリ畑

各地にバラ園が誕生し、植物園、公園、遊園地などの一画にもバラ園が設けられている。バラは品種が多く、色も多彩であり、「花の女王」とも呼ばれ、気品や華麗さが感じられるように現代人には好まれている。私鉄やテーマパークの民間団体が誘客のために開園したものもあれば、地方自治体や第3セクターの公共的団体が地域活性化のために開園したものもある。春が花の盛りではあるものの、一季型ではなく、常に開花が見られる四季型であることが利点となっている。

ヒマワリ畑も地域振興の観点から全国各地に出現している。主な場所だけでも北海道から沖縄まで全国で100カ所を超えるであろう。向日葵(ひまわり)と表記し、盛夏の象徴のような花であるが、全国では5月から11月ぐらいまで咲いている。100万本のヒマワリを宣伝文句にしているように、広大に植栽されている場所もある。宮崎県高鍋町では80ヘクタール1,100万本と謳っている。背丈が場合によっては3メートルに及ぶことから、わが国では迷路をつくって遊んだり、高架道から眺めたりして楽しんでいる。

1970（昭和45）年のイタリア・フランス・ソビエト連邦（現ロシアなど）合作の映画『ヒマワリ』（原題も同じ）は、第2次世界大戦で引き裂かれた夫婦の悲話を当時のイタリアの男女の二大名優が演じていた。哀愁をおびた音楽とともに、当時のソビエト連邦の地平線まで一面に広がるヒマワリ畑を高いアングルから映し出していた。ヒマワリは北アメリカ原産のキク科ヒマワリ属の花で、大航海時代16世紀にスペイン人がマドリッドに持ち帰るが、種子が食用となり、油も取れることから、19世紀以降にソビエト連邦で盛んに栽培された。わが国にも江戸前期17世紀には入ってきたという。

コスモスとナノハナの広がり

コスモス園やコスモス街道なども全国に広がり、人気の観光地となっている。北海道の太陽の丘えんがる公園虹のひろばは日本最大級、10ヘクタール、1,000万本のコスモス園を謳い文句にしている。コスモスは夏の終わりに透きとおるような淡い桃色や白色で秋の気配を感じさせる花である。痩せ地でも育ち繁殖させやすい。コスモスはキク科コスモス属の総称で、やはりスペイン人がメキシコから持ち帰り、マドリッド王立植物園で栽培されたという。わが国に入ってきたのは近代であり、「秋桜」の表記は1977（昭和52）年に歌謡曲の題名として造語されたものである。

近年、休耕田を活用して黄色のナノハナ畑が広がっている。かつて田んぼには紫色のレンゲソウが緑肥として植えられていたが、今はほとんど見られない。ナノハナ（菜の花）は食用の野菜なども含む総称であるが、近年はアブラナ科アブラナ属のセイヨウアブラナを指すようになり、作物名としてのナタネ（菜種）なども含んでいる。大陸を通じて弥生時代には入っていたという。野菜は在来種のアブラナ（油菜）で、油を取るのはセイヨウアブラナが多い。近年、菜の花プロジェクト・菜種プロジェクトと称するエコロジー運動として、環境にやさしい油を取るためにナノハナがボランティアによって栽培されている。

郷土の花風景の創出

地域らしさを表す花風景

北海道の花といえば、ライラック（リラ）、スズラン、ハマナス、ラベンダーなどを想起する。東京都の花といえば、花見の名所からサクラ、ウメ、キクなどを連想する。京都府の花といえば、古都の風情からサクラ、ウメ、フジなどを連想する。沖縄県の花といえば、ハイビスカス、ブーゲンビリア、デイゴなどの花を想起する。地域には地域らしさを表す花がある。果実の生産や園芸品種の栽培などに関連して地域らしさを生み出しているなりわいの花もある。リンゴ、モモ、ミカンやチューリップ、ダリア、ボタンなどである。

都道府県のシンボルとなる「都道府県の花」を改めて見直すと、よく考えて、地域らしい花が選ばれている。都道府県の花は、正式には条例で定

めることとなるが、慣例で決めている所もある。その多くが1954（昭和29）年の「郷土の花」の選定に由来している。ようやく戦災の復興をなしとげつつあった頃であろうか。NHKが中心になって、全日本観光連盟、日本交通公社、植物友の会の共催で、当時の農林省、文部省、日本国有鉄道、都道府県の後援の下に、選定委員会を設け、郷土の誇り、人々の知名度・愛情、産業・生活・文学などとの関連、固有種などの基準を基に「郷土の花」を選定したのである。都道府県の花はこの結果をそのまま継承した所もあれば、後に選び直した所もある。

　青森県のリンゴ、宮城県のミヤギノハギ、秋田県のフキノトウ、山形県のベニバナはいかにもふさわしい。埼玉県のサクラソウ、千葉県のナノハナ、東京都のソメイヨシノもなるほどと感心する。新潟県と富山県のチューリップも生産を競い合う両県ならではである。福井県のスイセン、長野県のリンドウも風土性をよく表している。愛知県のカキツバタ、京都府のシダレザクラ、奈良県のナラヤエザクラは故事にちなむものであろう。和歌山県のウメ、鳥取県の二十世紀ナシ、島根県のボタン、岡山県のモモ、山口県のナツミカン、徳島県のスダチ、香川県のオリーブ、愛媛県のミカン、高知県のヤマモモなどはなりわいの花である。改めて都道府県の花がこのようななりわいの花を評価していることに驚く。中には決して観賞する花ではないものもあるが、よく見ると美しい。長崎県のウンゼンツツジ、熊本県のリンドウ、宮崎県のハマユウ、鹿児島県のミヤマキリシマも地域独特の花風景を形成している。

　今の状況から考えれば、都道府県の花にはカタクリ、サクランボ、ダリア、レモンなども入っていてもよいかとも考えるが、地域には地域らしさを表す花風景を創出したいものである。

季節感を表す花風景

わが国には四季の変化があり、花の暦や花の季語を洗練してきた。すなわち、花によって季節の変化を知り、花によってその季節や花の名所を楽しむのである。花は地方によって咲く種類や時期が異なることから、地方によって花暦（はなごよみ）も多少の相違がある。また、花暦は本来月別に定めるが、花期の長さや開花期・最盛期の相違などから月別には表しにくいものもある。そこで、現代の花暦として、東京都立公園の2カ月ごとの花暦と京都御苑国民公園の春夏秋冬の花暦の花を表に示しておく（**表-1、2**）。われわれはこれらの花

を愛でることによって、四季の季節感を深く実感してきたのである。

表－1　東京都立公園の花暦

1・2月	3・4月	5・6月	7・8月	9・10月	11・12月
ツバキ	ボケ	バラ	ムクゲ	バラ	サザンカ
ウメ	ハンカチノキ	ブラシノキ	ノウゼンカズラ	キンモクセイ	リンドウ
ロウバイ	ギンヨウアカシア	ホオノキ	オカトラノオ	ジュウガツザクラ	キク
マンサク	ミツバツツジ	ヤマボウシ	スイレン	ヒガンバナ	
フクジュソウ	キブシ	コアジサイ	ヤマユリ	ススキ	
スイセン	カタクリ	ネジバナカ	ハス	ツリフネソウ	
セツブンソウ	フデリンドウ	キツバタ	キツネノカミソリ	フジバカマ	
クリスマスローズ	チューリップ	スイレン	ヤブミョウガ		

（注）東京都建設局ホームページより作成（2018.2.2）

表－2　京都御苑国民公園の花暦

春	夏	秋	冬
シダレザクラ	サルスベリ	キンモクセイ	ウメ
コブシ	ナツツバキ	シリブカガシ	サザンカ
モクレン	ネムノキ	マユミ	ソシンロウバイ
モモ	ヤマボウシ	ヒガンバナ	クロガネモチ
ハナカイドウ	キョウチクトウ	ヤブラン	ツワブキ
フジ	ヤマモモ	エノコログサ	
トチノキ	シイ	スズメウリ	
エゴノキ	アジサイ	ノコンギク	
ザイフリボク	アベリア		
センダン	ヤブミョウガ		
カマツカ	イヌタデ		
ウグイスカズラ	ウリクサ		
ドウダンツツジ	ギボウシ		
ユキヤナギ	ツユクサ		
ウマノアシガタ	ツルボ		
オドリコソウ	ヤブカンゾウ		
カキツバタ			
シャガ			
スミレ類			
タンポポ			

（注）環境省京都御苑ホームページより作成（2018.2.2）

第Ⅰ部　花風景の基礎知識

なお、これらの表には掲載されていなかったが、春のアセビ、レンギョウ、ハナミズキ、ボタン、夏のタイサンボク、ヒマワリ、ダリア、キキョウ、テッセン、秋のハギ、コスモス、冬のジンチョウゲ、その他ショウジョウバカマ、ヒトリシズカなど山野草にも見逃せない花は数多くある。

近年、海外の珍しい花を色彩豊かに一面に眺められる国営公園やフラワーパークもある。花の世界にもグローバリゼーションが及び、インスタ映えするバーチャルな世界を好む情報社会の結果かもしれない。それらを否定はしないが、地域らしさや季節感を表す花風景の原点も忘れないように重視したいものである。

持続する風土性

花はもともと世界を駆け巡ってきた。在来種もあれば外来種もあり、和花と洋花、自生種と栽培種などがあった。不易流行(ふえきりゅうこう)ともいうべき、愛でられ続ける花もあれば、嗜好が変化した花もあった。重要なことは、花の歴史と文化の中で、地域らしさや季節感を表す花風景が形成されてきたのであり、今後もそれを大切にすることである。さらに、里地里山の絶滅危惧種やなりわいの花の衰退など失われゆく花があり、それらは保護し、場合によっては再生すべきである。阿蘇では絶滅危惧種保護のために草原の維持が図られ、瀬戸内海沿岸では小面積ではあるがジョチュウギクやワタの再生が図られている。

われわれの多くは大都会に住み、風土の持つ力を忘れてしまった。過去から連なる風土、自然と一体となる風土、そこには土地の趣ともいうべき比類ない風土性があった。我々はそのような意味のある風土に拠(よ)るべき場所を見いだし、過去や自然との交感によって心を豊かにし、地域らしさやアイデンティティを確立してきた。近代とはこの風土性を破壊する歴史でもあった。

風土力の重要性を再認識し、此処をまさに此処にしている持続する風土性を捉えなおすべきである。土地の花風景もその一助となるであろう。2014（平成26）年、花き産業と花き文化の振興を目的として花き振興法が制定され、都道府県が花き振興計画を策定しつつある。美しさや癒やし、地域らしさや季節感、豊かな土地の趣をもたらしてくれる花風景がわれわれの身近にどれだけあるか、今一度見直してみよう。

第Ⅱ部

都道府県別
花風景とその特色

凡例

* 人名の敬称は省略した。
* 山岳名の括弧書きの数値は標高を表す。
* 1事例とは1小見出しを指し、1事例に複数の場所あるいは複数の花風景を含む場合がある。
* 「なりわいの花風景」とは、現在生産しているジャガイモ、ソバ、モモ、ウメ、柑橘類や、チューリップ、ボタンのような出荷用の園芸植物などの農の風景、かつて生産していた名残のベニバナ、ジョチュウギク、ナノハナ、カタクリなどをいう。
   ナノハナは観光用もあるが、生産用の名残を継承したものや、食用、燃料用に利用しているものもあるので、一括、なりわいの花風景とした。
* ウメ、モモ、ツバキ、ボタン、ハス、ヒマワリなどでも、当初から観賞用のものであったものはなりわいの花風景とはしなかった。
* 付帯情報として、観賞最適季節、自然公園法の国立・国定公園、文化財保護法の国指定の史跡・名勝・天然記念物など、日本遺産、国際条約の世界遺産・ラムサール条約登録湿地など、日本さくら名所100選を記した。
* 付録 (p.303) に「都道府県の花」と「日本さくら名所100選」を設けたので、参照されたい。
* 引用・参考文献の情報は巻末 (p.307) に一覧で記載している。

北海道

羊蹄山麓のジャガイモ

地域の特色

　太平洋、日本海、オホーツク海に臨み、本州と津軽海峡で隔てられた最北の地で、冬は長く厳しい。国土の約20%の広大な面積を占める。雄大で原始的な山岳、特異な火山、広大な平野や湿原、神秘的な湖沼など独特の風景を呈している。元はアイヌ民族の蝦夷地と呼ばれて、江戸時代に松前藩が支配し、1854（安政元）年に函館（当時は箱館）開港。1869（明治2）年、明治新政府が北海道と改め、開拓使、屯田兵、大土地処分などによって開拓を進めた。北海道特有の亜寒帯と冷温帯の気候である。

　花風景は、近世の城郭や近代化時代の城郭・港湾・道路のサクラ名所が知られ、ラベンダーなどの観賞用花畑が一面に広がり、生産用植物のなりわいの花も広がっている。山岳や離島には貴重な高山植物が見られる。

　北海道の花はバラ科バラ属のハマナス（浜梨）である。海岸の砂地に自生する落葉樹低木の海浜植物で、北海道に多く、東日本や山陰などにも分布している。薄紅色の花が鮮烈に目立ち、赤い果実や艶のある葉も美しい。果実は食用や香水にもなる。北海道誕生110年を記念して公募され、純朴、野性的、美しさ、生命力など北海道の象徴として選定された。

主な花風景

二十間道路桜並木のサクラ　＊春、日本さくら名所100選

　日高郡新ひだか町静内にある新冠牧場は、1872（明治5）年開拓使長官・黒田清隆により創設され、77（同10）年アメリカ人エドウィン・ダンによって近代的な西洋式牧場として再編整備され北海道馬産政策の拠点となった。84（同17）年に宮内省所管の新冠御料牧場となり1990（平成2）年（独法）家畜改良センター新冠牧場となり現在に至っている。

　1903（明治36）年皇族の行啓のため、静内から御料牧場に至る延長約8

キロの道路が造成された。道路幅が二十間（約36メートル）であったことから二十間道路と呼ばれるようになった。16（大正5）年から3年の歳月を費やし御料牧場職員によって道路の両側にドイツトウヒ32万本が植栽されたほか、近隣の山々からエゾヤマザクラなど1,600本が山取り移植されサクラ並木が造成された。現在植えられているサクラは、エゾヤマザクラが約2,100本、カスミザクラ約800本、ミヤマザクラ約100本の合計約3,000本となっている。広々とした幅員でまっすぐに延びた道路の両側に植えられたエゾヤマザクラはのびのびと育ち、約7キロに及ぶ美しい薄紅色の長い帯をつくり、北海道のサクラ並木を代表する素晴らしい風景を形成している。

　全国のサクラの名所の多くはソメイヨシノが植えられている。ソメイヨシノは単一の木から生まれた同じ性質を持つクローン（分身）であることから同じ時期に一斉に花を咲かせる。しかし、二十間道路のエゾヤマザクラは、花色は全体として薄紅色であるが、よく見ると一本一本花色に個性があり咲く時期も微妙に異なっている。また、カスミザクラの白い花など微妙に異なる色合いのサクラを交えることから自分好みのサクラを見つける楽しみがある。サクラの背後には防風のためのドイツトウヒが植えられているため、ドイツトウヒの深い緑とエゾヤマザクラの薄紅色が補色関係となり、花の色の美しさがよりいっそう強調されている。

松前公園のサクラ　＊春、史跡、日本さくら名所100選

　松前公園は、松前郡松前町にある都市公園である。松前城とその背後に広がる約22ヘクタールの城跡公園で、多くの史跡や社寺が点在している。約250種1万本のサクラが植栽されており、松前城の天守閣など古い建物群の中に咲くサクラは歴史の重みを感じさせる。4月下旬から5月下旬まで約1カ月間の長い間さまざまな種類のサクラの花を楽しむことができる。

　松前は、江戸時代蝦夷地の産物を北前船によって商いする近江商人によって栄えた。北前船の往来により商人や参勤交代の藩士、京都から嫁いできた奥方たちが近江や京都など各地の文化と共にさまざまな種類のサクラを持ち込み松前の地に植えられた。こうした歴史から、松前には由緒あるサクラの古木が多く残されている。光善寺の血脈桜は樹齢300年以上といわれる。その昔寺の改修の際にこのサクラを伐採しようとしたところ、

前夜に人が極楽へ渡る際の通行手形である「血脈」を乞うサクラの精が現れたため伐採をとりやめたという伝説が残されている。

江戸時代の終焉とともに北海道の中心は函館、札幌へと移り、松前は衰退するが、大正時代町の職員鎌倉兼助が町の元気を取り戻すため、松前のサクラを接ぎ木によって増やし植栽を続ける。昭和20年代からは小学校教諭浅利政俊が、全国からサクラを集め、品種改良によって松前独自のサクラを育てた。公園内のサクラの名前に「松前」と付くものが多いのは、浅利が100種類以上のサクラを生み出してきたことによる。松前のサクラは、江戸時代から続く古いサクラを守りつつ現代まで多くの人によって植え続けられてきた長い歴史がある。ソメイヨシノ一色のサクラの名所とは異なり、さまざまな種類のサクラが微妙に異なる色合いで時期をずらして咲き長く楽しめるサクラの見本園となっている。

なお、松前城は、江戸時代末期北方警備を目的に1854（安政元）年に建造された北海道唯一の日本式城郭で戊辰戦争の時に旧幕府軍との戦いで落城した。現在の天守は1961（昭和36）年に復元されたものである。

函館のサクラ　＊春、特別史跡、登録記念物

函館には、五稜郭公園と函館公園の二つのサクラの名所がある。五稜郭公園のサクラは、北海道で最も早く創刊した新聞社である函館毎日新聞が発行1万号を記念して1913（大正2）年から10年の歳月を費やし約5,000本のソメイヨシノを植樹したものが始まりである。現在、星型の城郭とその周りに約1,600本が植栽されており、満開時にはサクラの白い星が描かれる。また、サクラが散る頃には、お堀の水面が花びらで覆い尽くされ、開花時とはひと味違った趣となる。

函館公園のサクラは1891（明治24）年、94（同27）年に商人逸見小右衛門がサクラとウメの木約5,250本を植栽したことに始まる。現在でもソメイヨシノを中心に約420本のサクラの木があり、移築された古い洋館とサクラの花のコラボレーションは函館ならではの風景である。観光地から離れていることから観光客の喧騒の少ない静かなお花見を楽しむことができる。公園内の小高い展望台からはサクラと共に津軽海峡の青い海を見渡すことができる。

五稜郭は、江戸時代の末期1866（慶応2）年に江戸幕府によってロシア

の脅威に備えるため函館郊外に建造された西洋式の城郭で稜堡(りょうほ)と呼ばれる五つの突角のある星形五角形の外観から五稜郭と呼ばれている。完成後わずか2年後に江戸幕府が崩壊、榎本武揚(えのもとたけあき)率いる旧幕府軍に占領され、その本拠地となった。1914(大正3)年から五稜郭公園として一般開放され、52(昭和27)年には「五稜郭跡(ごりょうかくあと)」の名称で国の特別史跡として指定された。現在、中央部に函館奉行所の一部が再建されている。なお、サクラの花の星型を実感するためには高さ107メートルの五稜郭タワーにのぼってみることをお勧めする。

函館公園は、1874(明治7)年に開園した歴史ある公園で、函館駐在英国領事リチャード・ユースデンの呼び掛けで始まり、商人の渡辺熊四郎(わたなべくましろう)をはじめ市民の寄付や労働奉仕など市民の力によってつくられた公園である。

国営滝野(たきの)すずらん丘陵公園のチューリップ　＊春・夏・秋

滝野すずらん丘陵公園は、札幌市南区滝野にある面積約400ヘクタールの広大な国営公園である。園内は四つのゾーン(中心ゾーン、渓流ゾーン、滝野の森ゾーン西、滝野の森ゾーン東)に分かれている。中心ゾーンのカントリーガーデンは「花と緑のある北のくらし」をテーマに、北海道を代表するおおらかな田園風景が人工的な植栽によって表現されている。数万株のクロッカス、スイセンやチューリップなどの球根類、スズラン、キングサリ、イングリッシュ・ブルーベル、シベリアアヤメ、ラベンダー、デルフィニウム、ヘメロカリス、ポピー、ユリ、ハギ、コスモス、コルチカムなどが春から秋まで次々に咲く。花々の量と色合いの多様さは素晴らしく北の台地を連想させるものがある。

一方、公園の大半を占める滝野の森ゾーンなどではフクジュソウ、エンレイソウ、エゾエンゴサク、ヒトリシズカ、シラネアオイ、ミズバショウ、エゾノリュウキンカ、カタクリ、エゾヤマザクラ、キタコブシなど北海道の里地里山の花々を見ることができる。

公園がある滝野は、1879(明治12)年に開拓使が官営の製材所を設置後、アメリカ軍演習場、パイロットファーム、札幌市野外学習施設を経て北海道開発局によって国営滝野すずらん丘陵公園として整備され2010(平成22)年全面開園した。

東藻琴芝桜公園のシバザクラ　＊春

　網走郡大空町東藻琴藻琴山のふもとに位置する公園で、約10ヘクタールの丘が一面シバザクラのピンクで覆われる。シバザクラはハナシノブ科の北米原産の多年草で、サクラに似た形の淡桃、赤、薄紫、白色などの花を10センチ程度の低い位置に咲かせる。晴天の日に公園の満開のシバザクラの中に立つと全ての物がピンク色に染まる錯覚に陥いり眩暈を覚えるほどである。

　東藻琴のシバザクラは、地元の農家中鉢末吉が、終戦後親戚からシバザクラを入手して自分の畑の隅に移植、少しずつ増やして約10アールの「ミニシバサクラ公園」をつくったことに始まる。そのミニ公園が見事であったことから「藻琴山温泉管理公社」が、経営するユースホステルの裏山にシバザクラを植えて村の憩いの場をつくることを中鉢に依頼する。中鉢は1976（昭和51）年離農して公社職員に転身し毎日丘一面の木々やササなどを刈り払い開墾してシバザクラの苗を植え付けていった。この作業は険しい斜面のため機械や馬は使えず全て手作業で行われたという。8年後の84（同59）年に植栽が完了し芝桜公園としてオープンした。

　現在、全国各地でネモフィラなどの単一種の広大な面積の花園が造成されているが、これらは機械によって造成・播種されている。東藻琴のシバザクラは、一人の人間がこつこつと手作業で植え続けることによってつくられた花園である。一見同じような花園であるが、その来歴を知ることによってより趣が深まるのではないか。

四季彩の丘のチューリップ　＊春・夏・秋

　四季彩の丘は、上川郡美瑛町にある農園で、正式名称は「展望花畑 四季彩の丘」という。面積は7ヘクタールでチューリップ、ラベンダー、ルピナス、コスモス、ヒマワリなど年間約30種類の草花が緩やかな傾斜の丘全体にカラフルな絨毯のように咲き、十勝連峰を背景に美しい風景が展開する。

　美瑛町は、写真家前田真三によって発見された美しい「農の風景」を多くの人が見に訪れるようになった。「農の風景」は農家の営みがつくり出した風景であり、本来は人を呼ぶためにつくられたものではないが、四季彩

の丘は、初めから人を呼ぶことを目的としてつくられた花の農園である。農園のオーナーは入植3代目の熊谷留夫である。1999（平成11）年から造成に着手し2001（同13）年にオープンした。春のチューリップ、夏のクレオメやリアトリス、秋にはキカラシが咲き乱れる展望花畑と、農産物直売所からなる。

　熊谷は、かつて地元の農協に花畑の開設を何度も働きかけたが理解は得られず、独自で事業に取り組むこととなる。丘の畑は土質が悪く傾斜がきついため農業をするには不適であったことから、大量の客土を行うとともに花栽培の技術に長けたスタッフを雇用することでプロの力を結集し、美しい花畑をつくり上げた。傾斜のある丘陵上の地形は、農業には不向きではあるものの、十勝連峰を背景とする巨大な花のキャンバスとしては最適のものとなり、さまざまな花の色彩による幾何学的な現代美術のようなコンポジションが描かれる。日本ではほとんど経験することができない壮大な花の色彩によって描かれた現代美術といっても過言ではなく、見る者を魅了する。

ファーム富田のラベンダー　　＊夏

　ファーム富田は、空知郡中富良野町にあるラベンダー農園である。園内には約15ヘクタールのラベンダーが栽培されているほか、ハマナスなど多くの花が栽培されている。花畑は、花人の畑、春の彩りの畑、秋の彩りの畑、トラディショナルラベンダー畑などに分かれ、ラベンダーや北海道の花ハマナスなどそれぞれ特徴のある花々が植えられている。4月からクロッカス、スイセン、チューリップ、ハマナスやシャクヤクなどが次々に咲き、6月下旬頃からラベンダーが開花し始めると一面が紫色のラベンダーの花で敷き詰められ、ラベンダーの独特の甘い香りに包まれる。ラベンダーの香りには癒やしや安眠の効果があり、精神的にも落ち着いた雰囲気を楽しむことができる。

　富田ファームは、緩やかな傾斜を持つ広大なラベンダーの畑自体も素晴らしいが、ラベンダー畑の先に広がる富良野の田園風景とさらに遠くに十勝連峰の雄大な山々が眺望され、その全体のロケーションが北海道を代表する素晴らしい風景となっている。

　ファーム富田の歴史は、1903（明治36）年福井県出身の初代富田徳馬が

入植したことに始まる。稲作農家であったが、3代目富田忠雄が58（昭和33）年からラベンダー栽培を開始した。当時のラベンダーは観賞用ではなく、精油（香料の原料）の抽出のため栽培されていた。富良野地方では数多くの農家がラベンダーを栽培し70（同45）年に生産量はピークを迎える。その後、合成香料の進歩や安い輸入香料が出回ったため73（同48）年香料会社がラベンダーオイルの買い上げを中止。他の農家が別の作物へと切り替えるなか、富田は稲作で生計を立てながら細々とラベンダー栽培を続けた。さすがの富田も栽培を諦めかけたが、76（同51）年転機が訪れる。旧国鉄のカレンダーに富田のラベンダー畑の写真が紹介されたのである。これを契機として徐々に観光客やカメラマンが訪れるようになった。さらにTVドラマ『北の国から』で放送されることによって、花の観光地として一躍有名になった。

羊蹄山麓のジャガイモ　＊夏

　ジャガイモは、ナス科ナス属の多年草の植物である。北海道は、全国一のジャガイモの産地でシェア8割の収穫量を誇る。花の最盛期には、北海道の各地に広がる広大な畑一面が白や紫色のジャガイモの花で埋め尽くされる。緩やかにうねった畑に幾何学的な美しい色の花が咲き、地平線のかなたまで続く風景は、まさに北海道の夏を代表する風景である。

　北海道では明治以降本格的なジャガイモの栽培が始まる。北海道開拓使によって欧米から北海道に導入されると、気候・風土に適合したことから広大なジャガイモ畑がつくられるようになった。

　北海道では用途などに応じて、男爵薯やメークインの他、約50種類もの品種が作付けされている。男爵薯は白っぽい花、メークインはピンクがかった紫色、キタアカリはうすい赤紫色の花を咲かせる。一つ一つの花は派手ではないが、広大な面積で作付けされることから雄大な農の風景が出現する。北海道各地でジャガイモ栽培が行われているので、花の時期には至る所が花畑となるが、特に道南の羊蹄山麓、道央の美瑛町周辺、道東の小清水町ジャガイモ街道などが著名な風景地となっている。

　なお、最近、畑の中に入る撮影者がいるが、土壌への雑菌侵入・病気害虫の発生の原因となり、最悪の場合、無農薬有機栽培農家や種芋農家は、壊滅的打撃を被る可能性があるので決して畑に入ってはならない。

幌加内のソバ　＊夏

　ソバは、タデ科の一年草で、播種後70〜80日程度で収穫でき、痩せた土壌や酸性の土壌でも成長し結実することから、救荒作物として5世紀頃から栽培されていた。花の色は白が多いが、淡紅、赤色などもある。ソバといえば信州が有名であるが、ソバの栽培は北海道が面積、収量ともに北海道がいちばんで、北海道各地で広大な面積で栽培され一面に白いソバの花が広がる美しい農の風景が出現する。

　北海道では開拓史の時代から大変な苦労をして米作が行われてきたが、1970（昭和40）年代に入り米の減反政策が始まると大幅な減反が求められ、やむを得ずソバの作付けが行われるようになった。北海道各地でソバの作付けが進められたが、特に道北雨竜郡幌加内地域は自然条件がソバ栽培に適していたことなどから作付面積が増え、80（同55）年に日本一になった。北海道のソバ栽培は6月に播種が行われ、7月下旬〜8月上旬に白い可憐な花が咲き、9月上旬に収穫シーズンを迎える。

　幌加内町の平坦な場所のほとんどでソバが植えられており、はるか遠方の丘陵まで一面白い花で埋め尽くされる風景は、まさに絶景である。幌加内町にはこの風景を観光客に楽しんでもらうため政和、純白の丘、白銀の丘、白絨毯の畑の四つのビューポイントがつくられている。ビューポイントには少し高いところからソバ畑を見ることができる展望台などがつくられているが、ソバは輪作されるため年によってはソバの花を見ることができないことがあるので事前によく調べておく必要がある。

　幌加内のほか鹿追、空知など北海道各地で広大なソバの花を見ることができる。近年、かってに畑に入り込み写真撮影をする観光客が増えているという。生産現場であることを忘れず、決められた場所で花の風景を楽しんでいただきたい。

北竜町のヒマワリ　＊夏

　ヒマワリはキク科の一年草である。北アメリカ原産で、高さ3メートルまで生長し、夏から秋に大きな黄色の花を咲かせる。種実を食用や油糧とするため、あるいは花を観賞するため広く栽培されている。

　ひまわりの里は、雨竜郡北竜町にある約23ヘクタールの観光ヒマワリ

園で、なだらかな丘一面が150万本の黄色いヒマワリで彩られる。ヒマワリの最盛期には広大な面積の畑で大輪の黄色い花の全てが太陽の方向に向かって咲き、地平線まで黄色く染まる風景を見ることができる。日本各地でヒマワリが植えられているが、北竜町の規模に及ぶところはなく、北海道を代表する風景となっている。

　北竜町のヒマワリ栽培は1979（昭和54）年農協職員が、旧ユーゴスラビアのベオグラード空港周辺一面に広がるヒマワリ畑を見てその美しさに感動し、さらに健康に良い食用油として利用していることを学んだことから始まる。帰国後、80（同55）年農協女性部と共に健康づくりのため家の周りにヒマワリを植える「一戸一アール運動」を開始し、422戸4.2ヘクタールのヒマワリが作付けされた。89（平成元）年、離農希望の農家の土地6ヘクタールを町が借りてヒマワリを植え、ひまわりの里が誕生した。ヒマワリの作付けは、農協青年部が十数台のトラクターを持ち寄り、役場、農協、商工会などの職員が協力し、草取りも全町民に呼び掛け鍬を持ち寄り町一丸となった畑づくりが始まり、作付面積を少しずつ拡大して現在に至っている。

　北竜町で栽培するヒマワリの種類は27種類にもなる。ナッツ用、オイル用、観賞用などとそれぞれ用途によって種類が異なっており、赤やピンクの花もあるという。ヒマワリは開花期が長いことから長期間風景を楽しむことができる点で観光資源としても優れている。

滝川市のナノハナ　＊春

　ナノハナは、アブラナ科アブラナ属の二年生植物で、古くから野菜、採油のため栽培されてきた作物である。江戸時代には燈明油として栽培され菜種油（なたねあぶら）と呼ばれた。かつては全国各地で栽培され最盛期の1957（昭和32）年北海道の作付面積は16,000ヘクタールに達するが、輸入自由化により激減し2016（平成28）年には884ヘクタールと約5％まで減少してしまった。

　滝川市は、ナノハナの作付面積日本一を誇っている。ナノハナの黄色は大変鮮やかで丈が低いことから展望台などがなくても遠くまで見通すことができる。滝川市では広大な面積のナノハナ畑が地平線のかなたまで広がる黄色い絨毯を広げたように見える。天気の良い日にはさわやかな空の青さと鮮やかな黄色いナノハナが鮮烈なコントラストをなす。ナノハナがつ

くり出す広大な黄色い風景は北海道ならではの風景である。

　滝川市でナノハナの作付けが始まったのは1989（平成元）年北海道庁がナタネ地域適応性研究のため市内の農家に現地試験を委託したことに始まる。この試験研究成果として92（同4）年北海道の優良品種として秋まきの「キザキノナタネ」が開発された。これらによって滝川地域にナノハナ栽培が普及し99（同11）年頃から次第に栽培面積が拡大し2008（同20）年には作付面積が225ヘクタールを超え単一市町村の作付けとしては日本最大となった。

　なお、滝川のナノハナは観賞用ではなく、油の原料となる菜種を取るための農作物として栽培されているものが中心であるため、畑の中に入ることはせず、マナーを守って観賞する必要がある。

礼文島の高山植物　＊春・夏、利尻礼文サロベツ国立公園

　礼文島は、北海道の北部、稚内の西方60キロの日本海上に位置する比較的平坦な島で、北西に位置する利尻山（1,721メートル）を有する利尻島と好対照をなしている。200種類以上の高山植物が見られることから別名「花の浮島」「フラワーアイランド」とも呼ばれている。海岸付近から多数の高山植物を手軽に見ることができ、ピンクの可憐なレブンコザクラ、エーデルワイスに近いレブンウスユキソウ、青いリシリシノブ、一面に咲くニッコウキスゲなど青い海をバックにたくさんの色とりどりの花が咲く。可憐な花々と海、さらにその先に利尻富士を望むロケーションは日本有数の花風景の一つとなっている。

　礼文島には、レブンの名を冠する固有種が多く、代表格のレブンアツモリソウをはじめレブンウスユキソウ、レブンコザクラ、レブンハナシノブ、レブンキンバイソウ、レブンシオガマ、レブンイワレンゲなどがある。

　レブンアツモリソウは、礼文島を代表する野生ランである。アツモリソウの和名は、平家の平敦盛にちなんでいる。草丈は25〜40センチ程度で、花の色は淡いクリーム色、5月下旬から6月上旬頃に開花する。群生地では、盗掘防止のため昼間のみ遊歩道が開放されており大きなクリーム色の独特な花を見ることができる。かつては島内各地で見られたが、礼文島の大部分を焼く大きな山火事によって、木々に埋もれるように咲いていた花が人目にふれるようになったため盗掘に遭って数は激減、現在では北鉄府

の「レブンアツモリソウ群生地」以外はほぼ絶滅している。このため、レブンアツモリソウの種を保護するため、礼文町の高山植物培養センターで保護増植事業として組織培養による増殖の研究が続けられ、2001（平成13）年18本の開花に成功し絶滅の危機を回避している。

大雪山の高山植物　＊春・夏、大雪山国立公園、特別天然記念物

　大雪山は北海道中央部に位置し、北海道最高峰の旭岳（2,291メートル）を主峰とする大雪火山群を総称して大雪山と呼ばれている。大雪山を中心に、トムラウシ山から十勝岳連峰、石狩岳連峰などの壮大な山々や、北海道を代表する石狩川と十勝川の源流地域を含む地域は「北海道の屋根」といわれ、一帯は大雪山国立公園に指定されている。これらの山岳は標高2,000メートル前後であるが、緯度が高いため本州の3,000メートル級に匹敵する高山帯となっている。広大な高山帯は高山植物が一面に咲き美しい庭園のようになることから、アイヌの人々は「カムイミンタラ―神々の遊ぶ庭」という素敵な名前を付けている。

　大雪山の山頂部付近では約250種の高山植物が見られる。希少種も多く、エゾオヤマノエンドウ、ホソバウルップソウなどの大雪山固有種や、リシリリンドウのような分布の限られた種類も見られる。山頂部には真夏でも大きな雪渓・雪田が残り、雪解けを追うようにピンクのエゾコザクラや黄色のメアカンキンバイ、白と黄色のチングルマなどが一面に咲く華麗なお花畑をつくり出している。

　大雪山は広大な面積であり主要部へは数日を要する登山を強いられるため、一般観光客が簡単に訪れることはできない。しかしながら、ごく一部ではあるが旭岳ロープウェイを利用することによって容易に高山植物を見ることができる。旭岳ロープウェイは大雪山の東側の玄関口東川町にあり、標高約1,100メートルの山麓駅から標高約1,600メートルの姿見駅を結んでいる。姿見駅からは、遊歩道が整備されており一周約1時間程度で姿見ノ池や夫婦池、盛んに噴煙を上げる噴気口などを巡ることができる。姿見ノ池は、晴天時に池面に旭岳の姿を映し出すことが名前の由来となっている。遊歩道周辺では、キバナシャクナゲ、エゾノツガザクラ、チングルマ、エゾコザクラ、エゾイソツツジ、メアカンキンバイなどの高山植物の他、シマリスやナキウサギなどの動物も運が良ければ見ることができる。

小清水原生花園のハマナス　＊春・夏、網走国定公園

　「原生花園」は北海道ではオホーツク海沿岸をはじめ、道東から道北にかけて多く分布している。「原生」と書かれていることから一般には手付かずの自然が残された湿地帯や草原のイメージが強い。

　小清水原生花園は、斜里郡小清水町浜小清水にある。オホーツク海と濤沸湖に挟まれた細長い砂丘に約40種類の花が咲く花園で、JR北海道の釧網本線が中を通過し「原生花園駅」（5月から10月まで臨時営業）がある。深い青色のオホーツク海と知床連山などを背景にピンクのハマナスや橙色のエゾスカシユリ、黄色いエゾキスゲ・センダイハギ、濃い紫色のクロユリ、藍色のヒオウギアヤメなど多彩な色の約40種の花が一面に咲き乱れる風景は、北海道の「原生花園」を代表するものとなっている。たくさんの花々とともに釧網線の鉄道車両や濤沸湖畔に放牧された馬などが北海道らしい風景を演出している。

　かつて蒸気機関車が主役であった時代、蒸気機関車から火種が飛び野火が発生して一面を焼き払うことがしばしばあった。また、牛馬の放牧も行われていたことから、野火と放牧によってさまざまな美しい花が咲く草原が維持されてきた。しかしながら、蒸気機関車からディーゼル車に替わり野火が発生しなくなったことや放牧が終了したこと、網走国定公園に指定され、厳重な保護が行われたことなどによって植生が変化し、美しい花々が減少していった。このため、現在では、小清水原生花園風景回復対策協議会によって毎年5月人為的な火入れが行われているほか、馬の放牧を行うことによって往時の美しい原生花園の風景が再生し美しい花々が咲き続けるようになった。「小清水原生花園」は実は「原生的な」花園ではなく、自然と人の営みがつくり出した花園なのである。

　北海道にはこの他、サロベツ原生花園、ワッカ原生花園、ベニヤ原生花園、コムケ原生花園などそれぞれに特長のある「原生花園」が沿岸各地に点在している。

青森県

弘前のリンゴ（県花）

地域の特色

本州最北に位置し、下北と津軽の半島が津軽海峡に突き出し、北海道と相対している。太平洋と日本海に臨み、三方を海に囲まれている。中央を縦断する奥羽山脈と重なって火山帯も走り、恐山、八甲田山、十和田湖と火山地形を形成している。津軽地方のリンゴはわが国最大の出荷を占める。古くは陸奥国であり、近世には主に東部の南部氏盛岡藩と西部の津軽氏弘前藩となるが、明治維新の戊辰戦争で弘前藩は途中で官軍につき、その後しばらく弘前が中心地となる。温帯の北限で冷温帯の気候を示す。

花風景は、近世の城郭跡の都市公園・由緒ある神社・近代の官庁街・県立自然公園のサクラ名所などがあり、リンゴなどのなりわいの花、山岳の高山植物や半島の自然地域の自生の花木なども特徴的である。

県花は、後述の花風景でも紹介するが、バラ科リンゴ属のリンゴ（林檎）である。青森県誕生100年を記念して制定された。植物学的にはセイヨウリンゴが正しい。青森県の最高峰で津軽富士と呼ばれる火山の岩木山（1,625メートル）を背景にしたリンゴの花が、春の風物詩として、県民に親しまれ、全国にも知られている。冠雪の山と白色や薄紅色の花が美しい。

主な花風景

弘前公園のサクラ　＊春、日本さくら名所100選

弘前公園は、弘前市の中心部に位置する総面積約49ヘクタールの城址公園である。弘前城の周辺のお堀端に植えられたサクラは、枝を水面近くまでのびのびと伸ばしボリュームのあるたくさんの花を咲かせ、石垣とお堀の水とサクラが絶妙の対比を構成する。シーズン終盤になるとサクラの花びらがお堀一面を埋め尽くす「花筏」を楽しむことができる。水面に落ちた花びらが風で吹き寄せられたり、オシドリなどが泳いだ後の航跡など

自然のつくり出す美しい造形は一期一会の一瞬の美であり印象深いものがある。また、園内の小川では、サクラの花がさらさらと流れる様を楽しむことができる。城内本丸の天守閣周辺では老幼のシダレザクラの優雅な姿を名峰岩木山と共に楽しむことができる。まさに日本一のサクラである。

弘前公園のサクラは1715（正徳5）年、弘前藩士が25本のカスミザクラなどを京都から取り寄せ城内に植栽したのが始まりとされている。その後城内が荒れ果てたのを見かねた旧藩士の菊池楯衛が1882（明治15）年ソメイヨシノを1,000本植栽、さらに97（同30）年にも1,000本を植栽した。この菊池楯衛は、津軽地域にリンゴ栽培を広め、青森県のリンゴ産業発展の基礎を築いた人物で、「青森りんごの始祖」といわれている人物である。さらに1901（同34）年から3年間で当時皇太子であった大正天皇の結婚記念として1,000本のソメイヨシノが植栽され、現在では52種類2,600本のサクラを見ることができる。

サクラの管理は1952（昭和27）年から本格的に行われるようになった。弘前公園のサクラは「桜守（さくらもり）」と呼ばれる樹木医たちが管理するのが特徴で、サクラの剪定（せんてい）にはリンゴの剪定技術が応用されている。「弘前方式」とも呼ばれ、施肥、施肥、薬剤散布などの作業を行うことで、サクラの寿命を100年近く延ばすことに成功している。この管理は若返り法とも呼ばれ、常に若い枝に花をつけ一つの花芽から多くの花を咲かせる。こうした徹底した管理によってボリュームのある花をつけることから弘前公園のサクラは「日本一のサクラ」と呼ばれるようになった。

十和田市官庁街通り（とわだしかんちょうがいどお）のサクラ ＊春

十和田市は、古くからの馬産地（ばさんち）であった。戦前には旧陸軍軍馬補充部（ぐんばほじゅうぶ）が設置されたが、戦後間もなく用地が開放され官公庁用地として整備された。条里制（じょうりせい）のように碁盤の目状に整然と区画され、道の両側には多くの国・県・市の官庁が立ち並ぶ「官庁街通り」となった。

戦前から軍馬補充部のソメイヨシノやアカマツが市民から親しまれていたが、1969（昭和44）年の都市計画街路完成時に植樹帯にソメイヨシノ約150本、アカマツ約170本が植栽され、このサクラが次第に大きくなり現在見頃を迎えている。広い道路にゆったりと植えられたサクラは、壮年期を迎えて自由に枝を伸ばしたくさんの花をつける。また、道路の前面に植

えられたアカマツの緑がサクラの花の色をいっそう引き立てている。

　官庁街には十和田市現代美術館がある。この美術館は、十和田市が推進するアートによるまちづくりプロジェクト Arts Towada の拠点施設として2008（平成20）年に開館した現代美術館である。官庁街通りという屋外空間を舞台に通り全体を一つの美術館に見立てて、多様なアート作品を展開していく世界的にも珍しい試みである。美術館は開館から6年目の14（同26）年には累計100万人の入館者数を突破した。美術館の外の公園には草間彌生、ロン・ミュエクなどの作家による不思議で巨大な現代アートの屋外展示がある。官庁街通りのサクラやアカマツはそれら自体が美術作品の一つであると同時に美術作品の背景ともなっている。現代アートの不思議な造形とサクラの花のコラボレーションは他には見られない風景であり一見の価値がある。

芦野公園のサクラ　＊春、日本さくら名所100選

　芦野公園は、五所川原市金木町にある芦野湖（別名藤枝溜池）と一体となった約80ヘクタールの自然公園である。作家太宰治が歩いた遊歩道や文学碑などがある。園内にはソメイヨシノを中心に北海道松前から移されたサトザクラなど約1,500本のサクラと約1,800本のクロマツが植えられている。芦野湖畔に植えられたサクラとクロマツは、湖面に映え見事なコントラストをみせる。

　公園内にはストーブ列車で著名な津軽鉄道が通過している。太宰治の小説『津軽』に「踏切番の小屋くらいの小さい駅」と書かれた旧芦野公園駅旧駅舎は、国の登録有形文化財に登録されている。駅周辺一帯にはサクラが植栽されていて、線路の両側に植えられたサクラはまさにサクラの花のトンネルをつくり上げ、その中をくぐり通過する津軽鉄道のレトロ列車との風景は絶好の被写体として、鉄道ファンのみならず多くの人々に感動を与えている。

　藤枝溜池は、1688〜1704（元禄元〜宝永元）年、弘前藩主津軽信政によって、北津軽の新田開墾の灌漑用水源として築造された。池にはつり橋や、水位によって上下する芦野夢の浮橋が横断し、冬季にはガンカモ類などの渡り鳥の越冬地ともなっている。

舘野公園のヤマザクラ　＊春

　舘野公園は上北郡六戸町にある町立の自然公園である。六戸の戸の由来は、鎌倉時代に、南部氏の祖南部光行が源頼朝から糠部五郡を賜った際、郡を九つの戸に分け、一戸ごとに七つの村と一つの牧場を置いたことに由来するといわれる。

　舘野公園は、一般的なソメイヨシノ主体の公園とは異なりヤマザクラが主体であることが特徴で、1905（明治38）年にヤマザクラを植樹したことに始まる。現在ヤマザクラを主体として1,000本余りのサクラが植栽されている。ヤマザクラは、ソメイヨシノの派手さとは異なり、花は地味でしかも花と葉が同時に出る。また、個性が強く開花時期、花つき、葉と花の開く時期、花の色の濃淡と葉の新芽の色、樹の形などさまざまな違いがある。花びらの色は一般的に白色、淡紅色であるが、淡紅紫色や先端の色が濃いものなど変化もみられる。また、新芽から展開しかけの若い葉の色は特に変異が大きく、赤紫色、褐色、黄緑色、緑色などがある。同じ場所に育つヤマザクラでも1週間程度の開花時期のずれがあるため、ソメイヨシノとは違って短期間の開花時期に集中して花見をする必要はなく、じっくりと観賞することができる。江戸時代にソメイヨシノの植栽が普及する前の花見は、長期間にわたって散発的に行われるものであったともいわれている。舘野公園では遠くに連なる残雪の八甲田の峰々を背景としてヤマザクラが咲き、見る者を魅了する大変美しい風景となる。ソメイヨシノが単一・雅・艶であるとすれば、ヤマザクラは多様・鄙・風雅であるといえるかもしれない。

弘前のリンゴ　＊春

　リンゴは、バラ科リンゴ属の落葉高木。植物学上はセイヨウリンゴと呼ぶ。リンゴは、1871（明治4）年に日本に導入され、青森県へは75（同8）年に内務省から3本の苗木が配布され、県庁構内に植えられたのが始まりといわれる。その後、旧弘前藩士菊池楯衛が、リンゴの苗木を津軽地域一円の旧士族を中心に配布したことが、現在津軽地域に広くリンゴが栽培されるきっかけとなった。現在、青森県は全国のリンゴ生産量の約60％を占める日本一のりんご王国となっている。

東北地方

津軽地方には、至る所にリンゴ畑が広がっている。リンゴの花は葉と同時に咲きソメイヨシノのようにたくさんの花をつける派手さはないが、サクラよりやや遅れて咲くことから、二度目のお花見を楽しむことができる。リンゴは5月に白から薄いピンクを帯びた花を咲かせる。つぼみは外側が赤みが強く、緑の葉とは補色関係になりよく目立つ。花が開くとつぼみの外側の部分（花の裏側）には色が付いていて、内側（花の表側）は白いので、全体として白く見える。花の裏側の色模様は一つ一つ異なっている。品種によって微妙に色合いが異なっていて、主力品種の「フジ」はつぼみがピンク色なので全体に白い花、「世界一」はつぼみがショッキングピンクに近い濃い色になることから全体としてピンク色に見える。リンゴ畑の中を広域農道（愛称アップルロード）が通過している。津軽富士と呼ばれている岩木山の遠望と春には白い花、秋には赤い実をつけるリンゴの木を見ながらのドライブに適した道路となっている。多くの品種がつくられていることから品種ごとに微妙に違った色の花が咲いていることに気付くことができる。

　また、弘前市清水富田にある弘前市リンゴ公園は、約5.2ヘクタールの敷地に、フジなどおなじみの品種から明治・大正の珍しい品種など80品種、約1,500本のリンゴが植えられており、さまざまなリンゴの花の微妙な違いを間近で見ることができる。

横浜町のナノハナ　＊春

　下北半島中間部の西側陸奥湾に面して横浜町がある。ナノハナの栽培面積は日本有数でナノハナが町の花となっている。横浜町のナノハナは、5月に花が咲き始め約1カ月間緩やかな斜面を一面鮮やかな黄色で染め上げる。晴れた日には青い空と青い陸奥湾と黄色い菜の花の絨毯が強烈なコントラストを描く。JR大湊線の車窓からも美しい風景を楽しむことができる。

　横浜町のナノハナは、昭和初期の稲の大凶作の後ジャガイモを導入した際に連作障害を避けるために栽培したことに始まる。ナノハナの作付面積は、1998（平成10）年度201ヘクタールと日本一を記録したものの、その後減少し2009（同21）年度は100ヘクタールを割り込んでいる。農業人口の減少や安価な外国産菜種の影響で減り続けるナノハナ畑を守り育てるため、02（同14）年町民によって「菜の花トラストin横浜町」が設立された。

主な活動は地元小中学生を交えた「休耕地を菜の花畑にプロジェクト」によって休耕地にナノハナを咲かせること、そこで収穫した菜種から搾った国産菜種油のファンを増やすことで14（同26）年にはナノハナの作付面積・全国第1位となった。

ナノハナは連作障害が出るため、ナノハナ畑の場所は毎年変わる。また、ナノハナは作物としては難しい状況にあり、安い外国産菜種の輸入や農家の高齢化などにより栽培面積は減少しつつある。美しい花畑は経済事情によって拡大縮小する。横浜町の美しいナノハナ畑を維持するためにはトラスト活動への支援が必要である。

八甲田山の高山植物　＊春・夏、十和田八幡平国立公園

八甲田山は、青森市の南側に位置する赤倉岳、井戸岳、大岳など18の成層火山や溶岩円頂丘で構成される火山群の総称である。八甲田山の標高は1,500メートル程度であるが、本州北端に位置しているため、5月中旬頃まで降雪があり10メートルにも及ぶ積雪となる。このような気象条件のため、標高が低いにもかかわらず高山植物が豊富で中部山岳地帯の3,000メートル級の山に匹敵するといわれている。赤倉岳などの火山の山頂部には、岩礫地にヨツバシオガマ、ミヤマオダマキ、イワブクロ、ウサギギクなどが見られる。また、八甲田山には中腹に毛無岱湿原や睡蓮沼、山腹の田代湿原など多くの湿原があり、チングルマ、ヒナザクラ、ショウジョウバカマ、ミツガシワ、ワタスゲ、ミズギク、キンコウカ、サワギキョウなど多くの湿原植物が見られる。

八甲田山の植物を語る上で特筆すべきものとして東北大学の植物園がある。大正時代、酸ヶ湯温泉を経営していた湯主の一人郡場直世の妻・フミは、近辺の高山植物を採集してその標本を各地の研究機関に寄贈。これによって早くから八甲田山の植生が研究されることとなり、酸ヶ湯温泉の協力もあって温泉の近傍地に1929（昭和4）年、東北帝国大学の研究施設（現東北大学植物園八甲田分園）がつくられた。植物園内には歩道が整備され、八甲田山の代表的な植物シラネアオイ、ワタスゲ、ハクサンシャクナゲ、ゼンテイカなどを容易に見ることができる。

岩手県

毛越寺庭園のハナショウブ

地域の特色

わが国で県土は2番目に広く、南北に長く、東部に北上山地、西部に奥羽山脈と火山帯が連なり、この間に北上川が流れ、盆地を形成して、重要な交通路となって、盛岡、北上などの都市を発達させた。東は太平洋に面し、漁港や工業地帯を形成したが、古くから津波の被災地でもあった。北上山地の準平原の平坦地は畜産業の適地となった。中世には平泉で奥州藤原氏三代が栄え、中尊寺、毛越寺などが造営された、近世には盛岡を中心に南部氏南部藩（盛岡藩）が支配した。太平洋側の冷温帯の気候を示す。

花風景は、近世の治水のための土堤・近代の観光開発・過去の津波到達点などの都市部のサクラ名所、畜産農場や里地里山の山野草、古い寺院のハナショウブの再現、温泉地のバラ園、山岳の高山植物など多彩である。

県花はNHKなどの公募によって選ばれたキリ科キリ属のキリ（桐）である。落葉広葉樹で淡い紫色の花をつける。キリは箪笥や下駄の高級材として知られ、岩手県のキリは特に光沢と色合いが美しいので「南部の紫桐」と呼ばれている。古く遠野南部氏が奈良から移植したと伝えられている。古来、菊花紋と同様に桐花紋として広く紋章に用いられてきた。

主な花風景

盛岡の高松公園のサクラと石割桜

＊春、天然記念物、日本さくら名所100選

高松公園は盛岡市内にある約54ヘクタールの都市公園である。高松公園の中心上田堤の池の周辺には日露戦争の勝利を記念して1906（明治39）年に記念栽桜会によりソメイヨシノ1,000本の記念植樹が行われ、現在池の周辺に約800本が残っている。盛期を過ぎた老木が多いがまだまだ元気で、岩手山を背景に満開のサクラが池に映る姿は大変美しい。

また、盛岡市内の中心部には石割桜がある。巨大な鏡餅のような花崗岩

の中央部の割れ目に育った直径約1.35メートル、樹齢360年を超えるエドヒガンである。1923（大正12）年に国の天然記念物に指定された。樹勢の衰えが目立っていたため、2000（平成12）年50年ぶりに樹木医による本格的な治療が行われ、現在は樹勢を取り戻して毎年美しい白い花を咲かせ市民をほっとさせている。

北上展勝地のサクラ　＊春、日本さくら名所100選

　北上展勝地は、北上市内の北上川の岸辺に整備された約293ヘクタールの都市公園で、約1万本のサクラの木が植栽されている。北上川の堤防に植えられた2列のサクラは大らかに枝を伸ばし、たくさんの花を咲かせ約2キロの花のトンネルとなっている。トンネルの中を通り、空が見えないほどの花を楽しんだあと、折り返してサクラ並木の外側を歩けば、緩やかにカーブしたサクラ並木や北上川の緩やかな流れを楽しむことができる。

　展勝地一帯は、大正時代荒廃していたことから後に黒沢尻町長となる沢藤幸治が1920（大正9）年に和賀展勝会を設立、サクラの権威であった三好学東京帝大教授と井下清技師の設計と指導の下、「和賀展勝地計画」を立て、この地をサクラの名所にすることとした。沢藤は、原敬首相などの支援を受け、20（同9）年ソメイヨシノの植栽を開始、21（同10）年和賀展勝地を開園。54（昭和29）年北上市の市制施行以後、北上市立公園展勝地と呼ばれるようになった。現在、約1万本のソメイヨシノを主体としたサクラと10万株のツツジが植えられており、さらに整備が進められている。

　なお、北上展勝地の本領はその名が付けられた陣ヶ丘からの展望であり、遠く雪をいただく和賀山地をバックに白く長く続くサクラ並木とゆったり流れる北上川の織りなす展望は大変すばらしいのでぜひ訪れていただきたい。

唐丹町本郷のサクラ　＊春

　釜石市唐丹町本郷にあるサクラ並木は、国道から小さな漁村につながるのどかな一本道にあり、内陸部より一足先に見頃を迎える。約800メートルのサクラの花のトンネルがつくられるが、桜祭りなどは特に催されず静かに花見をすることができる。

　このサクラは1933（昭和8）年の三陸大津波により大被害を受けた旧唐

丹村の復興への願いと同年の皇太子明仁親王（当時）ご生誕の祝福を兼ねて、34（同9）年青年団が村内の道路にソメイヨシノ2,800本を植えたものである。

本郷集落は、1933（昭和8）年の三陸大津波で大きな被害を受け、高台移転が行われた。この時の津波到達点にサクラが植えられたが、これは津波の記憶をとどめ、後世の人々へ警告する目的もあったといわれる。現に東日本大震災の津波は、このサクラ並木の下で止まり、震災直後も花を咲かせた。すでに齢80年余を経過しサクラの老化が進みつつあることから、東日本大震災以降地元のボランティアや樹木医によってテングス病の枝や朽ちた幹の切除、根や幹の負荷軽減、花芽の保存、施肥などの管理が行われている。

津波到達点へのサクラの苗の植栽は、東日本大震災後各地で行われている。唐丹町のサクラはこれらの魁をなすもので、数十年後には新しいサクラの名所が各地に生まれ、美しいサクラによる津波の記憶が多くの人に伝えられることが期待される。

なお、近傍には1801（享和元）年の伊能忠敬による三陸沿岸測量を顕彰して、14（文化11）年に地元の天文暦学者葛西昌丕によって建立された測量の碑と星座石がある。花見とともにぜひ訪れていただきたい。

小岩井農場のサクラとサクラソウ　＊春、重要文化財

小岩井農場は滝沢市と岩手郡雫石町にまたがる約3,000ヘクタールの大農場である。小岩井農場にはまきば園周辺のサクラ並木、一本桜のほか、ザゼンソウ、ミズバショウ、サクラソウの大群落など花の見どころがたくさんある。

小岩井農場は1891（明治24）年鉄道庁長官井上勝、日本鉄道会社副社長小野義眞、三菱社長岩崎彌之助が共同創始者となり設けられた大農場で3名の姓の頭文字を採り「小岩井」農場と名付けられた。当時のこの地域一帯は、岩手山・秋田駒ヶ岳からの火山灰が堆積し冷たい西風が吹く原野で極度に痩せた酸性土壌であったという。そのために、土壌改良や防風・防雪林の植林などの基盤整備に数十年を要している。通常の牧場、農地の開拓は、原生林などを伐採することから始まるが、小岩井農場は原野に植林することから始まっている稀有な農場である。こうして新たにつくられた

森林は岩手山麓に生育生息する多くの生物を育むこととなった。森林内の湿地にはミズバショウやサクラソウの大群落があり、特にミズバショウは中心の花を包む大きな白い苞（仏炎苞）が2枚あるものが多くみられる。また、サクラソウは日本でも最大クラスの群落の規模となっている。これらが咲く頃には自然ガイドによる自然散策ツアーが行われ、通常では入ることができない農場内の自然を楽しむことができる。一般観光客向けに開放されている「まきば園」周辺には、ソメイヨシノのサクラ並木がありゴールデンウィークの頃に花見ができる。また、NHKの朝のTVドラマ『どんど晴れ』で有名になったのが小岩井農場の一本ザクラである。秀峰岩手山を背景に、小岩井農場の緑の大地にしっかりと根を張るエドヒガンは、明治40年代に牛のための「日陰樹」として植えられたといわれている。農場の人たちの牛への愛情と粋な計らいが今日の美しい風景をつくり出した。

　宮沢賢治は農場とその周辺の風景を愛好し、しばしば散策している。なかでも1922（大正11）年5月の散策は、詩集『春と修羅』に収録された長詩「小岩井農場」の基になった。この詩には草花としてオキナグサ、サクラ、モウセンゴケが登場する。小岩井農場には、宮沢賢治が見たであろう明治時代からの牛舎や倉庫、サイロなどが残されており、国指定重要文化財、日本の20世紀遺産に指定されている。サクラの花とレンガのサイロ、古い牛舎、そして牛が一体となった美しい農場風景画が描かれる。

毛越寺庭園のハナショウブ　　＊夏、特別史跡、特別名勝、世界遺産

　平泉にある毛越寺は、850（嘉祥3）年中尊寺と同年に慈覚大師円仁が創建。その後、大火で焼失して荒廃したが、奥州藤原氏基衡、秀衡によって壮大な伽藍を再興され当時は中尊寺をしのぐ規模だったといわれる。しかし、その後はたびたび火災に見舞われ、戦国時代以降礎石を残すだけとなっていた。毛越寺境内遺跡は、復元整備などを目的に1980年度から10年の歳月を費やし発掘調査、復元が行われ、大泉が池や中島、遣水など、12世紀に構想された浄土世界が再現された。

　大泉が池の西側開山堂前にハナショウブ園がある。このハナショウブ園は1953（昭和28）年に平泉町民の発案で東京の名園・堀切菖蒲園から100株購入し植えられたことに始まる。翌年明治神宮から100種100株を譲り受けその後も種類を増やし、現在では300種類3万株のハナショウブが咲

くまでになった。揚羽や初鏡などが大輪を咲かせ、紫、白、黄色と色鮮やかに咲き誇り、花越しに見る開山堂や開山堂から大泉が池を見る風景は一見の価値がある。72（同47）年から「アヤメ祭り」が開催され、国の重要無形民俗文化財に指定されている延年の舞などが舞われる。

花巻温泉バラ園のバラ　＊春・秋

　岩手を代表する温泉地花巻温泉のバラ園は、広さ約1.6ヘクタールの敷地に約450種6,000株を超えるバラがコンパクトに植えられ、春と秋鮮やかな色彩と豊かな香りのバラの花が庭園を彩どる。イングリッシュローズ、ベルギーローズ、オールドローズなどのテーマ別のバラの展示の他、噴水や宮沢賢治が設計したといわれる日時計などがある。

　花巻温泉は、創始者金田一国士が「花巻に宝塚に匹敵するリゾート地を建設する」という夢を抱き1923（大正12）年に開業したことに始まる。当時は旅館、貸別荘、動植物園、ゴルフ場、テニスコート、日本初となるナイタースキー場、プール、食堂、ゲームコーナー、郵便局、公会堂、住宅、30カ所以上の入浴場といったさまざまな施設が建設され一大リゾートとして栄えたといわれる。これらの施設の中には植物園や花壇などがあり、27（昭和２）年には、宮沢賢治が花巻農学校の教え子で遊園地の造園主任だった冨手一に依頼され、南斜花壇の設計や庭づくりを指導、花巻駅から温泉まで毎日のように電車で通い熱心に花壇づくりをしたという。

　この歴史ある南斜花壇周辺で1958（昭和33）年バラ園の整備が開始され60（同35）年花巻温泉バラ園が開園した。当時は200種800本であったが、現在では約450種6,000株を超えるまでになり北東北を代表するバラ園となった。

西和賀町のカタクリ　＊春

　カタクリは、ユリ科の多年草で早春に10センチほどの花茎を伸ばし、薄紫から桃色の可憐な花を先端に一つ下向きに咲かせる。地上に姿を現す期間は４〜５週間程度で開花期間は２週間ほどと短いことから「スプリング・エフェメラル」（春の妖精）と呼ばれている。近年乱獲や盗掘、開発による生育地の減少などによって減少している。岩手県内の各地でカタクリは見られるが、特に西和賀町では群生地が多く「町の花」にカタクリが指定さ

れている。西和賀町の群生地は、もともと広くカタクリが自生していたが人為的な刈払いなどの管理によって増殖を図り観光地として活用したものである。群生地は北から銀河の森、安ヶ沢、無地内の3カ所あり、カタクリ回廊として結ばれている。銀河の森群生地は、自然林の林床に広がる群生地でカタクリの他、キクザキイチリンソウ、ニリンソウなど多くのスプリング・エフェメラルを見ることができる野性味のある群生地である。安ヶ沢群生地は、里地里山にある群生地でクリ畑の林床などで管理されたカタクリ畑といった感がある。一面にカタクリが咲くと桃色の絨毯を広げたようになり、キクザキイチリンソウやエゾエンゴサクの青や白い花やキケマンの黄色い花がアクセントとなる美しい模様を描いている。高低差があるため、花の咲く時期が少しずれるので比較的長くカタクリの花を楽しむことができる。無地内自生地は、サクラの植林地の広がっており、運が良ければサクラとの競演が見られる。

さて、「かたくり粉」であるが、かつては文字通りカタクリの根茎から製造した。江戸時代南部藩をはじめ複数の産地で生産されたが、明治以降、北海道開拓が進みジャガイモが大量栽培されるようになると原料はジャガイモに切り替わった。しかし、名称はそのまま残っている。江戸時代かたくり粉は薬用として使われた貴重品で、南部藩の名産品として「南部片栗」と呼ばれ将軍に献上されていた。かたくり粉を献上していたのは、唯一南部藩だけだったといわれている。南部の地とカタクリは深い縁で結ばれている。

早池峰山の高山植物

＊春・夏、早池峰国定公園、自然環境保全地域、特別天然記念物

　北上山地は、隆起準平原という平坦な地形が隆起後に侵食されたもので、全体としてはなだらかな山地である。その中央部に北上山地の盟主標高1,914メートルの早池峰山がそびえている。山頂は、花巻市、宮古市、遠野市の3市にまたがっている。2016（平成28）年古くからの修験の道河原の坊登山道が土砂崩れのため閉鎖されたため、多くの登山者は小田越登山道を登る。初めはコメツガなどの針葉樹林帯を通過するが、1合目付近から森林限界となり急に視界が開ける。3合目付近から草原の中に白いハヤチネウスユキソウや青紫色のミヤマオダマキ、ミヤマアズマギク、黄色のナンブイヌナズナ、オオバキスミレなど色とりどりの可憐な高山植物の

姿を見ることができる。夏も終わりに近づくと、赤紫色の穂をつけたナンブトウウチソウなど赤色系統の花が多く見られるようになる。頂上からは北に岩手山、西に太平洋を望む雄大な風景を楽しむことができる。

早池峰山は4億年以上も前の古生代オルドビス紀に海の中で形成され、中生代後期に海から上昇して地表に現れたかんらん岩や蛇紋岩(じゃもんがん)が中腹以上に分布している。かんらん岩や蛇紋岩は、マグネシウムや重金属を多く含み植物に悪影響を及ぼす。また、蛇紋岩は風化しても土壌となりにくく、植物の栄養となるリンや窒素も乏しい。さらに、雪が少ないために冬には土壌の水分が凍結する。このような厳しい条件のため、一般的な植物が生育することは大変難しく、厳しい環境下でも成育できる「氷河期の遺存種(いぞんしゅ)」とされるハヤチネウスユキソウやナンブトラノオなどの固有種をはじめ、ヒメコザクラ、トチナイソウ、ナンブトウウチソウ、ミヤマアズマギク、ナンブイヌナズナ、ミヤマオダマキなど140種もの希少な高山植物が生育している。特にハヤチネウスユキソウは、ヨーロッパアルプスに分布するエーデルワイスとよく似ているとされ、この花を見るために訪れる登山者も多い。

早池峰山の植物研究は、ロシアの植物学者マキシモビッチによって1868～79 (明治元～12) 年にかけて行われた。当時、外国人は自由に移動できなかったことから、実際の植物採集を行ったのは岩手県紫波町(しわちょう)出身の須川(すがわ)長之助(ちょうのすけ)で、マキシモビッチは帰国後も岩手県内ばかりでなく日本各地の採集を須川に依頼して、さく葉 (押し葉) 標本をロシアに送らせていた。早池峰の貴重な植物がマキシモビッチによって報告されたことから欧米の植物学者や国内の植物学者にも知られることとなり、多くの植物学者が訪れることとなった。

近年シカが増殖し高山植物の食害が発生していることから柵の設置などの対策が進められている。

八幡平(はちまんたい)の高山植物　＊春・夏、十和田八幡平国立公園

八幡平は、奥羽山脈北部の岩手県八幡平市と秋田県鹿角(かづの)市とに跨る緩やかな頂上をもつ山群である。標高は1,614メートル。かつては山頂部のなだらかな様子から楯状火山(たてじょうかざん) (アスピーデ) とされていたが、現在では山頂が台地状になった成層火山と分類されている。広い高原上のあちこちにさ

まざまな形の火山起源の小さなピークがそびえ、その間にたくさんの沼や湿原が点在する。湿原ではヒナザクラ、ワタスゲ、ニッコウキスゲ、キンコウカ、コバイケイソウ、チングルマ、ウメバチソウなどの色とりどりの花を見ることができる。その名の通り広い平らな山なのできつい登りも少なく楽に雲上の楽園巡りをすることができる。

山麓には広大なブナ林が広がり、中腹にはアオモリトドマツとダケカンバの針広混交林（しんこうこんこうりん）、山頂付近はアオモリトドマツ林となり、冬季には樹氷が発達する。八幡平には、頂上近くまでアスピーライン、樹海ラインが通過しており、比較的容易に亜高山帯の自然と接することができる。

安比高原（あっぴこうげん）のレンゲツツジ ＊春

安比高原は、八幡平市の北西部、標高約900メートルに位置する高原で、APPI高原スキー場によってその名は全国的に知られているが、スキー場の北西に美しいブナ二次林やノシバの草原が広がっていることはほとんど知られていない。この草原は、平安時代から続いていたと推定されている千年続く半自然草原であり、かつては広大なノシバの草原の中にレンゲツツジ、スズラン、オキナグサなどの草原植物がたくさん咲いていたといわれている。

しかしながらおよそ30年前に牛馬の放牧が終了したため、ノシバの草原は森林化が始まりかつての美しい草原風景が急速に失われた。一番奥に位置する「奥のまきば」の大半はすでにササで覆われてしまったが、幾つかある池の周辺などごく一部は人力で刈払いが行われ、ミツガシワ、コバギボウシ、ミズギク、ヤナギラン、エゾオヤマリンドウ、サワギキョウなど多くの美しい花を見ることができ、特に晩秋に咲くエゾオヤマリンドウは濃い紫色で大変美しい。また、一番広い「中のまきば」では、2014（平成26）年から地元の民間団体によって下北半島の寒立馬（かんだちめ）の血を引く農耕馬を再放牧してノシバ草原の再生・復元が始まった。これらの活動によってレンゲツツジが復活、見事に咲くようになり、6月上旬には草原一帯がレンゲツツジの朱色の花とズミの白い花で彩られるようになった。レンゲツツジの咲く草原に農耕馬がいる風景は、かつては北東北で普通に見られた風景であるが、今ではほとんど見ることができない、懐かしくまた貴重な風景である。

宮城県

仙台市野草園のハギ（県花）

地域の特色

東には太平洋、西には奥羽山脈が火山帯とともにそびえ、県東部には北上山地の南端が、南部には阿武隈高地の北端が貫入している。南流する旧北上川は仙北平野をつくり、石巻を生んだ。東流する名取川は狭義の仙台平野をつくり、支流の広瀬川に仙台を生んだ。北流する阿武隈川の支流の白石川は仙南平野をつくった。古代には多賀城に陸奥の国府や鎮守府などが置かれ、近世には仙台を拠点に伊達氏が雄藩仙台藩をなし、今も仙台は東北の最大都市として中心となっている。太平洋側の冷温帯の気候を示す。

花風景は、近代に植えられた河川両岸・城址公園・河口丘陵地のサクラ名所が知られ、古代城跡のアヤメ、湿地のハス、里山の花木、野草園の草花、山岳の高山植物など歴史地域の花や自然地域の花が特徴的である。

県花は NHK などによって選ばれたマメ科ハギ属のミヤギノハギ（宮城野萩）である。秋の七草の一つとして知られる落葉樹低木のハギの一種で、紫色や白色の小さな花をつける。一見、木本ではなく草本のように見える。古来、サクラは吉野というように、ハギといえば宮城野であり、宮城野はハギの名所として、和歌に詠まれる歌枕の地となっていた。

主な花風景

白石川堤・船岡城址公園のサクラ　＊春、日本さくら名所100選

白石川堤一目千本桜は柴田郡大河原町と柴田町に跨る白石川両岸沿いの全長約8.5キロに及ぶサクラ並木である。隣接して船岡城址公園があり遠く雪を頂く蔵王の山々を背景に白石川に沿って長々と続くサクラの花の帯と船岡城址公園のサクラが一体となった美しい風景を楽しむことができる。

白石川堤のサクラは1923（大正12）年実業家高山開治郎が約700本のサ

クラの苗木を寄贈したのが始まりといわれ、27（昭和2）年さらに500本が植栽されて現在は約1,200本のサクラの大木が連なる宮城県を代表するサクラの名所となった。サクラはほとんどがソメイヨシノであるが、シロヤマザクラ、ヤエザクラ、地元の品種「センダイヨシノ」なども植えられている。

　船岡城は、柴田郡柴田町の山城で現在は船岡城址公園となっている。公園内には約1,000本のソメイヨシノが植栽されている。また、公園内には高くそびえるモミがあり、山本周五郎の小説『樅ノ木は残った』の舞台となった。頂上へはスロープカー（期間限定運行）で行くことができる。サクラが開花する4月上旬から見頃を迎える4月中旬まで、白石川堤と並行して走るJR東北本線の船岡駅から大河原駅を通過する列車は、花見のため徐行運転をする粋な計らいがある。列車は一目千本サクラに寄り添うように走るので車内でお花見が楽しめる。

日和山公園のサクラ　＊春

　石巻市の日和山は市の中心部旧北上川河口に位置する丘陵地で、鎌倉時代に築かれた石巻城跡に整備された公園である。かつて松尾芭蕉も訪れたこともある日和山は、石巻市内を一望できる場所で眼下に流れる旧北上川の河口や太平洋を望み、天気が良い日は牡鹿半島、遠く松島や蔵王の山々などを見ることができる。公園は大正時代に整備され、ソメイヨシノを主として約6種類約400本のサクラが植栽されている。樹齢70年を超える老木が約100本あり古くからのサクラの名所となっている。2011（平成23）年に発生した東日本大震災の際には、多くの市民が山に登って津波から避難し助かったが、眼下の石巻漁港や市街地は広範囲に津波の被害を受けた。

　日和山は、日本各地にある山の名前である。船乗りが船を出すか否かを決める際に日和を見る（天候を予測する）ために利用した山で、港町に多い。

多賀城跡のアヤメとハナショウブ　＊夏、特別史跡

　多賀城は、宮城県多賀城市にある日本の奈良時代の城柵で、国の特別史跡に指定されている。奈良時代　724（神亀元）年に大野東人によって創建され、平安時代には陸奥国府や鎮守府が置かれるなど11世紀中頃までの東北地方の政治・文化・軍事の中心地であった。多賀城跡の南側に位置する

あやめ園には、約2.1ヘクタールの敷地に、650種300万本のアヤメ、ハナショウブが植えられている。アヤメ、ハナショウブは品種ごとに列状に植えられており、遠くから俯瞰すれば紫、ピンク、白などさまざまな色彩を持つ花色のストライプが絨毯のように広がり大変見ごたえがある。近づけば個々の花々が個性ある形や色で自己主張し見飽きることがない。

毎年、松尾芭蕉が多賀城跡を訪れたとされる6月24日が祭りの初日で、7月上旬まで「多賀城跡あやめまつり」が開催される。

仙台市野草園のハギ　＊秋

仙台市野草園は、仙台市太白区の大年寺山公園内に位置する面積約9.5ヘクタールの植物園で、東北地方に生える野草を中心に植栽されており、高山から水辺まで、さまざまな環境に生える野草を見ることができる。園内は、「高山植物区」「水生植物区」「アジサイ区」「どんぐり山」などに分けられ、さまざまな野生の植物が植えられている。仙台市には歌枕「宮城野の萩」の宮城野があり、市の花は「萩」である。1989（元禄2）年、松尾芭蕉は宮城野を訪れ「宮城野の萩茂りあひて秋の景色おもいやらるる」と詠んでいる。園内にはミヤギノハギをはじめとするさまざまなハギ約1,300株が可憐な花を咲かせ、萩のトンネルから始まる「萩の道」や「萩の丘」にもハギの花が咲きこぼれる。ハギは花も小さく地味で派手さはないが、みちのくの鄙の里の秋の風情を楽しむことができる。

野草園の構想は、東北大学の化学者加藤多喜雄が、戦災復興が急速に進む仙台で、かつて街中にあった野草が消えつつあることを憂えたことに始まり、仙台市が1949（昭和24）年に取得した大年寺山の土地約13ヘクタールを提供して実現することとなった。51（同26）年から工事が始まり延べ9,000人により人力で造成された。野草採集は、仙台野草の会の指導により市の職員、多くの市民、中学高校生徒などの協力で実施され、54（同29）年に開園した。地元に生育している野草を集めた植物園は当時日本に例がなかったといわれている。

伊豆沼のハス　＊夏、天然記念物、ラムサール条約登録湿地

伊豆沼は、宮城県登米市および栗原市に位置する沼で面積369ヘクタール最大水深1.6メートルの浅い沼である。初夏の頃広大な伊豆沼はハスの

花で一面覆い尽くされ、最盛期には遠方から見ると沼全体がハスの花のピンク色に染め上げられる。ハスの花の最盛期にはハス祭りが開催され、地元の漁師が操縦する観光船が運行するので、間近でハスのうす紅色の美しい花を楽しむことができる。

伊豆沼とその周辺は、江戸時代の初めまでは遊水地で葦や茅の刈場であったが、江戸時代貞享年間（1684〜88年）に伊豆沼周辺で開墾などが行われた。だが、沼の干拓による新田開発は行われなかった。日本最大級の渡り鳥の越冬地であり、マガン、ヒシクイ、オオハクチョウなど多くのガンカモ類が越冬する。1967（昭和42）年には「伊豆沼・内沼の鳥類およびその生息地」として国の天然記念物に指定された。さらに、85（同60）年には国際的に重要な湿地を保全する「ラムサール条約」にも登録された。

伊豆沼は古くからハスの群生地として知られていたが、1980、81年（昭和55、56年）の夏に起こった大水害によって水位が上昇し、ハスが壊滅的な被害を受けた。伊豆沼の風景を取り戻すため、宮城県と地元3町による3年計画のハス復元事業が実施された。茨城県から種れんこんを導入して栗原市の農家が水田で栽培し増えたものを伊豆沼に移植した。在来種も徐々に復活しようやくハスの風景が甦った。現在では夏の最盛期の頃にはハスが沼の75％を覆うほどに拡大している。ハスは大きな葉を水面に広げ水中の光環境を悪化させる。このため、アサザやクロモなどの他の水生植物が姿を消すといった問題が起こっており対策が進められている。

徳仙丈山のツツジ　＊春

徳仙丈山は、宮城県気仙沼市にある標高711.1メートルの山で、ヤマツツジとレンゲツツジが群生する。ツツジは徳仙丈山の8合目から頂上までの全体を紅や朱に染め上げる。山頂からは北に室根山、西に雄大な栗駒山、東に太平洋に浮かぶ金華山を望み、ツツジの季節には紅く染まる山肌と太平洋の青色が絶妙なコントラストを描き出す。

徳仙丈山は、戦前は採草地、茅刈山であったようで、春に山焼きが行われていた。これらの管理によってその数推定50万株のツツジ類が維持されてきたものと思われる。戦後これらの管理は行われなくなり荒廃しつつあったが、地元の佐々木梅吉が手入れをするようになり、数年後には地元有志とともに「徳仙丈山つつじ保存会」を立ち上げ、ツタ・下草刈りなど

の管理を行うようになった。保存会による長年の地道な努力が徳仙丈山のツツジの風景を維持してきた。

　東北の太平洋沿岸には、室根山、五葉山などツツジの名所があり、徳仙丈山と同様、火入れや採草、放牧などによって維持されてきたものと思われる。近年、人口減少・高齢化によって担い手が減少し次第に手入れが行き届かなくなってきており、これらのツツジの名所が衰えていく可能性が高くなってきている。

栗駒山世界谷地の高山植物　＊春・夏、栗駒国定公園

　宮城・岩手・秋田の三県にまたがる栗駒山は標高1,626メートル、円錐状の裾野を持つコニーデ型の活火山である。山頂からは月山・鳥海山・蔵王連峰・駒ヶ岳・早池峰山、そして遠く太平洋までを一望することができる。山頂付近には150種に及ぶ高山植物が群生し、見事な風景のお花畑となるほか秋の紅葉が素晴らしい。

　世界谷地は栗駒山の中腹標高700メートル付近に広がる細長い湿原で、面積は14.3ヘクタール。栗駒山の緩やかな南斜面、秣森の西にある。「世界谷地」とは「広い湿地」のことを表しているとされ、ブナの原生林の中に上・中・下の3段に分かれた大小八つの湿原がある。

　この湿原は、厚さ1.3メートルの泥炭層の上をミズゴケ類の厚い層が覆っていて、その表面に高山植物が群生している。5月のミズバショウから始まり9月の秋のエゾオヤマリンドウまで、数多くの花々が次々と咲く。特に6月下旬に咲くニッコウキスゲは湿原全体を黄色に染め上げるほどで素晴らしい。この他、ショウジョウバカマ、コバイケイソウ、ミズバショウ、ミツガシワ、ワタスゲ、ムラサキヤシオ、ニッコウキスゲ、タテヤマリンドウ、サラサドウダン、レンゲツツジ、サワラン、ツルコケモモ、トキソウ、キンコウカ、ウメバチソウ、ミズギク、サワギキョウ、イワショウブ、エゾオヤマリンドウなどを見ることができる。

秋田県

秋田駒ヶ岳のチングルマ

地域の特色

　西は日本海に臨み、他の三方は北の白神山地、西の奥羽山脈と火山帯、南は丁岳山地・神室山地に囲まれ、古くは隔絶の地であった。近世には北前船の西廻り航路で上方とつながり、発展した。佐竹氏秋田藩は豊富な鉱物資源と森林資源によって藩財政を潤し、現在も秋田、角館など佐竹氏一族の城郭跡や城下町などが遺産として多く残っている。第2次世界大戦後、食糧増産のため、八郎潟の海跡湖が大規模に干拓され、農地に生まれ変わった。日本海側の冷温帯の気候となっている。

　花風景は、近世の武家屋敷・近代の河川堤防・城郭跡公園・現代の干拓地のサクラ名所、寺院のアジサイ、里山の林内湿地のミズバショウやそのほかの山野草、山岳の高山植物などが特徴的である。

　県花はNHKなどの公募によって選ばれたキク科フキ属の草花のフキノトウ（蕗の薹）である。フキノトウは厳密にいえば早春に地表に出てくる花のつぼみを持つ茎であり、花を呼ぶ場合はフキの花が適切である。フキノトウはみずみずしい新緑によって春の訪れを告げ、美しくもある。フキは雌雄異株で雄花と雌花がある。山菜として食することができる。

主な花風景

角館武家屋敷・桧木内川堤のサクラ

＊春、天然記念物、名勝、日本さくら名所100選

　仙北市角館は現在も藩政時代の地割が踏襲され、武家屋敷などの建造物が数多く残されており、「みちのくの小京都」とも呼ばれる。角館のシダレザクラは、武家屋敷の黒塀の中に群れて咲く風景が評価されている。風情ある城下町の武家屋敷の両側から長く垂れ下がるシダレサクラの薄い紅色の花と黒塀が見事に調和している。このシダレザクラは、角館北家2代目佐竹義明の妻が嫁入り道具の一つとして持ってきたのが始まりとされ、樹

齢300年以上の老樹など約400本が古い武家屋敷の中に植えられており、このうちの162本が国の天然記念物に指定されている。武家屋敷のサクラの90％以上は、「エドヒガンザクラ」の変種であるシダレザクラである。

また、檜木内川堤のソメイヨシノは1934（昭和9）年に皇太子明仁親王（当時）の誕生を祝って植えられたもので、堤防上に2列に植えられたサクラによって1,850メートルにわたる花のトンネルが形づくられている。97（平成9）年の河川法改正によって、堤防の上や川側の斜面に木を植えることが、治水に影響があるとして事実上できなくなった。このため、桧木内川堤でもサクラを伐採して芝を植えるという計画が立てられたが、サクラ並木を守ろうと住民が動き、町が議会に提案して堤を町道に認定、「堤防上のサクラ」ではなく「町道の並木のサクラ」となったことで切らずに残され、さらにその風景は高い評価を得て国の名勝の指定を受けるに至った。

国民の生命を守るため堤防のサクラを切らざるを得ない地域が多いなか、市民の知恵でサクラが守られた稀有な例であるが、サクラを植えても堤防の安全が確保できるように河川工学の進歩が望まれる。

千秋公園のサクラ　＊春、史跡、日本さくら名所100選

千秋公園は、秋田市にある面積16.29ヘクタールの都市公園で、1602（慶長7）年から267年間続いた秋田藩20万石佐竹氏の居城、久保田城の本丸・二の丸跡地に整備された。千秋公園のサクラは、1892（明治25）年、後に秋田市長となる羽生氏熟を総代とする「有終会」の寄付によって植えられた1,170本のサクラに由来する。現在公園内にはソメイヨシノ693本、ヤマザクラ33本、ヤエザクラ26本などが植えられており、復元された久保田城御隅櫓などを背景に老成したサクラの巨木が美しい花を咲かせる。

千秋公園の設計は長岡安平が行っている。設計に際して、長岡は久保田城の歴史的遺構をよく残している土塁や御池などの城跡の活用、そしてサクラ並木や城跡の風情を伝えるマツなどの景観木の配置、さらには技巧を避け、太平山の借景まで取り入れ、自然の風韻をそのまま写し出すことを設計理念として表現している。

現在の千秋公園のサクラは老木化し、根元の踏圧など必ずしも良好な状態とはいえず、樹勢の衰退が進んできている。このため、秋田市では2000（平成12）年度から土壌改良などの樹勢回復作業を計画的に進めてきたが、

08(同20)年度調査では約半数が衰退もしくは枯れている状態となっていることが判明したことから「さくらオーナー制度」などによる市民のさくらの保全・育成に対する気運が高まってきている。11(同23)年秋田市は「千秋公園さくら再生基本計画」を策定、長岡安平の設計理念を引き継ぎつつ市民と協働して計画的にサクラの更新などが行われている。

真人公園のサクラ　＊春、日本さくら名所100選

真人公園は、横手市増田町にある都市公園である。大正天皇即位記念事業として1917(大正6)年に整備された真人山(391メートル)一帯を園域とする公園である。真人山の深い緑が背景となり、苑池の周りに植えられたサクラやウメ、ツツジ、リンゴなどの白やピンクの花々が鮮やかに引き立って秋田県内屈指のサクラの名所となっている。

「真人」の名は平安時代の武将前九年の役の立役者清原真人武則に由来するとされる。造園は秋田県内の千秋公園、横手公園などを設計した長岡安平による。サクラは、大正天皇の即位記念事業として1917年に植栽が始まり、現在ではソメイヨシノ、ヤマザクラなど約2,000本が植栽されている。

真人公園には、「リンゴの唄」の碑がある。『リンゴの唄』は1945(昭和20)年の戦後第1作の映画『そよかぜ』の主題歌として主演の並木路子が歌ってヒットした歌謡曲で、真人公園がある横手市増田町がロケ地であったことにちなんでいる。

大潟村菜の花ロードのサクラとナノハナ　＊春

八郎潟は、男鹿半島の付け根にある湖で、かつては面積220平方キロと日本の湖沼面積では琵琶湖に次ぐ第2位であったが、大部分の水域が干拓によって陸地化され、陸地部分が大潟村になった。平坦な干拓地の中をまっすぐに走る道路の両側に咲く満開のサクラの薄桃色とその下の黄色のナノハナが遠近法の消失点まで続く風景は大変素晴らしく、殊に青空の下では鮮烈なコントラストを描く。サクラの花が終わっても約1カ月はナノハナが咲き続けるため長く花見を楽しむことができる。

大潟村のサクラ並木は、大潟村創立20周年の記念事業として1984(昭和59)年から3年にわたり県道の両側約11キロにわたりソメイヨシノ、ヤマザクラなど合計3,000本が植栽されたことに始まる。大潟村が創立50周年

を迎えた2014(平成26)年にはさらにソメイヨシノ1,000本が植栽された。これらの植栽は多くの村民の手で行われている。17(同29)年現在3,600本のサクラが花を咲かせるようになった。

サクラの木の下にはナノハナが植えられている。大潟村のナノハナの栽培は1991(平成3)年から始まる。景観作物としてナノハナの栽培のアイディアが出され、その栽培を大潟村耕心会が請け負ったことから始まる。会は試行錯誤しながら栽培に取り組み、94(同6)年の春にナノハナ畑や村内の県道沿いなどにナノハナが咲くようになった。大潟村のナノハナは作物としてよりも景観形成が主体であることから、毎年同じ場所で栽培が行われる。ナノハナは連作を嫌うため毎年同じ場所で美しいナノハナを咲かせられるよう研究が重ねられている。

刺巻湿原のミズバショウ　＊春

刺巻湿原は仙北市の田沢湖線刺巻駅から徒歩15分の場所にあり、3ヘクタールの湿地のハンノキ林に6万株のミズバショウとザゼンソウ、カタクリなどが咲く。雪が残る中でまずザゼンソウが開花する。ザゼンソウは高さ10センチほどで濃い赤紫色の苞(仏炎苞)に包まれた黄色い花の塊(肉穂花序という)を持つ。開花すると肉穂花序でみずから発熱し約25℃に達することから周囲の氷雪を溶かし、いち早く顔を出すことができる。ザゼンソウは英名をスカンクキャベツという。悪臭と温度でハエ類をおびき寄せ受粉するといわれている。

雪解けが進むと湿地帯のハンノキ林の中には清冽な小川が雪を解かしながら流れる。こうした小川沿いから小さなミズバショウが顔を出す。少し遅れて湿原全体に一面にミズバショウの白い仏炎苞が開き白い絨毯のような風景となる。やがて、緑の葉も伸びてきて白と緑の明るいコントラストを描くようになる。ハンノキ林内には縦横に木道が整備されており、すぐ近くでミズバショウの花を楽しむことができる。ミズバショウの花はザゼンソウとは異なりほんのりと甘い香りを放つ。風のない静かな暖かい日にはハンノキ林全体がうっすらと甘い香りに包まれる。

木道を奥に進むとほんの少し高く乾いた所に出る。ここにはカタクリやキクザキイチリンソウなどが群生しており、晴れて暖かい日中には一面に咲くピンク色のカタクリやキクザキイチリンソウの青や白の可憐な花を見

ることができる。

西木町のカタクリ　＊春

　仙北市西木町の特産品「西明寺栗」の栗林の林床には約20ヘクタールにわたってカタクリが群生している。山々が本格的に緑に覆われる前に栗畑が一面カタクリの淡い赤紫色で埋め尽くされる。カタクリの花の見頃は角館のサクラが咲く頃と重なっており、サクラとカタクリの花見をはしごする観光客も多い。

　当地でカタクリが群生するようになった理由は、栗の木の剪定や間伐により日当たりが良くなったこと、堆肥がカタクリの群生に適した栄養分になったこと、徹底的な草刈りが行われていることなどによってカタクリの生育に適した環境がつくられたためと考えられている。

　西明寺栗は、仙北市西木にある西明寺地区特産の大粒のクリである。起源は約300年前関ヶ原の合戦後、秋田藩主となった佐竹義宣が和栗の原産地である京都の丹波地方や岐阜の養老地方から栗の種を取り寄せ、栽培を奨励したことにあるとされる。西明寺栗の生産量は「幻の栗」といえるほど希少なものとなっている。

　カタクリの群生地には散策コースが幾つかあり、群生地ごとに茂右エ門、万太郎、長七などの屋号がついているのがいかにも鄙らしい。

秋田駒ヶ岳の高山植物　＊春・夏、十和田八幡平国立公園、天然記念物

　秋田駒ヶ岳は、秋田県仙北市と岩手県岩手郡雫石町に跨る活火山である。十和田八幡平国立公園の南端部に位置し標高は1,637メートルである。山頂部には北東―南西方向に二つのカルデラが並び、本峰の男岳（1,623メートル）や現在も火山活動が活発な火口丘の女岳（1,512メートル）、寄生火山の男女岳（1,637メートル）からなる。複雑な火山地形や積雪が遅くまで残る雪田など多様な環境を反映した高山植物群落が発達していることから1926（大正15）年、秋田駒ヶ岳高山植物帯として国の天然記念物に指定された。

　駒ヶ岳8合目までは車道があり、比較的楽に上ることができる。男岳の風衝地にはイワウメ、イワヒゲ、ミヤマウスユキソウなどの乾燥に強い植物が見られ、阿弥陀池の周囲やくぼ地の雪田にはチングルマ、ヒナザクラ、

アオノツガザクラ、イワイチョウ、エゾツツジなどを見ることができる。活動を続ける女岳の東側にムーミン谷と呼ばれる谷があるが、残雪期には雪解けとともにチングルマの白い可憐な花が一面に咲き乱れる。

　また、大焼砂ではコマクサが大群落を形成している。火山砂礫地であり強い風が打ちつける斜面一面に、独特の青緑色の葉とその名の由来である馬の顔のような形をしたピンクの花を咲かせる。他の植物を寄せ付けない過酷な環境に咲く孤高の高山植物の女王コマクサによって斜面一面がピンク色に染まる風景は他の追随を許さない規模の美しい風景となって登山者を楽しませる。

　秋田駒ヶ岳の特徴は、多様な環境に生きる高山植物の姿を見ることができるところにある。

雲昌寺のアジサイ　＊夏

　雲昌寺は男鹿市北浦にある曹洞宗の寺である。寺の境内一面に青く咲き誇るアジサイの風景が素晴らしいと数々のメディアやSNSの投稿で取り上げられ、近年では絶景スポットとして注目を浴びている。雲昌寺の副住職古仲宗雲が15年以上かけて育てた1,200株以上のアジサイは、1株から挿し木（株分け）で増やしたクローンで、1株につく花の数が多く満開の頃には寺一面がほぼ同じ色調の青色に染まるのが特徴である。

　アジサイの語源は、「藍色が集まったもの」を意味する「あづさい（集真藍）」といわれている。雲昌寺のアジサイは、まさに藍の集まった花の集団で全体が鮮やかな青色を呈する。全国には多くのアジサイの名所があり、その多くはさまざまに変化する花の色やさまざまな花の形のアジサイを愛でるものであるが、雲昌寺のアジサイはこれまでのアジサイの楽しみ方とは異なり、青一色を楽しむしつらえとなっている。クローンのソメイヨシノと同じく、クローン栽培されたアジサイを育てることによって、同じ色、形が集合した深く鮮やかな青一色の独特の風情をつくり出している。寺からは北浦の港町や男鹿の海を望むこともでき、アジサイの青と海の青を楽しむことができる。

⑥ 山形県

山形市高瀬地区のベニバナ（県花）

地域の特色

北西部は日本海に面し、北部には鳥海山がそびえ、東部は奥羽山脈と火山帯が南北に走り、南部は朝日・吾妻・飯豊山地が連なる。中央部には出羽三山などを擁する出羽山地が占め、その山地を囲んで最上川が流れ、内陸部に米沢、山形、新庄などの盆地を形成し、庄内平野の酒田で日本海に注ぐ。近世初頭には出羽百万石として一時期山形藩の最上氏が栄えたが、その後小藩に分割された。近世以降は西廻り航路の北前船で上方（大坂・京都）との結びつきが強かった。日本海側の冷温帯の気候を示す。

花風景は、古代からの伝説の古木や近世の城郭跡の城址公園などのサクラ名所、近世に都などで染料として重宝されたベニバナ、古い歴史を持つハナショウブ、現代のバラ園、山岳の高山植物などが特徴的である。

県花はNHKなどの公募で選ばれたキク科ベニバナ属のベニバナ（紅花）である。後述の花風景でも詳しく紹介するが、花はまず黄色で咲いて、徐々に赤色に変色する。近世には北前船の発達で出羽のベニバナが着物の赤色の染料として京の都などに普及した。やがて化学染料の台頭で、失われゆくなりわいの花となる。もっとも、食用油として用いられている。

主な花風景

置賜さくら回廊のサクラ　＊春、天然記念物、日本さくら名所100選

山形県内にはサクラの古木が多く特に置賜地方に多い。置賜さくら回廊は、山形県南部の置賜盆地にあるサクラの古木や名所を巡る山形鉄道フラワー長井線沿いの約43キロの観光ルートである。日本さくら名所100選「烏帽子山千本桜」を起点に、国指定天然記念物「伊佐沢の久保桜」「草岡の大明神桜」、県指定天然記念物「薬師桜」をはじめとする樹齢1,200年余りの古木や名木、巨木の名所が20カ所ほど点在している。1994（平成6）

年各サクラの保存会が集まり「置賜さくら会」を結成、ルートが設定された。それぞれのサクラには、坂上田村麻呂や、後三年の役の源 義家、伊達政宗といった歴史上の人物の伝説が残っている。樹齢400年を超えるものはエドヒガンで、古木の多くは「種蒔き桜」と呼ばれ、雪解けの春に農作業の時期を告げる人々の暮らしと密接な関係にあったといわれている。烏帽子山千本桜と呼ばれ25種約1,000本のサクラが咲く「烏帽子山公園」は、いち早く山全体を覆うようにソメイヨシノが咲く。伊佐沢の久保桜は樹齢約1,200年と伝わるエドヒガンの古木。東北地方有数のサクラの巨木で1924（大正13）年に国の天然記念物に指定された。草岡の大明神桜は樹齢約1,200年のエドヒガン。2005（平成17）年に国の天然記念物に指定された。白兎のしだれ桜は樹齢約150年、高さ12.2メートルになるシダレザクラ。江戸時代末期から明治時代初期の頃、葉山神社の敷地内に神社合祀記念として植えられたものである。最上川堤防千本桜は1915（大正4）年、大正天皇即位大典の記念に最上川の「さくら大橋」から「長井橋」までの約2キロにソメイヨシノ300本が植樹されたものである。釜の越桜は、樹齢800年といわれるエドヒガンで樹高20メートル、幹周り6メートル、枝張り東西20メートル、南北27メートルと山形県内随一の大きさである。薬師桜は樹齢1,200年のエドヒガン。樹高15メートル、太さ8メートル、薬師堂の境内にあり、796（延暦15）年坂上田村麻呂が奥州征伐の際に手植えしたものと伝えられている。子守堂のサクラは樹齢1,020年といわれるエドヒガンで、樹下の子守堂には病弱な城主の子供を無事に育てた後、忽然と姿を消した賤しい身なりの童女（実は仏の化身）の物語が伝えられている。

鶴岡公園のサクラ　＊春、日本さくら名所100選

　鶴岡公園は、鶴岡市にある都市公園である。1875（明治8）年鶴ヶ岡城の跡地につくられた城址公園で、敷地内には堀や石垣、樹齢数百年の老杉などがある。藤沢周平の時代小説『海坂藩』の舞台にもなっている。

　樹齢100年を超す古木が多く、城跡のお堀を囲むようにしてソメイヨシノをはじめ、ヤエザクラ、シダレザクラなど約730本のサクラが植えられている。古い石垣と澄んだ水とがよく調和し、美しく長閑な風景を醸し出している。満開の花びらをつけて自然にしなやかにお堀の水面に、延びゆくサクラの列の中から大宝館や旧郡役所など歴史的建造物の姿を現しよく

調和しているところが本公園の最大の特徴である。また、鶴岡公園の古木のサクラ並木が創造する花のトンネルは粋な散歩道となっている。

夏から秋にかけては、ツツジやアヤメ、バラといった多種多様の花々が咲き、四季を通して違った表情を表す。

霞城公園のサクラ　＊春、史跡

霞城公園は、山形市のほぼ中央に位置し約36ヘクタールの面積を有する山形城跡を整備した都市公園である。1600（慶長5）年北の関ヶ原合戦といわれる「長谷堂合戦」で城郭が霞で隠れて見えなかったことから「霞ヶ城」とも呼ばれていたという。

公園内には1906（明治39）年に日露戦争凱旋記念と戦友供養のため山形歩兵32連隊帰還将兵が植樹した1,200本のソメイヨシノをはじめ、オオシマザクラやサトザクラ、エドヒガン、黄緑色の花のギョイコウやウコン、新品種の山形霞憐など、1,500本のサクラが植栽されている。石垣に覆いかぶさるように咲くサクラは圧巻で、お堀の水面に映り込む。

古木「霞城の桜」は、公園の西側の土塁に残るエドヒガンで樹齢600年を超えるといわれている。高さ11.5メートル、根元まわり7.8メートル、主幹は枯損し内部はまったく失われ、一部が残っているだけとなっている。このサクラは、初めて城が築かれた当時植えられたものと推定されていて1966（昭和41）年、市の天然記念物に指定された。

公園に隣接して山形新幹線、奥羽本線、仙山線、左沢線が通過しているが、サクラの時期には観桜のために速度を落として通行する粋な計らいもある。

山形市高瀬地区のベニバナ　＊夏、日本遺産

ベニバナは、キク科ベニバナ属の一年草である。高さは1メートル程度で初夏に半径2.5～4センチのアザミに似た花を咲かせる。花の色は咲き始めは鮮やかな黄色の花で、やがて赤みを帯びて朱色を交えるようになる。葉のふちに鋭いトゲがあるため、花摘みはトゲが朝露で柔らかくなっている朝方に行われる。古くから万葉集などでは、久礼奈為、呉藍、末摘花などと詠まれている。日本への紅花の伝来は古く、古代6世紀の推古天皇の時代に朝鮮半島から渡来した僧曇徴がもたらしたともいわれている。

最上紅花は最上川中流域の村山地方で産出される特産のベニバナである。7月上旬「半夏生」に当たる頃にベニバナは咲き出す。村山地方高瀬地区はベニバナ栽培の中心地で、のどかな田園地帯の中にベニバナ畑が広がっている。高畑勲監督の映画『おもひでぽろぽろ』の舞台となった所で、映画では、のどかでありながら豊かな生活を感じさせる田園風景の中に広がる鮮やかな黄色を主体として濃い朱色の花を交えるベニバナ畑の中で、主人公が朝早く花摘みをしている風景が描かれている。

　山形でベニバナの栽培が盛んになったのは15世紀半ばごろからで、江戸初期には質・量とも日本一の紅花産地として栄えた。紅花染料は高価で「紅一匁金一匁」といわれたほど。最上川舟運によって山形と京・大坂が結びつき、多くの紅花商人たちが活躍、巨万の富を築いた豪商も現れた。明治に入り化学染料が使われるようになると生産は衰退したが、第2次世界大戦後その保存と復興がはかられ、後に山形県花・山形市花として制定された。

　ベニバナには黄色素サフロールイエローと紅色素カルサミンの2種類の色素が含まれていて、いずれも染め物などに利用される。カルサミンは発色がよく、高級な衣料品や化粧の紅などに利用されている。水に溶けないため紅餅などのさまざまな技法が開発された。また、種子にはベニバナ油が含まれている。ベニバナ油はリノール酸が70％を占める半乾性油で、高品質で健康に良い食用油として、現在世界のベニバナ栽培の主要な目的となっている。このベニバナ油の油煙からつくる墨が紅花墨で、書画用の墨として使われている。

長井あやめ公園のハナショウブ　＊夏

　長井あやめ公園は、長井市にある都市公園で日本有数のあやめ園である。全国的にも貴重な品種「長井古種」や「長井系」をはじめ、500種100万本のハナショウブが植栽されている。100万本に及ぶ多くの品種のハナショウブが濃い紫色から薄い紫、青、白色までさまざまな色のグラディエーションを描いて咲く風景はまさに圧巻である。

　長井あやめ公園の生い立ちは1909（明治42）年頃、国鉄長井線の誘致運動の資金捻出のため町有林が伐採されたが、その跡地が見苦しかったために地元の風流人遠藤安兵衛らによって10（同43）年、ハナショウブ数十株

を集めて育て茶店が開かれたことに始まると園内の碑文に記されている。その後1914（大正3）年から30（昭和5）年にかけて公園の拡張が行われ、各方面から優良種を求め植栽された。戦時中は食糧難から畑にされたが、園内に植栽されていたハナショウブは市民によって保存され終戦後再びその苗を持ち寄って公園が復興された。63（同38）年には明治神宮から江戸系ハナショウブ20種200株を譲り受けるなど植栽が続けられ、日本有数のあやめ公園となった。

この公園の特徴は、その数や種類もさることながら、園内には「長井古種」と名づけられた珍しい品種のハナショウブがあることで、市の天然記念物に指定されている。

東沢バラ公園のバラ　＊春・秋

東沢バラ公園は、村山市にあるバラ園である。1956（昭和31）年京成バラ園バラ研究所所長鈴木省三が設計。公園東側の山を造成し700品種約2万株のバラが植えられた。その後、数回にわたる拡張整備を経て、2002（平成14）年に現在のバラ園がオープンした。規模は7ヘクタールで東日本一の広さを誇る。

1999（平成11）年に誕生した村山市のオリジナルのバラ「むらやま」、平和の象徴「ピース」、「バイオレット」などが代表的で、グリーンローズや黒真珠などの珍しい品種のバラも見ることができる。山と湖に囲まれた借景の美しい自然豊かな公園で、広大な敷地内にオールドローズ、クラシック、皇室のバラなどさまざまなテーマを持ったバラのエリアがゆったりと配置されており、都市型の密集したバラ園とは異なる人やバラにとっても環境に恵まれた健康的で元気になれる公園となっている。2001（平成13）年環境省から「かおり風景100選」に認定された。

月山の高山植物　＊春・夏、磐梯朝日国立公園、天然記念物

月山は山形県の中央部にあり出羽丘陵の南部に位置する標高1,984メートルの火山である。頂上の「おむろ」には月山神社があり月読命が祀られている。約千年前につくられた延喜式神名帳にのる神社で古い時代から朝廷をはじめ庶民の信仰が篤く、水を司る農業神、航海漁撈の神として広く庶民の信仰を集めている。

月山は8合目まで車で行くことができ比較的楽に数多くの高山植物を観賞することができる。弥陀ヶ原(みだがはら)は、標高1,400メートル付近に広がるなだらかな湿原で、木道が整備されており一周約1時間程度で自然散策を楽しむことができる。ミズバショウ、ニッコウキスゲ、クロユリ、コバイケイソウ、ミヤマキンバイ、チングルマなど130種類以上の可憐な花が咲き誇る日本でも有数の高山植物の宝庫となっている。

鳥海山(ちょうかいさん)の高山植物　＊春・夏、鳥海国定公園、史跡

　鳥海山は、山形県と秋田県にまたがる標高2,236メートルの活火山である。山頂に雪が積もった姿が富士山に似ていることから、出羽富士(でわふじ)、秋田富士、庄内富士とも呼ばれている。多くの噴火によって畏れられ古くから山岳信仰の対象となった。豊富な湧水は山麓に農耕の恵みをもたらしている。

　緯度が高く、多量の雪が降ることから山頂付近には万年雪も残り高山植物をはじめとしたさまざまな植物を観察することができる。特に、鳥海山の名を冠する「チョウカイアザミ」（1メートル以上になる大きなアザミ）や「チョウカイフスマ」は鳥海山の固有種である。鳥海山で見ることのできる主な植物としては、ミズバショウ、ツバメオモト、シラネアオイ、ハクサンシャクナゲ、ハクサンイチゲ、ヒナザクラ、ニッコウキスゲ、チングルマ、アオノツガザクラ、イワギキョウなどがある。

　なお、鳥海山のある遊佐町(ゆざまち)では、2004（平成16）年鳥海山の高山植物を保護するために「鳥海山の高山植物その他の植物で構成されるお花畠など保護条例」を制定した。この条例は、鳥海山のおおむね1,200メートル以上を「お花畠保護地域」に指定し、保護を重点的に行う「お花畠特別保護地区」を設けている。また、鳥海山に自生する高山植物の中で特に遊佐町で保護が必要とされる33種類の植物を「特別保護植物」として盗掘や踏み荒し、摘み取りなどを禁止している。違反した場合は、3万円以下の過料に処せられるが、遊佐町が実施する自然保護に関する研修に参加するか鳥海山の美化清掃活動を行った場合は過料が免除されるという規定がある。

7 福島県

須賀川牡丹園のボタン

地域の特色

かつては東北地方の入口に当たる白河の関があった。東から海岸低地帯の浜通り、阿武隈高地沿い平野・盆地の中通り、盆地・湖岸平野の会津と3地域に大別され、西部は奥羽山脈と火山帯が占める。東西に長く、県土はわが国3位の広い県である。県最高峰の燧ケ岳（2,346メートル）山麓には尾瀬沼が広がる。近世には会津若松に徳川氏一族の会津藩が、中通りには福島、二本松、白河などの各藩が支配した。平成時代には東日本大震災の原発事故があった。太平洋側と日本海側の冷温帯の気候を示している。

花風景は、古代からの古木・近世の城郭跡の公園・花木生産地の公園・原発事故の被災地・鉄道廃線跡自転車道などのサクラ名所、寺院の古代ハス、なりわいの花、山岳の草原植物や湿原植物などが特徴的である。

県花はNHKなどが公募で選んだツツジ科ツツジ属の常緑広葉樹のネモトシャクナゲ（根本石楠花）である。白色や薄紅色の花を八重につけるハクサンシャクナゲの変種である。吾妻山や安達太良山に群生し、「吾妻山ヤエハクサンシャクナゲ自生地」として国指定天然記念物になっている。ネモトは発見者中原源治の恩師の植物学者根本莞爾の名だといわれる。

主な花風景

三春の滝桜　＊春、天然記念物、日本さくら名所100選

三春滝桜は、田村郡三春町に所在する樹齢推定1,000年を超えるベニシダレザクラの巨木で日本三大桜の一つである。樹高12メートル、根回り11メートル、幹周り9.5メートル、枝張り東西22メートル・南北18メートルの巨大なサクラである。四方に広げた枝から薄紅の花が流れ落ちる滝のように咲き匂うことからこの名がある。1922（大正11）年国の天然記念物に指定された。

滝桜は、桜久保というくぼ地にあって、強風を避けることができ、日だまりの中で周りの畑の栄養分をもらっていたことや昔から人々の滝桜に対する愛護の気持ちによって守られてきた。滝桜は、江戸時代の頃京の都にすむ公家や歌人の間でも評判になり「名に高き三春のさとの滝桜そらにもつづく花の白波」などと歌に詠まれている。1996（平成8）年春、極端に花付が悪くなったため、「三春滝桜」の保全計画が策定され、以後継続的に樹勢回復事業が行われており、毎年美しい花を楽しむことができるようになった。滝桜のある三春町内には、約10,000本のサクラが植えられていて樹齢が100年を超えるシダレザクラも70本あり、町全体がサクラの名所となっている。

花見山(はなみやま)公園のサクラとハナモモ　＊春

　花見山公園は、福島市の南東渡利(わたり)地区の丘陵地中腹に位置する私有地で、所有者であり花木を栽培している阿部家が圃場を約5ヘクタールを公園として無料開放している。花木の品種はサクラだけでもソメイヨシノ、ヤエザクラ、ヒガンなど20種に及び、モモ、ウメ、レンギョウ、ボケ、ベニバスモモ、コデマリ、ユキヤナギ、チョウセンマキ、クジャクヒバ、ヒメミズキ、フジ、ツバキ、サザンカなど多品目にわたる花木が栽培され、山全体が色とりどりの花で覆われる「百花繚乱」のお花見山となる。

　花見山は、花き栽培のための農の営みと農家の心の余裕によって形成された観光地である。1926（昭和元）頃から農家が副業で畑に花木を植え始め、35（同10）年いけばな用切花の需要拡大があって本格的に花木を植え始めた。そうした農家の一人阿部伊勢次郎(あべいせじろう)は36（同11）年、花木の生産とともに家族の楽しみのために花の山をつくろうと15年間花木を植え続けた。次第に山を見せてほしいという人々が多くなったことから60（同34）年、花見山公園として一般の人々にも開放することとした。花見山とその周辺には多くの種類の花木が植えられている。また、花木収穫は地上から1メートル強の部位で切断する。このため箒を逆さにしたような樹形となり低い位置で密集した枝にたくさんの花が咲くようになる。この結果、山全体が色とりどりの低い高さの花木類で覆われることとなり、他の地域では類をみない美しい風景が生まれることとなった。

　1975（昭和50）年頃、写真家の秋山庄太郎(あきやましょうたろう)が初めてお花見山を訪問。すっ

かり気に入って何度も訪れ、「福島に桃源郷あり」と形容して展覧会や講演会で公園を紹介したことによって全国的に知られるようになった。

会津鶴ヶ城公園のサクラ　＊春、史跡、日本さくら名所100選

　会津鶴ヶ城は1384（至徳元）年葦名直盛がつくった館に始まるといわれ、1593（文禄2）年に蒲生氏郷が本格的な天守閣を築城し、名前も「鶴ヶ城」と改められた。1868年（慶応4年）戊辰戦争により会津は敗戦、74（明治7）年明治政府の命により石垣だけを残し取り壊された。現在の天守は1965（昭和40）年に外観復興再建されたもので、2011（平成23年）年赤瓦に復元された。鶴ヶ城公園には、ソメイヨシノを中心に、ヤエザクラ、シダレザクラ、コヒガンザクラなど約1,000本のサクラ植栽されており、日本で唯一の赤瓦をまとった天守閣とのコラボレーションは大変美しい。また、NHKの大河ドラマ『八重のサクラ』の舞台ともなったところで千利休の子・少庵が建てたといわれる茶室麟閣の周辺で八重桜を見ることができる。

　鶴ヶ城公園は1917（大正6）年若松市の依頼により、東京帝国大学教授本多静六によって城跡の近代公園化の方針が「若松公園設計方針」として計画されて、34（昭和9）年国史跡として指定された。

　鶴ヶ城公園のサクラは、1908（明治41）年陸軍歩兵第65連隊が設置されたことを記念するため遠藤現夢によって植樹されたのが始まりとされている。この時に植えられた老齢のサクラが多数残っていることから、樹勢回復などを行うための「鶴ヶ城公園のさくらを元気にする事業」がお城とサクラを愛する市民が協力して、継続的に行われている。

霞ヶ城公園のサクラ　＊春、史跡、日本さくら名所100選

　霞ヶ城公園は二本松市にある県立自然公園である。霞ヶ城跡を中心とした付近一帯と安達ヶ原一帯の2地域からなる。公園内にはソメイヨシノをはじめとする2,500本のサクラが植えられている。開花期にはサクラの花が全山をやわらかに包み込み、スギやマツの老木とサクラの花と石垣のコントラストは素晴らしく、山一面がサクラの花の白い霞がかかったように見えることから「霞ヶ城」の名がついたともいわれている。

　霞ヶ城（二本松城）は、1643（寛永20）年初代二本松藩主丹羽光重によって近世城郭として整備された。戊辰戦争では激しい攻防が繰り広げられ二

本松少年隊の戦死などの悲話を残して落城した。1872（明治5）年廃城令によって残る建物もすべて破却されたが、1995（平成7）年本丸の修復、復元工事によって天守台や本丸石垣が整備された。

夜ノ森のサクラとツツジ　＊春

双葉郡富岡町夜ノ森のサクラ並木は、1900（明治33）年に、旧士族半谷清寿が開墾を記念してソメイヨシノ300本を植栽したことに始まる。その後、息子の半谷六郎がさらに1,000本のサクラを植栽するなど、現在までに約2,000本のソメイヨシノが植栽された。樹齢100年を超えたソメイヨシノなどで全長約2.2キロのサクラのトンネルとなっており、浜通りを代表するサクラの名所として知られるようになった。

2011（平成23）年の東日本大震災前には、毎年4月に「夜ノ森桜祭」が開催され多くの人が訪れていたが、震災後福島原発事故によって放射能で汚染され帰還困難区域となり立ち入りが制限された。夜ノ森のサクラは富岡町のシンボルで町民の心のよりどころであることから、環境省は先行して除染を進め、17（同29）年300メートルについて除染が完了、立ち入りが可能となり、富岡町桜まつりとライトアップが再開された。

また、夜ノ森駅には、町長となった半谷六郎が約300株のツツジを寄贈したのをきっかけに、住民によって16種約6,000本のツツジやサツキが線路脇に植えられ、ツツジの名所としても知られていたが、原発事故の除染のため6,000本全ての伐採が余儀なくされた。富岡町は、住民らの要望を受け止め根を残して除染を行うとともに新たな苗木も植えて再生が図られていることから、数年後には新しいツツジの名所が誕生することが期待される。

日中線記念自転車歩行者道のシダレザクラ　＊春

日中線は、喜多方市の喜多方駅から熱塩駅までを結んでいた旧国鉄の鉄道路線である。1938（昭和13）年に開業したが、典型的な閑散ローカル線で84（同59）年に全線廃止となった。路線名は、終点である熱塩駅の北方にある日中温泉に由来する。

日中線記念自転車歩行者道は、喜多方市によって日中線の線路跡の一部を活用し自転車遊歩道として整備されたものである。喜多方駅から西へ徒

歩5分の遊歩道の入口から始まる全長3キロの道で、遊歩道の両側には1986～96年（昭和61年～平成8年）にかけて594本のシダレザクラが植えられ、その後も植栽が行われ、現在では約1,000本になっている。植栽後30年余りを経過して、シダレザクラも壮年となり、サクラの季節にはシダレザクラの花のトンネルとなる区間があり、見ごたえのあるサクラ並木になった。シダレザクラのピンクのシャワーが3キロも連続する風景は他では見ることのできない風景であり、遠く残雪の飯豊山を背景に美しい風景が展開している。まだ若い木も多く、これからますます美しくなる育ち盛りのサクラの名所である。

高清水自然公園のヒメサユリ　＊夏

ヒメサユリは、ユリ科の多年草で標準和名はオトメユリという。標準和名「オトメユリ」よりも「ヒメサユリ」の方が一般的に使われる。日本特産のユリで、宮城県南部および飯豊連峰、吾妻山、守門岳、朝日連峰の周辺にしか群生していない。高さ30～50センチ程度で花は薄いピンク色で斑点がないのが特徴。筒型で横向きに開き、甘く濃厚な香りを有する。

南会津群南会津町にある高清水自然公園内のヒメサユリ群生地は、標高約850メートルの高地にあり、すり鉢状のススキ草原全体にヒメサユリが咲く。ヒメサユリは、まだ低いススキから頭一つ花茎を伸ばし淡いピンク色の花を一面に咲かせる。派手さは無いが清楚で可憐な花はまさに「姫小百合」である。当地のヒメサユリは、地元の人々が長年採草地として火入れ、刈払い、搬出を行ってきた場所で維持されてきた。いわば人の営みと共に生きてきた植物である。地元では、生活のための採草は行われなくなったが、ヒメサユリを維持するために秋の刈払い、定期的な山焼きを行い、採草地に生きるヒメサユリの生育に適した条件をつくりだしている。また、ヒメサユリは病原菌に非常に弱いことから群生地内に病原菌や外来植物を持ち込まないため、入口付近に靴裏の消毒マットを設置するなどヒメサユリのためのさまざまな保全対策が行われている。

こおり桃源郷のモモ　＊春

福島盆地は果樹、特にモモの栽培が盛んで春の開花期には各地でモモの花を見ることができる。特に、桑折町東方に位置する伊達崎地区は、120

ヘクタールに及ぶモモの畑が集中しており「こおり桃源郷」と呼ばれている。春4月、一面のモモ畑では、ピンク色の絨毯（じゅうたん）を敷き詰めたようにモモの花が色鮮やかに咲き、まさに「桃源郷」となる。

　福島盆地周辺は、養蚕が盛んな地域であったが、大正時代以降養蚕業が衰退した後、果樹へ転換が行われ、昭和30年代から本格的に果樹栽培に切り替えられた。桑折町（こおりまち）では当初、リンゴの方が多かったが、昭和50年代前半にモモの方が多くなった。「こおり桃源郷」付近には桑折町によって果物の小径が整備されている。展望台や桃の郷ポケットパークなどがあり桃源郷を散策することができる。また、平行して車道の桑折ピーチラインが通過していてドライブをしながらモモの花を楽しむことができる。

須賀川牡丹園のボタン（すかがわぼたんえん）　＊春、名勝

　ボタンは、ボタン科ボタン属の落葉小低木で、中国原産。中国では盛唐期以降「花の王」として愛好されるようになり、李白（りはく）や白居易（はくきょい）は詩で楊貴妃（ようきひ）の美しさをボタンに例えている。

　須賀川牡丹園は、須賀川市にある牡丹園で10ヘクタールの広大な面積を有し、290種7,000株のボタンが植えられている。丹精込めた管理によって老松の緑を背景に深い紅や淡いピンク、白、黄色などさまざまな色の大輪で華麗かつ妖艶な花々を楽しむことができる。牡丹園は1766（明和3）年薬種商伊藤祐倫（いとうゆうりん）がボタンの根を薬用にしようと苗木を摂津国（せっつ）から取り寄せ、栽培したのが始まりといわれている。明治時代初めに柳沼信兵衛（やぎぬましんべえ）が薬草園を買い取り、薬用から観賞用のボタンに切り替えた。柳沼信兵衛の長男柳沼源太郎（ぬまげんたろう）が牡丹園経営を引き継ぎ、東京農科大学（現東京大学農学部）で専門的なボタン栽培を学んだ後、牡丹園に移り住みボタン栽培一筋に励む。その成果として1932（昭和7）年、牡丹園は国の名勝に指定された。

　柳沼源太郎は、破籠子（はろうし）という俳号を持つ俳人でもあった。大正時代、年老いて枯れたり折れたりしたボタンの木を感謝と供養の意味を込めて炊く「牡丹焚火（ぼたんたきび）」を始める。牡丹焚火でボタンの木を焚く様は幽玄な雰囲気漂う伝統行事となり「全国かおり風景百選」にも選ばれている（11月第3土曜日開催）。吉川英治（よしかわえいじ）が代表作『宮本武蔵』の執筆時に訪れ、この牡丹焚火の美しさに惚れ込み『宮本武蔵』の"牡丹を焚く"の章で牡丹焚火の情景を描いている。

白水阿弥陀堂の中尊寺ハス　　＊夏、国宝、史跡

　白水阿弥陀堂は、いわき市にある古刹。平安時代末期の1160（永暦元）年奥州平泉の藤原清衡の娘・徳姫が、夫・岩城則道の供養のために建立した平安時代後期の代表的な阿弥陀堂建築である。発掘調査によって白水阿弥陀堂が大きな池の中に設けられた中島に建てられていたことが判明、1966（昭和41）年国の史跡に指定され、74（同49）年度に池が復元された。現在の阿弥陀堂は東・西・南の三方を池に囲まれている。

　浄土庭園の池の一角にハスが植えられている。このハスの一部は、平泉の中尊寺金色堂から出土した古代ハスで「中尊寺ハス」と呼ばれている。このハスは、1950（昭和25）年中尊寺金色堂御遺体調査の時に、大賀ハスの発見者である植物学者大賀一郎が泰衡の首桶の中から約100粒のハスの種子を発見したもので、その後大賀の門下生長島時子によって93（平成5）年発芽に成功。98（同10）年、およそ810年ぶりに薄紅色の大輪の花を咲かせ「中尊寺ハス」と名付けられた。白水阿弥陀堂の池には2001（同13）年に株分けされ植えられている。仏教では泥水の中から生じ清浄な美しい花を咲かせる姿が仏の智慧や慈悲の象徴とされる。広大な面積を誇るものではないが、平安時代に咲いていたであろうハスの花越しに阿弥陀堂を望む風景は、平泉文化華やかなりし頃に奥州藤原氏が願った平和な世界・極楽浄土を髣髴とさせるものがあり、藤原氏ゆかりある縁で結ばれていることも興味深い。

尾瀬沼・大江湿原のニッコウキスゲ　　＊夏、尾瀬国立公園

　尾瀬沼は、福島県南会津郡檜枝岐村と群馬県利根郡片品村に位置する沼で尾瀬国立公園の重要な風景の一つである。尾瀬沼の東岸には、尾瀬の自然保護に尽くした平野長蔵の名を冠する長蔵小屋や環境省のビジターセンターなどが設置され利用の拠点となっている。大江湿原は、尾瀬沼の最上流に位置する湿原で、尾瀬では尾瀬ヶ原に次ぐ大きさである。尾瀬ヶ原のような広大な湿原ではないが、緩やかに傾斜した美しい湿原で、湿原の先に見える尾瀬沼と一体となった風景は一見の価値がある。ニッコウキスゲの大群落があり、7月下旬一面に黄色い花を咲かせる。このニッコウキスゲの美しさは、尾瀬沼や三本カラマツ、周辺の山々との絶妙なバランス

とハーモニーをつくり出しはるばる尾瀬にやってきたという深い感動を味わうことができる。

尾瀬沼の南側の群馬県側の玄関口三平峠と福島県側桧枝岐村からの玄関口は沼山峠の区間は旧会津沼田街道の一部で、大江湿原の中心を通る木道はその一部となっている。昭和40年代この部分を観光のために車道化する話が持ち上がった。これに対し、平野長蔵の孫平野長靖が1971（昭和46）年環境庁長官大石武一に建設中止を直訴、建設中止に持ち込んだが、同年冬尾瀬からの下山中に三平峠で遭難、凍死した。

尾瀬沼近くの大江湿原の一角少し小高い丘は、夏の終わりにヤナギランが咲くことから「ヤナギランの丘」と呼ばれている。ここには、尾瀬の自然を守った平野家の墓があり、尾瀬の美しい自然を見守っている。

雄国沼湿原のニッコウキスゲ　＊夏、磐梯朝日国立公園、天然記念物

雄国沼は猫魔ヶ岳や雄国山などを外輪山に持つ、猫魔火山のカルデラにある湖沼である。沼の標高は1,090メートル。雄国沼の南側には湿原が発達しており、「雄国沼湿原植物群落」として1957（昭和32）年国の天然記念物に指定された。5月頃にはミズバショウやリュウキンカ、ホロムイイチゴ、6月頃にはレンゲツツジやワタスゲ、ヒオウギアヤメ、7月頃にはニッコウキスゲやコバイケイソウ、8月頃にはヤナギランやオゼミズギクなどを見ることができる。特にニッコウキスゲの群落は規模が大きく、面積当たりの株数は尾瀬を上回り、日本一ともいわれる。一面に広がるニッコウキスゲの花は、黄色い絨毯のようで青い雄国沼との対比は素晴らしく、天上の楽園ともいうべき風景となる。

なお、雄国沼は原生自然の湖沼ではない。江戸時代の1657〜60（明暦3〜万治3）年新田開発と灌漑のために、大塩平左衛門が堤防を築き沼の面積を3倍に拡張するとともに、360メートルの雄国堀抜堰（トンネル）を掘削して、喜多方方面に水を流す工事を行っている。

茨城県

霞ヶ浦の蓮根のハス

地域の特色

東は単調な長い海岸線で太平洋鹿島灘に臨み、南は利根川が県境をなし、南部の関東ローム層の関東平野には筑波山がそびえる。那珂川、鬼怒川、利根川など多くの河川が北西から南西に流れ、霞ヶ浦などの水郷を形成している。江戸幕府は東北地方に接するこの地を政治的に重視し、御三家の水戸徳川家を置き、天領、旗本領、社寺領などを配置した。良港がなく、海岸の開発は発達せず、かろうじて日立や鹿島が工業地帯となった。太平洋側の暖温帯の気候となっている。

花風景は、近世の御三家の梅林の名園、近代の工業都市の緑化のためのサクラ名所、低湿地帯の湿原植物やなりわいの植物が特徴的で、また、現代の海浜の観賞用花畑や江戸時代の花木園を再現した都市公園もある。

県花はバラ科バラ属のバラ(薔薇)である。バラは木本性の蔓で棘がある花の総称であり、茨城県にはノイバラなどが自生している。ノイバラは茨城という地名にも関連し、県章、県旗にも古くから「バラ」がかたどられていたことから、バラが県花に定められた。古代の常陸国風土記にも茨(いばら・うばら)の城という説話があり、茨は棘のある植物であろう。

主な花風景

かみね公園・平和通りのサクラ　＊春、日本さくら名所100選

かみね公園は、日立市の神峰神社に隣接して広がる都市公園で、1948(昭和23)年に整備に着手されたが、財政難により公園整備がなかなか進まないなか、地元地区の有志によって、一戸一木献木やサクラ苗木の植栽、施肥、草刈などの積極的な奉仕活動が展開された。15ヘクタールの公園内には、22種類、約1,000本のサクラが植えられ、日立のサクラ開花宣言の基になる標準桜もある。明治期に、日立鉱山(81(同56)年に閉山)の銅の精錬の

際に排出される亜硫酸ガスによって、近隣の農作物や山々の木々が枯れるという公害問題が発生した。煙害対策のため、日立鉱山は、14（大正3）年に、当時高さ世界一の156メートルの大煙突を立てて煙を減少させるとともに、煙に強い樹種の大規模な植栽を行った。その代表的な樹種がオオシマザクラで、当時日立鉱山庶務課長だった角弥太郎が、伊豆大島の噴煙地帯に自生することに着目して苗木を調達し、栽培したものである。この時植えられた推定260万本のオオシマザクラが、日立の市花サクラの原点とされる。頂上展望台からは、倒壊し3分の1ほどが残された大煙突が見える。展望台からさらに上がった道路脇に、鉱山の煙害の克服をめぐる実話を描いた小説『ある町の高い煙突』の作者新田次郎の文学碑と大煙突記念碑がある。

日立駅前から国道6号線まで約1キロの通りは平和通りと呼ばれ、約120本のソメイヨシノが植えられている。1951（昭和26）年、時の県知事と市長が記念植樹したのを契機に、地元の人たちの協力により、国道6号からけやき通りまで、約600メートルの両側にソメイヨシノが植栽された。開花の季節になると見事なサクラのトンネルとなる。「日立さくらまつり」では、平和通りで日立風流物が公開される。日立風流物は、神峰神社の大祭に奉納された神事で、江戸時代から伝わる。高さ15メートル、重さ5トンのからくり仕掛けの山車を200人以上で牽引する。山車は国指定重要有形民俗文化財で、祭礼としての日立風流物は国指定重要無形民俗文化財である。ユネスコの無形文化遺産にも記載されている。

静峰ふるさと公園のヤエザクラ　＊春、日本さくら名所100選

那珂市にある公園で、1965（昭和40）年に静神社西側の丘陵地を活かして造成された。12ヘクタールの広大な園内には、遊具施設、水鳥の小池、花のさじき園、水上ステージ、野外ステージ、交流センター、グラウンド・ゴルフ場、起伏にとんだ散策コースなどが整備され、約2,000本のヤエザクラをはじめ、ソメイヨシノ、ツツジなどが植栽されている。4月中旬から5月初旬に開催される「八重桜まつり」では、満開時に合わせてサクラや灯ろうのライトアップも行われる。八重桜が満開となる頃には、シバザクラも咲く。

桜川のヤマザクラ　　＊春、名勝、天然記念物

　桜川市岩瀬地区の桜川のヤマザクラは、古来より「西の吉野、東の桜川」と並び称されるほどのサクラの名所で、東国の桜川の評判が遠く平安京の都人にまで届いていた。その証しに、『後撰和歌集』には紀貫之の「常よりも　春辺になれば桜川　波の花こそ　間なく寄すらめ」があるなど、多くの歌人たちが歌を残し、また、室町時代には世阿弥作謡曲『桜川』の舞台にもなった。桜川の名は、日本武尊が東国平定の後で伊勢神宮と鹿島神宮から分霊して創建されたと伝えられる磯部稲村神社付近でサクラの花びらが川面に浮かぶ様から命名されたという。また、平成の大合併に際して岩瀬町・真壁町・大和村の3町村の合併後の市名として、この川の名をとって「桜川市」と命名された。四代将軍家綱の隅田川堤への移植、八代将軍吉宗の玉川上水堤への移植をはじめ、江戸の花見の名所づくりには「桜川のサクラ」が大量に移植され、現隅田公園の「墨堤植桜之碑」や、玉川上水沿い「小金井桜樹碑」に桜川のサクラの記述がみられる。東北産のシロヤマザクラが中心で、品種も桜川匂・樺匂・梅鉢桜・白雲桜・薄毛桜・初見桜・初重桜・源氏桜・大和桜・青毛桜・青桜などがあり、1924（大正13）年に国指定名勝、74（昭和49）年には国指定天然記念物になった。現在、巨樹はほとんど枯死し、ソメイヨシノ・ヤマザクラなどが補植されている。86（同61）年に、面積4.4ヘクタールの磯部桜川公園が完成し、磯部稲村神社の参道沿いと隣接する磯部桜川公園の丘陵地一帯に約800本のサクラが植栽されている。

偕楽園のウメ　　＊冬、史跡、名勝

　水戸の偕楽園は、金沢の兼六園、岡山の後楽園と並び日本三名園といわれ、ウメの名所として知られる。1842（天保13）年に水戸徳川家九代藩主徳川斉昭によって開かれた。園内は、約100品種、3,000本のウメが植えられている。このうち、水戸にしかない品種とされ斉昭の別称烈公にちなんで名付けられた「烈公梅」、徳川光圀の師であった中国の儒学者、朱舜水が日本にもたらした品種といわれる「江南所無」「白難波」「虎の尾」「月影」「柳川枝垂」の6種類は、その華麗さから、1934（昭和9）年に六名木とされた。由来の分かる後継木の育成と品種保存のため、自園でウメの苗

木をつくり育てている。藩校弘道館で文武を学ぶ藩士の余暇休養の場とすると同時に、領民と偕に楽しむ場にしたいと、斉昭みずから偕楽園と名付けた。偕楽とは中国古典である『孟子』の「古の人は民と偕に楽しむ、故に能く楽しむなり」という一節から援用したもので、斉昭の碑文『偕楽園記』では、「是れ余が衆と楽しみを同じくするの意なり」と述べている。1873（明治6）年、公園地に指定され「常磐公園」と称し、茨城県が管理している。正岡子規は、89（同22）年に偕楽園を訪れた際、好文亭から見た南崖のウメの印象を、後年、「崖急に　梅ことごとく　斜めなり」と詠んだ。梅まつりは、120回を超えた。

笠間稲荷神社のキクとフジ　＊秋・春

　笠間稲荷神社は、社伝によれば第36代孝徳天皇の御代、651（白雉2）年創建と伝えられる。菊まつりは1908（明治41）年から始まった日本で最も古い菊の祭典で、当時の宮司の塙嘉一郎が、日露戦争によって荒廃した人々の心を和めようと、神社に農園部を開園して始めたものである。10月中旬から11月下旬に開催される菊まつり期間中は、笠間稲荷神社をメイン会場に、千輪咲き、盆栽菊、立ち菊、懸崖菊、NHKの大河ドラマをテーマにした菊人形、五重塔や富士山などの形をまねた特作菊花壇など、市内の至る所に約1万鉢のキクが展示されるほか、流鏑馬や舞楽祭なども催される。境内の楼門側にあるフジは房の長さが150センチほどになり、拝殿側にあるフジは濃い紫色の八重で、共に樹齢が約400年と古く、県の天然記念物に指定されている。神社の御本殿は江戸時代の末期安政・万延年間（1854～60年）に再建された銅瓦葺総欅の権現造で、国の重要文化財に指定されている。

古河総合公園のハナモモ　＊春

　江戸時代初期、初代古河藩主・土井利勝は、江戸で家臣の子供たちにモモの種を拾い集めさせ、領地である古河に送って田畑や城の周りに植え、薪や食料として活用した。江戸時代後期の絵画には、古河城東方に桃林が描かれ、古河藩士も春には桃見物に訪れていたことが知られている。

　1975（昭和50）年、古河総合公園の開園に当たって、江戸時代を偲ぶ桃林を復活させることとなり、矢口、源平、菊桃、寒白、寿星桃の5種類、

約1,500本のハナモモが植えられた。公園の設計監修は景観学者の中村良夫東京工業大学名誉教授で、面積は25ヘクタールあり、古河公方足利氏の御所跡（古河公方館跡）、徳源院跡、御所沼、民家園（旧飛田家住宅・旧中山家住宅）、蓮池などが整備されている。歌人の長塚節が桃に見立てて恋慕の情を歌い作家の若杉鳥子に送った詩「まくらがの古河の桃の木ふめるをいまだ見ねどもわれこひにけり」の歌碑がある。2003（平成15）年には、世界の主要な文化景観の保護と管理の顕著な活動に対して功績を讃えることを目的にユネスコとギリシャが主催する「メリナ・メルクーリ国際賞」をこの公園が受賞した。毎年3月下旬から4月上旬にかけて「古河桃まつり」が開催される。

水郷潮来あやめ園のハナショウブ　　＊夏、水郷筑波国定公園

潮来は、古くから水運陸路の要所として栄えた地で、その昔は、伊多久と称し、常陸国風土記には板来とされていたのを、この地方の方言で潮のことを"いた"と言っていたことにあやかって、徳川光圀公が1698（元禄11）年に潮来と書き改めたといわれている。この地では、アヤメ、カキツバタ、ハナショウブを含めて「あやめ」と呼んでおり、明治期に入り、利根川畔に前川あやめ園が造成された。現在、約500種、約100万株の「あやめ」が植栽されている。5月初旬にアヤメ、中旬にカキツバタ、下旬から6月末までナハショウブが咲き競う。光圀公は、水戸領内を巡視の折、潮来出島の丈なす真菰の中に美しく可憐に咲くあやめの様を讃嘆して「潮来出島のまこもの中にあやめ咲くとはしほらしや」と詠んだ。水郷地帯であったことから、この地域一体には水路（江間）が縦横に張り巡らされ、嫁入りする際に花嫁や嫁入り道具を運搬する時にもサッパ舟が使われていた。1955（昭和30）年、美空ひばり主演の映画『娘船頭さん』のロケが水郷潮来で行われたのがきっかけとなり、花村菊枝が歌った『潮来花嫁さん』や橋幸夫が歌った『潮来笠』もヒットし、その名が全国的に知られるようになった。毎年6月に「水郷潮来あやめまつり」が開催される。

国営ひたち海浜公園のネモフィラ　　＊春・秋

1991（平成3）年に開園した国営ひたち海浜公園は、350ヘクタールの広大な敷地に四つのエリアが整備され、年間200万人以上の来訪者で賑わう。

その広大な土地には、スケールの大きな花畑があり四季折々の花が植えられている。名物は、4月中旬から5月上旬にかけて、みはらしの丘一面を青色に彩る450万本のネモフィラと、夏場の緑色から秋は真っ赤に紅葉する、丸くてモコモコとしたコキアである。ネモフィラは、和名を瑠璃唐草という。コキアの和名はホウキグサといい、昔はこの茎を乾燥させてほうきをつくっていた。

茨城県フラワーパークのバラ 　*春・秋

　茨城県フラワーパークは、国際科学技術博覧会（通称つくば科学万博）を記念するとともに花卉農業の振興と更なる普及を目的に、県と八郷町（現石岡市）が共同で建設に着手し、1985（昭和60）年にオープンした花と緑の公園である。筑波山を背景にした約30ヘクタールの広大な敷地には、バラのテラスやバラ品種園・香りのバラ園などがあり、殿堂入りしたバラや人名にちなんだバラを含め、約800品種、約3万株のバラが咲く。他にも、ボタン園、ダリア園、アジサイ園、シャガ園、福寿草園、フラワードーム、展示栽培温室などが整備されており、7月上旬にはふれあいの森の南斜面に約12,000株のヤマユリが咲く。

茨城県蓮根のハス 　*夏

　茨城県のれんこんは、作付面積、出荷量ともに全国トップで、全国の5割、東京市場の9割を占める。そのほとんどが霞ヶ浦周辺で生産されている。霞ヶ浦沿岸は低湿地帯が多く、アシなどが堆積して土壌が肥えており、冬でも降雪の少ない温暖な気候がれんこん栽培にあっていることから、減反政策の下、米に代わる優良作物への転作を模索するなかで、1970年代に栽培が始まった。日本では穴があいているので「先を見通す」ことに通じ縁起が良いとされ、正月のお節料理やお祝い事などに欠かせない食べ物となっている。また、古代インドでは、神がハスから誕生したという神話があり、聖なる花、吉祥の象徴とされ、種が多いので、多産・生命・神秘のシンボルにもなっている。ハスの語源は、花托が蜂の巣に似ていることから「ハチス」と呼ばれ、それが変化して「ハス」になったといわれている。花は、7～8月の盛夏に、20枚あまりの花弁が朝早くから開き始め、午後には閉じて、4日目には開いたまま散ってしまう。

栃木県

戦場ヶ原のホザキシモツケ

地域の特色

　三方を山地に囲まれた盆地状の内陸県で、南部が関東平野に開かれて北高南低となっている。北部から西部にかけて2,000メートル級の山岳が連なり、東日本火山帯の旧那須火山帯の南端部にも属することから、日光白根山、那須岳、男体山などの著名な火山が多く、高原、湿原、温泉地も多い。中央部に日光街道・奥州街道が通り、今も東北新幹線などの交通路が南北に縦断している。日光東照宮、奥日光、那須などの社寺、自然、温泉と観光資源が豊富である。太平洋側の暖温帯の気候が中心となっている。

　花風景は、近世の街道や神社のサクラ名所、近代から生き続ける古木、里地里山の山野草、国立公園の湿原植物、高原の花木や草原植物など、歴史的な名所、観光地、里山、自然地域と多彩である。

　県花はツツジ科ツツジ属のヤシオツツジ（八汐躑躅）で、アカヤシオ、シロヤシオ、ムラサキヤシオの総称とされる。日光、那須、塩原などの山地に広く分布し、冬の厳寒に耐え、早春に咲き始め、春を通して赤紫色、白色、桃色などの美しい花を咲かせる。県民性を表す象徴として、また、県民の郷土愛と郷土意識を高揚させる花として親しまれている。

主な花風景

日光街道桜並木のサクラ　＊春、日本さくら名所100選

　国道119号の宮環上戸祭町交差点から北へ日光市山口までの日光街道沿い約16キロに、ヤマザクラが約1,500本植えられている。江戸時代に五街道の一つであった日光街道は、1619（元和5）年、宇都宮城主本多正純によって開設され、日光参詣の折など、多くの人々に利用されてきた。第2次世界大戦後、栃木県は、日光へと至る本道路を主要な観光道路として位置づけ、並木植栽へと繋がっていった。沿道5カ村によって設立された道路愛

護協会は、1951（昭和26）年にヤマザクラ1,300本、ヤマツツジ1,500株を植栽した。これが、本道路に対する大規模なサクラ植栽の最初の事例である。次いで県が55（同30）年にヤマザクラ500本、カエデ200本、ツツジ350株を植栽した。京谷らの研究（2003）によれば、本道路の並木が江戸期以来の長い伝統を持ち、次代での整備の際に、前代のものを多少なりとも残してきたため、江戸期を象徴するマツ、明治から大正期のスギ、戦後のサクラとカエデが入り混じることになったという。

太平山県立自然公園のサクラとアジサイ　*春・夏、日本さくら名所100選

　太平山県立自然公園は、栃木市にある標高341メートルの太平山を中心として1955（昭和30）年に指定された。面積は約1,080ヘクタールある。太平山の名前は、第53代淳和天皇が、風水害や疫病で人々が苦しむ様に御心を痛められ、「下野国（今の栃木県）の霊峰三輪山に天下太平を祈る社を造営せよ」との詔を賜り、神様をお祀りするための太平山神社が827（天長4）年に慈覚大師により創建されたことによるとされる。公園全体に、ソメイヨシノやヤマザクラなど4,000本以上のサクラが植えられている。特に、遊覧道路沿いは、約2キロにわたり、サクラのトンネルとなる。例年4月初旬から2週間、「太平山桜まつり」が行われる。ふもとの太山寺には、三代将軍家光の側室で四代将軍家綱の生母お楽の方が家光を偲んで植えたといわれる推定樹齢360年のシダレザクラがある。大平山神社の六角堂前から随身門に続く約1,000段の石段からなる参道（通称「あじさい坂」）には、西洋アジサイ、ガクアジサイ、ヤマアジサイなど約2,500株のアジサイが植えられている。

あしかがフラワーパークのフジ　*春

　あしかがフラワーパークは、大きな藤棚が有名な花のテーマパークで、足利市にある。9ヘクタールの園内は、四季折々、数多くの花々で彩られ、毎年150万人以上の来園者がある。もともと早川農園として1968（昭和43）年に開園し、250畳（約410平方メートル）の大藤が親しまれていたが、97（平成9）年に20キロ離れた現在の地に移設し、あしかがフラワーパークとしてオープンした。シンボルである大藤（当時樹齢130年）の移植は前例がないもので、全国から注目を集め、日本の女性樹木医第1号である塚本こな

み(後に園長)によって3年かけて実行され、成功した。大藤4本(野田九尺藤3本、八重黒龍藤1本)と80メートルに及ぶ白藤のトンネルは県の天然記念物に指定されており、これらが見頃を迎える4月中旬から5月中旬に「ふじのはな物語～大藤まつり～」が開催される。移植当時、250畳大だった野田九尺藤は、幹周り4メートル15センチ、600畳(約990平方メートル)もの大きさとなり、移植時の10倍以上に枝を広げている。花房は1.9メートルに達する。移植の顛末は絵本「おおふじひっこし大作戦」(文：塚本こなみ、絵：一ノ関圭、福音館書店、2002年5月)になった。

那須フラワーワールドのチューリップ　＊春

　那須フラワーワールドは、那須連峰を見渡す標高約600メートルの那須高原にある民間のフラワーパークで、2005(平成17)年秋に開園した。原種・八重咲・フリンジ咲きなど珍しい種類を含む約300種約22万株ものチューリップがパッチワーク状に斜面に植えられ、ゴールデンウイークの頃に咲き誇る。6月には、花の形がフジに似て別名「昇りフジ」といわれる約1.5万株のルピナスが見頃を迎える。

万葉自然公園かたくりの里のカタクリ　＊春

　佐野市の標高229メートルの三毳山麓の北斜面に、約1.5ヘクタール、約200万株にも及ぶカタクリの大群落があることが1970年代後半に確認され、87(昭和62)年に市の天然記念物に指定されたことをきっかけに、万葉自然公園かたくりの里として整備された。万葉集には、「下毛野　みかもの山の　小楢のす　まぐはし児ろは　誰が笥か持たむ」(コナラの木のように愛らしいあの娘は誰の妻になるのか、読み人知らず)という歌があり、また、万葉集にはかたくり(かたかご)を詠んだ歌もあり、三毳山は万葉にちなんだ地といえる。

ハンターマウンテンゆりパークのユリ　＊夏

　ハンターマウンテンスキー場の約10ヘクタールの広大なゲレンデに、色鮮やかなスカシ系や、香りも楽しめるオリエンタルハイブリッド系など50種400万輪のユリが咲き誇る。日本最大級のユリ園で、2003(平成15)年から開園している。全長1,000メートル、約10分のフラワーリフトに乗ると、

足元にはユリの絨毯が広がる。リフト降り場からは最長2キロのゆりパーク遊歩道があり、見晴らし展望台からは遠く日光連山も見渡せる。

市貝町芝ざくら公園のシバザクラ　＊春

　2006（平成18）年に開設された市貝町の公園で、農業用水のために芳那の水晶湖（塩田調整池）を掘削した際の残土が盛られた隣接地の丘につくられている。公園の面積は8ヘクタール、うち、シバザクラ植栽面は2.4ヘクタールで、本州最大級の約25万株のシバザクラが植栽されている。丘の頂上には360度見渡せる展望台があり、町を流れる小貝川をイメージして曲線形に植えられた白・ピンク・紫のシバザクラが、見渡す限りにグラデーションをなして広がっている様子が見渡せる。毎年4月から5月にかけて催される「芝ざくらまつり」には多くの人が訪れる。

戦場ヶ原のワタスゲとホザキシモツケ　＊夏、日光国立公園、ラムサール条約登録湿地

　戦場ヶ原は、標高約1,400メートルの平坦地に広がる約400ヘクタールの湿原で、その東側を男体山、太郎山、山王帽子山などの山に囲まれ、西側は小田代ヶ原、外山に面する。もともと湯川が男体山の噴火で堰き止められた堰止湖であったが、その上に土砂や火山の噴出物が積もり、さらにその上にヨシなどの水生植物の遺骸が腐らずに堆積して陸地化し湿原となった。その名前は、昔、男体山の神と赤城山の神が、美しい中禅寺湖を自分の領土にしようと、大蛇と大ムカデに姿を変え、激しい争奪戦を繰り広げた場であるとの伝による。湿原を囲むように自然研究路が整備され、多くのハイカーが訪れる。戦場ヶ原には350種以上の植物が自生しており、春から夏の終わりまで、さまざまな草花を観賞することができる。特に初夏から夏には、ワタスゲやホザキシモツケが見頃となる。ワタスゲは、細い茎の先に楕円形の小さな穂をつけ、花被片が糸のように伸びて白い球状の綿穂になる。これは種子の集まりで、黄緑色の花は下の方にひっそりと咲く。花被片が伸びた先端の綿穂が大名行列の先頭でかざされる毛槍に似ていることから、雀の毛槍という別名もある。ホザキシモツケは、高さ1〜2メートルになる落葉低木で、穂の先にピンクの花を咲かせ、「穂先下野」と書く。

那須高原と八方ヶ原のツツジ　＊春、日光国立公園

　那須高原の八幡つつじ園では、毎年5月中旬から下旬にかけて、約23ヘクタールに約20万本のヤマツツジやレンゲツツジが咲き誇る。那須高原の八幡は明治の頃より、那須特産の馬「那須駒」の放牧地だった場所で、この一帯のツツジは、馬の食べ残したツツジが群生したものである。標高1,050メートルの八幡崎の展望台からはツツジの背後に那須連山を望むことができる。つつじ園地に隣接する八幡自然研究路には、橋長130メートル、高さ38メートルの吊り橋がある。
　矢板市の八方ヶ原は、高原山の中腹、標高約1,000～1,200メートルに広がる高原で、階段状の台地は下から順に学校平、小間々、大間々と呼ばれる。大間々には駐車場、展望台が整備されており、高原山縦走の登山道の入り口がある。一帯には、アカヤシオ、シロヤシオ、トウゴクミツバツツジ、ヤマツツジ、レンゲツツジが次々に咲き、特に大間々周辺には20万株のレンゲツツジの群落がある。昔、八方ヶ原には軍馬牧場があり、レンゲツツジは馬に食べられずに残ったため、群生になった。展望台からは、日光や那須連山、遠く関東平野まで見渡すことができる。

霧降高原のニッコウキスゲ　＊夏、日光国立公園

　霧降高原にあるキスゲ平園地は、日光連山の赤薙山の中腹、標高1,300～1,600メートルに位置し、26万株のニッコウキスゲが咲く。ニッコウキスゲは山地や高山の草原などに群生する多年草で、日光に多く自生していたことからこの名が付いた。ここは、かつてはスキー場のゲレンデだったが、2004（平成16）年に閉鎖され、今は1,445段、高低差約240メートルの階段を昇る「天空回廊」が整備されており、関東平野が一望できる展望台まで行くことができる。さまざまな花が咲くキスゲ平の半自然草原を維持していくため、毎年秋に刈払いが行われている。

群馬県

尾瀬ヶ原のミズバショウ

地域の特色

三方を山岳に囲まれた内陸県で、東日本火山帯の旧那須火山帯の南端部に属し、草津白根山、浅間山、至仏山などの著名な火山や、草津、四万、伊香保など名だたる温泉地が多い。赤城山、榛名山、妙義山の上毛三山は古来の名所である。至仏山東の県境には高層湿原の尾瀬が広がるなど豊かな自然に恵まれ、国立公園が3カ所と多い。古くは江戸と日本海側を結ぶ中山道が通り、上野の国（上州）として発展した。太平洋側の暖温帯と日本海側の冷温帯に分かれる複雑な気候を示す。

花風景は、近世から著名な山地のサクラ名所、近世の物語にちなむ花木、近代の梅林、観光地の花園、里地里山の山野草や花木、国立公園の湿原植物や草原植物、高原の花木など多彩である。

県花はツツジ科ツツジ属のレンゲツツジ（蓮華躑躅）で、春から初夏にかけて湯の丸高原などの高原や上毛三山などの群生地に橙色の花を一面に咲かせる。名前はつぼみがハスの花のような蓮華の形に似ていることにちなむ。庭木にも用いられているが有毒なため、牛馬は本能的に食することはなく、群馬県の高原の牧場にはレンゲツツジの群生地が残っている。

主な花風景

赤城南面千本桜のサクラ　＊春、日本さくら名所100選

前橋市の赤城山の南面、約2キロの市道の両側に約1,000本のソメイヨシノが植えられ、サクラのトンネルとなる。山麓側の標高が430メートル、山頂側の標高が550メートルと、120メートルの標高差があるため、サクラは時期をずらして開花し、10日間ほど楽しむことができる。1956（昭和31）年から3年間にわたって、ここをサクラの名所にしようとの当時の村会議員の呼び掛けに応じて、青年団や地域の役員たちが一丸となって植樹

が展開された。隣接する「みやぎ千本桜の森」は市民参加によるサクラの名所づくりのため整備されたもので、37種、約500本のサクラが植えられ、時期を違えて満開を迎える。サクラの手入れや施肥作業などは、みやぎ千本桜の森公園愛護会により実施されている。「千本桜まつり」は、三度の週末にまたがって開催され、毎年、10万人以上が訪れる。

桜山公園のフユザクラ　＊冬、名勝および天然記念物、日本さくら名所100選

桜山は、藤岡市にある標高591メートルの山で、山頂は県立森林公園15ヘクタールと藤岡市の公園32ヘクタール、合わせて47ヘクタールの桜山公園として整備されている。1908（明治41）年に日露戦争の勝利を記念して村民の協力によりフユザクラ1,000本を植栽したのが始まりで、37（昭和12）年に国の名勝・天然記念物に指定された。11月から12月にかけ、7,000本のフユザクラが咲く。その間は園内のライトアップも行われる。毎年12月1日には、桜山まつりが開催される。二度咲きのフユザクラは春にも花をつける。

箕郷梅林、榛名梅林、秋間梅林のウメ　＊冬

高崎市の箕郷・榛名地区は全国有数の梅の生産地で、安中市の秋間地区と合わせ群馬の三大梅林である。ウメ栽培は明治期に始まり、地域の伝統産業となっており、生産量は和歌山県に次ぐ全国第2位である。箕郷梅林は、榛名山の南麓、標高140メートルから390メートルの丘陵に広がり、10万本のウメが植えられている。中には樹齢100年以上の古木もあり、ウメ栽培の歴史の古さを物語っている。榛名梅林は、高崎市榛名町上里見町にあり、約7万本のウメが植えられている。秋間梅林は、秋間川上流の丘陵地に広がり、約3.5万本のウメが植えられている。

館林市つつじが岡公園のツツジ　＊春、名勝

館林市の中心部に位置するつつじが岡公園は、県管理の城沼を合わせ総面積39ヘクタールの公園で、その中に、約100品種、約1万株のツツジが植栽されている。地元の人々が「花山」と呼ぶ丘の部分（約1.7ヘクタール）のツツジは、種類が豊富なことに加え、その多くは見上げるような古木巨樹になっており、1934（昭和9）年に、「躑躅ヶ岡」の名で国の名勝に指定

された。この辺りは、古代より野生のヤマツツジが群生する地で、室町時代の書物（1556年頃）には「躑躅ヶ崎」の名で記されていた。つつじが岡の起源は、1605（慶長10）年に第7代城主榊原康政の側室お辻が城沼に身を投げ、その霊を慰めるために「お辻」と「つつじ」の音が似ていることから、里人がツツジを植えたのがきっかけと伝わる。1627（寛永4）年、榊原忠次は、新田義貞が妻、勾当之内侍のために植えたと伝えられるツツジ数百株を領内の旧新田郡尾島町花見塚（現在の太田市）から移植した。このツツジは「勾当之内侍遺愛のつつじ」と呼ばれ、現在樹齢約800年の日本一の巨樹群となっている。寛文年間（1661～72年）には、後に五代将軍となる、城主徳川綱吉が、日光の山より数十株を移植した。明治維新後、つつじが岡公園は一時民間に払い下げられ荒廃したが、その後、復興が図られた。1915（大正4）年に、地元有志が寄付したツツジの苗1,200株は、江戸キリシマツツジの主要品種が多く含まれ、これらは今では貴重な品種となっている。館林市出身の宇宙飛行士向井千秋がシャトルに搭載したツツジが、「宇宙ツツジ」として生育されている。毎年4月上旬から5月上旬にかけて、「つつじまつり」が開催され、約10万人の利用者がある。

カネコ種苗ぐんまフラワーパークのチューリップ　＊春

前橋市の赤城山の裾野に広がる県立植物園で、ネーミングライツにより2018（平成30）年から現在の名前になった。総面積18.4ヘクタールあり、春は、約6,000平方メートルあるフラトピア大花壇に20万球のチューリップを咲かせる。その他、ばら園、日本庭園、あじさい園、ハーブ約180種を楽しめる香りの散歩道なども整備されている。年7回の花まつりがあり、5棟の温室で、年間を通じて花が咲いている。

木馬瀬のフクジュソウ　＊冬

安中市松井田町木馬瀬地区を流れる増田川左岸の河岸段丘上、約1,500平方メートルの小山一面に、フクジュソウの自生地がある。古来よりあるものと伝えられており、「幕末、小栗上野介（小栗忠順）が、勘定奉行を罷免され、領地の権田村（現高崎市倉渕町権田）へ向かう途中、木馬瀬に幕府の軍用金を埋めた。この黄金が日の目を見ることなく地中に埋もれていることを悲しみ、地上に萌え出して黄金色の花を咲かせている」という

伝説が残されている。2月の最終日曜日には「福寿草(ふくじゅそう)まつり」が開催される。

ろうばいの郷(さと)のロウバイ　＊冬

安中市松井田町にあるろうばいの郷では、3.2ヘクタールの敷地に1,200株のロウバイが植えられている。園内のロウバイの多くはマンゲツロウバイで、花の中心に紫褐色の輪が入り、これが「満月」の名の由来となっている。花弁全体が同色で黄色いソシンロウバイも植えられている。安中市の農事組合法人が遊休農地を活用し、管理運営している。

たんばらラベンダーパークのラベンダー　＊夏

たんばらラベンダーパークは、玉原(たんばら)高原スキー場にあるフラワーパークで、約5万株のラベンダーが楽しめる。夏シーズンの誘客対策として1989（平成元）年から試験栽培を始め、93（同5）年にラベンダーの園地化を開始し、95（同7）年にラベンダーパークをオープンした。7月中旬から8月中旬にかけて、早咲き、中咲き、遅咲きのラベンダーの見頃が1カ月続く。ヤナギランやニッコウキスゲも咲く。夏山リフトも運行しており、リフトを降りると目の前にラベンダー畑が広がる。ラベンダー畑の頂上部には木製の展望台があり、そこから紫の絨毯(じゅうたん)を一望できる。

行幸田(みゆきだ)そば畑のソバ　＊秋

榛名山(はるなさん)の東麓から赤城山を望む渋川市行幸田南原(しぶかわしなんばら)(豊秋(とよあき)地区)の高台に、約10ヘクタールのソバ畑が広がる。9月には見渡す限りソバの白い花が咲き、眼下には渋川市(しぶかわし)と前橋市(まえばしし)の市街地を見下ろす絶景が楽しめる。ここで育っているのは、赤城山を代表するブランドのソバ「豊秋そば」で、霧が出やすく水はけの良い土地柄のため、香り豊かなソバが育つ。毎年9月の下旬、ソバの白い花が満開になる頃に「行幸田そば祭り」が行われ、特設会場で「みゆきだそば工房」のそばが無料で振る舞われる。この地域では昭和30年代頃までソバが栽培され、地域の旧名称に由来する豊秋ソバとして生産が盛んであったが、昭和40年代以降、養蚕の発展に伴いソバ栽培は減少、その後養蚕も衰退したため、桑園(そうえん)の遊休地化が目立ち始めた。地域の農地利用に問題意識を持っていた農業者が中心となり1998（平成10）年、将来の地域農業ビジョンとして「ソバの生産振興で地域を活性化する」

関東地方

と目標が定められ、栽培試験を実施し、消費者交流会に試食提供したところ、高い評価を得たことから、毎年営農努力と工夫を重ね、栽培面積を増やし、現在遊休農地はほとんどないまでになった。

尾瀬ヶ原のミズバショウとニッコウキスゲ
＊夏、日光国立公園、特別天然記念物、ラムサール条約湿地

　福島県、群馬県、新潟県にまたがる尾瀬ヶ原は、標高約1,400メートル、面積約760ヘクタールの本州最大の高層湿原で、約1万年前に燧ヶ岳の噴火で生まれた。湿原の中に木道が整備されており、多彩な湿地性の植物を見ることができる。特に有名なのは、5月中旬頃のミズバショウと7月中旬頃のニッコウキスゲである。ミズバショウは、葉の形が芭蕉（バナナの木の類）に似ていて水辺に生えることから「水芭蕉」という名がついた。白いのは花ではなく仏炎苞（棒状の花を包み込む苞を仏像の背景にある炎形の飾りに見立てたもの）で、本当の花は中心部の黄色いところについている。戦後ラジオで大ヒットした歌唱曲『夏の思い出』（江間章子作詞、中田喜直作曲）に「みず芭蕉の花が咲いている　夢見て咲いている　水のほとり」と歌われ、広く知られることとなった。ニッコウキスゲは、直径7センチほどの花がラッパ状に開き、朝開いて夕方にはしぼむ一日花である。本州では高原の草原に普通に見られるが、尾瀬ヶ原の大群落は特に壮観である。

湯の丸高原のレンゲツツジ
＊夏、上信越高原国立公園、特別天然記念物

　湯の丸高原は、浅間連峰の西側の群馬県と長野県の県境に位置し、丸く穏やかな表情の峰々が連なる高原で、亜高山帯の気候がおりなす一帯は「花高原」として親しまれている。特に、湯の丸山の東南斜面、通称コンコン平（つつじ平）と呼ばれる辺りには、群馬県の花である約60万株のレンゲツツジの大群落があり、国の特別天然記念物にも指定されている。毎年6月中旬〜下旬に長野県東御市と合同で「湯の丸高原つつじ祭り」が開催される。

埼玉県

日高巾着田のヒガンバナ

地域の特色

八王子構造線と呼ばれる明瞭な地形境界によって、3分の2の東部が関東平野、3分の1の西部が秩父山地となっている。関東平野は丘陵、台地、利根川・荒川などによる低地で構成され、秩父山地は2,000メートル級の山々が連なっている。古代の古墳も多く、近世になると街道が多く整備され、川越の城下町や大宮の宿場町が発展した。流路変更や運河による河川の治水・利水も進められ、干拓・新田開発も積極的に行われた。都市公園は多彩で古い太政官公園もある。太平洋側の暖温帯の気候となっている。

花風景は、関東大震災復興や近世の堤防や観光地にちなむサクラ名所、近世の梅林や山野草の名所、国の特別天然記念物の古木、現代の都市公園の観賞用花畑、古代ハス、田園の山野草と変化に富んでいる。

県花は、後述の主な花風景でも紹介する通り、サクラソウ科サクラソウ属のサクラソウ（桜草）である。川辺や林間や原野の湿性地に自生し、淡紅色や白色のハート型の花弁をつける美しく清楚な草花である。野生の自生地は減少しており、埼玉県の江戸時代から人々に愛でられてきた群生地は貴重である。大阪府も府の花に制定している。

主な花風景

大宮公園のサクラ　＊春、日本さくら名所100選

大宮公園は大宮駅から東北へ約1.5キロに位置する県立公園で、1885（明治18）年に太政官布告により氷川公園の名称で誕生し、本多静六林学博士による改良計画の結果、現在の大宮公園の原形ができた。氷川神社境内の一部が対象となっており、古い赤松林があったが、80（同13）年に、第2代埼玉県令白根多助がサクラを植えたとされる。1923（大正12）年の関東大震災後、ソメイヨシノの積極的な植樹が行われ、現在、約1,000本のソ

メイヨシノが自由広場周辺に密集し植えられている。多くの文人にも愛され、正岡子規、永井荷風、寺田寅彦、樋口一葉、森鷗外、田山花袋といった文人たちが、その作品に大宮公園の描写をしている。広大な敷地内には、埼玉百年の森、日本庭園、運動施設の他、小動物園、児童遊園地などもある。

熊谷桜堤のサクラ　＊春、日本さくら名所100選

　熊谷桜堤は、熊谷駅南口から徒歩5分の荒川北岸の堤防の内にあり、荒川大橋付近から約2キロにわたり、約500本のソメイヨシノの並木となっている。1952（昭和27）年、荒川改修に伴い、新たな熊谷堤が築かれ、そこに熊谷市の市制施行20周年事業として植樹されたものである。

　もともとは、約400年前に鉢形城主北条氏邦が、荒川の氾濫に備えて築いた堤にサクラを植えたのが始まりといわれ、中山道の宿場町当時には、熊谷の花見として江戸まで聞こえたという。明治時代に入り、サクラは枯れてしまうが、1883（明治16）年、竹井澹如、高木弥太郎、林有章らが、熊谷桜の再現を考えて450本のサクラを東京から移植した。その後、サクラの植栽が続けられ、旧堤のサクラは約4キロ、1,000本に及び、奈良県の吉野、東京の小金井と並びサクラの三大名所と称され、1927（昭和2）年8月には史蹟天然記念物に指定された（54（同29）年、指定解除）。熊谷市にある万平公園には、旧熊谷堤が200メートルにわたって数本の老樹のサクラと共に残っており、「名勝熊谷堤碑」「熊谷堤栽桜碑」も残されている。当時、駅から近く、多くの文人墨客が訪れた。若山牧水は、20（大正9）年、長瀞秩父に向かう途上の熊谷で、「乗り換えの汽車を待つとて　出でて見つ　熊谷土堤のつぼみ櫻を」と詠んだ。

長瀞のサクラ　＊春、日本さくら名所100選

　長瀞には、周辺一帯で約3,000本に及ぶサクラが植えられ、3月下旬から4月下旬までさまざまなサクラが楽しめる。宝登山の山麓にある「通り抜けの桜」は、不動寺の裏山にあり、約500本、31種類のヤエザクラがある。「北桜通り」のサクラのトンネルは、長瀞駅から荒川に沿って高砂橋までの道約2.5キロに、400本のサクラがある。「南桜通り」は、上長瀞駅前から長瀞駅前につながる秩父線の旧線路跡で、荒川の流れに沿って約1.5キロ、約200本のサクラがある。「野土山」はサクラの里とも呼ばれ、2ヘクター

ルに及ぶ敷地に数百本のサクラが咲く。「法善寺しだれ桜」は、樹齢百年の2本のシダレザクラで、枝の張りは東西16メートルにも及ぶ。「宝登山神社参道」は、長瀞駅から宝登山神社までの徒歩10分ほどの参道で、背の高いソメイヨシノの桜道となる。「桜の小道」は、上長瀞駅から長瀞駅方向へ300メートルほど、線路に覆いかぶさるようにサクラが咲く。「井戸の桜並木」は、荒川沿いの蓬莱島公園近くの町道に大ぶりのサクラの並木が続く。

石戸蒲ザクラ　＊春、天然記念物

　石戸蒲ザクラは、北本市石戸宿の東光寺にある樹齢約800年のサクラで、1922（大正11）年に国の天然記念物に指定された。同じ年に天然記念物に指定された三春滝桜などと合わせ、日本五大桜とも呼ばれる。サクラの名前は、源頼朝の異母兄弟、蒲冠者 源範頼がこの地に逃れた際についてきた枝が根付いてサクラとなったという伝説に由来する。ヤマザクラとエドヒガンの自然雑種と考えられており、植物学上では「カバザクラ」という独立した和名が与えられていて、自生するものは東光寺にある蒲ザクラが唯一のものである。ソメイヨシノに比べて数日遅く開花する。現在のものは老木から株分けした2代目で、戦後、樹勢の衰えが著しく、昭和40年代には枯死寸前とまでいわれたが、樹勢回復策がとられ、近年は多くの花を咲かせるようになった。

越生梅林のウメ　＊冬

　越生町の越辺川沿いにある越生梅林は、約2ヘクタールの敷地に、樹齢200年を超える古木をはじめ約1,000本のウメが咲く。梅林周辺を含めると2万本のウメが植えられ、県内第1位のウメの収穫量と出荷量を誇る。一説には、越辺川の右岸、越生梅林と向かい合うように鎮座している梅園神社に、太宰府から天満宮を分祀する際に菅原道真にちなんでウメを植えたのが起源といわれる。文化文政期（1804〜29年）に編纂された『新編武蔵風土記稿』の津久根村の項には、「土地梅に宜しく梅の樹を多く植ゆ、実を取って梅干として江戸へ送る。此辺皆同じけれど殊に当村に多しといふ」と記されている。1901（明治34）年、歌人佐佐木信綱はこの地を訪れ「入間川　高麗川　こえて　都より　来しかひありき　梅園のさと」などの句を詠んだ。

牛島の藤のフジ　＊春、特別天然記念物

　牛島の藤は、春日部市内、1874（明治7）年に廃寺となった真言宗蓮花院の境内にある。東武野田線（アーバンパークライン）「藤の牛島駅」から徒歩約10分のところにある。今は、有限会社藤花園によりフジの花の時期のみ公開されている。ここの九尺藤は、高野山にある文献（由来微証伝説）が伝えるところによると、弘法大師お手植えといわれ、推定樹齢1,200年という。フジでは唯一の国の特別天然記念物に指定されている。フジは花房が2メートルにもなり、藤棚は、東南に約34メートル、西北に約17メートルもある。詩人の三好達治は牛島古藤歌という詩を詠んでいる。

国営武蔵丘陵森林公園のヤマユリ　＊春

　国営武蔵丘陵森林公園は、最初の国営公園として1974（昭和49）年に開園した304ヘクタールの広大な公園で、毎年90万人ほどの利用者がある。雑木林を中心に、池沼、湿地、草地など多様な環境を有し、樹林内には、「野草コース」や「やまゆりの小径」があり、7月中旬～8月上旬には、約1万株のヤマユリが咲く。また、都市緑化植物園・見本園や花木園が整備されており、植物園展示棟を中心に、約45ヘクタールの広大なエリアでさまざまな季節の植物を見ることができる。

ところざわのゆり園のユリ　＊夏

　西武ドームに隣接するところざわのゆり園には、約3ヘクタールの自然林に、50種類、約45万株のユリが育てられており、毎年、6月上旬から7月上旬の間、開園している。園内一周約1,000メートルの「自然散策コース」と、約100メートルの「らくらく観賞コース」がある。2005（平成17）年6月、「ユネスコ村自然散策園・ゆり園」としてオープンし、その後、ユネスコ村が閉園し、07（同19）年より現在の名前になった。

古代蓮の里のハナハス　＊夏

　古代蓮の里は、行田市の古代蓮の種の発見現場近くにつくられた公園である。1971（昭和46）年、ゴミ焼却場を建設するため造成工事が行われ、焼却灰の処理場として隣接地を掘削したところ、その2年後に掘削で出来

た池にハスが開花した。掘り下げた土の中にあったハスの実が自然発芽したもので、原始的な形態を持つ特徴から古代蓮とされ、「行田蓮」と名付けられた。同時に出土した土器は縄文時代から平安時代にかけてのものとされ、ハスの実があった土壌から出土した木片は年代測定の結果、約1,400年前のものと推定された。総面積14ヘクタールの敷地内には、行田蓮を中心に、42種類約12万株のハナハスが咲き、他に、スイレン、アサザ、ミズカンナなどの水生植物が見られる。ハスに関するさまざまな資料を展示する古代蓮会館が設置されている。

日高巾着田のヒガンバナ　＊秋

　日高市高麗にある巾着田は、高麗川の蛇行でできた巾着のように見える形からその名が付いた。地元では川原田と呼ぶ。面積約17ヘクタールの園内には、数百万本ものヒガンバナの群落があり、散策路や雑木林などが整備されている。昭和40年代後半に、巾着田ダム（日高貯水池）計画のため巾着田の用地を当時の日高町が取得し、ダム計画が中止になった後の1989（平成元）年頃にふるさと創生事業として巾着田整備事業が始まり、草薮であった河川敷地の草刈りをし始めると、ヒガンバナの姿が見られるようになった。群生の規模が予想外に大きく、その美しさを報道機関などが紹介するようになり、多くの人々の関心を引くようになった。巾着田周辺にヒガンバナ群生地が形成された理由は、高麗川の蛇行により長い年月をかけて巾着の姿を形づくり、その内側に耕地が形成され、河川の増水時などに上流から流れてきた物の中に混じっていた球根が、漂着し根付いたためと考えられている。9月には、「巾着田曼珠沙華まつり」が開催される。近くからではなかなか巾着の形を実感することはできないが、日和田山の山頂に近い二の鳥居からは、巾着の形が見渡せる。

羊山公園のシバザクラ　＊春

　秩父市の市街地を一望できる高台にある羊山公園の「芝桜の丘」には、2000（平成12）年以来、広さ約1.7ヘクタールの斜面を利用して9種のさまざまな色のシバザクラが組み合わさって約40万株植栽されている。秩父夜祭の屋台や笠鉾の囃子手の襦袢の色合いと躍動感がデザインされている。公園の当初の設計を行ったのは、本多静六林学博士で、当時の設計図では、

現在よりも規模が小さいものの、自然を活かした公園が描かれた。シバザクラは、北アメリカ原産の多年草で、花の形がサクラに似て、芝のように地面をはって広がることから「芝桜」と呼ばれている。以前、めん羊を扱う「埼玉県種畜場秩父分場」があったことが「羊山」の名前の由来になったという。

桜草公園のサクラソウ　＊春、特別天然記念物

　桜草公園は、国の特別天然記念物に指定されている「田島ケ原のサクラソウ自生地」2カ所、計4.1ヘクタールの維持・保全を目的に、1974（昭和49）年に開設されたさいたま市営の都市公園で、16ヘクタールある。荒川流域には、かつて田島ケ原の他にもサクラソウ自生地が各所にあり、江戸時代から名勝地として親しまれていたが、その後開発などで失われ、大きな規模のものは約100万株が残る田島ケ原が唯一となっている。サクラソウは、県の花、市の花になっている。毎年4月の第3土日には「さくら草まつり」が開催される。

荒川花街道のコスモス　＊秋

　鴻巣市の糠田から明用までの荒川堤防沿いの長さ約4.5キロの街道には、「コスモスアリーナふきあげ」周辺の花畑を合わせ、約800万本を超えるコスモスが咲き誇る。1985（昭和60）年、合併前の吹上町の誕生30周年の記念事業として、土手や公共施設、民家の庭先にコスモスが植えられ、コスモスによる町づくりが進められた。2005（平成17）年の合併後は旧鴻巣地域までコスモスの植栽が延長された。街道沿いには、赤城山、筑波山、日光連山が展望できる荒川パノラマ公園や、国内最長（1,100メートル）の水管橋などがある。今では5月中旬から6月上旬にはポピーが咲き、秋にはコスモスが咲くことから「荒川花街道」と呼ばれている。

千葉県

成田ゆめ牧場のヒマワリ

地域の特色

　南に突き出た房総半島が太平洋と東京湾に面し、北部に下総台地、南部に房総丘陵が広がり、台地両側には利根川と江戸川が流れ、低地、湿地、沼地をつくっている。下総台地は関東ローム層に覆われ、水に乏しく、近世には幕府直轄の野馬の放牧地になった。房総丘陵は全体に低いが、鹿野山九十九谷などの早壮年期の急傾斜の浸食地形や館山・鴨川などの地溝帯の平野が見られる。太平洋に接した温暖な自然地域として大都市圏の野外レクリエーションの場となっている。

　花風景は、都市近郊の近現代の都市公園のサクラ名所、温暖な南房総ならではの多彩な栽培用花畑、近世の蘭学の地にちなむ草花、観光の観賞用花畑やバラ園、水郷の湿原植物やなりわいの花などが特徴的である。

　県花はNHKなどの公募でナノハナ（菜の花）と定められた。ナノハナはアブラナ科アブラナ属のさまざまな種を含む総称で、厳密には植物名ではアブラナ、作物名としてはナタネなどが適切である。本来、菜種油や食用菜花を取るための作物であるが、一面に咲く黄色い花と緑の葉や茎が美しく、春の風物詩として鑑賞される栽培花にもなっている。

主な花風景

泉自然公園のサクラ　＊春、日本さくら名所100選

　泉自然公園は、千葉市の中心部から東南東約11キロに位置する約42.5ヘクタールの風致公園で、大部分が東千葉近郊緑地特別保全地区に含まれている。1969（昭和44）年6月に開園した。北総台地の起伏に富んだ地形をいかした園内では、四季折々の自然の風景が楽しめ、サクラやスギ林に囲まれた草原やお花見広場、県木広場、花木の広場、梅林、紅葉園などが整備されている。園内を彩る5種類、約1,500本のサクラはお花見広場に多

く見られるが、そこには、下総御料牧場（成田市三里塚）から譲り受けたソメイヨシノ100本も植えられている。

清水公園のサクラ　＊春、日本さくら名所100選

1894（明治27）年にキッコーマン醤油の醸造家の一人である柏家5代目当主茂木柏衛が、第1公園付近に遊園地を建設したのが清水公園の始まりで、現在は株式会社千秋社が管理運営している。開園当時は聚楽園を名乗っていたが、地名が清水だったことから通称として「清水公園」と呼ばれるようになりその名前が定着した。1929（昭和4）年、本多静六林学博士の設計で、大幅な拡張が行われ、第2公園が新たに加わった。27（同2）年に植栽したのを皮切りに、現在、約28ヘクタールの園内に、50種、約2,000本のサクラが植えられている。園内のみならず、清水公園駅から公園まで続く参道や、公園外周にもサクラが植栽されている。園内の金乗院境内にある「劫初の桜」は、明治初年に植えられた古いサクラの幹から若い幹根が生じ、新しい生命を得て再生した様子にちなみ、89（平成元）年4月に「世の始まり」を意味する「劫初」の名が付けられた。

茂原公園のサクラ　＊春、日本さくら名所100選

茂原駅の西方約2キロに位置する茂原公園は、昭和の初期に藻原寺の境内の裏山に開設された公園である。広さ15ヘクタールの園内には、遊歩道、多目的広場、野外ステージなどが設けられ、弁天湖の周囲には、ソメイヨシノ、八重咲のサトザクラ、ヤマザクラなどを中心に2,850本のサクラが植えられている。園内にある道表山の山頂からは、市内はもとより遠く九十九里浜を眺めることができる。3月下旬から4月上旬に桜まつりが行われる。

南房総のお花畑　＊冬、南房総国定公園

海洋性の温暖な気候の南房総は、年間を通して気温変動が少なく、冬でも露地栽培ができるほどで、季節ごとに色とりどりの旬の花が見られ、花をテーマにした公園やレジャー施設もたくさん揃っている。南房総市の千倉から館山市へと約40キロ続く「房総フラワーライン」沿いでは、ナノハナ、ポピーなどたくさんの花畑が1月から3月にかけて見頃を迎え、ドラ

イブコースを彩る。南房総市千倉町の白間津では、1月から3月にかけて、ポピー、キンセンカ、ストック、ナノハナなどの花が咲き揃い、花摘みが楽しめる。同市和田町の山の斜面を切り開いて花の栽培が行われている真浦天畑と呼ばれる場所は、田宮虎彦の小説『花』の舞台にもなり、1989（平成元）年に『花物語』として映画化された時には、ロケ地として使われた。しかしながら、花農家の高齢化や後継者不足などもあり放置される畑も増え、雑草や竹が茂って荒れてしまったが、何とか以前の風景を取り戻そうと、地域の有志が2008（平成20）年に「真浦天畑保存会」を結成し、整備に取り組み、現在では、元の姿を取り戻しつつある。房総は、越前、淡路島と共に日本三大水仙群生地で、鋸南町にある江月水仙ロードでは、スイセン畑が道路の両脇約3キロにわたり、山野斜面を埋め尽くしながら点在している。をくづれ水仙郷は鋸南町の佐久間ダム湖の北側に位置し、数千万本のスイセンが植えられ、約1キロの散策コースが整備されている。

佐倉ふるさと広場のチューリップ　＊春

　佐倉とオランダとの関係は、江戸時代にさかのぼる。当時、佐倉藩主であった堀田正睦公は、藩学に蘭学を積極的に取り入れ、全国でも蘭学が盛んな藩となった。「西の長崎、東の佐倉」といわれたほど、佐倉藩の蘭医学は全国に知られた。佐倉ふるさと広場は、この流れを受け、ふるさと印旛沼の自然とふれ合う交流の場、さらには国際親善の場となるよう、市制40周年を記念して1994（平成6）年に整備された。春には、20種類以上の原種を含む、139種類50万本のチューリップが咲き誇る。この歴史的な交流から佐倉日蘭協会が設立され、日蘭修好380周年を記念して、89（平成元）年より、毎年4月に「佐倉チューリップフェスタ」が開催されている。日本初の水汲み風車「リーフデ」は、歯車など風車の部品は全てオランダで製作し、佐倉に運んで組み立てられた。観光用のため、実用の風車としては利用されていないが、毎秒1トンの水を汲み上げる能力があるという。

成田ゆめ牧場のヒマワリ　＊夏

　成田市にある成田ゆめ牧場は、約30ヘクタールの広さの観光牧場で、1987（昭和62）年に一酪農家から転身した。場内には、農業体験、食料を自家製品でつくる体験、釣り堀、小動物コーナーなどがある。7月上旬か

ら8月下旬までの約1カ月間、時期により変わる七つの会場、約1.3ヘクタールで、約10万本のひまわりが楽しめる。ヒマワリ迷路も設けられ、迷路内に設置されたクイズに全問正解するとアイス割引券がプレゼントされる。

京成(けいせい)バラ園・谷津(やつ)バラ園のバラ　＊春・秋

　八千代市にある京成バラ園は、バラをコンセプトとした複合施設で、3ヘクタールのローズガーデンには、1,600品種、1万株のバラが系統別に植栽されている。園内を一周すると、オールドローズから最新品種まで、バラの歴史が観覧できる。2015(平成27)年6月に開催された第17回世界バラ会議で「世界バラ会連合優秀庭園賞」を受賞した。

　習志野(ならしの)市の谷津バラ園は、1957(昭和32)年に京成電鉄の谷津遊園のバラ園として設立され、88(同63)年から習志野市の経営となった。1.2ヘクタールの敷地に、約800品種、約7,500株のバラが植えられている。名花・名品種と呼ばれるものや、原種および歴史的にも優れた価値を持つ品種が多くある。満開の季節には長さ60メートルのツルバラアーチがバラのトンネルとなる。

水郷佐原(すいごうさわら)あやめパークのハナショウブ　＊夏、水郷筑波国定公園

　1969(昭和44)年に、当時の佐原市により佐原市立水生植物園として開園し、市町村合併により旧佐原市が香取(かとり)市の一部となるのに合わせ水郷佐原水生植物園と改称した。さらに、2011(平成23)年に発生した東日本大震災の被災から復興するための再整備の完成に合わせ現在の名前に改称した。約6ヘクタールの園内には、島や橋・水面などを配置して水郷地帯を表現し、江戸・肥後(ひご)・伊勢(いせ)系など400品種150万本のハナショウブが咲き乱れる。6月には「あやめ祭り」が開催され、国の重要無形民俗文化財に指定されている「佐原囃子(はやし)」が園内水路の舟にて披露されるとともに、サッパ舟と呼ばれる小舟で園内の花巡りを楽しむことができる。約300品種のハスも植えられており、7月から8月にかけては「はす祭り」が開催され、象鼻杯(ぞうびはい)(ハスを用いて酒を飲むことを楽しむもの)やはす茶が体験できる。

東京都

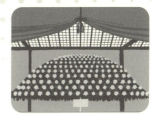

新宿御苑のキク

地域の特色

17世紀初頭、江戸に徳川幕府が開かれ、19世紀後半に明治新政府が置かれ、京都からの遷都も経て、約400年以上にわたり政治、経済、文化の中心であり続けている。関東平野を中心に、北は江戸川、南は多摩川、西端部は関東山地で、武蔵野台地から東に進むにつれて低地となり、東京湾に臨む。江戸時代には玉川など上水が多く整備された。大名屋敷跡、花見の名所、園芸文化など江戸の遺産が多く残っている。太平洋側の暖温帯の気候で、伊豆諸島や亜熱帯の小笠原諸島など豊かな自然地域も含んでいる。

花風景は、近世の大名屋敷跡や太政官公園となった花見の名所、神社の梅林やツツジ園、キクの園芸文化など江戸時代の遺産が中心で、近代の都市公園のサクラ名所、伊豆諸島のツバキなども特徴的である。

都の花はバラ科サクラ属のソメイヨシノ（染井吉野）である。花のみが咲き誇る満開、一瞬に散る花吹雪、早い成長から、多くの人々が最も愛で、最も広く普及したサクラの園芸品種である。江戸末期に染井村（現豊島区駒込）で植木職人がエドヒガンとオオシマザクラの雑種を接ぎ木で増やした。当初は吉野桜と呼び、明治になってソメイヨシノと命名された。

主な花風景

新宿御苑のサクラとキク

＊春・秋、国民公園、日本さくら名所100選

江戸時代に信州高遠藩主、内藤氏の屋敷があったこの地は、1872（明治5）年に、近代農業振興を目的とする内藤新宿試験場が設置され、その後、宮内省所管の新宿植物御苑となり、1906（同39）年には日本初の皇室庭園である新宿御苑が誕生した。17（大正6）年からは観桜会（現在は、内閣総理大臣主催の「桜を見る会」）、29（昭和4）年からは観菊会（現在は、環境大臣主催の「菊を観る会」）の会場に定着した。45（同20）年5月の空襲では

旧御涼亭と御休所を残して、ほぼ全焼という大きな打撃を受けた。戦後、国民公園として運営されることとなり、49(同24)年5月、国民公園新宿御苑として一般に開放された。現在の所管は環境省である。フランス式整形庭園、イギリス風景式庭園と日本庭園を巧みに組み合わせた庭園は、明治時代の代表的近代西洋庭園である。約65種、約1,100本の特色あふれるサクラが植えられ、種類によって開花期が異なるので、長い期間いろいろなサクラが楽しめるのが特徴である。また、皇室の伝統を受け継ぐ菊栽培が続けられ、菊花壇は、回遊式の日本庭園内に上家といわれる建物を設け、懸崖作り花壇、伊勢菊・丁子菊・嵯峨菊花壇、大作り花壇、江戸菊花壇、一文字菊・管物菊花壇、肥後菊花壇、大菊花壇など独自の様式を基調に飾り付ける。

上野恩賜公園のサクラとハス　＊春・夏、日本さくら名所100選

上野恩賜公園は、台東区にある総面積約53ヘクタールの東京都の公園で、通称は上野公園である。「上野の森」や「上野の山」とも呼ばれる。この台地は、江戸寛永年間(1624〜44年)に寛永寺の境内地となり、大伽藍が建設された。その後元禄期以降に、花見の場所として公開されると、サクラの名所として賑わいをみせるようになった。歌川広重の「名所江戸百景」の「上野清水堂不忍ノ池」には満開のサクラが描かれている。また、不忍池は江戸随一のハスの名所として賑わい、池畔には茶屋などが建ち並び、上野の山とともに江戸有数の行楽地となった。幕末の動乱の際、上野の山は彰義隊と官軍の戦場になり、荒廃した。1873(明治6)年太政官布告で公園となり、宮内省が所管した時期があったが、1924(大正13)年、皇太子御成婚を記念して東京市に下賜され、上野恩賜公園となった。明治時代に上野公園が開設されると、上野公園一帯は博覧会をはじめとする日本の国家的な文化行事の開催の場となった。その流れを受け継ぐように、博物館(東京国立博物館、国立科学博物館)、美術館(国立西洋美術館、東京都美術館など)、動物園(恩賜上野動物園)などの多様な文化施設が設置され、わが国を代表する文化施設が集積する地区になっており、その年間利用者総数は約1,200万人である。園内一帯には、ソメイヨシノを中心に、オオカンザクラ、ヤマザクラなど約30種、約1,000本のサクラが咲き、春には花見の名所として約200万人の花見客が訪れる。地域住民と東京都・台東

区が協力した「上野桜守の会」が定期的に手入れを行っている。夏には池の一部を覆い尽くすほどのハスが生える不忍池は、戦後の一時期は水が抜かれて水田となり、その跡地に野球場を建設する案なども出されたが、49（昭和24）年に池のまま保存する合意がなされ現在に至っている。牡丹展・さつき展・骨董市・うえの夏まつりが開催されるなど、下町独自の文化を活かしたさまざまな行事や催事も催されている。

隅田公園のサクラ　＊春、日本さくら名所100選

　隅田公園は、隅田川右岸の台東区と左岸の墨田区にまたがる公園である。墨田区側は、江戸時代からのサクラの名所である「墨堤の桜」と水戸藩の下屋敷「小梅御殿」の跡地が主体で、台東区側は新たに造成された区域が主体となっている。関東大震災後の復興のため、後藤新平の主導により、1931（昭和6）年、国施行の東京復興公園として誕生した。墨堤の桜は、四代将軍家綱の命で、皆と共に楽しむためにとサクラを植えたのが始まりで、1717（享保2）年には八代将軍吉宗が100本のサクラを植えた。現在は、墨田区側に約340本、対岸の台東区側にも約600本のサクラが植えられ、隅田川の両岸を約1キロにわたりサクラ並木が続く。震災から公園として復興する際に、大名庭園の池や遺構は、隅田公園の日本庭園に取り込まれた。

小金井公園のサクラ　＊春、日本さくら名所100選

　小金井公園は、都立の都市公園で、都立公園の中で最大規模の約80ヘクタールの広大な敷地を持つ。南側には東西に五日市街道が通り、そこに沿って玉川上水が流れている。東京緑地計画を元に紀元二千六百年記念事業として計画された「小金井大緑地」が原形で、1954（昭和29）年1月に小金井公園として開園した。園内には雑木林と芝生が広がり、50種類、約1,700本のサクラがある。特に、約5.8ヘクタールある桜の園には約20種類、約380本のサクラが植えられている。「小金井公園桜守の会」が公園管理者と協働で、観察調査、根元保護、後継樹育成の接ぎ木などの活動を行っている。近隣の玉川上水の両岸のサクラ並木は、1737（元文2）年頃に植えられ、初代歌川広重が描いた「江戸近郊八景之内小金井橋夕照」などによって有名になり、「小金井桜」として毎春には観桜客で大変賑わい、明治天皇をはじめ皇族も見物に訪れたほどで、1924（大正13）年に名勝に指定された。

しかし、1950年代になると五日市街道の拡幅整備により交通量も増え、サクラ並木も衰えてかつての面影はすっかり消えたことから、それに代わるものとして小金井公園に多くのサクラが植えられた。

井の頭恩賜公園のサクラ　　＊春、日本さくら名所100選

　井の頭恩賜公園は、井の頭池、雑木林と自然文化園のある御殿山、そして運動施設のある西園、西園の南東にある第二公園の4区域からなり、総面積は約43ヘクタールある。井の頭付近一帯は1889（明治22）年に帝室御料林になり、1913（大正2）年に公園用地として東京都に下賜され、17（同6）年に公園として開園したもので、恩賜公園の名がついた。公園全体で約500本のサクラがあり、特に池の周囲には約250本のサクラが枝を広げている。七井橋の上からは満開のサクラが池にせり出して咲く様を眺めることができ、水面に散りゆく花吹雪も風情がある。西園には多くの品種のサクラがあり、早咲きのサクラが3月上旬頃から咲き出し、ヤエザクラやシダレザクラなどが次々と咲く。井の頭池は、古くから江戸近郊の名所として知られた所で、『江戸名所図絵』は、三代将軍家光が鷹狩りに訪れて池のかたわらのコブシの木に小刀で「井の頭」と彫りつけたのが池名の由来であるという説を伝えている。安藤広重は《名所雪月花》の中で、「井の頭の池弁財天の社雪の景」を描いた。井の頭池は初めて江戸に引かれた水道である神田上水の源であり、1898（明治31）年に改良水道ができるまで人々の飲み水として使われていた。

多摩森林科学園サクラ保存林のサクラ　　＊春

　八王子市高尾にある多摩森林科学園は、1921（大正10）年2月に宮内省帝室林野管理局林業試験場として発足し、88年（昭和63）年に多摩森林科学園となった。森林総合研究所の支所の一つとして、サクラの遺伝資源に関する研究などを行っている。8ヘクタールあるサクラ保存林は、各地の公園、神社、寺院などにあるサクラの銘木・古木の遺伝子を保存するために66（同41）年に設置が決まり、江戸時代から伝わる栽培品種や国の天然記念物に指定されたサクラのクローンなど、全国各地のサクラ約250種、約1,400本が植えられている。同じ場所に植えられた多種類のサクラについて、81（同56）年から30年以上にわたりの開花期の観測が継続されてい

る。咲く時期は種類によっていろいろで、2月中旬から4月下旬にかけて順次見頃となる。

亀戸天神社のフジとキク　＊春、秋

　亀戸天神社は、菅原道真をお祀りしており、古くは九州太宰府天満宮に対して東の宰府として「東宰府天満宮」、あるいは「亀戸宰府天満宮」と称されていた。1873（明治6）年に亀戸神社と号し、1936（昭和11）年に現在の名となった。江戸時代から「亀戸の五尺藤」「亀戸の藤浪」として広く親しまれていた、15棚100株のフジがある。歌川広重の《名所江戸百景》の「亀戸天神境内」にも境内の太鼓橋とフジが描かれている。天神社では、菊の花も好んだ菅原道真を偲び、神前において菊の花を賞賛した詩歌や連歌を奉納する催し物が行われていたが、1986（昭和61）年からは「菊まつり」が開催されるようになった。本殿の正面を取り囲むように、大作り、懸崖、ダルマ、管物、厚物、大木に菊の花を仕立てた木付など、約500鉢を展示している。菅原道真像のそばにある「五賢の梅」も有名で、1本の木に、白梅と紅梅が咲く。

湯島天満宮のウメ　＊冬

　湯島天満宮は、451年に雄略天皇の命令によって天之手力雄命を祀る神社として創建されたと伝えられている。1355（文和4）年には菅原道真が神社に合祀された。江戸時代になると、徳川家から信仰されるようになり、将軍家お抱えの学者や文人も多数参拝に訪れるようになった。江戸時代後期になると、富くじが境内で行われ、庶民のあいだで大変人気となる。菅原道真に縁ある花として、あらゆる場所にウメが植えられ、境内には約350本のウメがある。うち約300本が樹齢約70～80年の白梅で、「湯島の白梅」といわれる。泉鏡花の『婦系図』をはじめとして、数多くの文学や歌謡の題材になってきた。園内には泉鏡花の筆塚がある。

根津神社のツツジ　＊春

　根津神社は、約1,900年前、日本武尊が千駄木の地に創祀したと伝えられる。江戸時代、五代将軍徳川綱吉は世継が定まった際に現在の社殿を奉建し、千駄木の旧社地より御遷座した。その時代に上州館林からツツジ

が移植され、「つつじが岡」と称された。現在では、約100種3,000株のツツジが植えられて、都内有数のツツジの名所として賑わう。「文京つつじまつり」は露天が並び賑わう。権現造りの本殿・幣殿・拝殿・唐門・西門・透塀・楼門の全てが欠けずに現存し、国の重要文化財に指定されている。森鷗外や夏目漱石といった日本を代表する文豪が近辺に住居を構えていたこともあり、これらの文豪に因んだ旧跡も残されている。

向島百花園のハギ　＊秋、史跡および名勝

　向島百花園は、文化・文政期（1804〜30年）に、骨とう商を営んでいた佐原鞠塢が、交遊のあった江戸の文人墨客の協力を得て、向島の地に、花の咲く草花鑑賞を中心とした花園をつくったのが始まりである。開園当初は360本のウメが主体で、当時有名だった亀戸の梅屋敷に対して「新梅屋敷」と呼ばれた。その後、詩経や万葉集などに詠まれている歴史的な植物を集め、宮城野萩や野路の玉川の山吹など諸国の名所の名花名草を取り寄せて植え込むなど、四季を通じて花が咲くようにした。百花園の名称は、一説では、「梅は百花に魁けて咲く」または「四季百花の乱れ咲く園」という意味で付けられたという。明治末期に、洪水による被害などによって一時荒廃したが、隣接して別荘を構えていた小倉石油社長小倉常吉が買い取り、園内の旧景保存に努め、1938（昭和13）年10月に小倉未亡人から東京市に寄付された。第２次世界大戦の際、大空襲のためすっかり損壊したが、1949（昭和24）年から東京都により復興が図られ、78（同53）年、江戸時代の庶民文化の遺産として特異な存在であることから、国の名勝および史跡の指定を受けた。「萩のトンネル」が有名で、ミヤギノハギとシロバナハギの２種類、合わせて約120株が、アーチ状に組まれた竹を覆うように枝を伸ばし、高さ約２メートル、幅1.6メートル、長さ30メートルの見事なトンネルを形づくっている。トンネルは、大人２人が並んで歩いても十分に余裕がある。鞠塢が亡くなった時に行われた放生会の歴史を継ぐ「虫ききの会」が８月下旬に行われ、マツムシやスズムシを放って夜間公開する。入口付近の庭門には、蜀山人の扁額（横長の額）がかかげられ、芭蕉の句碑を含め、合計29の句碑、石柱が随所に立つ。毎年、春の七草を籠に仕立て七草籠をつくり、皇室に献上している。

神代植物公園のバラ　＊春、秋

　この都立公園は、もともと東京の街路樹などを育てるための苗圃だった場所に、1971（昭和46）年に都内では唯一の植物公園として開園した。変化に富んだ園内に、約4,500種類、10万株の植物が植えられている。バラ園、はぎ園、さくら園、ふくじゅそう園、花モモ園、梅園、さるすべり園、ぼたん園など、散策路に沿ってブロックごとに植物が植えられている。バラ園は、シンメトリックに設計された沈床式庭園になっており、野生種やオールドローズをはじめ、約40品種、約5,200本の春バラ、約300品種、約5,000本の秋バラが植えられている。2009（平成21）年6月に開催された第15回世界バラ会議で「世界バラ会連合優秀庭園賞」を受賞した。

伊豆大島のヤブツバキ　＊冬、富士箱根伊豆国立公園

　伊豆大島は、東京から南へおよそ120キロに位置する島で、島には約300万本のツバキが自生している。大島公園の椿園は、約7ヘクタールの敷地に、自生種であるヤブツバキ約5,000本、ツバキの園芸品種約1,000種、3,200本を有する。「椿資料館」には、江戸時代の絵巻《百椿図》のレプリカや、大島の古い地層から出土したツバキの葉の化石などが展示されている。島内では、ツバキのトンネルや、樹齢300年を超えるとされるツバキの大木などを見ることができる。伊豆大島での産業的な椿精油は江戸時代中期〜後期に始まったとされ、食用、灯用、薬用、化粧用とさまざまな用途で使われてきた。伊豆大島で最も普通に行われてきたツバキ栽培方法は、雑木林をツバキだけ残して伐採し椿山にするというもので、また、防風林として山畑の境に並木のように植えられてきた。1964（昭和39）年に発表された、都はるみの歌謡曲『アンコ椿は恋の花』（星野哲郎作詞、市川昭介作曲）が大ヒットし、伊豆大島を代表する歌になった。「アンコ」は、伊豆大島の言葉で目上の女性に対する敬称「姉っこ」がなまったものといわれ、現在では、絣の着物に前垂れ、頭に手ぬぐいをした女性の通称となっている。

神奈川県

箱根登山鉄道のアジサイ

地域の特色

県土は狭いが、多摩丘陵と三浦半島、相模平野と湘南砂丘、丹沢山地と箱根火山などと複雑な地形を示し、横浜と川崎の大都市を抱えている。鎌倉は古くから武士が割拠し、中世に源頼朝が鶴岡八幡宮を中心に鎌倉幕府を開いたが、室町幕府になると鎌倉も衰退する。東海道の往来が盛んとなる江戸中期には神奈川と小田原などの宿場町が栄え、金沢八景(現横浜市)、鎌倉、江の島、大山、箱根も参詣、湯治、名所遊覧の地となる。横浜は西欧文明の窓口となる。太平洋側の暖温帯の気候である。

花風景は、近世の城郭跡やため池のサクラ名所、近代の日露戦争にちなむサクラ名所、古都鎌倉の歴史的な神社仏閣の花木、古くから育成されてきた梅林、近代の観光開発や品種改良の遺産などが特徴的である。

県花はユリ科ユリ属のヤマユリ(山百合)で、三浦半島、丹沢、箱根など広く県内に自生している。白色の花弁(花びら)に黄色の筋が走り、紅色の斑点が美しい。華麗なことから、学名は「黄金色のユリ」の意味を持ち、花ことばは「全美・荘厳」であり、「ユリの王様」とも称されている。県民が投票で選定したもので、古くから愛されてきた花である。

主な花風景

小田原城址公園のサクラ　＊春、史跡、日本さくら名所100選

江戸の西の守りを固める要衝として、また幕藩体制を支える譜代大名の居城として、幕末まで重要な役割を担ってきた小田原城は、1870(明治3)年に廃城となり、天守閣などの主要な建物は解体された。現在の小田原城跡は、本丸を中心に城址公園として整備され、1960(昭和35)年に天守閣が復興し、外観復元された天守閣やお堀などを背景に、約320本のソメイヨシノが植栽されている。本丸・二の丸の大部分と総構の一部が国の史跡

に指定されている。小田原城歴史見聞館、小田原城ミューゼ（美術館）、小田原市郷土文化館などの施設がある。サクラの開花時期に合わせて、小田原城本丸広場で「光に染まる夜桜～小田原城さくらのライトアップ」が実施され、その期間中は本丸広場にこたつ座敷が設けられる。二宮報徳神社寄りの南堀のほとりに「御感の藤(ぎょかん)」と称されるフジが植えてある。推定樹齢は約200年で、花房は1メートルにもなる。大正天皇が皇太子のときに感嘆されたことからその名が付いた。

県立三ツ池公園(みついけ)のサクラ　＊春、日本さくら名所100選

　横浜市にある三ツ池公園は、JR鶴見駅(つるみ)の北西約1.8キロに位置し、野球場、多目的広場、テニスコート、プールといった運動施設や、パークセンター、コリア庭園などさまざまな施設を備えた総合公園で、広さは29.7ヘクタールある。江戸時代に農業用水のため池として浚渫(しゅんせつ)・整備された上・中・下の三つの池を自然の起伏を活かした豊かな樹林が囲んでおり、1957（昭和32）年に開園した。2月中旬に開花するカンザクラを皮切りに、シダレザクラ、ソメイヨシノ、ヤエザクラ、横浜市のサクラ愛好家がケンロクエンクマガイとカンヒザクラの交配によりつくったヨコハマヒザクラなど、78種、約1,600本のサクラが、時期をずらしながら花を咲かせる。

衣笠山公園(きぬがさやま)のサクラ　＊春、日本さくら名所100選

　衣笠山公園は、横須賀市の公園で、山の容姿が馬の背に鞍(くら)を置いた形に似ているところから、鞍掛山(くらかけやま)とも呼ばれる。1907（明治40）年、日露戦争の戦死者を慰霊(いれい)するため、記念碑を建て、数百本のサクラとツツジを植えた。サクラは、今では約2,000本になる。7.4ヘクタールの園内では、春のサクラ、初夏のヤマユリ、夏のヒマワリ、秋のハギ、冬のスイセンと、四季の花が楽しめる。3月下旬～4月上旬には「衣笠さくら祭」が開催される。山頂展望台からは、大楠山(おおくすやま)越しの富士山や、東京湾方面に行き来する船を眺めることができる。

曽我梅林(そが)のウメ　＊冬

　曽我梅林は、下曽我駅を中心として散在する梅林の総称で、中河原(なかがわら)、原、別所(べっしょ)の3梅林からなり、約35,000本のウメが植えられている。ウメの栽培

面積は80ヘクタールに及び、毎年、約700トンの生梅が収穫されている。この地は、仇討ちで有名な曽我兄弟の育った地で、数多くの史跡も残されている。富士山や箱根連山、丹沢山塊の眺めも素晴らしい。今から約600年以上も昔、北条氏の時代にウメの実を兵糧用にするため、城下に多くのウメの木が植えられたという。江戸時代には、箱根越えの拠点の宿場町であり、旅人の弁当の防腐用などとして梅干が重宝され、藩主の大久保氏によりウメの栽培が奨励された。三つの梅林を巡るように、距離8キロの曽我の里散策コース（見晴らしコース）、5.5キロの曽我の里散策コース（里コース）、7.9キロの国府津・曽我の里散策コースが整備されている。

明月院等鎌倉のアジサイ　＊夏

　鎌倉にある社寺には、北鎌倉地域の明月院、円覚寺、東慶寺や、長谷地域の長谷寺、光則寺などアジサイの名所が多い。明月院は、別名「あじさい寺」と呼ばれるほどで、参道から本堂まで約2,000株以上が植えられている。そのほとんどがヒメアジサイという日本古来の品種で、ブルー系が多く「明月院ブルー」と称される。明月院のアジサイが有名になったのは戦後のことで、住職が境内の垣根に挿し木しているうちに増え続けたという。長谷寺は、本堂裏手の山肌いっぱいに約2,500株のアジサイが斜面を覆う。

箱根登山鉄道のアジサイ　＊夏、富士箱根伊豆国立公園

　1919（大正8）年に開業した小田原駅から強羅駅までを結ぶ箱根登山鉄道沿線には、約1万株のアジサイが植えられ、6月中旬頃からの開花時期には、「あじさい電車」の愛称で親しまれている。車窓に触れるほど咲き誇るアジサイの見頃は、各地点での標高と共に7月中旬にかけて少しずつ上っていく。アジサイを植えた理由は、地中に根を巡らせ、土の流出を防ぐためだったという。土留めに有効なだけではなく、花も楽しめることから、第2次世界大戦以降に植栽が本格化し、数十年の月日をかけて今日のような名物になった。1975（昭和50）年頃からは、箱根登山鉄道社員による「沿線美化委員会」が結成されて、シーズン前に総動員で下刈りやメンテナンスを行っている。

日比谷花壇大船フラワーセンターのシャクヤク　＊夏

　1962（昭和37）年7月に開園した県立のフラワーセンターで、2018（平成30）年4月から、リニューアルに合わせ、ネーミングライツにより現在の名称になった。国内最大規模の「しゃくやく園」には、この地にあった県の農業試験場が、明治末から昭和の初めにかけて輸出を目的として品種改良した大船系を中心に、210品種、2,500株のシャクヤクが植えられている。この他、ソメイヨシノを基に、この地で改良され、戦国時代の山城にちなんで名づけられた早咲きのサクラ「玉縄桜」や、明治の末から昭和の初めにかけてこの地で改良された独自の系統である「大船系」のハナショウブなどが植えられている。

湯河原つばきラインのツバキ　＊冬、奥湯河原県立自然公園

　湯河原つばきラインは、奥湯河原から大観山を通り箱根町へ抜ける県道湯河原箱根仙石原線の一部区間に付けられた愛称名で、大観山付近の標高1,011メートルの最高地点から奥湯河原までの間、標高差約750メートルある曲がりくねった峠道である。延長約18.5キロのうち約6キロの沿道にツバキ約5,000本が植えられ、2月下旬〜4月中旬に真紅の花が艶やかに彩り、快適なドライブを楽しめる。秋には紅葉も楽しめる。箱根と湯河原温泉街をつなぎ、沿道のツバキと大観山付近の眺望も良いため、古くからドライブやツーリングスポットとして人気がある。

箱根湿生花園の湿生植物　＊夏、富士箱根伊豆国立公園

　箱根仙石原にある町営の箱根湿生花園は、1976（昭和51）年に日本で最初にできた湿生植物園で、水田の跡地約3ヘクタールを利用して、湿原や河川・湖沼などの湿地に生育している植物を中心に、低地から高山まで日本の各地に点在している湿地帯の植物約200種の他、草原や林の植物、高山植物など約1,100種が集められている。外国の山草も含めると約1,700種の植物が四季折々の花を咲かせる。敷地の一角には仙石原湿原復元区が設けられ、実験調査の結果を踏まえ、毎年、6月に草刈り、1月に野焼きを続けており、ノハナショウブなどの草花が増えてきている。

新潟県

妙高連峰のハクサンコザクラ

地域の特色

　西は日本海に臨み、他の三方を標高2,000メートル級の山脈に囲まれた豪雪地帯であり、県土は広いが、交通には恵まれなかった。海岸沿いには越後（新潟・蒲原）、柏崎、高田の三大平野が生まれ、砂丘も形成された。越後平野は新潟を中心都市とする日本海側最大の平野であり、信濃川、阿賀野川が豊かな水をもたらし、穀倉地帯をつくった。近世には越後11藩と天領などの所領分割策がとられ、現上越市の高田城、現長岡市の長岡城など小さな城下町が生まれた。日本海側の冷温帯と暖温帯の気候を示す。

　花風景は近世の城郭跡や近代のサクラ名所などが知られ、特に越後平野には園芸品種の改良による花き栽培の生産地が発達し、地域らしさを表している。豪雪地帯に起因して、高山植物の花風景も豊かである。

　県花はユリ科チューリップ属のチューリップであり、和名は「鬱金香」という難しい名である。牧野植物図鑑にはかつて「ぼたんゆり」という和名が記されていた。童謡にも歌われる誰もが知っている美しい草花である。県花になったのは新潟県がチューリップの一大生産地であるからである。県の草花としてユキワリソウ（雪割草）が制定されている。

主な花風景

高田公園のサクラとハス　＊春・夏、日本さくら名所100選

　高田公園は新潟県南部の高田平野の中心部の城郭跡に設置された約50ヘクタールの広大な公園で、春にはソメイヨシノを中心とした約4,000本のサクラが咲き誇り、また、夏にはお堀をハスの花が一面に覆い尽くす。豪雪後の雪解け時にはお堀端にミズバショウも咲いている。特に秀逸なのは、サクラやハスの花風景を通して、外堀の西堀橋などから眺める妙高山（2,545メートル）の秀麗な屹立する山容の風景である。高田平野の南東に

は二重式火山で日本百名山にもなっている妙高山がそびえ、外堀の西堀の延長線上にちょうど位置している。ぼんぼりに映える夜桜も有名である。

　高田城は江戸時代初期の1614（慶長19）年に徳川家康の六男松平忠輝の居城として築かれた城郭である。忠輝の妻は伊達政宗の娘であり、政宗が幕府の命で設計・施工を行った。本丸は石垣がなく、土塁で囲まれ、その外側に内堀と外堀があった。明治時代になって、本丸、二の丸などあらゆる城郭施設が消失していたが、1907（明治40）年、旧陸軍第13師団の司令部として整備され、土塁の撤去、外堀の東部の埋立などが行われるとともに、09（同42）年、師団発足を記念して在郷軍人会によって約2,200本のソメイヨシノが植えられた。昭和時代の戦後になって都市公園整備が行われ、博物館、美術館、図書館、スポーツ施設なども整備され、サクラも成熟してサクラ名所となっていった。平成時代には高田城三重櫓も復元された。ハスは明治維新に官軍の敵となった旧士族が生活に困窮し、レンコンを栽培したのが始まりである。戦後、ハス博士の大賀一郎が規模の大きさと紅白の花の混淆を激賞したことから、地元が「東洋一の蓮」と誇り、美しい大輪の花がお堀一面に咲き乱れている。

　高田城は江戸時代の大名の悲話の縮図である。当初は越後の旧上杉氏の復活を抑え、隣国の大藩加賀の前田氏を見張る重要な位置にあったが、泰平の時代になってその役割もなくなり、徐々に親藩や譜代大名の懲罰的な左遷のような地になっていく。忠輝は改易（地位財産剥奪）・流罪され、その後藩主の転封（転勤・国替）が続き、越後騒動と呼ぶ事件により藩主改易、以後も転封が続いた。江戸時代の大名と家臣は全国転勤組であった。

大河津分水のサクラ

＊春、佐渡弥彦米山国定公園、日本さくら名所100選

　大河津分水とは信濃川の氾濫を防ぐために、信濃川の水を日本海に逃がすように開削された約9キロの人工河川である。洪水流放流の人工分水路であり、1909（明治42）年に本格工事に着工、22（大正11）年に通水、31（昭和6）年に堰を付け替えた。この分水路の堤防6キロ、および分水路と信濃川に挟まれた大河津分水公園にソメイヨシノのサクラが咲き誇っている。北には山岳信仰の山である弥彦山（634メートル）がたたずんでいる。

　大河津分水にサクラを植え始めたのは、分水工事直後の1910（明治43）年頃といわれている。分水工事完成後に「桜之碑」が建立され、サクラを

守る「分水路保勝会」が設立され、さらに約4,300本の植樹を行ったという。一方、第2次世界大戦中には軍の要請で約1,000本以上が伐採されたと伝えられている。78(昭和53)年には信濃川治水100年記念事業として約600本が植樹される。しかし、近年、サクラの老齢化や衰退が進み、現在では補植や樹勢回復に取り組んでいる。

佐渡弥彦米山国定公園は琵琶湖、耶馬日田英彦山と共に1950(昭和25)年に誕生したわが国最初の国定公園である。国定公園の区域を国(当時は厚生省)が検討している時、新潟県の強い要望で弥彦山の南の大河津分水を含めることになる。国定公園は国立公園に準じる優れた自然の風景地であり、大河津分水は近代化遺産の土木景観なので本来国定公園にそぐわないが、当時最盛期にあったサクラ風景が寄与したのかもしれない。

村松公園のサクラとユキワリソウ　＊春、日本さくら名所100選

越後平野東部に位置する五泉市の村松公園には、ソメイヨシノを主とした約3,000本のサクラが咲き乱れ、ライトアップされる夜桜も美しい。中にはホザキヤエヒガンザクラ(穂咲八重彼岸桜)という珍しい品種もある。ツツジ、ボタン、アジサイなども咲き誇り、四季の花の公園としても知られている。ちなみに、五泉市はボタンの苗木と切り花の生産量について国内で一、二位を争うほどであり、市内には「ぼたん百種展示園」が開設され、約120種5,000株のボタンが栽培されている。

村松公園は1906(明治39)年に日露戦争の戦役記念として造営されたもので、平地や池のほかに愛宕山の一部を含む面積約37ヘクタールの広大な公園である。現在では観光施設やスポーツ施設が整備されている。愛宕山の遊歩道沿いには、近年、地元の有志の努力によって植えられてきたユキワリソウを見ることができる。本来、山地の岩場に生育する紫色の可憐な高山植物であるが、豪雪地帯なのでこのような里山にも生育している。

じゅんさい池公園のシダレザクラ　＊春・夏

新潟市の市街にある約7ヘクタールの公園にひときわ美しいシダレザクラがある。京都の円山公園の血筋を引く名木だといわれている。円山公園は祇園に隣接していることから、新潟の人々も「祇園しだれ」と呼んでいる。公園には砂丘の間にできた二つの砂丘湖が残り、この池の周りをアカマツ

の自然林が覆っている。この澄んだ淡水の池にはジュンサイが繁茂している。スイレンのように美しい葉を水面に浮かべるが、花は小さな紫色で目立たない。ジュンサイの新芽はぬめりのある野菜として食されている。公園はゲンジボタルとヘイケボタルの里でもある。

越後のチューリップ　＊春

　新潟県はチューリップの切り花出荷量が全国1位で、球根の出荷量が全国2位である。県北部の越後平野（新潟平野・蒲原平野）は日本海側最大の平野で穀倉地帯であるが、新潟市、五泉市、胎内市、村上市などはチューリップをはじめボタン、ユリ、クロッカス、スイセンなどの花き栽培も盛んな地域でもある。チューリップの園芸品種はきわめて多く、一つの茎の先端に一つの花が咲くというシンプルな花ではあるが、花の形と色や草の姿などは多種多様である。バラと同様、色彩の鮮やかさや深みは優れている。産業用に栽培している畑に観光客を入れることはできないので、地元ではフェスティバルや祭を開催して観光用のチューリップ畑を開放している。五泉市では一本杉地区に集約して「チューリップまつり」を開催している。色とりどりの約150万本ともいわれるチューリップが絨毯のように一面に広がっている花風景には圧倒される。チューリップの間の園路を多くの観光客が歩いて楽しんでいる。

　越後平野は信濃川と阿賀野川などが流れ込む沖積平野で、治水・排水事業も奏功し、水に恵まれた肥沃な土地として、また、冬の降雪や春の気温上昇も効果的に働き、チューリップの生育適地となった。さらに、砂丘地帯も生育に適していた。そもそもは1919（大正8）年に、中蒲原郡小合村（現新潟市）の小田喜平太がオランダから球根を輸入して栽培したのが始まりだと伝えられている。小合村は花き園芸への関心の高い地域で、ボタン、シャクヤクについていち早く接ぎ木による品種改良を進めていた。新潟県ではすでに1904（明治37）年、チューリップ栽培を始めていたが、産業化の発想はなかった。一説によると小田は千葉高等園芸学校（現千葉大学園芸学部）卒の県庁技師と彼の恩師の助言を得て、栽培適地だと確信し、産業化に踏み切ったという。

　チューリップは種子も実るが、種子による発芽は遅く、球根で増やす方が容易である。球根は茎、葉、根のいずれかが養分をためて変形したもの

であるが、チューリップの球根は茎と葉からなり、ユリ科チューリップ属の仲間の食用のユリ根も同様である。

小須戸のボケ　＊春

ボケは落葉低木で、別名「放春花」と呼ばれ、葉が出る前に枝に美しい白や紅の花をつけ、園芸品種は非常に多く、庭木や盆栽として愛でられている。果実も食することができ、果実酒も人気がある。新潟市秋葉区の小須戸と新津、南区の白根の3地域でボケの国内生産量の90％を占めている。小須戸には「日本ボケ公園」が開設され、約200品種のボケを見ることができる。当地でボケの大量栽培が発展したのは、接ぎ木による技術を確立したからである。

妙高連峰の高山植物　＊夏、妙高戸隠連山国立公園、世界ジオパーク

新潟県の南端には「頸城アルプス」とも称される妙高連峰がある。火打山（2,462メートル）、妙高山（2,454メートル）、焼山（2,400メートル）は頸城三山と呼ばれ、動植物の宝庫である。日本海側の多雪気候の影響を受ける山頂や稜線には、ハイマツ群落や雪田高原が発達しており、高山植物も見られる。個体数は少なくなっているが、ライチョウも生息している。

特に火打山には広大な高層湿原があり、花の後に綿のような穂をつけるワタスゲなどの高山植物が一面に咲き乱れる。また、桃色の可憐な花を咲かせるハクサンコザクラや黄色のおしべ・めしべを5枚の白い花弁が取り囲むチングルマなどのお花畑が広がっている。山麓の湖沼などには白いミズバショウや黄色いリュウキンカなどの特徴的な植物も目にとまる。隣接する妙高山は最初の火山の中に新たな火山の中央火口丘ができた二重式火山で、この形が明瞭に分かる。また、裾野が長い雄大な山容であり、越後富士と呼ばれている。山麓には妙高高原が広がり、豪雪地帯であることからスキー場が多く、夏は登山、保養など年間を通して利用されている。焼山は長野県上高地の焼山と区別するため、新潟焼山と呼ばれるが、今も噴煙を出すことがあり、付近には温泉地が多く、多彩な泉質を楽しむことができる。同じ山系で長野県との県境にある雨飾山（1,963メートル）は糸魚川世界ジオパークを一望に収め、大地の歴史を感じられるジオサイトとなっている。

富山県

入善のチューリップ（県花）

地域の特色

 北は日本海富山湾に臨み、東は立山をはじめとする標高3,000メートル内外の北アルプス（飛騨山脈）が屹立し、冬の豪雪によって豊かな水をもたらし、黒部川、神通川などが富山平野の東部を形成し、庄川、小矢部川などが砺波平野、氷見平野などを含む富山平野の西部を形成してきた。富山県は古くは越中の国であったが、江戸時代になって加賀（現石川県）の前田氏が統治し、その後前田一族に越中が分割され、富山城を拠点とする富山藩が成立し、明治維新まで続いた。日本海側の暖温帯の気候を示す。

 花風景は、近世の城郭跡や近代のサクラ名所などが知られ、特に富山平野には園芸品種の改良によるチューリップ栽培の生産地が発達し、地域らしさを表している。アクセスの良い立山は高山植物の花風景が豊かである。

 県花は新潟県と同じくユリ科チューリップ属のチューリップであり、和名は「鬱金香」であり、牧野植物図鑑にはかつて「ぼたんゆり」という和名もあった。県花になったのは新潟県と同じくチューリップの一大生産地であるからである。新潟県とは、チューリップ栽培発祥の地についての論争もあり、出荷量の日本一を競い合っている。

主な花風景

松川公園のサクラ　＊春、日本さくら名所100選

 富山市の中心部を流れる松川は線状の河岸公園をなす松川公園として、松川べりの磯部堤や城址公園とも一体となって、松川に両岸から覆いかぶさるように見事なサクラ風景を形成している。松川公園と磯部堤は、流れる水も美しく、ソメイヨシノが約500本、延べ約3キロにわたって連なっている。松川に隣接する富山城の城址公園もお城とお堀に調和したサクラ名所である。松川沿いは富山県庁舎や富山市庁舎などが並ぶ中心街であり、

ライトアップされていることもあり、昼夜をとわず花見客であふれている。遊歩道が整備され、また、遊覧船も運航されているので、徒歩でも船でもサクラのトンネルを堪能できる。遊歩道沿いには28基の彫刻が設置され、アートを楽しめる水と緑のプロムナードになっている。磯部堤遊歩道からは壮麗な立山連峰を望むことができる。富山城は神通川沿いに築城されたことから「浮城」とも呼ばれていた。神通川は富山の中心部で蛇行し、洪水を起こしていたので、西部に直線河川として改修され、元の神通川の名残が松川となった。松川は当初マツ並木がつくられたので「松川」と名付けられた。サクラは1934（昭和9）年に植栽されたが、第2次世界大戦で焼失し、その後50（同25）年に植栽され、現在に至っている。

　磯部堤のサクラ並木に「磯部の一本榎」と呼ばれる「黒百合伝説」のエノキが立っている。戦国時代16世紀末、富山城主の佐々成政は浜松の徳川家康と内通するため、厳寒期の立山越えを決行する。無事に帰還してみると、留守中に側室の小百合姫が不義を働いたという噂を聞き、即座に姫と一族をこのエノキの下で斬り殺してしまう。姫は断末魔の中で「立山に黒百合が咲くとき、あなたを滅ぼしましょう」と言って息絶える。成政は後に豊臣秀吉によって切腹させられる。1893（明治26）年に16歳で当地を訪れた泉　鏡花は、後に怪奇的で妖艶な小説の大家になるが、当地を舞台にした幾つかの小説を発表している。

高岡古城公園のコシノヒガンザクラ　＊春、史跡、日本さくら名所100選

　高岡古城公園は富山県北西部の高岡市中心部に位置する高岡城の城跡に設置された公園である。2,700本のサクラが生育しているともいわれ、ソメイヨシノやコシノヒガンザクラが多く、そのほかエドヒガン、オオシマザクラ、ヤエザクラなどさまざまな品種も見られ、全体の花期が長い。ぼんぼりに映える夜桜も美しい。コシノヒガン（越の彼岸）は一説にエドヒガンとキンキマメザクラの交雑種といわれ、富山県南砺市に自生地があり、県内に普及しているいわば土地固有のサクラである。ソメイヨシノと同じように葉に先立って花が美しく咲き誇る。この公園内のコシノヒガンの中から新品種が発見され、タカオカコシノヒガン（高岡越の彼岸）と命名された。高岡古城公園のサクラは市民団体によって手厚く守られている。

　高岡城は江戸初期に加賀藩（現石川県）二代藩主前田利長の隠居の城と

して築かれたもので、当時、越中富山は加賀藩の所領であった。お濠が敷地を幾つにも区画するように巡らせられ、お濠が敷地の約3分の1を占める珍しい水濠公園といわれる。お濠巡りの遊覧船が運航されている。敷地全体の面積は約21ヘクタールと広大であり、現在はさまざまな施設が設けられている。高岡城址は明治維新後に払い下げて農地として開墾するという大きな危機を迎える。これを救ったのが、当時の第17大区区長（現高岡市長に相当）の服部嘉十郎とその有志であった。服部は請願運動を展開し、1873（明治6）年のわが国初の公園制度創設の太政官布告に基づき、75（同8）年に高岡城址を公園とする。いわゆる太政官公園であるが、庶民遊観の地を近代的な「公園」にし、合わせて土地所有を明確にすることが目的であった。現在、高岡城址には公園の創設者として「服部嘉十郎先生頌徳碑」が建立され、高岡市民に偲ばれている。服部の祖先は前田利長に従って移住してきた町人であった。その後1911（同44）年には、近代公園設計の造園家の先駆者といわれる長岡安平がこの公園を改修した。彼は全国の公園づくりに奔走し、みずから号を「祖庭」と称していた。

砺波と入善のチューリップ　＊春

　富山県はチューリップの球根の出荷量が全国1位である。県内の市町村別では、砺波市、高岡市、南砺市、入善町の順で、その他を引き離している（2013年統計）。4市町の中でも砺波市が圧倒的に多い。富山平野の西部に位置する砺波市と東部に位置する入善町はチューリップを見せるために対照的な観光地づくりをしている。砺波市は約8ヘクタールの砺波チューリップ公園を中心に、「となみチューリップフェア」を開催し、そこには約300万本、約700種のチューリップが咲き誇る。見せ方も多彩で、チューリップタワー、花の大谷、大花壇、水上花壇、林床花壇、水車苑、彩りガーデンなど工夫をこらしている。会場の一部となっている砺波市文化会館からは雄大な冠雪の立山連峰やチューリップの大花壇の地上絵を見ることができる。これに対して、入善町は約5ヘクタール、約300万本ともいわれるチューリップ畑そのものを見ることができるように、年によって場所が異なることもあるが、「にゅうぜんフラワーロード」を設定している。つくられた花壇ではなく、なりわいの風景そのものであり、種類は限られるが、一面に広がるチューリップ畑には土地の趣が感じられる。残雪

の北アルプスを背景に絨毯のようなチューリップ畑が広がる光景は圧巻である。

　富山県のチューリップ栽培は、1918（大正7）年、東礪波郡庄下村（現砺波市）の水野豊造が始めたと伝えられている。小規模な米作地帯で農業経営が厳しく、収益性の上がる作物の導入が求められていたことから、水野は熱心に種々の園芸作物の育成を試していた。その中でわずかに育てたチューリップの切り花が、当時は珍しかったことから、高値で売れた。さらに、球根も種苗商が高く買い取ったので、本格的に球根栽培に取り組むこととし、仲間と球根の改良にも情熱を注ぐ。富山平野は豊富で良質な水と肥沃な土地に恵まれ、気温や日照もチューリップ栽培に適していた。その後、米作の裏作の特産品としてチューリップ栽培が県下に普及した。

立山の高山植物　　＊夏、中部山岳国立公園、天然記念物

　富山県の東部に北アルプス（飛騨山脈）の急峻な立山連峰が南北に走り、その背後に深いV字谷の黒部峡谷が切れ込んでいる。立山は高山植物の宝庫で、アクセスが良いこともあって、観賞の適地になっている。利用拠点・登山基地になっている標高約2,450メートルの室堂の周辺ではチングルマ、ミヤマリンドウ、イワカガミ、イワギキョウ、ハクサンイチゲなどが咲いている。前述の松川公園の「黒百合伝説」で述べたクロユリも咲いている。立山の地名の付くタテヤマリンドウ、タテヤマウツボグサなどもある。標高約1,600メートルの弥陀ヶ原は高層湿原でニッコウキスゲ、ワタスゲ、ミズバショウなどよく知られている高山植物が広がっている。

　立山・黒部峡谷は古くは人を寄せつけない秘境であったが、1971（昭和46）年、富山県富山駅から長野県信濃大町駅の間の立山黒部アルペンルートが開通して、室堂にも容易に行けるようになった。立山は雄山（3,003メートル）、大汝山（3,015メートル）、富士ノ折立（2,999メートル）の3峰の総称であり、これらは立山カルデラという火山地形の中にある。氷河地形のカール（圏谷）も残り、弥陀ヶ原と五色ヶ原は溶岩台地であり、ミクリガ池とミドリガ池は火口湖で、室堂には噴気・噴湯を見せる地獄谷がある。立山は8世紀の万葉集にも詠われ、険阻な山岳であるが、山上に池沼や高山植物の美しい風景と噴気・噴湯の恐ろしい地獄現象があることから、極楽と地獄がある霊山として、古くから山岳信仰の霊場となっていた。

17 石川県

兼六園のキクザクラ

地域の特色

 北陸地方の中心部にあり、南北に細長く、北部は能登半島、南部は金沢平野が日本海に面し、南端には高山の白山を擁する。深雪地帯であり、手取川、犀川などの諸河川が日本海に注ぎ、砂丘や砂浜も発達させてきた。かつて北部は能登の国、南部は加賀の国であった。近世には加賀百万石といわれたように、豊かな米作や水産業を背景に前田氏の繁栄が続き、城下町金沢は建築、工芸など伝統文化を色濃く残し、名園の兼六園も生み出し、文化人も多数輩出した。日本海側の暖温帯の気候となっている。
 花風景は、近世の大名庭園のサクラ名所などが知られ、近現代の花の名所となっている都市公園などもある。日本海に臨む砂丘の海浜植物や白山の高山植物など自然の花風景も豊かである。
 県花はユリ科バイモ属のクロユリ(黒百合)である。白山の標高約2,300～2,500メートルの弥陀ヶ原や室堂がわが国屈指の群生地である。暗い紫色の花弁と淡い緑色のおしべ・めしべがコントラストをなしている。最初、NHKなどが「郷土の花」として選定したもので、その後県花に制定された。風雪に耐える可憐な花が県民に親しまれている。

主な花風景

兼六園のキクザクラ　＊春、特別名勝、日本さくら名所100選

 金沢の兼六園は水戸の偕楽園、岡山の後楽園と共に日本三名園の一つに数えられている。江戸時代に栄えた加賀百万石前田家の歴代藩主によって長い歳月をかけてつくりあげてこられた池泉廻遊式の大名庭園である。藩主たちはここに理想の風景を具現化しようとしたのである。約12ヘクタールの広大な敷地に築山と幾つもの池や曲水(流れ)を設け、樹木や灯籠や橋を美しく配し、御亭や茶屋の建築を点在させている。見事に仕立てられ

たマツが雪によって枝折れしないように、芯柱を立て、縄で枝を吊る「雪吊り」の幾何学的模様は冬景色の美しさをひときわ引き立たせている。

　この兼六園はサクラの名所でもある。ソメイヨシノやヒガンザクラなど約420本、約40種が咲き誇る。特筆すべきは、名木といわれる「兼六園菊桜」「兼六園熊谷」「兼六園旭桜」、「名島桜」など珍しい固有の品種があることである。「兼六園菊桜」は江戸時代に前田家が京都御所から賜ったと伝えられているが、キクのように花びらが多いサクラである。もっとも、植物学的には一つの花びらが一つの花であり、われわれが一つの花と見るのは実は多くの花の集まりである。このキクザクラは1928（昭和3）年に国指定天然記念物となるが、70（同45）年に枯死してしまう。しかし、京都の桜守と呼ばれる庭師第14代佐野藤右衛門によって子孫を残すことができ、今も兼六園に継承されている。第15代と現在の第16代佐野藤右衛門については京都の「円山公園のシダレザクラ」の項でふれるが、第14代は兼六園菊桜の老衰を察知し、枝を京都に持ち帰り、第15代、第16代も見守って、嵯峨野にある桜畑において接ぎ木で命脈を保ったのである。

　兼六園は1676（延宝4）年に、加賀五代藩主前田綱紀が最初に造営したが、その後庭園の変遷が激しく、1822（文政5）年に、第12代藩主斉広が造営した庭園が、松平定信によって「兼六園」と名付けられた。宋（10～13世紀）の詩人李格非の庭園書『洛陽名園記』から、宏大、幽邃、人力、蒼古、水泉、眺望の優れた景観6要素を兼ね備えていると評価したのである。73（明治6）年には太政官布告に基づく「公園」となった。

能登鹿島駅のサクラ　＊春

　能登半島東部の七尾湾に沿って、のと鉄道七尾線が七尾駅から穴水駅まで走っている。その中の能登鹿島駅は通称「能登さくら駅」と呼ばれて、多くの人々に親しまれている。無人駅となっている能登さくら駅のホーム両側にはソメイヨシノが咲き誇り、1両編成の電車がサクラのトンネルに包まれる。サクラは約100本ばかりしかないが、東は海、西は山という、サクラの背景に七尾湾や緑の風景を楽しむことができる。ローカル線はどこも廃線に追い込まれて大変だが、車窓の風景はのどかさや自然を堪能させてくれる。江戸時代末から明治時代にかけて、能登半島の形やNOTOの響きなどに誘われて、アーネスト・サトウ、アルジャーノン・ミットフォー

ド、パーシヴァル・ローエルという欧米人外交官などが訪れていた。彼らは必ずしも能登の風景を絶賛した訳ではないが、能登は土地の趣である風土性を強く残している。

卯辰山公園のハナショウブ　＊春・夏

　金沢市の卯辰山公園には花菖蒲園、花木園などが整備され、約20万株、約100種のハナショウブ、約8,000本、12品種のツツジ、約2,900株のアジサイ、約500本のサクラが咲き誇る。一面に広がる花風景は見事である。卯辰山（141メートル）の名前は、金沢城の東方にあることから、干支の十二支の方位を表す卯と辰の方角にちなんでいるといわれている。卯辰山は、江戸時代末の1867（慶応3）年、加賀藩第14代藩主前田慶寧が、福沢諭吉の著書『西洋事情』（1866、68、70年に10分冊刊行）に影響を受け、民衆のための養生所、修学所、芝居小屋などの整備をしたのが開発の始まりといわれている。兼六園が大名のための庭園であったのに対し、卯辰山は庶民のための慰楽などの公共の場所とされたのである。その後、1914（大正3）年、約67ヘクタールの広大な公園として開園した。展望台からは白山や日本海が一望でき、金沢市街の夜景も楽しめる。金沢市生まれの文豪泉鏡花や徳田秋声の記念碑も建立されている。

塩屋海岸の海浜植物　＊春・夏、越前加賀海岸国定公園

　日本海に臨む県南端部の塩屋海岸には、さまざまな海浜植物を見ることができる。砂地にはうように色とりどりの可憐な草花が咲き乱れる。紫色のハマヒルガオ、ハマゴウ、アナマスミレ、白色や桃色のハマダイコン、白いハマベノギク、淡い紅色のハマボウフウ、黄色のハマニガヤ、ネコノシタ、淡い黄色のウンランなど多彩である。絶滅危惧種となっている紫色のイソスミレも咲き誇っている。

　海浜植物は波打ち際の砂浜から少し離れた通常の陸地付近の砂地を生育地とするので、砂浜にはある程度の広さが必要である。塩屋海岸は大聖寺川河口の東に延長約4キロにわたり発達した砂丘地で、汀線からの奥行き幅も最大約170メートルに達する広大な砂浜である。砂浜は土壌、水分、肥料分、塩分、日射、地表温度など植物にとっては厳しい環境なので、高山植物と同じように、大きく生長しない独特の海浜植物が生育することと

なる。海浜植物は地下茎(けい)を延ばして増える根茎(こんけい)植物と地表の匍匐茎(ほふくけい)を延ばして増える匍匐茎植物がある。近年、護岸工事などによる自然海岸の減少、砂の供給不足による砂浜の減少、漂着ゴミ、踏み荒らしなどで全国の海浜植物の生育環境は悪化傾向にある。

白山(はくさん)の高山植物(こうざんしょくぶつ)　＊夏、白山国立公園、史跡、ユネスコエコパーク

　富士山、立山と共に日本三名山の一つに数えられる白山は、富山県、石川県、福井県、岐阜県の県境にまたがる大きな山容を呈しているが、石川県が約半分の面積を占め、登山口は石川県白山市をメインとしている。白山は、標高、地形、融雪(ゆうせつ)時期などの違いによって、多様な高山植物が生育しており、高山植物の宝庫と称され、夏山の登山シーズンには見事なお花畑を観賞することができる。しかし、高山植物の宝庫には間違いないが、例えば北アルプスの長野県の白馬岳(しろうまだけ)などに比べると高山植物の種類数は少ない。白山の重要性は、本格的な高山帯・亜高山帯を持つ山としてはわが国の最西端にあることと、古くからの植物調査によって白山にちなんだ名前の植物が多数あることである。ハイマツ、オオシラビソ、クロユリなどをはじめ、白山を分布の西限としている高山植物は100種以上に達している。ハクサンチドリ、ハクサンフウロ、ハクサンイチゲ、ハクサンコザクラなど白山の名を冠した植物や、ゴゼンタチバナのように白山の主峰の御前峰(ごぜんみね)にちなんだ植物なども多数生育している。

　白山は717（養老元）年に越前(えちぜん)（現福井県）の僧の泰澄(たいちょう)大師が開山した山岳信仰の霊山であり、室堂(むろどう)には白山比咩(しらやまひめ)神社奥宮がある。8世紀の『万葉集』にも「しらやま」「越(こし)の白嶺(しらね)」と詠われ、古くから広く知られていた。白山は御前峰（2,702メートル）を最高峰として、大汝峰(おおなんじみね)（2,684メートル）、剣ヶ峰(けんがみね)（2,677メートル）が並ぶ火山で、山頂部には翠ヶ池(みどりがいけ)や紺屋ヶ池(こんやがいけ)など七つの火口湖があり、夏でも雪渓(せっけい)が残っている。この山頂部で雪解けとともに高山植物群落が次から次へと色とりどりの可憐な花を咲かせ、別世界のようなお花畑を現出する。山腹にはオオシラビソ林、ブナ林などの自然林が広がり、豊かな動植物を育んでいる。白山が国立公園になったのは1962（昭和37）年のことで比較的遅かった。この頃になってようやく、国立公園当局が白山は単なる霊山ではなく、傑出した火山地形や豊かな動植物の自然風景地だとようやく認識するのである。

18 福井県

たけふ菊人形のキク

地域の特色

北陸南部にあり、北部の越前の国であった嶺北と南部の若狭の国であった嶺南に分けられる。嶺北は日本海に注ぐ九頭竜川やその支流が大野盆地や福井平野をつくり、福井、鯖江、大野などの都市を生んでいる。敦賀以南の嶺南は細長く奥行きがない。嶺北の越前海岸は隆起海岸で荒々しい海食崖などをなし、一方、嶺南の若狭湾は沈降海岸でリアス海岸の柔らかい湾入を見せ、対照的な海岸である。古来近畿との結びつきが強く、文化的な先進地で、神社仏閣も多い。日本海側の暖温帯の気候である。

花風景は、近世の城郭跡・近代の河川堤防・都市公園のサクラ名所、近代の食用梅産地の梅林、海岸の大パノラマをつくるスイセン群生地、菊人形のキク、切花用のハスなど風土を特徴的に表している。

県花は、後述の主な花風景でも詳しく紹介するが、ヒガンバナ科スイセン属のスイセン(水仙)である。スイセンは数種類ある種の総称であり、狭義にはニホンズイセンを指すことが多い。白色や黄色の花は気品を感じさせ、芳香もあることから愛でられている。日本海の冬の厳しい風雪に耐えて咲くことが、県民性の忍耐強さに通じているという。

主な花風景

霞ヶ城公園のサクラ　＊春、日本さくら名所100選

坂井市丸岡町にある霞ヶ城公園は、丸岡城(霞ヶ城)を中心に日本庭園式に整備された公園である。霞ヶ城の名は、城の主に大蛇がいて、戦が始まると城に霞をかけて城を隠し、敵からは見えず、味方からよく見えるようにしたという謂れによる。公園内には約400本のソメイヨシノがあり、春、丸岡城を取り囲んでいるサクラの花々の淡いピンクが霞のように見え、その中に丸岡城が浮かんでいるような幻想的な景色をつくり出す。また、ラ

イトアップ期間中は300本のぼんぼりが点灯し、花霞の中にそびえたつ丸岡城が幻想的な世界を創り出し、「霞ヶ城」の名にふさわしい。丸岡城は、1576 (天正4) 年に一向一揆への備えとして織田信長の命により柴田勝家の甥の柴田勝豊が築城したお城である。2重3層の天守閣は望楼式天守で、現存する日本最古の建築様式を有している。1948 (昭和23) 年の福井大震災により天守閣が倒壊してしまい、現在の丸岡城は、当時の建材などを使って55 (同30) 年に再建されたもので、天守閣は国の重要文化財の指定を受けている。『戦国自衛隊』などの映画のロケ地になった。

足羽川・足羽山公園のサクラ　＊春、日本さくら名所100選

足羽川サクラ並木は、福井市中心部を流れる足羽川の木田橋から新明里橋にかけて、左岸側堤防約2キロにわたって続き、春になると壮大な約600本のサクラのトンネルになる。明治時代、住民の寄付による植樹が始まりで、戦災、震災復興記念の福井復興博覧会 (1952 (昭和27) 年) や福井豪雨 (2004 (平成16) 年) からの復旧など、時代を超えて植樹が行われ、守られてきた。

標高117メートルの足羽山は、福井平野の中心にある独立した小山で、継体天皇を祀る足羽神社や継体天皇像の他に、前方後円墳1基・円墳32基などの多くの古墳が点在しており、また、鎌倉・南北朝時代の名将新田義貞とその一族を祀る藤島神社などもあり、福井の自然と共に歴史のシンボルである。足羽神社は創建が5世紀後半といわれ、高さ約12メートル、樹齢約370年のシダレザクラがある。山上の足羽山公園は、1909年 (明治42) 年に、皇太子殿下 (後の大正天皇) の福井行啓を記念して、東京府技師長岡安平によって設計され、公園として整備された。春には3,500本のサクラ、初夏には14,000株の市花のアジサイが咲き誇る。市内に残された緑地として市民の憩いの場となっており、散策や夜景を楽しむ人も多い。

西田梅林のウメ　＊冬、若狭湾国定公園

西田梅林は、三方町にある日本海側最大の梅産地で、福井梅の主産地として有名である。三方五湖畔に約7万本のウメが咲く。福井梅は種が小さくて果肉が多い。実の片側に赤みがさした梅干用の紅映、梅酒に使われる剣先の2種類が主である。かつては西田梅として知られ、天保年間 (1830

〜44年) に若狭町伊良積に発祥したと伝えられる。ウメ栽培が本格的に定着したのは1882 (明治15) 年頃で、今もこの頃に里人が唄った「沖に見ゆるは　ヨォーヨォ　霞か雲か　あれは西田の梅の花」という「梅売り唄」が伝えられている。1986 (昭和61) 年からは大相撲の優勝力士に福井県知事賞 (現在は福井県賞) として福井梅が贈呈されている。

越前水仙群生地のスイセン　＊冬、越前海岸国定公園

　越前町・南越前町・福井市にわたる越前海岸一帯約60ヘクタールに咲くニホンズイセンを越前水仙と呼んでいる。淡路島、房総と並び日本水仙三大群生地に数えられる。スイセンが群生する12月から1月にかけて、可憐な白い花が、見渡す限りの大パノラマに広がる。スイセンは、地中海沿岸を原産とするヒガンバナ科の球根植物で、日本に渡来したのは平安時代の末期といわれる。学名のナルキッソスは、池に映った自分の姿に恋をした美少年ナルキッソスが、見とれている間にスイセンに変わったというギリシャ神話からきている。可憐な花が雪の中、寄り添うように咲くことから、別名雪中花とも呼ばれる。また、白い花びらに黄色の副花冠をつける姿を"銀の台にのせた金杯"に見立て、金盞銀台の名でも呼ばれた。生け花では、気品ある風情が新春の花材として好まれ、また茶の湯においても、茶会での季節に見合った茶花の代表とされている。

　越前水仙の歴史は古く、室町時代の古文書に将軍家に毎年水仙が献上されたという記述があり、すでにこの頃、福井県での水仙栽培がうかがえる。安土桃山時代以降は生け花や茶花として、江戸時代には着物や美術工芸のデザイン、俳句の題材などとして親しまれてきた。江戸時代の俳人加賀千代女は「水仙の　香やこぼれても　雪の上」と詠んだ。福井市 (旧越廼村) 居倉地区に残る越前水仙発祥伝説では、ある兄弟が一人の美しい娘をめぐって争った挙句、思い悩んで海に身を投げた娘が、翌春に生まれ変わり白い花となって海岸に流れ着いたとされる。

　1921 (大正10) 年、梨子ヶ平地域に自生していたスイセンを名古屋の生花市場に出荷したのがこの辺りの農家のスイセン栽培の始まりで、急坂の山の斜面にスイセンの植えつけが進んだ。越前水仙の里公園にある水仙ドームは、日本で初めてスイセンの通年開花に成功し、一年中、2,000本のスイセンが栽培・展示され、鑑賞することができる。ここには、水仙ミュー

ジアムや水仙観賞園なども整備され、福井県ゆかりの歌人俵万智の詠んだ「海鳴りに　耳を澄ましているような　水仙の花ひらくふるさと」の歌碑がある。越前岬水仙ランドは、越前岬灯台の近くにある施設で、6ヘクタールの畑に約1,500万本のスイセンが咲き誇る。

たけふ菊人形のキク　＊秋

　毎年10月上旬から11月上旬にかけて越前市の武生中央公園でたけふ菊人形の展示が行われる。福島県二本松市および大阪府枚方市のひらかたパークと並び日本三大菊人形の一つに数えられるが、ひらかたパークの菊人形は2005（平成17）年に中止になった。1952（昭和27）年に菊人形が始まった当時は、トタン葺きの見流館（現在の菊人形館）、中古木材でつくった芸能館などで間に合わせていたが、その後施設が充実した。菊人形館では、菊師が人形の骨組みに巻ワラを編み、巧みな技で菊付けをした菊人形を展示している。菊人形は、歴史上の人物やむかし話、歌舞伎の名場面などを題材にしていたが、60（同35）年、当時の大ヒット映画『大江山酒天童子』をテーマにして、初めてストーリー性がある菊人形展示をするようになり、69（同44）年からは、NHK大河ドラマの名場面を菊人形で見せるようになった。

花はす公園のハス　＊夏

　南越前町南条地区は昭和50年代から切花用のハス栽培が行われ、日本を代表する花ハスの生産地となっており、生産量は日本一である。毎年7月中旬から8月中旬にかけて、南条地区のあちらこちらで花ハスの色鮮やかな花びらが開く。ハスの里を象徴する場所である花はす公園は3.3ヘクタールあり、大賀ハスをはじめ世界のハス約130品種を栽培している。7月上旬から8月上旬まで開催される「はすまつり」では、大きなハスの葉に穴を開けストロー状の茎を通して飲み物を飲む象鼻杯や、ハスの茎の繊維で紙を漉く藕紙づくりなどが体験できる。

19 山梨県

甲府盆地のモモ

地域の特色

本州の中央部を南北に走る地溝帯フォッサマグナに位置する内陸県で、中央部に甲府盆地があり、西部には北岳(3,193メートル)を主峰とする3,000メートル級の山々の南アルプス(赤石山脈)が南北に走り、北端には火山の八ヶ岳がそびえ、北部から東部にかけては北奥千丈岳(2,601メートル)を主峰とする奥秩父の秩父山地が連なり、南部には富士山(3,776メートル)がそびえる。甲府盆地には周辺の山地から河川が流れ込み、扇状地はブドウ、モモなどの生産地となっている。中央高地の冷温帯の気候を示す。

花風景は、都市公園のサクラ名所、名木といわれる古木の一本桜、四季の花々を楽しむ観光地、甲府盆地のモモのなりわいの花、南アルプスや奥秩父の高山植物が特徴的である。

県花はバラ科サクラ属のフジザクラ(富士桜)である。野生種のマメザクラであり、富士山の裾野付近に咲くものをフジザクラ、箱根付近に咲くものをハコネザクラと呼ぶ。厳寒の環境に育ち、樹高も花も大きくならないことから、小さいマメ(豆)の名となっている。厳しい富士山の環境に耐え、つつましく咲くことから、「和と忍耐」に通じるとされる。

主な花風景

大法師公園のサクラ　＊春、日本さくら名所100選

山梨県の西部、南アルプス(赤石山脈)の東麓の富士川町に位置する。小高い大法師山にサトザクラ、シダレザクラなど約2,000本が植えられ、春には山腹一帯が淡い桃色に染まる公園となっている。昭和40年代からサクラの植樹が進められ、サクラの公園づくりが行われてきた。展望に優れた公園であり、富士川が近くを流れ、北には八ヶ岳の火山群、北東には甲府盆地とその背後の奥秩父山地、南東には富士山の雄姿が遠望できる。さ

くら祭の時期には夜にライトアップがなされ、人々で賑わい、幻想的な夜桜を堪能できる。

山高神代ザクラのサクラ　＊春、天然記念物

　山梨県の北端に位置する北杜市の実相寺境内に日本三大桜の一つである山高神代ザクラがある。山高は地名であり、神代は古くから生きていることを意味する。一説に樹齢1,800年から2,000年と推定されているエドヒガンのサクラで、わが国最古のサクラともいわれている。樹高約10メートル、幹周り約12メートル、最大枝張り約17メートルの巨木であるが、枝が少ないなど衰退は隠せないものの、今も見事に花を咲かせる。1919（大正8）年に史蹟名勝天然紀念物保存法（後に文化財保護法に継承）が制定されるが、直後の22（同11）年に、日本三大桜は同時に国の天然記念物に指定される。指定理由は名木、巨樹、老樹などである。

　神代ザクラには、伝説では、神話の古代の英雄日本武尊が東国を制圧した折に植えたと伝えられ、また、中世の鎌倉時代に、仏教の日蓮宗の宗祖日蓮聖人がこの木を見て樹勢の衰退を憂い、祈ったところ回復したので、「妙法桜」ともいわれたと伝えられている。いかに古い歴史を持っているかを物語っているが、一方、宇宙ザクラと呼ばれる現代の物語もある。このサクラは宇宙旅行をしたのである。地元の小学生が集めた神代ザクラの種を、2008（平成20）年にアメリカNASAからスペースシャトルに乗せて、宇宙ステーションに送った。約8カ月間、無重力の中で過ごした種が地球に戻ってどうなるのか実験したのである。118粒中発芽したのは2粒のみであったが、実相寺にその1本が植えられている。

　人間は雄大なものや悠久なものにも感動する。人間のスケールを超えた空間や時間に心を動かされる。古代の巨石信仰や巨木信仰もこれに通じているのであろう。近代の壮大な大自然賛美もそうであろうし、神代ザクラも先史時代から生きぬいてきたことに感動をおぼえざるを得ない。

神田の大イトザクラ　＊春

　前述の山高神代ザクラと同じ北杜市にあるエドヒガンのシダレザクラの巨木である。八ヶ岳南麓の標高約800メートルの神田地区の棚田に単木で生育する一本桜の名木である。南アルプスの残雪の甲斐駒ヶ岳なども背景

に迫り、棚田に映えるサクラの風景が美しい。樹高約9メートル、幹周り約7.5メートル、枝張り約20メートルで、樹齢は約400年と推定されている。近年、樹勢の衰えが激しく、回復に努めている。八ヶ岳南麓は名水百選の八ヶ岳南麓高原湧水群が連なり、付近は古くから水田が開発され、神田地区も湧水を利用した稲作が行われていた。第Ⅰ部の第4章の「花見」の項でも述べたが、農民は山入り・春山行きという山のサクラに五穀豊穣を祈願する風習をもっていた。サクラは田の神のよりつく御神木であった。神田は神社に奉納する米作地であり、大イトザクラも御神木として植えられ、敬われてきた。開花は農作業を始める暦にもなっていた。

山中湖花の都公園のヒャクニチソウ　＊春・夏・秋

富士山の北側に点在する富士五湖の一つ山中湖に近接して、春、夏、秋の季節の花々が楽しめる標高約1,000メートル、約30ヘクタールの高原の観光地である。チューリップ約17万本、キカラシ約150万本、カスミソウ約50万本、カリフォルニアポピー約20万本、ポピー（ヒナゲシ）約40万本、ヒャクニチソウ約100万本、ヒマワリ22万本、キバナコスモス約500万本、コスモス約500万本、遅咲きヒマワリ約8万本、ソバ約200万本などが順次春から秋にかけて、富士山を背景に花の絨毯のように一面に咲き誇る風景を見ることができる。

甲府盆地のモモ　＊春

モモは、花を愛でるためのハナモモがあるが、果実を収穫するために栽培するモモの花も一面に広がり美しい。山梨県はブドウとともにモモの生産量がわが国で第1位であり、生産地はほぼ甲府盆地に集中している。モモは十分な日照時間、水はけのよい中性の土壌、少ない雨量、昼夜の大きな温度差などが栽培条件であり、甲府盆地の笛吹川の周辺はこれに適しているのである。笛吹市の春日居は大正時代に栽培を始めたという歴史を持ち、現在では高品質のブランド化を目指している。

南アルプスの高山植物　＊春・夏、南アルプス国立公園、ユネスコエコパーク

南アルプス（赤石山脈）は山梨県、長野県、静岡県にまたがる3,000メートル級の山々が連なる山岳地帯である。非火山性の隆起した山々であり、

大きな山容で深い山となっている高山である。山梨県には富士山に次ぐわが国第2位の標高（3,193メートル）を誇る北岳がそびえている。北岳は、間ノ岳、農鳥岳と共に白峰三山と呼ばれる。その北には仙丈ヶ岳がそびえ、さらに最北部の長野県との県境には、深田久弥が『日本百名山』（1964）で絶賛した甲斐駒ヶ岳が堂々とそびえている。北岳の東には地蔵岳、観音岳、薬師岳の鳳凰三山が並ぶ。南部の静岡県と長野県の県境には赤石岳、聖岳などの名峰が連なっている。

　南アルプス比較的南方にあるため森林限界は高く約2,600メートルとなっており、高山までうっそうとした森林が続くのが特徴的である。シラビソ、コメツガなどの亜高山帯の森林が見られ、稜線の風衝地や雪田には高山植物が咲き乱れるお花畑が多い。氷河による氷食地形カール（圏谷）が残り、キタダケソウなどここでしか見られない植物も少なくない。キタダケソウは氷河時代の遺存種という気温が低い高山だから生き残った種であり、その他、チョウノスケソウ、タカネマンテマ、ムカゴユキノシタなども同様である。タカネビランジ、キタダケキンポウゲ、サンプクリンドウなど、南アルプスやその周辺地域にのみ分布している固有種も多い。

奥秩父の高山植物　＊春・夏、秩父多摩甲斐国立公園、特別名勝

　奥秩父は2,000メートル級の高山が連なる山域であり、関東の屋根、東アルプスとも呼ばれ、千曲川（信濃川）、笛吹川（富士川）、多摩川、荒川などの四方に流れる源流部となり、渓谷が多い。山梨県の北奥千丈岳（2,601メートル）を最高峰とし、金峰山、国師ヶ岳、甲武信ヶ岳が山梨県と長野県・埼玉県の県境をなし、山梨県と埼玉県・東京都の県境に東京都最高峰の雲取山（2,017メートル）がある。

　北奥千丈岳の大弛峠の近くに、森林が途切れ、開けた空間が現れる「夢の庭園」と呼ばれる場所がある。白い花のハクサンシャクナゲが咲き乱れ、巨石の花崗岩がまるで庭石のような雰囲気を醸し出し、眼下の広大なパノラマの風景も望めることから、夢のような庭園と呼ばれるようになったのである。奥秩父の高山地帯には、白い花をつけるバイカオウレン、ツマトリソウ、ゴゼンタチバナ、赤い実をつけるコケモモ、黄色い花をつけるミヤマアキノキリンソウ、紫色の花をつけるタカネグンナイフウロなどの可憐な高山植物を見ることができる。

20 長野県

沢底のフクジュソウ

地域の特色

　約9割が山岳・火山・高原の内陸県である。日本アルプスと称される北アルプス（飛騨山脈）、中央アルプス（木曽山脈）、南アルプス（赤石山脈）の3,000メートル級の山岳がそびえ、豊かな自然や山岳風景に恵まれ、千曲川、犀川、天竜川、木曽川などが盆地をつくり、棚田や田園を生み出した。長野県は古来信濃と呼ばれ、中山道や甲州街道など上方と江戸を結ぶ交通路が通っていた。武田信玄の支配後の近世には松本、小諸、高遠などの小藩に分立し、各々城郭が築かれた。中央高地の冷温帯の気候を示す。

　花風景は、近世の城郭跡や近代のサクラ名所などが知られ、現代の観光地づくりによるものも多い。里山の花や田園地帯のなりわいの花も独特の花風景を見せ、特に高山植物の花風景は豊富で地域らしさを表している。

　県花はリンドウ科リンドウ属のリンドウ（竜胆）である。里山や草地に咲く山野草で、鮮やかな青紫色の花を茎の先端に幾つも咲かせる。よく知られて人気がある。人が草刈などの手入れをする所に普通に生えていたが、近年は少なくなった。園芸品種が切り花として販売されている。根は苦く、竜胆という生薬になっている。熊本県の県花も同じである。

主な花風景

小諸城址懐古園のサクラ　＊春、重要文化財、日本さくら名所100選

　千曲川を一望できる高台の小諸城址懐古園には数百本の老木のサクラが咲き誇り、老木のマツとともに城址の風情を高めている。ここにたたずむと歴史への思いがつのり、先人たちはどのような思いで千曲川を眺めていたのだろうかとふと思いをはせる。サクラの種類は豊富で、シダレザクラ、ヒガンザクラ、ソメイヨシノ、ヤエザクラなどが順次咲き続き、花期が長い。この中でも当地で生まれた「小諸八重紅枝垂」は濃い紅色の八重の花弁（花

びら）をもつシダレザクラはひときわ美しい。このサクラは一時期老齢化でなくなりかけたが、市民の保存活動によって、今では市内にも見られるほどになったという。懐古園は、1926（大正15）年、東京帝国大学教授の林学博士で、日比谷公園の近代的洋風公園を生み出し、造園の権威となっていた本多静六によって設計された。歴史を偲ばせる城址にはやはりサクラがふさわしいと考えたのであろう。

　この地は古くから軍事的に重要なことから領主の館などが置かれ盛衰を繰り返すが、戦国時代の16世紀には甲斐（現山梨県）の武田信玄が支配し、重臣の山本勘助らが小諸城の原型を築き上げる。武田氏滅亡後、織田、豊臣、徳川と時の政権に支配され、豊臣時代に城主になった仙石秀久が今日の遺構となる城郭を完成した。徳川時代にはその重要性から譜代大名が配置された。1880（明治13）年、小諸城は小諸藩旧士族に払い下げられ、旧士族は往時を偲び、本丸跡に懐古神社を祀り、小諸城址を懐古園と名付けた。小諸城址懐古園は、本丸跡、二の丸跡、大手門などの遺構が残り、藤村記念館や藤村の「千曲川旅情のうた」の詩碑が設置されている。文豪島崎藤村は恩師に招かれて教師として小諸に赴任し、結婚して小諸町士族屋敷跡に新家庭を持つ。6年余りの小諸時代に『落梅集』『千曲川のスケッチ』などの近代文学を生み出し、大作『破戒』の執筆にも着手する。サクラは派手な花木でもあるが、積層する歴史をも偲ばせる。

高遠城址公園のタカトオコヒガンザクラ　＊春、史跡、日本さくら名所100選

　高遠城址公園を彩るサクラは「天下第一の桜」と称され、見事な開花を見せるが、何よりもこの土地らしいのは、サクラが3,000メートル級の高山が並ぶ残雪の南アルプスや中央アルプスの風景と調和していることである。高遠城址は南アルプスの西山麓に位置し、西方には天竜川の伊那谷の西にそびえる中央アルプスを望める。雪を頂いた山脈を背景に爛漫のサクラを堪能できるのである。老木を含めて約1,500本が生育している。

　コヒガンザクラはマメザクラとエドヒガンを交配した園芸品種であるが、高遠城址のものは当地に固有であるとしてタカトオコヒガンザクラ（高遠小彼岸桜）と命名された。花はソメイヨシノよりも少し小さく、ソメイヨシノは白に近い桃色であるが、これは少し薄紅色がかかり、趣が異なる。花期が短く、散る桜吹雪も一瞬で豪華にして鮮やかである。

高遠城址公園は、1873（明治6）年の「公園」設置の太政官布告に基づき、75（同8）年に設置された長野県最初の太政官公園である。サクラは公園開設時に高遠藩の旧藩士たちが、かつて馬がサクラに埋もれたという藩の「桜の馬場」にあったサクラを移植したのが始まりだとされている。高遠城址に群生するコヒガンザクラは長野県の天然記念物に指定されているが、付近にはコヒガンザクラが各所に生育していることから、伊那市高遠町ではこの貴重なサクラを保護し継承するため「桜憲章」を制定している。このサクラは門外不出とされたが、一説では東京都にある新宿御苑と新宿区中央公園、世田谷区都立蘆花恒春園に寄贈されたという。

　高遠城は高台に位置する平山城の軍事拠点であり、戦国時代16世紀には一時期武田信玄が支配する。この高遠城下に居た信玄の娘松姫は7歳で織田信長の11歳の長男信忠と政略で婚約する。会うこともなく、双方思いを寄せていたが、やがて敵と味方に引き裂かれてしまう。信忠が高遠城を大群で一気に攻め落とし、松姫の兄の仁科盛信は討ち死にし、その後武田家は滅亡する。逃げのびた松姫に対し、信忠は救いの手を差しのべようとするが、直後に信忠自身も本能寺の変で亡くなってしまう。悲運の松姫は関東の八王子で尼になる。美しいサクラの背後にも悲話がある。

臥竜公園のサクラ　＊春、日本さくら名所100選

　長野市の西隣に千曲川を挟んで須坂市があり、その市街地の南東部に臥竜公園がある。臥竜公園は竜が臥しているように見える小高い丘の臥竜山と人工的に開削された竜ヶ池からなり、池の周りの遊歩道にはソメイヨシノを中心としたサクラがトンネルのように覆っている。その他、アヤメ、フジ、ツツジ、アジサイなどの美しい花も見ることができる。

　臥竜山は全体にアカマツの松林であるが、稜線部のマツは地質や風衝の関係から「根上がりねじれ松」という、根が地上に浮き出て、幹が細くねじれたマツとなっており、「日本の名松100選」（1983年）に選定されている。しかし、アカマツ林は遷移により林相が変化しつつある。臥竜山は古代の古墳、中世の山城、近世の藩主の墓碑など歴史が積層しており、その他、歌碑が建立され、観音像が祀られ、興国寺が隣接している。須坂市の聖地でもあり、ランドマークであり、シンボルともなっている。また、動物園や水族館などもある行楽地である。

公園の設計は、1926（大正15）年、東京帝国大学教授の林学博士で、日比谷公園を生み出し、造園の権威となっていた本多静六に依頼した。本多は設計理念として、屋外での保養・慰安・教化、公園の風致と美化、自然に順応した風土植物の調和の3点を考えた。31（昭和6）年、本多の設計に基づき竜ヶ池を築造し、完成した。須坂市は明治時代から昭和時代初めまで製糸業で隆盛を極めるが、29（同4）年の世界大恐慌で大打撃を受け、竜ヶ池の築造は失業対策として実施された。サクラの植樹は32（同7）年頃以降寄贈で進められたが、第2次世界大戦で荒廃に帰し、現在のサクラは65（同40）年頃に植樹したものである。

　製糸業で隆盛を極めた頃は臥竜山の山頂から眼下に林立する製糸工場が望めたという。「近代化産業遺産群33」（2007年、経済産業省）に「『上州から信州そして全国へ』近代製糸業発展の歩みを物語る富岡製糸場などの近代化産業遺産群」として「須坂市の製糸関連遺産」が取り上げられ、臥竜公園も構成遺産に含まれている。臥竜公園は製糸工場で働く工女さんたちの憩いの場となるよう発案されたという。

花桃の里のハナモモ　＊春

　南信州の阿智村に「花桃の里」と称されるハナモモが咲き誇る場所がある。ハナモモとはモモの果実を取るためではなく、花を観賞するするために特に江戸時代に盛んに品種改良が行われたもので、多くの園芸品種がある。花桃の里では、赤色、白色、桃色の3色のモモが色彩豊かに混植され、場合によってはそれが1本の木に咲いている。花弁も多く、いっそう華やかさを増している。国道256号線沿いを中心に月川温泉、昼神温泉、国道153線沿いに約1万本が生育し、車窓からも眺められる。国道256号線は「はなもも街道」と呼ばれ、中山道の重要伝統的建築物群保存地区の妻籠宿に約25キロ、車で1時間足らずでつながっている。国道153号線は江戸時代には三州街道（伊那街道・中馬街道）と呼ばれた東海地方と内陸山岳地帯を結ぶ物流の歴史の道であった。

　なぜここが花桃の里になったかは長い歴史の物語がある。大正時代、福沢諭吉の娘婿で木曽発電株式会社社長の福沢桃介がドイツ・ミュンヘンで3色のハナモモに感動し、みずからの名前にも関係しているので、3本の苗を持ち帰り、妻籠宿の北、寝覚めの床の南の中山道（木曽路）沿いの大

桑村の須原発電所構内に植樹する。第2次世界大戦後、妻籠宿の住民で須原発電所に勤めていた職員がハナモモを何とか増やしたいと思い、種子から苗木を育て、妻籠宿の国道256号線沿いに植樹し始めた。その後、昭和後期に妻籠宿から阿智村に嫁いできた婦人がハナモモを嫁入り道具の一つとして持参し、移植して地域の人々が増やしていく。平成時代になって過疎化が進むなか、観光振興のために旅館社長の渋谷秀逸が主導して一気に植樹が進む。やがて、地域住民も一体になって本格的な花桃の里づくりが動きだし、「花桃まつり」などイベントも開催されるようになる。2009（平成21）年、渋谷秀逸は「地域づくり総務大臣表彰」を受賞し、現在、花桃の里は「日本一の桃源郷」と呼ばれている。

伊那梅園のウメ　＊冬・春

　長野県の中央部、中央アルプスと南アルプスに挟まれた天竜川が流れる伊那谷の箕輪町において、約7.5ヘクタールにわたって、多彩な園芸品種の紅白のウメ約7,000本の見事な花風景を見ることができる。周囲は田園地帯で遠くにアルプスの山並みを望むことができる。ウメの他にも黄色のレンギョウが咲き乱れ、展望台から見る園内はまさに極彩色の花園である。その後、シダレザクラ、ヤエザクラ、サルスベリなども咲き誇る。

沢底のフクジュソウ　＊冬

　前述の箕輪町北隣の辰野町沢底にフクジュソウの群生地がある。まだ里山の林内に雪が残っている頃に、南向きの陽の当たる土地に黄金色のフクジュソウが咲き始め、春の訪れを先駆けて感じさせる。フクジュソウは辰野町の町花に指定され、地元はフクジュソウによる地域振興を図っている。漢字表記は福寿草であり、福をもたらす縁起の良い植物として古来愛でられてきた。お正月になると、松竹梅、マンリョウ、ハボタンなどと共に、フクジュソウの寄せ植えや小鉢が促成栽培で出回る地域もあり、別名、元旦草や元日草とも呼ばれる。

長野の信州リンゴ　＊春

　長野県のリンゴは、生産量が青森県に次いでわが国第2位であり、総称して信州リンゴと呼んでいるが、「ふじ」の品種を中心に多品種栽培をして

いる。バラ科リンゴ属でバラの仲間であるように、白色や薄紅色の花は美しい。特に背丈の低く枝が広がった樹形に点在し、遠くの山並みに映える花風景は美しい。リンゴは冷涼な地域でしか育たないので、わが国では長野県が南限である。特に善光寺平を中心とした北信濃のリンゴ栽培が盛んで、市町村別には長野市が最も多い。長野市の国道18号線はアップルラインとも呼ばれ、沿線にリンゴ園が広がっている。長野市の北の中野市もリンゴ園が延々と広がっている。

わが国は明治・大正時代にかけて絹を生み出す養蚕業が最大の産業であった。一時期は世界一の輸出国にもなっていた。富国強兵が生糸による外貨獲得でなされたと言っても過言ではない。しかし、昭和初めの世界大恐慌とその余波による昭和恐慌、さらにその後の化学繊維の出現によって、養蚕業は壊滅する。長野県のリンゴ栽培は養蚕業壊滅によって桑畑をリンゴ園に転じた結果である。

伊那谷のアカソバ　＊秋

ソバは冷涼な気候で水はけの良い土地を好むことから、水が必要な米作が難しい寒冷地の山間地や傾斜地で栽培されることが多いが、近年、遊休地利用と地域振興の観点から栽培される例がある。中央アルプスと南アルプスに挟まれた伊那谷の箕輪町の「赤そばの里」は標高約900メートル、面積約4ヘクタールに真紅の絨毯のようにアカソバが華麗に咲き誇り、観光スポットとなっている。地元では「ルビーの絨毯」と宣伝している。もともとは段々畑であったが、獣害などのため荒廃し、町が緩斜面に造成しなおして、ようやくアカソバ畑にしたものである。

ソバはタデ科ソバ属の草本で通常花は白いが、ヒマラヤの高地で赤い花のソバが発見される。産学連携でヒマラヤから持ち帰ったアカソバの品種改良を行い、その美しさから「高嶺ルビー」と名付けた。ヒマラヤの高地とは環境が異なり、栽培は難しかったという。その後さらに品種改良の努力を重ね、より真紅が鮮やかな「高嶺ルビー2011」を開発している。

ソバといえば信州蕎麦、更科蕎麦、出雲蕎麦、出石蕎麦など各地に有名なソバが知られているが、2016（平成28）年のソバの収穫量は北海道が約43％で圧倒的に多く、長野県は約6％にすぎず、わが国のソバは輸入に頼っている。もともとソバは保存食で、団子状や板状にして煮たり焼いたりし

て食べていたが、現在のように麺の形に「そば切り」にしたことによって、江戸の庶民の嗜好品として発達し、信州のソバを使いながら、江戸の名物になった。アカソバの麺は少し赤みがかっている。

上高地・穂高の高山植物

＊夏、中部山岳国立公園、特別名勝、特別天然記念物

　本州の中央部を南北に隆起によって生まれた壮年期の急峻な山脈や火山が3列になって連なり、北アルプス（飛騨山脈）、中央アルプス（木曽山脈）、南アルプス（赤石山脈）と呼ばれ、日本アルプスと総称されている。北アルプスは3,000メートル級のアルプスのような岩峰が眺められ、登山家に限らず、アクセスの良さから観光客にも人気がある。

　標高約1,500メートルの平坦地上高地は北アルプスの玄関口で、最大の利用拠点となっている。清流の梓川が流れ、カラマツやケショウヤナギが美しく、林床や路傍に可憐なニリンソウ、エゾムラサキ、ノコンギクなどの花が咲き乱れる。上高地の南端には、大正時代、焼岳の噴火によって梓川が堰き止められた大正池があり、白い立枯れの木が残っている。上高地の上部には氷河地形の痕跡を残す槍沢や涸沢があり、ウラジロナナカマドやニッコウキスゲなどが見られる。上高地の河畔や河童橋からは目前に岩山の穂高が迫る。穂高は北・奥・西・前の穂高岳があり、奥穂高岳（3,190メートル）はわが国3位の高峰である。登山ルート沿いにはコバイケイソウ、ミヤマキンポウゲ、ハクサンフウロ、シナノキンバイなどの多彩な高山植物の花風景を楽しめる。北燕岳に向かうと、白い砂礫の中に高山植物の女王コマクサが紅色の花を咲かせて群落をなしている。

　第Ⅰ部で詳しく紹介したが、日本アルプスという近代的風景はイギリス人という外部のまなざしによって見いだされていった。上高地は、小島烏水が1907（明治40）年、雑誌『早稲田文学』に「梓川の上流」を発表して（同年『雲表』に所収）、広く知られることとなる。小島は、横浜の銀行員で米国にも勤務したが、1894（同27）年に地理学者志賀重昂が『日本風景論』で説いた近代的登山アルピニズムの影響を受けて、熱心な登山家になっていた。日本アルプスゆかりのイギリス人宣教師ウォルター・ウェストンとも懇意になる。上高地は1927（昭和2）年の東京日日新聞などの「日本八景」の渓谷の部で第1位に選ばれた新鮮な風景地であった。最後まで瀞八丁と争い、有識者のあいだで激論が交わされるが、造園学の本多静六の他、小

島烏水も上高地を強く推す発言をしていた。

奥裾花・牟礼・栂池のミズバショウ　＊春・夏、中部山岳国立公園

　ミズバショウといえば歌唱曲『夏の思い出』（江間章子作詞、中田喜直作曲）の尾瀬のミズバショウが有名である。ミズバショウは中部地方以北の亜高山帯の湿原や林内の湿地に見ることができ、北海道では川辺の至る所に普通に生育している。ミズバショウはサトイモ科ミズバショウ属の花でサトイモの仲間である。われわれが主に愛でる純白の花のような部分は仏炎苞と呼ばれる葉の一種で、この中央部に黄色い小さな花が集まった円柱が立ち上がり、仏炎苞と一体として見ている。融雪期に咲くことから春の訪れを感じさせるが、夏の季語となっている。

　長野県にはミズバショウの生育地が多数ある。中でも北信濃（県北部）の長野市の奥裾花自然園には約81万株、飯綱町のむれ水芭蕉園には約41万株、小谷村の栂池自然園には約30万株といわれる群生地がある。尾瀬では山小屋の排水で湿原の富栄養化が進み、ミズバショウが巨大化する問題が起きたが、長野県のミズバショウは本来の大きさで可憐である。

　奥裾花自然園は、長野市中心部を流れる裾花川の源流部、新潟県境の戸隠連峰高妻山（2,353メートル）の山腹に位置し、雪解けの時期に新芽がふきだすブナの自然林に囲まれ、約7ヘクタールにわたってミズバショウが咲き誇る。ミズバショウが咲き始める頃に近くの奥裾花社で開山祭の神事が行われ、神楽や鬼女紅葉太鼓が奉納される。むれ水芭蕉園は北信五岳の一つ飯縄山（1,917メートル）の東山腹の飯縄東高原に位置し、湿地の樹木であるハンノキ林の中に約5ヘクタールのミズバショウ群生地と、その他、約3ヘクタール・約10万株の黄色いリュウキンカの花、約1.6ヘクタール・約10万株の白いニリンソウの花などが広がっている。観賞者は湿原を守るため木道（ボードトレイル）一周約1キロを歩くこととなっている。栂池自然園は北アルプス（飛騨山脈）の名峰白馬岳（2,932メートル）の山腹に位置する高層湿原で、中部山岳国立公園であり、周辺一帯はスキー場としても知られている。高層湿原であるので高山植物の宝庫であり、夏にはミズバショウ、シラネアオイ、チングルマ、ワタスゲ、ニッコウキスゲなどの可憐な花が一面に咲き乱れる。自然園の総面積は約100ヘクタールに及び、園内には木道が整備されている。

岐阜県

乗鞍岳のコマクサ

地域の特色

　県土は広いが、大部分が山岳・高原・丘陵地となっている内陸県である。古くから西日本と東日本を結ぶ交通の要衝であり、壬申の乱や関ヶ原の戦いの舞台となった。古くは南部の美濃の国と北部の飛騨の国からなり、平野はわずかに美濃の一部に限られ、美濃には木曽三川と呼ばれた木曽・長良・揖斐の大河が伊勢湾に流れている。飛騨は東に3,000メートル級の北アルプス（飛騨山脈）・乗鞍火山帯がそびえ、西には火山地形の白山がそびえている。中央高地の冷温帯と太平洋側の暖温帯の気候となっている。

　花風景は、県の古い歴史と地形を反映して、古くからのサクラ名所や古代から生き続けるサクラの古木、古代の種を発芽させたハス、さらに、里地里山の花から高山の花まで多彩にあることが特徴的である。

　県花はNHKなどの公募で決まったマメ科ゲンゲ属のレンゲソウ（蓮華草）である。植物学的にはゲンゲが正しく、一般にはレンゲが広まっている。休耕期の田畑に淡い紫色の花が広がる風景は美しく、春の訪れを知らせる。窒素を取り込む緑肥、ミツバチの蜜源、乳牛の飼料などに役立ったが、化学肥料の普及や稲の早植えなどからレンゲソウは減少している。

主な花風景

霞間ヶ渓のサクラ　＊春、名勝・天然記念物・日本さくら名所100選

　岐阜県南西部の池田町の池田山東麓の渓流である霞間ヶ渓にはヤマザクラ、ソメイヨシノ、シダレザクラなど約1,500本の多種類のサクラが咲き誇り、渓流とサクラが一体となって美しい風景を見せてくれる。一説には、本来の地名は「鎌ヶ谷」であったが、サクラの風景を遠くから眺めると池田山山麓に霞がかかったように見えることから、「霞間ヶ渓」の文字を当てるようになったと伝えられている。霞間ヶ渓は江戸時代からヤマザクラな

どの自生地であったが、治山治水のためサクラが植樹され、さらに明治時代になってからはサクラの名所づくりのためにいっそう植樹が推進されたと伝えられている。

霞間ヶ渓の付近は茶の生産地でもあり、整えられた茶畑が美しく広がっている。また、池田町は池田山山麓をふれあい街道として花で飾ろうと考え、春のシバザクラ、シダレザクラ、キリシマツツジ、ドウダンツツジ、夏のアジサイ、秋のイロハモミジ（紅葉）、冬のカンツバキなどをウォーキングやサイクリングで楽しめる「霞間ヶ渓花畑」を整備している。

淡墨公園根尾谷の淡墨ザクラ　＊春、天然記念物、日本さくら名所100選

岐阜県の南西部に位置する本巣市根尾の淡墨公園に日本三大桜の一つである根尾谷淡墨ザクラがある。樹齢1,500年余りと伝えられるエドヒガンのサクラで、孤高の一本桜として、樹高約16メートル、幹周り約10メートル、最大枝張り約27メートルの巨木である。老木で衰退はしているものの、今も見事に花を咲かせる。1919（大正8）年に史蹟名勝天然紀念物保存法（後に文化財保護法に継承）が制定されるが、直後の22（同11）年に他の三大桜と共に国の天然記念物に指定される。淡墨とは、つぼみのときは薄い桃色、満開の時は鮮やかな白色になるが、最後の散り際には淡い墨色に変色することにちなんでいる。

伝説には、日本の古代史に登場する5世紀の継体天皇が、若い頃、不遇の生活を送ったこの地を去る時にお手植えされたサクラだと伝えられている。継体天皇は第26代天皇であるが、神武天皇を初代とする第25代以前の天皇が神話の中での天皇という疑念があるのに対し、継体天皇は歴史的に実在したことが間違いないとされている天皇である。

根尾谷淡墨ザクラは大正初期の1910年代に大雪で枝折れや幹の亀裂の傷害を受けた時から衰え始め、戦後の48（昭和23）年頃、枯死の危機に直面する。そこで、当時、老木の回復で知られていた岐阜市の医師の前田利行が根尾村に請われて、多数の人夫を使って根接ぎを行う。根接ぎとはシロアリや老化などにより腐朽した根を取り除き、他の若いヤマザクラから採取した根を接ぐのである。この施術が功を奏し、淡墨ザクラは見事に蘇ったのである。その後、この老木は再び危機に遭遇する。59（同34）年、伊勢湾台風によって枝折れの大きな被害を受け、樹勢が衰えてしまう。67（同

42)年、小説家の宇野千代が訪れ、この老木の衰退を憂い、雑誌で随筆を発表し、岐阜県知事にも救済を訴える。知事はこたえて、岐阜大学堀武義教授の指導をあおぎ、踏圧防止の立入禁止柵の拡大、枝の支柱の増設、幹のカビ除去、大量の施肥などを実施する。その後も、地元によって腐朽部の除去、空洞のウレタン充填、殺菌剤の散布、木質強化剤の塗布などの手当が行われ、見事に樹勢を回復している。淡墨公園内には宇野千代や中河与一などの歌碑が建立されている。

大賀ハス園のハス　＊夏

　県南部の羽島市に約5,000平方メートルの大賀ハス園があり、緑の大きな葉が覆う栽培田に淡い桃色の美しい大輪の花が立ち上がっている。大賀ハスとは、1951(昭和26)年に植物学者の故大賀一郎博士が千葉県検見川の縄文遺跡の発掘現場から3粒の種子を発見し、翌年そのうちの1粒の発芽に成功して、その後増殖させたものである。約2,000年前の世界最古のハスの再生といわれる。羽島市はレンコン料理が羽島名物となっているように、古くからレンコンの生産地であったことから、79(同54)年に市制25周年と新幹線岐阜羽島駅開設15周年を記念して、大賀ハスを千葉市から譲り受け、大賀ハス園を開設した。

津屋川のヒガンバナ　＊秋

　県の南端、西に養老山地を控え、東に木曽三川が収れんする低地の田園に津屋川が流れる。津屋川の土堤の斜面にはヒガンバナが朱色の絨毯のように驚くばかりに覆い尽くしている。延長約3キロにわたり、約10万本が咲いているといわれる。ヒガンバナの名は秋のお彼岸の頃に咲くので彼岸花といわれるが、別の説もある。田畑や墓地に多いのは、有毒な植物なので有害な動物が侵入して荒らさないように周りに植えたとも考えられる。

可児川自然公園のカタクリ　＊春

　県の南部の可児川が木曽川に流れ込む辺りの鳩吹山では一面に咲き乱れるカタクリの花を見ることができる。可児市が独自の自然公園として保護している。カタクリは里山の雑木林の太陽の光が差し込む明るい林床に群生するユリ科の小さな草花で、可憐な紫色の花が美しい。薪や落葉を燃

料とする時代には雑木林も手入れされたが、今は荒廃するばかりで、また、根から片栗粉を精製することもなくなり、カタクリの自生地も少なくなってきている。

乗鞍岳の高山植物　＊夏、中部山岳国立公園

　乗鞍岳は岐阜県と長野県にまたがり、剣ヶ峰（3,026メートル）を主峰に「乗鞍二十三峰」という峰々が連なる山群である。3,000メートル級の急峻な高峰が連なる北アルプス（飛騨山脈）の南端に位置する火山である。剣ヶ峰の山頂に立つと、北アルプスの山々、南の御岳山、北西の白山など一大パノラマが開ける。高山市からも雄大な乗鞍岳の風景が親しまれてきた。乗鞍岳は岐阜県高山市側からは乗鞍スカイライン、長野県松本市側からは乗鞍エコーラインの両ドライブウェイが標高2,702メートルのわが国最高位置の駐車場となる岐阜県の畳平に到達できる。ドライブウェイを上ると、シラビソ、オオシラビソなどの亜高山帯の常緑針葉樹、その森林が終わると高山帯のハイマツ、ナナカマドなどに変化し、畳平一帯や山稜線沿いは厳しい環境に育つ高山植物の宝庫となっている。

　「高山植物の女王」と呼ばれるコマクサが稜線部などの砂礫地に見られ、点在する可憐な桃色の花が美しい。畳平のお花畑には、白い花のハクサンイチゲやチングルマ、黒い花のクロユリ、桃色の花のコイワカガミ、青い花のイワギキョウ、黄色い花のミヤマキンポウゲやシナノオトギリ、黄緑色の花のアオノツガザクラなど色彩豊かである。ただ、花期が微妙に違ったり、短期間であったりするので、一度に多種類を見るのは難しい。

　高山植物は繊細な植物であり、人々の過剰利用が起きると破壊される。渋滞、排気ガス、路傍駐車、ゴミ、踏み荒らし・踏圧による植生破壊、裸地化による浸食など、高山地帯の過剰利用の弊害は大きい。乗鞍岳が自動車によるアクセスの良さを持ち、大衆化しているにもかかわらず、高山植物が守られてきたのは歩道整備、監視、マナー啓発などの保護活動もあるが、マイカー規制が大きく貢献している。乗鞍スカイラインは1973（昭和48）年に、乗鞍エコーラインは64（同39）年に建設され、全国に山岳道路が建設された時代の産物である。モータリゼーションとレジャーの大衆化が優先された。しかし、2003（平成15）年からのマイカー規制によって山麓でシャトルバスやタクシーに乗り換えることとされた。

静岡県

水ワサビ

地域の特色

本州の中央部を南北に走る地溝帯フォッサマグナに位置し、複雑な地形や地質を生み出し、高山の山岳、台地や丘陵、平野と海岸や南北に流れる急流の大河川を生み出している。火山帯の富士山や伊豆半島は傑出した風景をつくっている。太平洋の駿河湾、遠州灘に面し、海岸部には古くから人間が住みついていた。中世以降、武家が支配する地域となり、近世には徳川家康の居城や東海道五十三次の宿駅が二十二宿設けられ、近代には茶畑など、なりわいの風景が生まれた。太平洋側の暖温帯の気候を示す。

花風景は、自然の中の観光地・霊園・原産地のサクラ名所、近代の梅園、城郭跡や故事来歴を持つ花木などが見られ、なりわいの生産用のバラやワサビ、半島のスイセン群生地、自然地域の花木などが特徴的である。

県花は県が公募によって定めたツツジ科ツツジ属のツツジ（躑躅）である。公募ではチャやミカンを引き離して第1位となった。ツツジは多くの種類の総称である。樹冠に鮮やかな赤色、桃色、紫色などの花をつける低木であり、常緑樹も落葉樹もある。静岡県には自生種も栽培種も豊富で、固有種もある。西日本には庭園、公園、学校などで多く植えられている。

主な花風景

さくらの里のサクラ

＊秋・冬・春　富士箱根伊豆国立公園、天然記念物、世界ジオパーク、日本さくら名所100選

さくらの里は、伊豆半島東部・伊東駅からほぼ南へ7キロほど行った大室山山麓北西側にある。4ヘクタールほどの敷地に、約40種1,500本の桜が植えられている。秋から春にかけて大室山を背景にサクラの花を長期間、楽しむことができる。9月中・下旬のジュウガツザクラ（十月桜）に始まり、カンザクラ（寒桜）、オオカンザクラ（大寒桜）、イトウザクラ（伊東桜）、ソメイヨシノ（染井吉野）、オオシマザクラ（大島桜）、シダレザクラ（枝垂

桜)、ヤエベニオオシマザクラ(八重紅大島桜)、ヤエザクラ(八重桜)のショウゲツ(松月)・カンザン(関山)・オクミヤコ(奥都)など、5月初旬まで続く。

大室山(580メートル)は約4,000年前の噴火活動によってできた伊豆半島最大の単成火山で、山頂には直径250メートルほどのすり鉢状の噴火口がある。山容は、お椀を伏せたような形で、全体がカヤで覆われている。良質なカヤの採取などを目的に始められた山焼きは700年余りの伝統があるとされ、今は毎年2月の第2日曜日に行われている。2010(平成22)年には天然記念物に指定され、サクラの里もその一部が指定地域になっている。

富士霊園のサクラ　＊春、日本さくら名所100選

富士霊園は富士山のほぼ東16キロほどに位置する霊園で1965(昭和40)年に開園した。総面積は213ヘクタールである。

春になると園内に約1,000本のソメイヨシノと約7,000本のヤマザクラが咲き誇る。特に第1ロータリーから第2ロータリー、桜中央通り、そして慰霊堂にかけて1キロ近く延びる直線道路脇から路上に迫り出したサクラ並木は圧巻である。

熱海梅園のウメ　＊冬

熱海梅園はJR来宮駅の西方、500メートルほどの山間に位置する。広さは4.4ヘクタールで日本一早咲きのウメで知られる。ウメの本数は400本を超え、約60種と種類も多い。花を楽しめる期間が長いのも特長の一つである。「白加賀」「冬至梅」「長束」などの品種が多い。

梅園は1885(明治18)年に国内初の温泉療養施設「噏滊館」(1920(大正9)年焼失)の設置に伴い開園した。岩倉具視の命令を受けて噏滊館を完成させた当時の内務省衛生局長・長与専斎は「国民の健康の元をつくるには温泉と自然に親しむことが第一」(熱海梅園パンフレット)として、自然に親しむことができる保養の場所の必要性を説いたという。これに応えて、横浜の豪商・茂木惣兵衛のほか、平沼専蔵や朝田又七らが資金を提供し、敷地造成やウメを中心とした植栽が進められて2.5ヘクタールが完成し、1886(明治19)年に開園した。

熊野の長フジ　＊春、天然記念物

　熊野の長フジは、天竜川沿いの磐田市池田・行興寺にある。特に境内西北隅にある長フジは平清盛の三男宗盛の寵愛を受けた熊野御前が植えたものといわれ、1932（昭和7）年に天然記念物に指定された。この他、境内には、72（同47）年に県の天然記念物に指定された推定樹齢300年ほどのフジが5本ある。時期になるとそれぞれが1メートル以上に伸びた花房をつけ、紫色の美しい花を咲かせる。

　熊野は謡曲などで知られる。京都で暮らす熊野に、郷里・池田の病母から手紙が届き、戻りたいと宗盛に暇乞いをしたが許してもらえなかった。しかし、同行した清水の桜見物の折に酒宴で舞を舞った熊野が「いかにせん　都の春も惜しけれど　なれし東の　花や散るらん」と歌を詠んだところ、哀れを感じた宗盛は、熊野に暇を与え、池田に帰ることができたという。

下田公園のアジサイ　＊夏、富士箱根伊豆国立公園

　下田公園は、伊豆半島の南・下田港の西岸に位置し、鵜島城とも呼ばれた下田城の跡である。戦国時代、下田城は北条氏の出城であったが、天下統一を推し進めていた豊臣軍との攻防の末、1590（天正18）年に落城した。

　別名「城山公園」として知られている面積約26ヘクタールの公園では、季節になると約15万株300万輪のアジサイの花が咲き、その種類は100種以上とされる。もともと海岸沿いの斜面にはガクアジサイが自生していたが、1967（昭和42）年に落成した旧県立下田南高校の新校舎計画が浮上した際、その校庭にあったアジサイが移植されたのが始まりと伝えられている。

　公園内にはペリーとハリスのレリーフがはめ込まれた開国記念碑があり、海岸沿いにはペリー艦隊来航記念碑がある。1854（嘉永7）年に下田港に来航したペリー艦隊は主に下田公園付近で植物を採集したといわれている。米国北太平洋遠征隊による植物採集行は2回あったが、この1回目のペリー艦隊による採集では、下田の他、最初の上陸地点の浦賀、横浜、函館を合わせた4地点で海藻類を含めて353種が採集され、うち34種が新種であったという。

東海地方

爪木崎のスイセン　＊冬、富士箱根伊豆国立公園、世界ジオパーク

　前述の下田港は海上交通の要衝として、江戸時代には風待や物資の補給に利用され、「出船入船三千艘」といわれるほど繁栄していた。港の東側には海岸段丘の発達した須崎半島があり、半島の南東端が爪木崎である。
　スイセンは爪木崎灯台近傍の湾曲した海岸エリアを中心に群生し、その数300万本といわれている。1月上旬から2月上旬かけて見頃を迎える。スイセン以外にハマユウ、イソギク、ツワブキなど多くの種類の海岸植物を楽しめるのも爪木崎の特徴である。また、柱状の岩体が綺麗に折り重なる柱状摂理（安山岩）を見ることができる俵磯は伊豆半島ジオパークの興味地点ジオサイトの一つで県の天然記念物に指定されている。
　昔からこの辺りでは季節の魚介類や野菜を混ぜて味噌で煮込んだ「いけんだ煮みそ」が、漁師料理として伝わっている。漁で冷え切った身体を温めるために、漁師が浜で食べていたのが始まりといわれる。「いけんだ」は爪木崎の「池ノ段」という字名がなまったものと伝えられている。

河津町のカワヅザクラ　＊冬・春

　カワヅザクラはカンヒザクラとオオシマザクラの自然交雑種とされる。花は大きく、やや濃いピンク色をしている。開花は1月下旬から2月にかけてとソメイヨシノなど多くのサクラと比べて早く、開花期間が約1カ月と長い。原木（2005（平成17）年に町の天然記念物に指定）は伊豆半島東側・河津町田中にある。原木脇の解説板によれば、1955（昭和30）年頃、河津川沿いの冬枯れの雑草の中に高さが1メートルほどで芽吹いている若木を飯田勝美が偶然見つけ、庭先に植えたところ、66（同41）年、やっと花が咲く。この家の屋号から、かつては「小峰桜」と呼ばれていたが、新種と分かり74（同49）年に「河津桜」と命名されたという。原木が河津町内にあるなどの理由から、75（同50）年、カワヅザクラは河津町の「町の木」に選ばれている。
　河津川河口近くの土手沿いに約3キロにわたって並木が続く。花の時期は河原に咲く菜の花とのコントラストも見事である。1975（昭和50）年頃から若手農業者を中心に植樹され、河津川堤防には約850本がある。また、現・静岡県伊豆農業研究センターによる育苗と1,230本もの苗木の配布に

よって、現在、町内の総本数は約8,000本とされる。まつり期間中、最近では100万人以上が訪れるが、最初のまつりが開催された91（平成3）年は3,000人程度だったという。

　河津町では「本町における河津桜の現状と課題を踏まえ、多くの町民が関わり、豊かになっていくための桜及びこれに付随する資源の保護育成方策をとりまとめることを目的」に「発祥の地としての"ふるさとづくり"」や「保護育成活動の"担い手づくり"」として河津桜守人制度の創設などを柱とする「河津桜保護育成計画」を2014（平成26）年に策定している。

蓮華寺池公園のフジ　＊春

　蓮華寺池公園は静岡県中部・JR藤枝駅から北2キロほどに位置する蓮華寺池を中心とした公園である。公園は「花・水・鳥・笑顔」をテーマとし、市民憩いの場となっている。

　フジは藤枝市の花である。周囲約1.5キロの蓮華寺池周辺には23種、約260本のフジがあり、延長が560メートルにもなるという藤棚は壮観である。毎年、フジの開花時期に藤まつりが開催されている。

　蓮華寺池は1613（慶長18）年頃、周辺の三つの村（市部村・五十海村・若王子村）が灌漑用のため池としてつくった人造湖である。

島田市ばらの丘公園のバラ　＊春・秋

　静岡県は全国有数のバラの生産地である。静岡県中部・島田市のある志太地域（焼津市・藤枝市・島田市）でもバラの栽培が盛んに行われている。志太地域のバラ栽培の歴史は、1955（昭和30）年の岡部町（現藤枝市）の露地栽培が最初とされ、64（同39）年には施設栽培が本格的に始まった。

　1992（平成4）年に開園したばらの丘公園では、1.9ヘクタールの敷地に約360種、8,700株の世界各地のバラが植栽されている。「ミスシマダ」など、島田生まれのバラも見ることができる。傾斜地をうまく利用した斜面バラ園、円形バラ園の他、大温室やトンネル温室などがある。

　平成の合併前（2005（平成17）年に金谷町と合体、08（同20）年に川根町編入））の1988（昭和63）年に、「ふるさと創生事業」の一環として市民を対象に募ったアイディアの中から生まれた公園である。

静岡県の水ワサビ　＊冬・春、世界農業遺産

　ワサビはアブラナ科の植物であり、冬から春にかけてダイコンの花に似た十字形の白くて小さい可憐な花をつける。一般にワサビは栽培方法によって、水ワサビ（沢ワサビ）と陸ワサビ（畑ワサビ）に大別される。静岡県では伝統的に渓流や湧水を利用した水ワサビが栽培されている。

　ワサビ栽培の始まりは慶長年間（1596〜1615年）までさかのぼる。静岡市葵区有東木地区の井戸頭と呼ばれる湧水の水源付近に野生のワサビが植えられた。これが起源とされる。18世紀中期には伊豆地域へ栽培法が伝わり、1892（明治25）年頃、中伊豆の石工が「畳石式」という栽培法を考案し、以後、畳石式が伊豆から静岡、そして日本各地に広がった。畳石式は三層構造のワサビ田である。一番下に大石や玉石の畳石層、その上に石礫層、一番上が砂れきの作土層であり、ここを水深1〜2メートルの表流水が流れる。

　静岡県のワサビ栽培は「静岡水わさびの伝統栽培」として2018（平成30）年に世界農業遺産に認定された。対象となった地域は、静岡市、伊豆市、下田市、東伊豆町、河津町、松崎町、西伊豆町の3市4町である。

天城山のアマギシャクナゲとアマギツツジ　＊春・夏、富士箱根伊豆国立公園、世界ジオパーク

　川端康成の小説『伊豆の踊子』で「天城」という名は広く知られているが、「天城山」という峰はない。天城山は、伊豆の最高峰・万三郎岳（1,406メートル）や万二郎岳（1,299メートル）などに代表される伊豆半島中央部の東西に連なる山の総称である。

　天城にはアマギと名の付く植物が多く見られる。その代表がアマギシャクナゲとアマギツツジである。アマギシャクナゲは5月中旬から6月上旬にかけて通常、ピンク色の花をつける。アマギツツジは、それからひと月ほど遅れて大きく赤い花をつけ、天城の山を彩る。

　伊豆半島の天城山などの稜線と海岸線の部分は1955（昭和30）年、富士箱根国立公園（1936（昭和11）年に指定）に編入された。それに伴い富士箱根伊豆国立公園に名称変更された。

23 愛知県

八橋のカキツバタ

地域の特色

山地、丘陵、台地、平野の地形からなるが、山地が少なく、可住地面積が多い。古くは西の尾張の国と東の三河の国に分かれ、江戸時代には尾張藩は御三家の一つとして名古屋城を築いた。三河の岡崎城は徳川家康生誕の地である。木曽川、矢作川、豊川・天竜川が、濃尾、岡崎、豊橋の3平野を形成し、それぞれ名古屋、岡崎、豊橋の中心都市を擁している。知多半島と渥美半島が三河湾を抱えこみ、知多半島は伊勢湾に臨み、渥美半島は太平洋の遠州灘に面している。太平洋側の暖温帯の気候である。

花風景は、近世の用水路・城郭や近代の河川堤防・公園のサクラ名所、古代から有名なカキツバタ名所、現代の寺院や河川堤防の花、自然地域の貴重な花木や湿原植物などが特徴的である。

県花はNHKなどによって選ばれたアヤメ科アヤメ属のカキツバタ(燕子花・杜若)である。第Ⅰ部で述べ、後述もするが、尾形光琳の《燕子花図》が思い浮かぶように鮮やかな紫色の花と鋭く伸びる緑色の葉が美しい湿地の草花である。現在の知立市八橋町を舞台にした、古代の在原業平の『伊勢物語』で有名な八橋のカキツバタの物語にちなんでいる。

主な花風景

五条川のサクラ　＊春、日本さくら名所100選

愛知県犬山市、大口町、江南市、岩倉市にわたって全長約22キロ、五条川の堤に連なるサクラ並木。ソメイヨシノを主として4,000本のサクラが植栽され、川沿いに一斉に咲く眺め、散りぎわには川面一面が花びらで覆われる姿は見事である。

五条川は、岐阜愛知県境から灌漑用ため池として1633(寛永10)年に築造された入鹿池に流入し、入鹿池から濃尾平野の北部を縦断し、灌漑用水

として利用され、新川・庄内川に合流する。入鹿池の築造以降、灌漑用水の確保が進み、新田開発が進むが、1868（慶応4）年の大雨により入鹿池の堤防は決壊し、洪水を引き起こす。その後、五条川の改修工事が少しずつ行われ、改修された五条川の堤にサクラが植えられる。岩倉町（現岩倉市）では1949（昭和24）年に町議によって川堤に自費でサクラの植栽が行われ、その北の大口村（現大口町）では、52（同27）年に当時の村長が自費でサクラの植栽を始めたという。サクラの植栽は自然発生的に拡大し、長大なサクラ並木となった。サクラは犬山市に500本余り、大口町1,850本、江南市200本余り、岩倉市1,600本、計4,200本ほどが植栽されている。五条川沿いには、東海自然歩道の支線として72（同47）年に尾北自然歩道が整備され、日本一長いサクラ並木の散策道が楽しめる。

岡崎公園のサクラ　＊春、日本さくら名所100選

岡崎城の復元天守を背景に、伊賀川、菅生川に並ぶソメイヨシノが美しく、夜桜の人気も高い。1542（天文11）年に徳川家康が誕生した地である岡崎城は、岡崎平野を南北に流下する矢作川に支流の菅生川が東から合流する地点、菅生川の河岸段丘上に立地していた。明治維新による廃城後、城跡公園として1875（明治8）年に本丸と二の丸部分に公園の設置が許可される。1903（同36）年から、公園内と公園の南を流れる菅生川の堤防にサクラやカエデの植樹が始まる。現在公園の西側を流れる伊賀川は、かつての岡崎城西外堀を利用して12（同45）年からの工事で付け替えられたものであるが、菅生川と伊賀川堤防沿いに植樹が行われる。この植樹は19（大正8）年からの岡崎公園改修事業でも引き続き進められ、また、第2次世界大戦後、1950年代に公園、伊賀川、菅生川にサクラの補植が行われている。現在、本丸にはイロハモミジが多く、西側、南側の曲輪（城の一区画）部分にはソメイヨシノが多く、ソメイヨシノは300本余りが見られる。

山崎川のサクラ　＊春、日本さくら名所100選

山崎川は濃尾平野の東部、猫ヶ洞池などを水源として南西に流下し、名古屋港に注ぐ長さ14キロほどの河川。中流域の川沿い両岸に約2キロ以上にわたりソメイヨシノが植えられ、名古屋市内一番のサクラの名所として、住宅地の中のサクラ並木を楽しむ人々が集まる。

このサクラは、1937（昭和2）年に設立された石川土地区画整理組合が川岸にサクラを植えたことに始まる。21（大正10）年に名古屋市が周辺地域を大合併するが、現在の瑞穂区もその時期に市域に入り、市街地の区画整理が周辺地域で一斉に始まる。各区画整理組合はみずからの土地の付加価値を高めるためにさまざまな事業を試みる。山崎川沿いでは、瑞穂耕地整理組合が中心となって運動公園を誘致し、より上流の石川土地整理組合は山崎川の流路を直線化する改修と共に石川橋から鼎橋まで1キロ弱のサクラ並木をつくりあげる。土地を提供した組合員、地元の工夫と努力で生まれたサクラ並木といえる。鼎橋から南の川沿いには、第2次世界大戦後に市がサクラを植樹し、現在の2キロを超えるサクラ並木となる。

鶴舞公園のサクラ、バラとハナショウブ

＊春・夏、登録記念物、日本さくら名所100選

　鶴舞公園は名古屋市民に最も親しまれている公園。春にはソメイヨシノが、サクラの時期が過ぎるとハナショウブ、春と秋にはバラ園が、訪れる人々を楽しませてくれる。市営地下鉄の駅からも至近。1909（明治42）年に名古屋市設置の最初の公園として設けられるまでは、北端に名古屋城、南端に熱田神宮がある熱田台地の東を南北に流れていた精進川が時に氾濫する低湿地であった。日露戦争を背景に、精進川の西岸、熱田駅付近に軍需工場が立地することとなり、名古屋市は05（同38）年、精進川を付け替えて新堀川とする河川改修事業に着手。掘削土を低湿地の埋立てに用い敷地造成が進む。その際、土量の計算違いで余った掘削土で鶴舞公園の造成が行われたという。その後、大正から昭和初期に動物園、図書館、公会堂、運動場が相次いで設けられ、市を代表する総合公園として整備が進められる。

　現在、サクラは約750本、バラは約120種1,400株が植えられている。1910（明治43）年に設置されたルネサンス風の奏楽堂と噴水塔を中心とした整形式の洋風庭園にあるバラ園で、洋風の古建造物を背景に咲くバラの風景は、一瞬、名古屋市中心部にいることを忘れさせる。一方でハナショウブは公園造成前からこの地にある竜ヶ池を活かしてつくられた回遊式の日本庭園の菖蒲池に広がり、季節、ゾーンによってさまざまな花風景が見られる。

八橋のカキツバタ　＊春

　知立市、旧東海道池鯉鮒宿の東の入口に位置する八橋にある無量寿寺の創建は奈良時代の704（慶雲元）年という。現在、1.3ヘクタールの敷地に16の池があり、3万本のカキツバタが植えられ、4月から5月にかけて池一面に咲く姿が見事である。

　八橋は、在原業平が伊勢物語でカキツバタが見事に咲いているのを見て、「から衣　きつつなれにし　つましあれば　はるばる来ぬる　旅をしぞ思ふ」と詠んだ地であることは知られている。その後その面影もなくなっていたが、1805（文化2）年に方厳和尚がこの地に入り、在原寺、無量寿寺の再建を手がける。14（同11）年に本堂の改築と庭園の改良を行い、カキツバタを植えた杜若池をしつらえ、回遊式の庭園を設けた。庭園は1911～12（明治44～45）年に改造を加え、さらに70（昭和45）年に杜若池が新しく造成され、現在の姿となっている。無量寿寺のカキツバタの維持は地元団体によるところが大きい。

形原温泉のアジサイ　＊夏、三河湾国定公園

　三河湾に面した三ヶ根山麓の補陀ヶ池周辺に、6月ともなると5万株といわれるアジサイの紫、赤、白の花が斜面一帯を埋める。

　補陀ヶ池に隣接する補陀寺の境内もアジサイに包まれるが、この寺の僧が形原温泉を掘り当てたといわれ、その後涸渇するが、1945（昭和20）年の三河地震の後に再び湧出、その後新たな源泉を開発し安定した湯量を確保している。アジサイもこの寺に関わり、他人の家のアジサイを取って玄関に吊るすとお金が貯まり、厄除けになるというこの地方の伝承があり、人々がアジサイを盗む姿を見かねた住職が境内に植え始めたと伝えられる。現在のアジサイは87（同62）年に地元の人々によって植えられたという。形原温泉から西に延びる5キロ余りの三ヶ根山スカイラインの沿道にも植栽が行われ、あじさいラインと名付けられている。6月には三ヶ根山麓一帯がアジサイに包まれる。

矢勝川のヒガンバナ　＊秋

　知多半島は、最南部を除き起伏の少ない丘陵地が広がるが、その中央部、

半田市の北端を矢勝川は東流している。矢勝川が阿久比川に合流する手前の堤防に、東西1.5キロにわたってヒガンバナが植えられ、9月下旬になると堤防は真っ赤に彩られる。

　ヒガンバナが植えられている半田市岩滑地区は、昭和初期に活躍した童話作家新美南吉が生まれ育った地で、矢勝川の堤を南吉が散策したといわれている。1990（平成2）年に、岩滑地区に生まれ育った住民が矢勝川の堤にヒガンバナを植えることを計画し、半田市の賛同も得、市民の協力もあり94（同6）年までに50万の球根が植えられた。ヒガンバナの開花までには草刈り、補植などの日常の管理が必要であることから地元の団体がつくられ、活動が継続され、現在、300万株ものヒガンバナが堤防を覆うようになった。半田市での取り組みは矢勝川の右岸であるが、対岸の阿久比町でも植栽が進められ、行政区域を越えた取り組みとなっている。

犬山西洞池のヒトツバタゴ　　＊夏、飛騨木曽川国定公園、天然記念物

　愛知県北部、濃尾平野に接する丘陵部の末端、沢を堰き止めた西洞池の下にヒトツバタゴ自生地がある。5月に、細かい白い花が大木を一面に覆う姿は、雪が積もったように見え、息をのむ。ヒトツバタゴの属名 *Chionanthus* は雪花という意味。

　ヒトツバタゴは東アジアに分布するが、国内では愛知県犬山地方と岐阜県東濃地方に限られた分布域があり、長崎県対馬に離れて分布する。尾張の本草学者（博物学者）の集まりであった嘗百社の水谷豊文によって1822（文政5）年に発見され、樹の形がトネリコ（地方名タゴ）に似ているが、一つ葉であるとして名付けられた。その後生育が確認されなかったが、1922（大正11）年に天然紀念物調査により確認された。報告書では16本記録されているが、樹高は高いものでも5メートル程度とさほど大きな個体は記録されていない。報告の翌年、23（同12）年に、岐阜県内に生育するものと共に天然紀念物に指定されている。現在6本の巨樹と1本の若木の他、実生から生育した幼樹が数多く生育しているという。この自生地に隣接する農地が耕作放棄された後に犬山市が取得し、自生地とともに管理を地元団体に委託し、維持が図られている。

葦毛湿原のシラタマホシクサ　＊夏

　愛知県南東部、静岡県との県境を南北に走る弓張山地の最南端、標高70メートルほどの位置に葦毛湿原はある。9月にはシラタマホシクサの金平糖のような小さな白い花が湿原一面を覆う。

　葦毛湿原は、湧水によって形成され、泥炭の堆積がほとんど見られない湧水湿地である。湧水湿地は東海、近畿、瀬戸内地方に集中して見られるが、ここは東海地方では最大規模のものである。シラタマホシクサをはじめ、ミカワバイケイソウ、ミカワシオガマなど伊勢湾周辺の低湿地を中心に分布する、この地域特有の東海丘陵要素の植物が見られる他、寒冷期に分布し湿地に遺された北方系の植物、暖地が起源の南方系の植物が生育する点が特徴である。

　葦毛湿原では、1976（昭和51）年から県、豊橋市などが調査を続けるなかで、湿地の森林化、湿地周辺での環境変化が確認され、シラタマホシクサ群落の面積は調査開始時から約30年の間に大きく減少、ヌマガヤ群落の減少と共にイヌツゲ群落が大きく増加した。このため88（同63）年から遷移の進んだ植生の除去実験が試みられ、95（平成7）年から規模を拡大し、事業が進められている。2013（同25）年からは森林化した箇所を伐採し、湿地であった時期に土中に埋もれていた種子を活用して植生を回復する大規模植生回復事業を行い、絶滅したと考えられていた種類が確認されるなどの効果を上げている。事業の方針や実施内容は地元の関係者で共有し、修正しながら湿地の風景の維持、回復が進められている。

　湧水湿地に流入する水の量は、周囲の山地が草地から森林に変化することで減少する可能性も指摘されており、シラタマホシクサが広範囲に見られる湧水湿地の風景を維持することは容易ではない。

　昭和40年代、葦毛湿原がある丘陵地帯に、地元山岳会などにより自然歩道が整備され利用者が増えたが、ゴミが散乱する状況となり、1975（昭和50）年、ゴミの持ち帰りを訴える530（ゴミゼロ）運動が全国に先駆けて提唱された場所でもある。

三重県

御在所岳のアカヤシオ

地域の特色

太平洋に臨む紀伊半島の東側を占め、志摩半島が北の伊勢湾と南の熊野灘に分けている。北は木曽・長良・揖斐の木曽三川の河口部と養老山地、西は鈴鹿山脈、大台ヶ原山系、南は熊野川が県境をなす。伊勢平野は河川が東流し伊勢湾に注いでいるが、上野盆地などは木津川が西流し大阪湾に注いでいる。志摩半島以南はリアス海岸で、古代の伊勢神宮は現在まで崇敬され続けてきた。古くは伊勢、伊賀、志摩の国に分かれ、東海道五十三次の桑名、四日市、亀山など7宿が置かれた。暖温帯の気候を示す。

花風景は、里山棚田や河川の堤の古くからの珍しいサクラ名所があり、由緒ある神社仏閣の花木、観光のための花園、自然地域の花木もあり、歴史的な名所、観光地、自然地域と変化に富んでいる。

県花はアヤメ科アヤメ属のハナショウブ(花菖蒲)である。第Ⅰ部でも述べたが、アヤメやカキツバタとともにハナショウブをアヤメと総称することもある。茎の先端に紫色、薄紅色、白色などの花をつけ、細長い緑色の葉も美しい湿地の草花であり、園芸品種が数多くある。県内の桑名城跡の九華公園、伊勢神宮の勾玉池やその他で観賞することができる。

主な花風景

三多気のサクラ　＊春、名勝、日本さくら名所100選

三重県中部、雲出川流域の最上流部に伊勢と大和を結ぶ伊勢本街道が通る。現在の国道368号となっているこの街道から真福院門前まで坂道の参道が続くが、長さ1キロほど、高低差150メートルの道の両脇にヤマザクラが延々と植えられている。三重と奈良のほぼ県境に位置する静かな山里は、サクラの時期になると賑わいをみせる。

真福院の東に位置する多気は、八手俣川に沿ったごく小規模な平地だが、

15世紀には伊勢の国司であった北畠氏が本拠地としていた。16世紀初めには城館の大造成が行われ、現在の北畠神社の場所には城館と共に庭園もつくられている。北畠氏の全盛時には城館から北畠氏の祈願所とされた真福院まで、飼坂峠を越えて8キロの道に沿って約2万本のサクラが並んだという。北畠氏は1576（天正4）年、織田信長によって事実上滅ぼされ、多気も衰退していったとみられる。三多気のサクラの起源は、理源大師が昌泰年間（898～901年）にサクラを植えたのが始まりという伝承もあり、この地のサクラの歴史はかなりさかのぼるもののようである。

　真福院参道の右左には棚田が広がり、サクラの花との組合せが山里の春の風景として心に残る。田に水が張られると、そこに映るサクラは一段と美しい。

宮川堤のサクラ　＊春、日本さくら名所100選

　宮川の下流部、伊勢神宮外宮の西側を流下する川の右岸堤防に1キロにわたって続くサクラ並木。大部分はソメイヨシノだが、ヤマザクラの古木も見られる。一目千本と称され、堤防のサクラが視界いっぱいに広がる。宮川は、三重県と奈良県境の大台ケ原を源とし、伊勢神宮の西を北流して伊勢湾に注ぐ。江戸期、東国から伊勢街道を下ってきた参詣者も西国から伊勢本街道をたどってきた者も、外宮、内宮に詣でるには宮川を舟で渡らなければならなかった。伊勢街道にあった渡しを下の渡し（桜の渡し）、伊勢本街道にあった渡しを上の渡し（柳の渡し）といい、両街道は宮川を渡ったところで合流していた。

　下の渡しは、桜の渡しと呼ばれるように、右岸の堤には早くからサクラが植えられ名所となっていたが、明治初期に古木の保存と若木の移植に努力し、数多くのサクラが見られるようになった。この宮川堤には、たびたび氾濫する宮川の治水対策として江戸時代に築造された堤が何本も残され、現在でも堤防としての機能を発揮している。近年、2004（平成16）年の大雨によりこの区間の右岸が浸水し、堤防幅を広げる改修が行われた。改修区間には約750本のサクラが植えられており、堤防の強化を図りながらも大規模なサクラ並木の風景を維持する工法が慎重に検討された。伐採されたサクラは170本余り、50本程度が移植され、140本ほどが新たに植えられた。

宮川堤のサクラ並木の間に、「どんでん場」と呼ばれる伊勢神宮の御用材を陸揚げしていた石段がある。伊勢神宮の式年遷宮の際には今でも用材を宮川に入れ、堤防を曳き上げる行事が行われている。次回の式年遷宮の際には、新しいサクラ並木の風景に包まれるなか、行事が行われることであろう。治水の場とサクラ並木が一体となって、少しずつ形を変えながら維持され、継承されてゆく名所である。

大厳寺のフジ　＊春

　三重県の北部、亀山市から鈴鹿市を流下して伊勢湾に注ぐ鈴鹿川の支流によってつくられた段丘上、亀山の市街地や旧東海道からもやや距離がある水田の広がる農村部に大厳寺はある。境内のフジの古木が毎年長い花房に紫の花を付け、藤の寺と呼ばれ親しまれている。

　寺は、天平年間（729～749年）に行基によって開創されたと伝えられ、一時期は大伽藍、多くの寺領を持っていた。現在の本堂は1851（嘉永4）年に再建されている。境内のフジは、明治初年に明星岳という力士が、フジの花房のように長く立派な花を咲かせるような関取になれるよう祈願し苗木を植えたと伝えられるが、嘉永年間の再建時にはすでに境内にフジの大木があり、藤の寺といわれていたとする記録もある。第2次世界大戦中には藤棚が縮小されたこともあったが、その後復活し、現在はナガフジ系統の1.3メートルにも及ぶ花房に毎年紫の花をつける。

結城神社のウメ　＊冬

　伊勢平野の南部、津市街の南東部、阿漕浦に面した海岸近くに結城神社はある。本殿前にウメが植えられているが、何といっても境内の梅苑に約300本のしだれ梅が植えられ、2月から3月の花期には、紅、ピンク、白の花に豪華に埋め尽くされる。

　神社は結城宗広を祀る。宗広は、福島県白河の城主であったが、南北朝時代に南朝側につき、後醍醐天皇とともに足利尊氏と戦う。1338（延元3）年秋、南朝側が劣勢となり再興を目指して伊勢から海路奥州へ向かう途中に遭難し、この地に漂着し没する。宗広の終焉の地として、地元民により結城明神という祠が建てられたが、1824（文政7）年、津藩主藤堂高兌が社殿を改築した。明治に入り、壮大な社殿が建立されたが第2次世界大戦

によって焼失する。1987（昭和62）年、宗広の六百五十年大祭にあたり、現在の本殿が竣工し、梅苑が開設された。しだれ梅は、1970年代から植栽を始めたというが、樹齢250年を超えると伝えられるウメも数本見られ、江戸期からウメが楽しまれていた場所であった。

いなべ市農業公園（のうぎょう）のウメとボタン　＊春・冬

　三重県の最北部、員弁川（いなべがわ）流域の上流部、いなべ市の中山間地域に100種類、4,000本のウメが植えられている。2月から3月にかけての梅まつりの時期、残雪の藤原岳（ふじわらだけ）、鈴鹿（すずか）山脈を背景に、眼下に濃紅色、薄紅色、白色の梅花がパッチワークの絨毯（じゅうたん）のように広がる風景が見ものである。

　この公園は、いなべ市（旧藤原町（ふじわらちょう））が高齢者の活躍の場の創出、農業振興、都市と農村との交流を目的に1996（平成8）年から計画し、99（同11）年に整備された農業公園。38ヘクタールの梅林公園には呉服枝垂（くれはしだれ）、南光梅（なんこううめ）、白加賀（しろかが）など多品種が見られ、梅林鑑賞展望台から雄大な俯瞰を眺めることも、梅林の中を歩いて観賞することも楽しめる。梅林公園から少し離れた場所には18ヘクタールのエコ福祉広場が整備され、ボタンが約35種類、5,000本の規模で植栽され、地域では有数の規模になっている。

　三重県北部の農業地帯は、安定して取水できる水源に恵まれず、岐阜県の揖斐川（いびがわ）の支流からも取水し、農業用水、水道用水、工業用水とする三重用水事業が計画された。農業公園のある土地は、この用水事業の主水源として1972（昭和47）年から整備が始まった中里（なかざと）ダム貯留池によって水没した土地の代替地として造成された農地であった。しかし、生産物価格の低迷、猿害の発生などで農業の経営が行き詰まるなか、旧藤原町が農業公園構想を策定し、農業公園の企画から建設、運営は地元の高齢者が担い、サルが食べないウメを重点的に植樹するなど知恵を絞って整備が進められた。今ではウメとボタンのまつりの期間中だけで約5万人が訪れる公園となっている。遊歩道の整備やウメの剪定（せんてい）、草刈りなど、全ての手入れは地域の高齢者によって支えられている。

大平（おおひら）つつじ山のツツジ　＊春

　三重県中南部を横断して大台ケ原から伊勢湾に流下する宮川（みやがわ）の支流に大内山川（うちやまがわ）がある。その上流部、大平川（おおひらがわ）に沿う標高150〜200メートルの斜面は、

4月中旬ともなると朱色、ピンク色のツツジの花に包まれる。

大平つつじ山と呼ばれる東西約500メートル、約6ヘクタールに及ぶツツジの群生地で1万本以上あるという。東側は傾斜がなだらかであるが、西側は傾斜が急で岩が露出している。全域に朱色のヤマツツジが多く、モチツツジなども見られる。

1939（昭和14）年に、「大平山の躑躅（つつじ）」として三重県の名勝に指定されており、古くからツツジの名所として知られていた。近年、ウメノキゴケが樹皮や枝、蕾（つぼみ）にまで繁殖し、ツツジの樹勢が弱まり、花がつかない症状が多くみられるようになった。このため、地元有志からなる保存会により2006（平成18）年頃から管理活動が始められた。樹木医の指導を受け、老木やコケにより衰弱したツツジの剪定、下草刈りなどを行い、また、地元住民のボランティア参加も募り、ツツジの幹や枝に着生するウメノキゴケを除去するなどの努力が続けられている。

御在所岳（ございしょだけ）のアカヤシオとシロヤシオ　＊春、鈴鹿国定公園

三重県の北部、滋賀県との県境を南北に鈴鹿山脈（すずかさんみゃく）が走る。山脈の南部にある御在所岳では、その中腹から山上にかけ、4月下旬にはアカヤシオの花がそこここにピンク色のかたまりとなって眼前に広がる。アカヤシオの後、5月下旬からはシロヤシオが真っ白い花をつける。

鈴鹿山脈の南部は花崗岩が主体で、崩壊地や断崖をつくり、奇石が多く見られる。ツツジ科植物の種類が多く、御在所岳を中心に北側の釈迦ヶ岳（しゃかだけ）、南側の鎌ヶ岳（かまだけ）の尾根筋の傾斜地など、風雪の影響を大きく受ける場所に、アカヤシオ、シロヤシオの他、ミツバツツジ類、サラサドウダン、シャクナゲも見られ、ツツジの名所となっている。ツツジ類に限らず植物の種類は多く、江戸時代の本草学者（ほんぞうがくしゃ）（博物学者）には菰野山（こものやま）として注目されていた。1858（安政5）年に尾張（おわり）（愛知県）の本草学研究会である嘗百社（しょうひゃくしゃ）が伊藤圭介（いとうけいすけ）を中心に菰野山で植物採集を行い、360種余りを記録している。この時には御在所岳周辺で6日間の調査を行っており、植物研究者では、その後も鎌ヶ岳、御在所岳、釈迦岳一帯を指して菰野山という名が用いられていたようだ。

山麓の湯の山温泉から山上まではロープウェイで上ることができ、ゴンドラの窓からもアカヤシオ、シロヤシオを楽しむことができる。

滋賀県

醒井地蔵川のバイカモ

地域の特色

山地で囲まれた近江盆地の中央部にわが国最大の湖である琵琶湖がある。多くの河川が注ぎ、周辺も豊かな水に恵まれている。琵琶湖の周囲に平野、丘陵、山地と順次広がり、湖南と湖東の平野は広く、湖南は古代に大津京の都が置かれ、現在も都市化が進み、湖東は近江米をはじめとする田園地帯となっている。滋賀県は、東海道、北陸道などの交通の要衝で、京都に近いこともあり、古くから城下町や宿場町などが発達し、古代からの由緒ある寺社も多い。太平洋側と日本海側の暖温帯の気候を示す。

花風景は、寺社にも見られるが、近世の城郭跡や近代の名所づくりのサクラ名所などが知られ、特に、田園地帯のなりわいの花、清流の水草の花、高山植物の花、山地の花木自然林は地域らしさを表している。

県花はツツジ科ツツジ属のシャクナゲ(石楠花)である。常緑広葉樹の中低木で、春に赤や白の大輪をつけ、よく目立つ。わが国には山地に数種類が自生し、変種や園芸品種も多く、都市には外来種のシャクナゲも植栽されている。東北の福島県もネモトシャクナゲを県花にしているように、亜寒帯から熱帯まで分布し、ヒマラヤ山麓の多種類の群生は有名である。

主な花風景

海津大崎のサクラ
*春、琵琶湖国定公園、重要文化的景観、日本さくら名所100選

湖北の岬の湖畔沿い道路約4キロにわたって、600〜700本のソメイヨシノの老齢木が道路のキャノピー(天蓋)をつくり、美しい花のトンネルを通り抜けることができる。遠くから眺めても、湖水面にこぼれおちるように咲き乱れており、水辺の美しい風景となっている。サクラは、1936(昭和11)年に岬先端部のトンネル開削によって、道路が完成したことを記念して植樹されたものである。湖北は北陸の気候に近く、厳しい寒さで積雪

も多いことから、近畿では遅咲きのサクラ名所となっている。近くには近畿では珍しいスキー場がある。

琵琶湖は古くから近江八景という湖南の名所が普及していた。戦後の1950（昭和25）年、琵琶湖国定公園が最初の国定公園の一つとして誕生した時、これを記念して新たな発想で「琵琶湖八景」が選定され、海津大崎の岩礁も選ばれた。琵琶湖にとっては珍しい岩礁の風景が評価されたのである。琵琶湖八景は、月明彦根の古城、涼風雄松崎の白汀、新雪賤ヶ岳の大観、煙雨比叡の樹林、深緑竹生島の沈影、夕陽瀬田・石山の清流、暁霧海津大崎の岩礁、春色安土・八幡の水郷の8カ所である。

海津大崎のサクラを含む一帯は重要文化的景観「海津・西浜・知内の水辺景観」に指定されている。海津大崎の西に連なる海津、西浜、知内は、近世には北陸から京都・大坂に向かう北国街道の宿場町であり、また、琵琶湖の海運の港町であり、交通の結節点であった。今も町屋や倉庫が残っている。近世には、海津や西浜の水害を見かねた2人の代官の配慮によって、集落や街道を波浪被害から守るために、約1.2キロにわたり、高さ約2.5メートルの石積み護岸が水辺に築かれた。琵琶湖は波浪によって荒れることもあり、船の遭難なども起きているが、湖の防災護岸は珍しい。この地域は古くから水と共に生きてきた。琵琶湖のエリ漁や知内川のヤナ漁などの漁法が継承されてきた。湧き水が豊富で共同井戸などが発達し、ヅシという小道とハシイダという桟橋によって湖とつながり、洗濯や水汲みをしていた。防風林として近代に植林された立派な松林も残っている。

豊公園のサクラ　＊春、日本さくら名所100選

琵琶湖畔の長浜城跡の公園で、豊かな自然に囲まれ、約600本のソメイヨシノが咲き誇っている。長浜城は戦国時代末に豊臣秀吉が築城したが、江戸時代になって廃城となり、ほとんど消失した。1909（明治42）年、城跡に公園が設置され、豊太閤・豊臣秀吉にちなんで「豊公園」と名付けられた。井戸の遺構「太閤井戸」も残っている。83（昭和58）年、本丸跡として新たな城郭を建設し、長浜城歴史博物館とした。この展望台からは湖北が一望でき、眼下に一面のサクラを見下ろせる。洋風公園、運動公園、児童公園などを持つ総合公園であり、琵琶湖を眺めながら、サクラの他にもウメやフジなど四季の花風景を楽しむことができる。近くには、1990年代

に地域活性化の先駆的事例として注目された北国街道の歴史的町並みとそれを活用した黒壁スクエアがあり、今も来訪者が多い。

醒井地蔵川のバイカモ　＊夏、重要伝統的建造物群保存地区、日本遺産

　醒井は米原と関ヶ原の間に位置する豊かな水に恵まれた清流の町である。現在も東海道本線や名神高速道路などが集中する交通の要衝にあり、水に恵まれていたことから、中山道六十九次の中山道61番目の宿場の醒井宿となっていた。鈴鹿山脈の北端である霊仙山（1,084メートル）の北麓に位置し、霊仙山は関ヶ原に続く谷間を挟んで北の伊吹山に対峙し、西には養老の滝で有名な岐阜県の養老山が連なっている。霊仙山は霊山であり、水源の山でもあり、また、「花の百名山」にもなっている。醒井の名の由来には幾つかあるが、一説には日本武尊が伊吹山の大蛇を退治した際、毒気で病に伏し、当地の「居醒の清水」で治癒したところから、「醒井」の地名が生まれたという。2008（平成20）年、「居醒の清水」は環境省の「平成の名水百選」に選ばれている。

　居醒の清水を湧水源などとして醒井の町を地蔵川が流れ、この水中に珍しいバイカモが繁茂し、ウメのような白い水中花が咲き乱れる。地蔵川は小川で水量が豊富な清流であることから、ゆらゆら流れに身をまかせる茎や葉の緑も鮮やかで、白い花も映え、透きとおる清涼感に満ちている。バイカモは水中の藻のように見えることから梅花藻と表記するが、藻類には花が咲かないので藻ではなく、キンポウゲ科キンポウゲ属の水草である。地下からの湧水で、水温も年間を通して約14℃という生育条件が整っている。地蔵川には清流のシンボルとも称される絶滅危惧種の淡水魚ハリヨも生息しているが、近縁種のイトヨとの交雑が進んでおり、イトヨを排除して、人工増殖や近くの水系からのハリヨの移入などを検討し、絶滅を避けようとしている。霊仙山を巡る清流はニジマス、アマゴ、イワナ、ビワマスなどの生息地で、地蔵川とも合流する丹生川上流部には醒井渓谷と1878（明治11）年設立の醒井養鱒場があり、観光地となっている。

箱館山山麓のソバ　＊秋

　湖北の箱館山の麓にソバ畑が広がっている。9月下旬から10月上旬にかけて、一面に白いソバの花が広がり、少し遅れて淡い紅色のアカソバの花

が咲く。ソバは冷涼な水はけの良い土地を好み、全国で栽培されている。箱館山は冬はスキー場、夏はユリ園にもなる。今津にはこの地産蕎麦粉を使用した蕎麦屋が多く、箱館蕎麦や今津蕎麦と呼ばれている。

鎌掛谷のホンシャクナゲ　＊春、鈴鹿国定公園、天然記念物

　鈴鹿山脈の西、標高300～400メートルのアカマツ林の間の鎌掛谷の斜面約4ヘクタールに約2万本のホンシャクナゲが群生している。とがった常緑の葉を持つ枝の先端部に淡紅色や白色の七つの花びらからなる幾つかの花が群となって咲き誇る。鈴鹿山脈では高地に咲く花であるが、ここでは低地に自生している。鈴鹿山脈のこの辺りは花崗岩の侵食地形からなる渓谷が見られ、特異な植物群落などが多い。

伊吹山の草原植物　＊夏、琵琶湖国定公園、天然記念物

　伊吹山は滋賀県と岐阜県にまたがり、滋賀県の最高峰1,377メートルとなっている。大きく目立つ山容でJR東海道線から間近に見える。古代より知られた山であり、霊山としても信仰され、織田信長は薬草園を開いている。島崎藤村は詩に詠っている。残念ながら石灰岩の山として、現在は一部がセメントの資源として採掘されている。しかし、日本百名山の一つとして、また、植物の宝庫であることから、多くの登山客を集めている。もっとも、過剰利用による植生の踏み荒らし、植物の盗掘、登山道の荒廃などの深刻な問題も抱えている。山頂からは遠く北方に白山が望める。

　伊吹山は標高からすると決して高山ではないが、日本海側の気候の影響を強く受け、しかも、石灰岩という特殊な地質から、北方性の高山植物や亜高山性植物が見られ、多くの固有種や分布の西南限とする植物が生育している。山頂部のお花畑と呼ばれる草原には、ショウジョウバカマ、シモツケソウ、クガイソウ、メタカラコウ、シシウド、ハクサンフウロ、イブキフウロ、キンバイソウ、サラシナショウマなどの花々が百花繚乱とばかりに咲き乱れ、西日本一のお花畑と称されている。固有種も、イブキアザミ、コイブキアザミ、ミヤマコアザミ、ルリトラノオ、イブキレイジンソウ、コバノミミナグサ、イブキタンポポなどと多い。分布西南限の植物や好石灰岩性の植物など貴重な植物も数多く見られる。

京都府

松尾大社のヤマブキ

地域の特色

南北に細長く、中央部に分水嶺の丹波高原があり、北は日本海に由良川が北流し、南は淀川・大阪湾に注ぐ桂川が南流する。北部は日本海型の気候を示し、かつて丹波・丹後の国といわれ、南部は太平洋型の気候を示し、山城の国といわれた。平安京以降千年余り続いた京都は府南端の盆地に位置し、日本文化の中心として宮廷・公家、寺社、町人の文化を育んだ。京都は三方を山に囲まれ、鴨川が南流する山紫水明の地といわれた。遷都以後、運河開削など近代化に邁進した。暖温帯の気候となっている。

花風景は、古来の名所、寺社、近代化にちなむものなどが府南端の京都に集中している。府北部にはなりわいや地域振興のための花風景が広がっている。他府県に多い城郭跡のサクラ名所は特筆すべきものがない。

府花はバラ科サクラ属のシダレザクラ（枝垂桜）である。シダレザクラはわが国の自生種の一つエドヒガンの変種である。別名イトザクラ（糸桜）ともいい、室町時代、京都近衛家の庭園で有名になっていた。京都には多く、その流麗さが京情緒を表しているとされるが、各地にもある。府の草花としてサガギク（嵯峨菊）とナデシコ（撫子）も制定されている。

主な花風景

嵐山のサクラ　＊春、史跡、名勝、日本さくら名所100選

京都の北西部郊外の嵯峨野は平安時代から貴族の行楽地であった。その中でも嵯峨野の西端に位置する嵐山（382メートル）は最大の名所であった。大堰川（現桂川）に架かる渡月橋は最高のビューポイントで、北を眺めると西に嵐山、東に小倉山が並び、その山あいから大堰川が現れ、ゆったりと南流する。大堰川の上流部は山地部のV字谷の急流であるが、嵐山と小倉山の辺りで大きく屈曲して平野部に出るので狭い急流部は見えない。

嵯峨野は、平安初期9世紀初頭に嵯峨天皇が離宮を造営した地であり、現在もその庭園の池が大沢池（おおさわのいけ）として残り、離宮跡は大覚寺（だいかくじ）となっている。嵯峨野には足利尊氏と夢窓疎石ゆかりの天龍寺、藤原定家が小倉百人一首を編纂した小倉山荘跡の厭離庵（えんりあん）、向井去来が過ごした落柿舎（らくししゃ）や、古来風葬の地であった化野念仏寺（あだしのねんぶつじ）など多数の寺院や別邸があり、竹林が美しい。

　嵐山、小倉山、大堰川は歌に詠まれる歌枕の地であり、さらに、源氏物語や徒然草でも語られている。嵐山、小倉山は当初は紅葉の名所として和歌に詠まれ、やがて、平安時代末の13世紀末に吉野山のヤマザクラが移植され、桜花（おうか）と紅葉の名所となり、春は桜、秋は紅葉と愛でられる。また、観月の名所でもあった。優美な稜線を見せる嵐山と小倉山の美しさは、ヤマザクラとカエデとアカマツの混淆（こんこう）にある。吉野山の千本桜の一面のサクラや他のサクラ並木とは異なるサクラ風景である。また、ゆったりと流れる大堰川の水面も美しく、周囲の寺院の甍（いらか）も風情を増している。何よりも渡月橋が印象に残る和風の橋梁であるが、平安時代前期に架けられ、現在のものは1934（昭和9）年に完成したものである。

　嵐山は江戸時代まで天龍寺の寺領として管理され、一定の植生が維持されてきた。1871（明治4）年、国の社寺上知令（じょうちれい）により官有地となり、国有林として管理することとなる。以後、禁伐方針がとられ、結果として植生遷移（せんい）が起きていく。1933（昭和8）年、営林局（現森林管理局）によって人為的に風景を維持するように方針転換がなされるが、第2次世界大戦、マツ枯れ、治山対策などもあり、風景維持には苦労する。現在、世界遺産の寺院周辺の森林として、古来愛でてきた風景を維持しようとしている。

醍醐寺（だいごじ）のサクラ　＊春、史跡、世界遺産、日本さくら名所100選

　京都の南部、伏見（ふしみ）の醍醐山（だいごやま）山麓に位置する醍醐寺は多くの堂塔伽藍（どうとうがらん）からなるが、総門（そうもん）から仁王門（におうもん）に至る直線道路の参道はサクラ並木となっており、その他憲深林苑（けんじんりんえん）など境内には1,000本に及ぶサクラが生育し、古来「花の醍醐」と呼ばれてきた。カワヅザクラ、シダレザクラ、ソメイヨシノ、ヤマザクラ、ヤエザクラなど種類が豊富で、そのぶん花期も長い。

　醍醐寺は平安時代9世紀に創建されたが、9世紀末から10世紀初期に在位した醍醐天皇の手厚い庇護によって繁栄する。花にまつわる記録としては、室町時代の1430（永享2）年、将軍足利義教（あしかがよしのり）が名高いサクラの名所を

見るために醍醐寺を訪れたという。その後、応仁の乱などで醍醐寺は荒れ果ててしまう。

花の醍醐で最も知られている話は、1598（慶長3）年春の太閤豊臣秀吉の「醍醐の花見」である。現在これにちなんで4月に「豊太閤花見行列」の祭礼が行われている。太閤秀吉は94（文禄3）年に吉野山で権力を誇示する盛大な花見の宴を催していたが、醍醐寺では息子や奥方の身内を中心にお付きの者と豪奢な花見を行った。秀吉はこの花見の約半年後に晩年の居城であった伏見城で生涯を閉じる。前年に醍醐寺を訪れていた秀吉は、居城から近いこともあり、ここが気に入ったのであろう、諸堂の再建を行い、吉野山や都から約700本のサクラを移植したという。

特に当時金剛輪院と呼ばれ、のちに三宝院と改称された寺院の庭園を気に入り、さらに自分の好みに合わせて改修しようとしていたが、道半ばで他界した。ここには「天下の名石」と呼ばれる天下人が追い求めてきた藤戸石がある。足利義満の鹿苑寺（金閣寺）、足利義政の慈照寺（銀閣寺）、織田信長の二条城、豊臣秀吉の聚楽第と移設され、そして醍醐寺三宝院庭園の主石として落ち着く。三尊仏を表す中心の石として長方形の石が三つの真ん中に屹立している。庭園は国指定特別史跡・特別名勝になっている。三宝院は総門から仁王門に至るサクラ並木の途中にあり、三宝院の中にも「大紅しだれ桜」と呼ぶ古木がある。

仁和寺のサクラ　＊春、名勝、世界遺産、日本さくら名所100選

通常サクラといえば、咲き誇る樹冠の下でお花見の宴を催せるように、少なくとも樹高7〜8メートルはあるだろう。幼木は別として、幹が垂直に伸び、最も低い枝でも大人の背丈以上はあるだろう。ところが、仁和寺の「御室桜」と呼ばれるサクラはすでに老木でありながら、ツツジのように根元から枝分かれして、樹高は2〜4メートルで、地上20〜30センチのところから花をつける。花が低いことから鼻が低いに掛けられ、お多福桜とも呼ばれる。仁王門から中門を経て金堂に至る直線の参道に接して、西の一角に約200本ばかりが群生している。サクラの下を歩くというわけにはいかないので、直線の細い通路が設けられている。御室桜とは御室のサクラという意味で、さまざまな園芸品種を含むサトザクラである。樹高が伸びないのは土壌が粘土質で根を十分に張れないためと考えられている。

京都では最も遅咲きのサクラで4月中〜下旬が見頃である。

　京都の西北近郊に位置する仁和寺は平安時代の創建といわれるが、現在の堂塔伽藍は応仁の乱で焼失したものを江戸時代に再興したものであり、御室桜はこの時期に植えられたものである。「仁和」は創建時の元号である。御室とは、宇多天皇が醍醐天皇への譲位2年後の899（昌泰2）年に出家し、法皇として仁和寺に入り、居室を意味する御室（御座所）を設けたことによる。仁和寺は御室御所とも呼ばれ、金堂は御所の紫宸殿を移築し、御影堂は御所の旧清涼殿の材を用いるなど、御所風建築物となっている。その後も仁和寺は天皇の弟などが出家する門跡寺院となり、江戸時代まで出家した皇子や皇族などが門跡という寺院の最高位を務めた。

　江戸前中期の儒学者で各地の客観的な紀行文を多数残した貝原益軒の『京城勝覧』（1706）で仁和寺のサクラ風景を褒めたたえている。また、和歌や俳句でも賞賛されている。そのためか1924（大正13）年いち早くサクラが国指定名勝となっている。通常、名勝は境内や庭園や景勝地であり、植物は希少性や固有性などが評価されて天然記念物になるが、御室桜は独特のサクラ名所の花風景が評価されたのであろう。

花の寺のサクラ　＊春

　花の寺とは京都の西の郊外、洛西の西山山麓に位置する勝持寺の通称である。勝持寺の創建は一説では飛鳥時代7世紀末にさかのぼれる古刹である。奈良時代8世紀末には伝教大師（最澄）が桓武天皇の命により堂塔伽藍を再建し、本尊を安置したと伝えられている。その後、多数の塔頭が建ち、繁栄をみるが、室町時代15世紀の応仁の乱で仁王門を除いてほぼ焼失してしまう。しかし、安土桃山時代と江戸時代を通して時の権力者によって再建が図られる。

　花の寺と呼ばれる由縁は、サクラをこよなく愛でた平安時代12世紀の歌人西行ゆかりの寺院であり、サクラの名所であり続けたからである。西行は、元は鳥羽上皇に仕え、北面の警護に当たる武士であったが出家して、仏教と和歌の道に進む。出家後は各地に草庵を営み、諸国への修行の旅を重ねるが、伝来では勝持寺で出家したと伝えられている。勝持寺の歴史からするとちょうど繁栄していた時代であろうか。西行のサクラを賛美した和歌が『新古今和歌集』に多く残るが、若き西行が勝持寺にサクラを植え、

愛でたという。その後「西行桜」として広く知られ、多くの文人たちがこれを見るために訪れ、今も西行桜が継承されている。

国営淀川河川公園背割堤のサクラ　＊春

　近年、淀川河川公園の背割堤のサクラが関西随一と評価され、注目を集めている。京都府南部の八幡市中心の男山（143メートル）には日本三大八幡宮の一社である石清水八幡宮がある。その男山の西麓には、北から南流する桂川、東から西流する宇治川、南から男山東麓を北流して回る木津川の三川が合流して淀川になる地点がある。合流地点直前に宇治川と木津川の間に人工の土の堤防が築かれ、背割堤と名付けられた。この背割堤の遊歩道のような道路の両側に約1.4キロにわたり、約250本の桃色のソメイヨシノが咲き誇っている。大きな樹冠は道路のキャノピー（天蓋）をつくり、人々はサクラのトンネルを通ることができる。堤の両側の斜面にもこぼれるようにサクラが覆っている。周辺の河川敷は広く、芝生広場などに憩う人々にもサクラ並木の壮観が眺められる。一帯は国営公園となっており、高さ約25メートルの展望塔もあり、列状に走るサクラ並木を一望でき、圧巻である。近くには石清水八幡宮の電車駅や国道の幹線道があり、京都市と大阪市の中間でもあり、花見客はあふれている。

　背割堤は1917（大正6）年に建設された。もともと木津川は現在地より北で宇治川に合流していたが、洪水の発生が多いため、10（明治43）年に現在の三川合流地に河川を集めようと流路を付け替えた。しかし、合流地点直前で木津川を宇治川に流し込んだため、その合流部で氾濫が起きた。そこで、宇治川と木津川の間に背割堤を築き、三川が1カ所で大河の淀川に合流するようにしたのである。そこからは淀川は蛇行することなく大阪湾に注ぐ。

　背割堤には1970年代までマツが植えられていたが、マツクイムシ被害で枯れたため、ソメイヨシノに植え替えられた。ソメイヨシノはエドヒガンとオオシマザクラの交雑で生まれ、その後全て接ぎ木で増やしたものであり、1本の木から生まれたいわば全てが分身である。サクラは一般に病虫害、腐蝕、踏圧などに弱いが、最も愛でられ、最も普及したソメイヨシノは特に弱く、寿命も概して短い。サクラ名所には栄枯盛衰がある。現在の背割堤のサクラは絶頂期にあるといえよう。もっとも2018（平成30）年の

近畿地方を直撃した大型台風21号で、背割堤のサクラも倒木、枝折れなど大きな被害をこうむった。

円山公園のシダレザクラ　＊春、名勝

　円山公園はシダレザクラ、ソメイヨシノ、ヤマザクラなどが咲き誇り、立地の良さもあって、多くの花見客で賑わう。京都市街の舞妓さんのいる花街（歓楽街）の祇園に接し、東山を背に少し高台となって、八坂神社や知恩院などの由緒ある社寺に接し、風情のある公園となっている。八坂神社は江戸時代まで祇園社と称し、サクラの名所として知られていた。また、円山公園の地には安養寺の六阿弥という「円山の六坊」の塔頭があり、都が見下ろせ、庭園も美しいことから、次第に酒席や料亭に変貌していった。このように庶民の遊観の地であったことから、1886（明治19）年、太政官布告に基づく京都府最初の「公園」となった。以後、近代に拡張整備が行われ、花木も植えられた。特に琵琶湖疎水（琵琶湖の水を引く運河）を利用した渓流なども京都の著名な庭師小川治兵衛（通称植治）によって創出された。彼は東山山麓のこの界隈に同様の手法で政治家・実業家の別荘庭園を多数造営していた。

　円山公園には「祇園の枝垂桜」「祇園の夜桜」と呼ぶ1本のシダレザクラの見事な大木がある。このサクラは2代目に当たり、初代は戦後に樹齢約220年で枯死したので、その種子から育てられていたサクラを移植したという。ここには「桜守」と呼ばれる庭師15代目佐野藤右衛門のサクラに寄せる愛情があった。嵯峨野にこの桜守の桜畑があり、全国の貴重なサクラを育てている。佐野藤右衛門とは江戸時代から仁和寺の植木職人を続けてきた庭師頭領の名跡である。現在の16代目佐野藤右衛門も父の意志を継ぎ、造園業を営むかたわら、全国のサクラを見守り続けている。16代目は、全国の土地ごとにサクラも本来異なるが、至る所、生長が早く、しかも寿命が短いソメイヨシノが席巻していることを嘆いている。16代目はサクラに関する造詣が深く、サクラの著書も多いが、イサム・ノグチのパリのユネスコ本部日本庭園や京都迎賓館の造園に携わった造園家でもある。

京都御苑のシダレザクラとサルスベリ　＊春・夏、国民公園

　京都御苑の北部と南部には古くから摂政・関白・太政大臣を出してき

近畿地方　189

た五摂家に当たる近衛家と九條家の邸宅跡があり、庭園遺構が残っている。古地図を見ると広大な邸宅跡に殿舎と庭園があったことが分かる。現在そこには見事な花風景を見ることができる。近衛邸跡には古来有名であったイトザクラとも呼ばれるシダレザクラが継承されている。京都御苑で3月中頃に最初に咲くサクラで、約60本の大木が白色や紅色の花を絢爛にして優美な枝垂れる風景をみせる。九條邸跡には江戸後期の数寄屋風書院造りの離れである拾翠亭と九條池の庭園が残り、サルスベリが庭園美を引き立たせている。池の水辺を覆う藤棚のフジも素晴らしい。九條邸跡に隣接した間ノ町口には樹高約10メートル、樹冠約13メートルのサルスベリの大木が葉も花も生い茂らせ、見事である。サルスベリはあまり大木にはならないので庭園や公園に用いられ、すべすべとした樹皮にも特徴があるが、この間ノ町口のサルスベリは葉と花に覆われ幹や枝が見えない。サルスベリは百日紅とも表記するように7月下旬から9月下旬まで花期が長い。

京都御苑は京都御所と大宮・仙洞御所を取り巻く広大な緑地である。もともと御所を中心に宮家や公家の屋敷が並んでいたが、明治維新の東京遷都に伴い、多くが天皇と共に移転したため荒廃した。1877（明治10）年、明治天皇が京都に還幸され、荒廃した風景を見て、千年余の御所の旧観を維持せよとご沙汰があり、大内（御所）保存事業が始まる。こうして、土地を買い上げて国有地（皇室財産）とし、公家屋敷は撤去し、外周に土塁を築き、御所にふさわしい緑地として「御苑」と称した。その後、岩倉具視も視察に訪れ、天皇の即位大礼式を京都で行うことを前提に、行列の儀礼にふさわしい道路づくりなどを行い、大正天皇の即位式と大嘗祭の大礼でも大規模な改修工事が行われた。第2次世界大戦後、旧皇室苑地を国民に広く開放するため、東京の皇居外苑、新宿御苑と共に、「国民公園」となった。京都御苑は蛤御門近くの梅林、桃林に始まり、苑内のヤマザクラ、ヤエザクラなど多彩な花風景を楽しむことができる。

北野天満宮のウメ　＊冬・春

北野天満宮には境内一円に多様な品種のウメが咲き誇る。北野天満宮は福岡県の太宰府天満宮と共に菅原道真公を御祭神とする天満宮・天神社の総本社である。平安時代の901（昌泰4）年、異例の出世をとげて右大臣になった道真公は陰謀によって大宰府に左遷され、2年後に亡くなる。その

後、都で雷、大火、疫病などの災厄が続き、道真公の祟りと恐れられ、天神様として祀られる。道真公がウメをこよなく愛でたことから天満宮には梅林がつきものとなった。道真公は和魂漢才の精神を持ったひときわ優れた学者であったことから学問の神様としても崇められ、ウメの咲く頃に受験生が合格祈願のお参りをする。

松尾大社のヤマブキ　＊春

　古くからのヤマブキの名所である松尾大社が嵐山南東山麓の桂川沿いにある。松尾大社の本殿に向かう参道と交差する小川に、ヤマブキがこぼれそうに群生している。約3,000株が生育しているといわれ、緑の葉に映えて山吹色ともいわれる鮮やかな黄色い花が咲き誇る。黄金色と嘆賞する人もいる。英語ではイエローローズ、ジャパニーズローズと呼ばれ、評価されている。大社では4月から5月にかけて山吹祭が開かれている。

　松尾大社は飛鳥時代8世紀初頭の創建と伝えられ、名水が豊富で酒造りの神様としても崇められ、各地の酒造業者が酒樽を奉納している。

　ヤマブキは日本原産のバラ科ヤマブキ属の落葉低木である。『万葉集』にも詠われ、現在も庭園や公園で愛でられている。室町後期15世紀の武将で、江戸城築城でも有名な太田道灌のヤマブキ伝説はよく知られている。旅の途中、突然の雨に遭遇し、近くの農家で蓑を借りようとして立ち寄ったところ、娘が出てきて蓑ではなく一枝のヤマブキを差し出したのである。道灌は内心立腹してその場を去るが、後で家臣から話を聞いてその真意を理解して、無学を恥じ入る。娘は『後拾遺和歌集』(1086、勅撰和歌集八代集の一つ)の兼明親王の歌「七重八重　花は咲けども　山吹の　実の一つだに　なきぞ悲しき」の「実の」を「蓑」にかけていたのである。貧しいので蓑もないことをヤマブキで表したのである。この伝説の真偽は定かではないが、少し内容を変えて『道灌』という落語にもなっている。

三室戸寺のツツジとアジサイとハス　＊春・夏

　宇治の明星山の谷に位置する三室戸寺は「花の寺」とも呼ばれ、広大な庭園「与楽園」には四季折々の花風景が一面に満ち、圧巻である。春には2万株のヒラドツツジ、キリシマツツジ、クルメツツジ、初夏には1万株のセイヨウアジサイ、ガクアジサイ、カシワバアジサイ、1,000本のシャク

ナゲ、盛夏には200鉢のオオガハスなどが咲き誇るといわれ、紅葉の名所でもある。

祇園祭のヒオウギ　＊夏

　京都の夏の風物詩の祇園祭には町家にヒオウギが主に一輪挿しで生けられる。かつては軒先にも飾られたという。本来、草地や海岸に自生するアヤメ科アヤメ属の草花である。斑点の入った橙色の6弁の大きな花びらを茎の頂部につける華やかな花である。葉が肉厚の濃緑で、一説にヒノキの薄い板を開いた扇形に似ていることからヒオウギと称されるという。ヒオウギは悪霊を追い払う魔よけの花と言い伝えられ、地方にもこの伝承が残っていたが、近年、京都も含めてこの伝承が消えようとし、合わせてヒオウギも忘れ去られようとしている。花が咲いた後に房状に艶のある黒い種子をつけるが、これも美しい。この種子は射干玉と呼ばれ、和歌の「夜」や「黒」の枕詞「ぬばたまの」の語源だともいわれている。

　祇園祭は八坂神社と町衆の祭礼で、大阪の天神祭、東京の神田祭と共に日本三大祭と称されている。平安時代9世紀に京の都で疫病が流行したため、悪疫をしずめる祈願として始められた祇園御霊会が起源だとされている。現在も7月1日から31日までほぼ毎日さまざまな神事が続く。最大のハイライトは7月16日の33基の山鉾巡行である。巡行はユネスコ無形文化遺産となり、豪華な織物や美術工芸品で飾られた山鉾は「動く美術館」ともいわれ、重要有形民俗文化財となっている。巡行は、木製の車輪が直進しかできないので、都大路を直角に曲がる時に大勢の引手が一気に回転させる瞬間は迫力がある。宵山という前夜祭は、灯火の中、独特の鐘と笛のお囃子を聞きながら、浴衣姿の男女が行き交う。京都では祇園祭が梅雨明けの時期に当たり、本格的な夏の到来を実感させる。2014（平成26）年から前祭と後祭が復活し、山鉾巡行が2回になった。

伏見酒蔵のナノハナとサクラ　＊春

　伏見の新高瀬川には、川辺に木造の酒蔵、煉瓦造りの倉庫と煙突が立ち並び、川原にはナノハナが一面に咲き乱れて、風情のある古い建物と黄色いナノハナのコントラストが美しく、撮影ポイントとなっている。京都南部の伏見には新高瀬川をはじめ幾つかの運河が集まり、宇治川を経て淀川

へとつながり、大阪湾へと注いでいる。伏見は交通の要衝であり、運河は物流に用いられた。宇治川派流や琵琶湖疎水の運河は観光用の十石船が川岸のソメイヨシノのトンネルの中をゆっくりと進んでいる。坂本龍馬ゆかりの宿の寺田屋も見える。滋賀県から京都府に流れる琵琶湖疎水沿線は多くにサクラが植えられ、美しい水流に映えている。

「近代化産業遺産群33」(2007年、経済産業省)に「日本酒製造業の近代化を牽引した灘・伏見等の醸造業の歩みを物語る近代化産業遺産群」として「伏見の日本酒醸造関連遺産」が取り上げられている。伏見の酒が一宿場町の地酒から全国展開するのは明治時代のことであった。伏見は「伏水」といわれた良質の地下水をもとに古くから醸造は行われていたが、近代技術の導入を先駆け、樽詰めに代えて、画期的な防腐剤なしの瓶詰めを発売し、東京をはじめ全国に販路を展開するとともに、鉄道省の駅で売られる酒に指定される。伝統的技法を継承するとともに、独自の研究所を創設し、科学技術を取り入れたことは、京都の進取の気風を物語っている。伏見はこれらの明治の酒造所、酒蔵、旧本社、旧研究所などの醸造関連の建造物群と運河が独特の情趣を醸し出し、花風景と調和している。

与謝野町のヒマワリ　＊夏

日本海に臨む丹後半島の付け根、与謝野町の段々畑約5ヘクタールに15〜20万本のヒマワリが咲き誇り、巨大ひまわり迷路を楽しむこともできる。与謝野町は日本三景の天橋立を眺める場所であり、百人一首や鬼伝説で有名な大江山も眺められる。与謝野町は俳人の与謝蕪村や歌人の与謝野鉄幹・晶子ゆかりの地でもある。蕪村は母がこの地の出身であることから与謝と改名し、鉄幹は父が出身地の与謝野を名乗るようになったからである。

丹波高原美山のソバ　＊秋、京都丹波高原国定公園、重要伝統的建築物群保存地区

美山は京都と北陸を結ぶ鯖街道と呼ばれる物資と文化の回廊の交通の中継点に当たり、集落はカヤ葺の民家が維持され、一面にソバの白い花が広がり、風情をみせている。周辺の山も手入れのいきとどいた北山杉の森林によって美しい山容をなしている。北山杉は高級材として京都の茶室建築などに用いられている。また、祇園祭のチマキザサの供給地でもあり、自然と文化の融合、自然と人間の共生の地といえる。

大阪府

中之島公園のバラ

地域の特色

　大阪湾に臨む大阪平野を中心に、階段状に台地、丘陵、山地を形成し、三方を低い山地で囲まれ、西には生駒山、金剛山など霊山が連なる。大阪平野は淀川や大和川の土砂が堆積した氾濫原である。古くから摂津、河内、和泉の国として発展し、難波津が大和（現奈良県）と九州・大陸を結ぶ交通の要衝となった。古墳時代の中心地となり、古代には難波京も置かれ、近世には大坂城も築かれ、以後、天下の台所の商都として栄え、近代には阪神工業地帯が形成された。瀬戸内海の暖温帯の気候を示す。

　花風景は、近世の大坂城跡・近代の造幣局・現代の万博記念公園のサクラ名所、古代からの神社仏閣の花、都市公園の花園と古代から現代までの歴史の積層が特徴的であるが、自然地域の花風景には乏しい。

　府花はバラ科サクラ属の落葉樹のウメ（梅）とサクラソウ科サクラソウ属の草花のサクラソウ（桜草）である。ウメは『古今和歌集』（905）の「難波津に　咲くやこの花　冬ごもり　今は春べと　咲くやこの花」という歌にちなんでいる。当時は花といえばウメであった。サクラソウは府の金剛山山麓にクリンソウという原生種が自生していることによる。

主な花風景

造幣局通り抜けのサクラ　＊春、日本さくら名所100選

　春といえば造幣局の「通り抜け」を思い起こす。造幣局構内、大川（旧淀川）沿いの約560メートルの通路を南から北に通り抜けながら観桜する名所。2018（平成30）年現在、130種余り350本ほどのサクラが、春のその日を心待ちにしている観桜客を楽しませている。多くある品種のうち90種ほどが八重、その他一重、一重八重の品種が見られる。現在は7日間ある4月中旬の通り抜け期間中に、毎年数十万、多い年には100万もの人々が訪

れる。

　近代国家の貨幣制度の確立を目指し、1871（明治4）年に造幣局が大阪の現在地に創設され、構内敷地にあるサクラを一般の見物に開放したのは83（同16）年で、以後、第2次世界大戦による4年間の中止を除き、現在まで毎年公開されている。通り抜けという通称は、造幣局の表門から入り構内の川沿いの通路を裏門まで一方通行で抜けたことによる。

　このサクラの起源は、造幣局が創設される以前にさかのぼる。江戸時代後期、淀川右岸にあった伊勢藤堂家の蔵屋敷では、対岸の桜宮がサクラの名所になっていたことから、みずからの屋敷内にも多品種のサトザクラを植え、花見を楽しみ、屋敷を一般に開放していたといわれる。通り抜けの原型はこの時期にあったといってよいだろう。藤堂家蔵屋敷の跡地が造幣局敷地の一部となり、サクラも造幣局に引き継がれた。その一部が現在の通り抜けの道沿いに移植されたといわれている。

　造幣局のサクラの品種は多様だが、現在は、戦後積極的に植栽され、濃紅色の花弁を20〜45個つける関山の本数が多い。淡紅色の普賢象、松月と続く。花弁が淡黄緑色や淡緑色の種類も目をひく。明治期には花弁が白色で一重の芝山が主流で、大正期から昭和初期までは淡紅紫色で一重八重の御車返が多く、ソメイヨシノも多かった。一重と八重の違い、花色の濃さの違いなど、時代によって通り抜けのサクラの風景は異なっていた。

　長い歴史を持つこの地のサクラも何度か存続の危機を迎える。大正年間の重工業の発展が煤煙による枯死を引き起こす。造幣局では、苗木を買い入れ補植し、1927（昭和2）年には12種455本に、31（同6）年には74種764本にまで増え、昭和・平成期を通じて最多の本数となる。その後、米軍の空襲によりサクラの約6割が消失してしまうが、戦後に補充を行い、47（同22）年には通り抜けを復活させる。55（同30）年以降、大阪の大気汚染が深刻となり、再びサクラの衰退が進む。造幣局では手入れ、補植を行うが、60（同35）年からの3年間で150本が枯死する。専門家を委嘱、専門職員を雇用し、サクラの接木育成を積極化し、危機を乗り切った。伝統の「通り抜け」を維持しようと支え続けてきた尽力を忘れてはならない。

大阪城公園のウメとサクラ

＊春・冬、特別史跡、日本さくら名所100選

　大阪城公園は1931（昭和6）年に開園し、現在総面積100ヘクタールを

超える。大阪城天守閣を中心に歴史、文化、音楽、スポーツにふれる場として活用されている。天守閣のある本丸から内堀を隔てて東側の二の丸東地区に梅林が、西側の西の丸公園はソメイヨシノが植えられ、梅花、桜花ごしに見える天守閣が大阪の花風景の一つとして定着している。

　二の丸東地区には1974（昭和49）年に開園した梅林が整備されている。1.7ヘクタールの広さに、100品種以上、1,300本余りのウメが植えられ、早咲きのものから遅咲きのものまで品種の多さは特筆すべき点で、1月から3月まで長期間にわたりウメの開花を楽しめる。この梅林はもともとは、府内の高校の同窓会が創立百周年を記念してウメの木を寄贈したことに始まる。西の丸庭園は65（同40）年に開園しているが、ここには約300本のソメイヨシノが植えられており、大阪府のサクラの開花の標準木も含まれている。毎春の大阪府のサクラの開花はこのサクラの咲き具合を見て宣言される。公園東側の玉造口にはサトザクラが、その他、大阪城公園内には合わせて約3,000本のサクラが植えられ、その品種も多い。

　大阪城天守は、1585（天正13）年に豊臣秀吉が設けた初代の天守が1615（慶長20）年の大坂夏の陣で焼失する。徳川幕府は、豊臣時代の城跡に土盛をし、新たな天守を築き、26（寛永3）年に完成するが、わずか39年後に落雷で焼失、その後天守がないまま明治維新を迎える。明治以降は陸軍の管轄となり城跡には軍用施設が設置され、市民や観光客が城内に入ることはできなかった。大阪市が1928（昭和3）年に天守閣の復興を提案、寄付金によって天守閣の復興事業が始まり、31（同6）年に完成する。天守閣復興と合わせて大阪城公園が本丸を中心に10ヘクタール弱の面積で開園し、城郭内の一部が市民や観光客にようやく開放される。大阪城公園の当初計画では城郭内の軍施設の移転を計画したが、大阪市が本丸に第4師団司令部庁舎を新築し陸軍に寄付することを条件に、ようやく本丸の公園整備が実現した。

　梅林や西の丸公園のある大阪城公園の大半は特別史跡「大坂城跡」に指定されている。サクラやウメの花ごしに見る天守閣という風景は、軍事拠点であった時代には考えられなかった。平和な時代の風景の象徴といってよいだろう。

万博記念公園のサクラとハス　＊春・夏、日本さくら名所100選

大阪府吹田市にある1970（昭和45）年の大阪万博（日本万国博覧会）会場跡地に整備された万博記念公園260ヘクタールの約半分が、自然文化園（98.5ヘクタール）と日本庭園（26ヘクタール）として、四季を通じて花が楽しめるエリアとなっている。

春にはエリアでは約5,500本のサクラが見られる。3月の中頃からカンヒザクラやヒガンザクラが咲き始め、その後太陽の塔の東側の500本のソメイヨシノ並木が満開となり、シダレザクラ、オオシマザクラ、ヤマザクラが咲き、最後に、普賢象、鬱金などさまざまな品種のサトザクラが開花する。

自然文化園は万国博覧会のパビリオンの跡地に整備された公園であるが、日本庭園は、万博での政府出展施設として、東西約1,300メートル、南北約200メートルの細長いゾーンに、上代、中世、近世、現代の造園様式を取り入れて整備された。日本庭園の花の代表としては東端につくられた0.6ヘクタールのはす池のハスである。花弁が白、爪紅、紅、桃、黄、黄紅色の26品種のハス、1,200株とスイレン約1,000株が池一面を覆う。7月の早朝には観蓮会とハスの葉に酒を注ぎ、長い茎の先から飲む象鼻杯の催しが行われる。エリア内には、数十万本規模の花畑が点在し、四季折々にさまざまな表情で来訪者を迎えてくれる。

東光院のハギ　＊秋

「萩の寺」として知られる豊中市の東光院。境内には約3,000株のハギが群生する庭園があり、北大路魯山人が萩露園と命名した。初秋には紅紫色、白色の花が回遊路を覆い、壮観である。

東光院は735（天平7）年、行基による創建と伝えられ、元は豊崎村中津（現大阪市北区）にあったが、1914（大正3）年に現在の地、豊中に移転した。豊崎辺りでは、古くは死者を淀川河畔に捨てる風習があり、行基が訪れた際、河原に風葬されている光景を見て火葬の方法を民衆に伝授した。行基は薬師如来像をつくり、仏前に群生するハギを供え死者の霊をなぐさめたと伝えられる。それを縁に人々が薬師堂を建立したのが寺の始まりといい、第2次世界大戦中にはイモ畑にしろと非難されながらも由緒あるハ

ギの花を守り続けてきた。
　境内にはミヤギノハギを主に、ニシキノハギ、シロバナハギ、ヤマハギ、キハギ、マルバハギなど13種類が植えられ、初秋を彩る。11月末には刈り、切り株になってしまうが、翌4月から芽を出し、あっという間に人の背を越すほどになる。「ハギ」は、古い株から芽を出すことから「生芽」「生え木」と呼んだことが語源とされ、生命力の強さ、復活を意味する花として古くから人々が思いを寄せてきた。
　淀君もこのハギの花にひかれて毎年訪れ、筆の軸としてハギを手元におき、その筆で法華経を写経し、秀頼を授かったという。淀君ゆかりの萩の筆として現在もつくられている。また、1895（明治28）年にこの地に立ち寄った正岡子規が詠んだ「ほろほろと石にこぼれぬ萩の露」の句碑が立つ。東光院は俳人の集う句会がたびたび催される場所ともなっている。

中之島公園のバラ　＊春・秋

　淀川の支流である大川が大阪市中心部に入って堂島川と土佐堀川に北・南二流に分かれる。この両川に挟まれ東西に細長い中洲の島を中之島という。中之島を南北に貫く御堂筋より東側が中之島公園で延長約1.5キロ、10.6ヘクタールの規模である。西側には中央公会堂、府立中之島図書館などの重厚な建築物が、東側には芝生広場とバラ園が広がっている。大阪の都心のビルを背景にしたバラの風景は心をなごませる。
　バラ園は、大阪市が26区（当時）それぞれに1ヵ所、花の名所公園づくりを進め、その全区での完成を記念して1981（昭和56）年春にオープンさせたもの。東西500メートル、1.3ヘクタールの規模で、89種類、約4,000株があったとされるが、2009（平成21）年にリニューアルされ、現在は約310品種、およそ3,700株のバラが見られる。19世紀後半以降改良されてきたモダンローズが年代順に植えられており、品種の歴史をたどることができる。バラ園から中之島のシンボルである1918（大正7）年に建設された赤レンガの中央公会堂に向かってバラの小径が続く。水都大阪の顔である建築物とともにバラを楽しむことができる。

山田池公園のハナショウブ　＊春

　大阪北部、枚方市にある山田池を中心に整備された70ヘクタールを超え

る府営の公園。5月末から6月にかけ、園内の水生花園に花しょうぶ園が開園し、約140種、10,000株のハナショウブが訪れる人を感嘆させる。

山田池公園の中心となる山田池は灌漑用のため池として1,200年前に築造された歴史を持つ。園内の春日山にあった神社は、豊作祈願の信仰の場でもあり、付近はクリ、ウメ、茶などの栽培も行われる里山の風景が広がっていた。1973（昭和48）年に府営公園としての整備が開始され、山田池を中心とし、水生花園がある北部地区は93（平成5）年に整備が終了し、南部地区の整備は近年まで行われていた。

多品種あるハナショウブは、江戸時代に育成された江戸系、伊勢系、肥後系の3系統に、山形県長井市で発見された長井古種の4系統に分類される。山田池公園には、江戸古花、江戸系の品種が多いが、伊勢古種、伊勢系、肥後系、長井古種、長井系も見られる。

林昌寺のツツジとサツキ　＊春

泉南市にある寺院でその名も躑躅山と号する。本堂は愛宕山の中腹に建てられ、山の斜面は4月から5月にかけ、ツツジ、そしてサツキの花につつまれる。

天平年間（729～749年）に行基が開創したという。熊野街道の紀伊路に沿って位置し、平安後期、堀河天皇が熊野詣での途中に立ち寄り、ツツジが見事なことから躑躅山という山号としたという。寺のある愛宕山は躑躅岡と呼ばれ、1796（寛政8）年の和泉名所図会には「経十四五町に、緯三四町、満山、躑躅にして、花の盛には最壮観なり、近隣ここに聚りて、爛漫を賞ず」と、長さ約1,400～1,500メートル、奥行き約300～400メートルの広がりがツツジに覆われる様子が記され、また、そこここに敷物をしいてツツジの花見をしている人々が描かれ、小丘にツツジが広がる名所であった。現在は本堂横の愛宕山頂上に向かう斜面にある刈込みと石組みの庭が目をひく。この庭は1961（昭和36）年、造園家重森三玲の作である。手前のサツキの刈込みは、作庭時には苔で覆っていたがなかなか定着せず、後にサツキに代えられた。サツキの大刈込みは青海波模様に意匠され、荒波にもまれるがごとく石組みを配置し極楽浄土をイメージしている。

28 兵庫県

宝塚ダリア花つみ園のダリア

地域の特色

東西に走る中国山地が県を二分し、北部は旧但馬の国の山陰として日本海に接し、南部は旧播磨の国の山陽として瀬戸内海に接し、瀬戸内海には旧淡路の国の淡路島がある。中国山地は分水嶺として、北流する川が豊岡、城崎などの町をつくり、南流する川が播磨平野に明石、姫路などの町をつくった。火山帯が東西に走り、火山地形や温泉も多い。先史時代の歴史も刻まれ、近世には譜代大名が姫路城に入り、明石、赤穂、出石、豊岡などの小藩が分立した。瀬戸内海側と日本海側の暖温帯の気候を示す。

花風景は、城郭や河川敷緑地のサクラ名所、現代の梅林などの花木園やヒマワリ園、チューリップ園、スイセン郷、アジサイ園などの観光用花畑など観賞のための風景が多いが、寺院の草花や生産地のダリアもある。

県花はNHKなどの公募によって選ばれたキク科キク属のノジギク(野路菊)である。西日本に自生する在来種の山野草である。野生のキク科の花あるいはそれに似た花を野菊というが、野菊の一種である。真ん中に黄色い花の部分(筒状花)があり、周辺に白い花びら(舌状花)が放射状に広がる可憐で清楚な秋の花である。近年、自生種が減少しつつある。

主な花風景

姫路城のサクラ *春、国宝、特別史跡、世界遺産、日本さくら名所100選

大天守の保存修理事業が2014(平成26)年度に完了し、春になるといっそうきれいになった白壁にサクラが鮮やかに映える。兵庫県西部の姫路市に位置する姫路城はシラサギが羽を広げたような姿から「白鷺城」の愛称で親しまれている。姫路城大手門まではJR姫路駅から1.1キロほどである。
内堀内には約1,000本のソメイヨシノが植えられているが、西の丸庭園のヤマザクラやシダレザクラ、三の丸回廊(三の丸広場〜千姫ぼたん園)

のヤエザクラやシダレザクラなども見事である。また、池泉回遊式の日本庭園である姫路城西御殿屋敷跡庭園「好古園」では、日暮れとともにライトアップされ、昼間とは趣向の異なった幻想的な景色が楽しめる。好古園は姫路市市制百周年を記念して造営され、1992（平成4）年に開園した。好古園の愛称は、この庭園の入口付近に移設された藩校「好古堂」の名に因む。サクラは姫路城を取り囲むようにさまざまな趣向を凝らして内堀内外に植えられている。サクラの花は姫路城を取り囲み、その様は正に「さくらの大回廊」である。

姫路城は「法隆寺地域の仏教建造物」と共に、1993（平成5）年に日本初の世界文化遺産に登録された。

明石公園のサクラ　＊春、重要文化財、日本さくら名所100選

明石公園は瀬戸内海に浮かぶ淡路島の本州側に位置する明石市内、JR明石駅のすぐ北にある。明石城跡を核とし、約55ヘクタールの敷地面積を有する県立の都市公園である。明石城は小笠原忠真（忠政）により築城された。本丸に残る坤櫓（西側）と巽櫓（東側）は重要文化財に指定されている。季節を迎えると約1,000本のソメイヨシノが咲き誇る。特に剛ノ池沿いのサクラが満開の様は見事である。ボートに乗って池上からサクラの景色を楽しむこともできる。

公園の始まりは、1881（明治14）年、当時の明石郡内の各町村有志が明石城址の一部を郡公園にしたいと官有地の貸下げを願い出たところ、83（同16）年に公園開設が許可されことを契機とする。その後、宮内省から、御用邸建設地に採用するとの報により、御料地に編入される（1912（明治45）年の明治天皇崩御により実現しなかった）などの経過をたどり、18（大正7）年に兵庫県立明石公園として開設された。明石球場では毎年、全国高等学校軟式野球選手権大会が開催されている。全国高等学校野球選手権大会が開催される阪神甲子園球場（兵庫県西宮市）とともに、高校野球の「聖地」となっている。

夙川公園のサクラ　＊春、日本さくら名所100選

夙川公園（夙川河川敷緑地）は兵庫県の東部、西宮市内を流れる夙川の両岸に整備された面積約18ヘクタールの都市公園である。川沿い2.8キロ

にはソメイヨシノを中心にヤマザクラ、オオシマザクラ、カンザンなど約1,660本が植えられており、川面に映えるサクラを楽しむことができる。サクラは1949（昭和24）年に当時の辰馬卯一郎（たつまういちろう）市長の提唱で1,000本が大々的に植えられた。サクラと合わせて河畔の松林も保全され、マツとサクラが一体となって共存する特徴的な風景となっている。「シュクガワマイザクラ（夙川舞桜）」や「ニシノミヤゴンゲンダイラザクラ（西宮権現平桜）」といった西宮市オリジナルのサクラも見ることができる。

夙川公園は1932（昭和7）年に都市計画道路事業（街路事業）として工事が始められ、37（同12）年に竣工した。この時、財源の約3分の1は沿道の市民（受益者）の負担金と寄付金でまかなわれたという。まさに夙川公園は行政と共に市民がつくった公園といえる。

戦後、1951（昭和26）年に戦災復興事業の一環として「夙川公園」が都市計画決定される。70（同45）年には阪急甲陽（こうよう）線の夙川鉄橋から北山（きたやま）までの夙川上流緑道の整備が進められた。71（同46）年には国道2号線以南の自動車通行が禁止され、「夙川オアシスロード」として市民に開放された。都市計画史研究者の越沢明は「夙川公園は日本における河川沿いパークウェイの先駆的な事例」と評している。

綾部山（あやべやま）梅林のウメ　＊冬、瀬戸内海国立公園

綾部山梅林は、兵庫県西部に位置するたつの市の播磨灘（はりまなだ）に面した綾部山の丘陵地の北側斜面を中心に広がる。「ひとめ2万本」といわれる約24ヘクタールの絶景である。「海の見える梅林」としても知られ、梅林を見上げながら道を進むと、視界が広がり、瀬戸内海に浮かぶ家島（いえしま）、男鹿島（たんがしま）などの家島諸島の島々の他、本土側には、大根や人参の生産地としても知られる成山新田（なりやましんでん）を眺めることができる。

梅林は旧御津町（みつちょう）の農業構造改善事業の一環として開発されて誕生した。1968（昭和43）年12月、大きな白い花をつけ、梅酒などに用いられる玉英（ぎょくえい）を中心に2万本の苗木が植えられた。

梅林内には主に5世紀中頃から6世紀後半につくられたという10基以上の古墳が点在しており、歴史の香りを感じることができる。梅園の西には「ふるさと創生事業」により1988（昭和63）年に計画され、93（平成5）年に開園した「世界の梅公園」がある。315種ほどのウメが楽しめるほか、公

園内には中国風の展望施設「唐梅閣」、梅資料館「尋梅館」などの建物があり、異国情緒を醸し出している。地先にある新舞子浜は瀬戸内海国立公園の景勝地の一つであり、干潮時には沖に向かって広大な干潟ができる。

灘黒岩水仙郷のスイセン　＊冬、瀬戸内海国立公園

　灘黒岩水仙郷は瀬戸内海に浮かぶ淡路島南東部、島最高峰・愉鶴羽山（標高608メートル）の麓に位置する。愉鶴羽山の山頂付近には愉鶴羽神社が鎮座し、かつて修験道の霊場として賑わった。また、境内のアカガシが優占する照葉樹林は県の天然記念物に指定されている。

　灘黒岩水仙郷は越前海岸（福井県）、房総半島（千葉県）と並ぶスイセンの日本三大群生地の一つとされる。江戸時代（1820年代）に流れ着いた球根が植えられたのが、その始まりと伝わり、現在、約7ヘクタールに500万本ともいわれるスイセンが咲き誇る。栽培が始まったのは今から100年ほど前である。海は近くにあるものの良い港がなく、島の外に働きに出た男たちに代わり、留守を預かる女たちが育て、刈り取ったスイセンを頭に乗せて急斜面に沿って運んだ。冬に咲く花は珍しく、高値で売れたという。1950（昭和25）～51（同26）年頃には200万本ものスイセンが咲き、詩人・富田砕花や日本画家・山内春曉人らによって「水仙郷」として広く知られるようになる。花の見頃は12月下旬から2月中旬。開花時にはスイセン特有の品があり、軽やかで爽やかな香りが一面に漂う。駐車場から展望台まで数百メートルの遊歩道が整備され、展望台からはスイセン越しに鱧で有名な沼島を間近に見ることができる。沼島はウミウの渡来地としても知られ、島の南側は県の天然記念物に指定されている。

佐用町南光のヒマワリ　＊夏

　佐用町は兵庫県の西部に位置し、岡山県に接している。南光地域は旧南光町のエリアで2005（平成17）年に佐用町の一部となった。

　ヒマワリの満開時期は1週間程度と短い。このため、7月上旬から8月上旬までの約1カ月の間、町内6カ所のいずれかの場所で最盛期の花が見られるように工夫しながら栽培されている。全体で約20ヘクタール、100万本以上の規模となる。

　ヒマワリ栽培は休耕中や耕作放棄された水田を活かそうと1990（平成2）

年に始まった。その後、町おこしの主軸にするため、1戸1アール運動が展開され、95(同7)年にはヒマワリ油を特産品にするための加工施設「ひまわり館」がオープンした。

たんとう花公園のチューリップ　＊春

　たんとう花公園は兵庫県の北部・豊岡市但東町に春の到来を告げる。毎年行われる「たんとうチューリップまつり」では300種、100万本のチューリップを堪能できる。中でも「10万本のフラワーアート」は来訪者を魅了する。色とりどりのチューリップ10万本で表現された縦70メートル、横30メートルの花の絵は、まさにアートである。花の絵は1994(平成6)年の「日本地図」から始まり、毎年、テーマを変えながら続けられている。

　チューリップまつりは、高齢化が進んで後継者の確保が難しくなるなか、特産の球根栽培のPRや地元のイメージアップを図るために1992(平成4)年に初めて開催された。

永沢寺花しょうぶ園のハナショウブ　＊夏

　永沢寺花しょうぶ園は神戸市の北隣・三田市の北部、標高550メートルほどある永澤寺の門前に位置する。地名は「えいたくじ」、寺名は「ようたくじ」である。永澤寺は1370(応安3)年頃、通幻禅師が開いた曹洞宗に属する禅寺である。創建当時からノハナショウブが自生したとされる場所に花しょうぶ園が開園したのは1975(昭和50)年である。3.3ヘクタールの敷地に約650種、300万本ほどのハナショウブが次々と咲き競う。昼と夜の寒暖の差が大きいため、紫や青など花の色がより鮮明なことが特徴とされる。

神戸市立森林植物園のアジサイ　＊夏、瀬戸内海国立公園

　神戸市立森林植物園は六甲山地の西方(西六甲)、再度山の北側に位置する植物園である。森林植物園は、自然科学の普及や観光を目的に神戸市の皇紀二千六百年記念事業として1940(昭和15)年に整備が始められた。総面積は142.6ヘクタール。樹木を主体とした植物園としては国内最大規模である。園内には、約1,200種(うち約500種は外国産)の木本植物を中心に、北アメリカ産樹林区、ヨーロッパ産樹林区、アジア産樹林区、日本

産樹林区(北日本区・照葉樹林区・日本針葉樹林区)といった原産地別に、自然生態を生かした樹林として植栽展示が行われている。

森林植物園はアジサイの名所としても知られ、25種、約5万株が栽培されている。梅雨空の下、赤や青など、色とりどりのアジサイを楽しむことができる。見頃の時期になると、普段は見られない珍しい種類のアジサイを集めた苗畑の通り抜けを味わうことができるのも特色である。

シチダンカはヤマアジサイの変種で六甲山の特産種である。漢字では「七段花」と書く。シーボルトの「フローラ・ヤポニカ(日本植物誌)」に採録されていたが、しばらくの間、実際に見ることができなかった。1959(昭和34)年に神戸市立六甲山小学校に勤めていた荒木慶治によって六甲ケーブルの沿線で「再」発見され、兵庫県赤穂市出身の室井綽博士によりシチダンカと確認された。発見された株は同校に移植され、その後、森林植物園で増やされて全国に広まったとされる。この「幻の花」はかざり花が八重咲きで、外側から内側にいくにつれて、大きな楕円状から小さな剣状へと形が変化する。それらが重なり合うと星のように美しく見える。また、ホンアジサイとエゾアジサイの交雑種と考えられているヒメアジサイのかざり花は澄んだ青色が鮮やかである。澄んだ鮮やかな青系の色は「六甲ブルー」と呼ばれ、六甲山系の酸性土壌が生み出すといわれている。

アジサイは神戸市民の花に制定されている。1970(昭和45)年の神戸市制80周年などを記念したものであり、制定の際に行われた市民アンケートでは絶大な人気だったという。

宝塚ダリア花つみ園のダリア　　＊夏・秋

宝塚ダリア花つみ園は、「歌劇のまち」として知られる兵庫県東南部に位置する宝塚市の最北部「上佐曽利」にある。

花の大きさや形などにより分類されるダリア。宝塚ダリア花つみ園では夏と秋の2回、さまざまな色や形をした数百種のダリアの花を楽しめ、また、好きな花を切り取り、持ち帰る(有料)ことができる。

上佐曽利地区でダリアの生産が始まったのは1930(昭和5)年である。山に囲まれた標高200メートルほどの盆地状の場所で、冷涼な気候がダリア栽培に適すると考えられたためか、有馬郡有野村(現神戸市)からダリアの球根が取り寄せられて試作が始まった。35(同10)年には36名の同志

で佐曽利園芸組合が設立される。36（同11）年には栽培農家が54戸、切り花作付面積は約6.7ヘクタールまでになり、表作はダリア、グラジオラス、キキョウ、裏作にはアイリスが作付けされ、土地の有効利用が図られた。戦時中も栽培を続けることができたのは、ダリアの球根にイヌリンという果糖が多量に含まれており、航空兵の栄養剤に適していることが理由の一つだったと伝えられている。

　宝塚のダリア栽培に貢献したのが愛知県出身の鬼頭常太郎である。戦前には、設立して間もない佐曽利園芸組合に新品種を紹介。戦後は佐曽利の地に移り住んで新品種をつくり出したほか、挿芽繁殖法などを生産者に教えるとともに海外輸出に関して示唆を与えた。1970（昭和45）〜71（同46）年のピーク時には、1年間に生産された300万球のうちの100万球がアメリカ、カナダなど海外へ輸出されたという。

砥峰高原のススキ　＊秋

　砥峰高原は兵庫県の中央部・神河町に位置し、ススキが広がる90ヘクタールほどの高原である。映画『ノルウェイの森』、NHK大河ドラマ『平清盛』『軍師官兵衛』のロケ地としても知られている。

　毎年春に山焼きが行われることでススキは維持されている。秋になると草原はススキの白い穂で埋め尽くされる。白い穂は花の集まりである。秋が深まるにつれ、花は綿毛のある種子へと変化して風に舞う。

　ススキは秋の七草の一つである。ススキの他、ハギ、クズ、ナデシコなど7種の草本で、日本の秋の花を代表するものとされる。山上憶良が『万葉集』の中で詠んだ歌が、その始まりと伝えられている。

　砥峰高原は1963（昭和38）年に雪彦峰山県立自然公園に指定された。本公園は、新潟県の弥彦山、福岡と大分の県境にある英彦山と共に日本三彦山の一つである雪彦山（915メートル）に代表される山岳景観、砥峰高原や峰山高原などの高原景観、そして福知渓谷などの渓谷景観を主要な要素とする自然公園である。

奈良県

春日大社のフジ

地域の特色

紀伊山地が大半を占める内陸県であるが、県北部の奈良盆地が古代の飛鳥・奈良時代の政治・文化の中心地として国家の基盤を築き、都城や神社仏閣などを発展させた。奈良盆地は大和川が西流し、大和青垣と呼ばれる若草山、春日山、高円山や生駒山、葛城山、金剛山などに囲まれ、美しい土地を意味する「国のまほろば」と呼ばれた。西には大和高原が広がり、南には吉野川が西流し、吉野山を北端に大峯山系が連なり、北山川、十津川が蛇行しながら南流する。太平洋側の暖温帯の気候を示す。

花風景は、古代からの吉野山・近世の城郭・近代の奈良公園などの古くからのサクラ名所、春日大社などの由緒ある神社仏閣の花木など、歴史的なものが特徴的であるが、山地の花木の群生地なども見られる。

県花はバラ科サクラ属のナラノヤエザクラ（奈良八重桜）である。一説にカスミザクラの変種といわれ、白色から紅色に変化する花弁を幾重にもつける。知足院ナラノヤエザクラは国指定天然記念物になったが、この原木は枯れて、今その子孫が生育している。小倉百人一首の和歌「いにしへの　奈良の都の　八重桜　けふ九重に　にほひぬるかな」は有名である。

主な花風景

吉野山のサクラ
＊春、吉野熊野国立公園、史跡、名勝、世界遺産、日本さくら名所100選

サクラの名所としてあまりに著名。吉野川の南、大峯山系の入口8キロほどの尾根続きの山体を吉野山という。標高200メートルほどから850メートルに及び、サクラの見所は、低い場所から、吉野駅から七曲坂周辺の下千本、五郎兵衛茶屋から如意輪寺にかけての中千本、火の見櫓から花矢倉にかけての上千本、さらに奥の吉野水分神社、金峯神社、西行庵付近の奥千本の4カ所があげられる。標高差があることから、長い期間サクラを楽

しむことができることが特徴で、このような場所は他に類がない。吉野山のサクラはその大部分がヤマザクラである。

修験道の開祖とされる役行者が大峯山での苦行の後、蔵王権現の姿を得てサクラの木に刻み吉野山に祀り、その後サクラは神木として保護され、寄進と献木が長年にわたって続けられ、吉野山は一面のサクラの山になったと伝えられる。実際には、民衆の吉野山に対する信仰がサクラを植える行為と結びつき、西行が訪れた12世紀にはかなりの数のサクラが植えられていたのであろう。大規模な寄進としては、1538（天文7）年に摂津平野の商人、末吉勘兵衛による1万本の記録があり、江戸期には、吉野山を訪れる旅人にサクラの苗が売られ、代金を払って植樹するなどサクラの植栽が連綿と続けられ、サクラの山になっていった。しかし、明治維新後、廃仏毀釈の流れ、また、江戸期の伐採を固く禁じる掟の消滅とともに、経済的に有用な樹への植え替えを目的としてサクラが伐られる時期があった。一方で地元による保全運動も生じ、1894（明治27）年の奈良県による吉野公園の設置が実現し、サクラの名所の復興が進められていく。その後、大正時代に入り、南朝史跡の保存とサクラの名所の保全を目的とした地元団体が設立され、サクラの山の維持の中心となり、今日に至っている。

奈良公園のサクラとアセビ
＊春、名勝、天然記念物、日本さくら名所100選

奈良公園は、東大寺、興福寺境内の台地から若草山、春日山まで500ヘクタール以上の広域にわたる公園である。1889（明治22）年におおむねこの範囲がすでに公園に含まれている。3月下旬から5月上旬にかけて、エドヒガン、シダレザクラ、ソメイヨシノ、ヤマザクラ、ナラノココノエザクラ、ナラノヤエザクラなど多種のサクラが公園を彩る。若草山にはヤマザクラの大木が点在し、ソメイヨシノも植栽されているが、芭蕉の句とも伝えられる「奈良七重七堂伽藍八重桜」でイメージされる寺院とヤエザクラの織りなす風景が奈良公園の春を代表する。

ナラノヤエザクラ（奈良八重桜）は、この公園のサクラを代表する種類で、若草山山麓を中心に植栽されている。大正年間に植物学者の三好学が東大寺の塔頭の一つである知足院の裏山のサクラを見て、11世紀に伊勢大輔が「いにしへの　奈良の都の　八重桜……」と詠んだ八重桜であるとし、ナラノヤエザクラと命名した。カスミザクラが重弁化した品種と考えられ、

公園に植栽されている個体は遺伝的に均質なクローンで、開花時期や紅葉時期は全個体ほぼ一緒で、他のサクラが花期を終えた後、最も遅く咲く。奈良県の花、奈良市のシンボルとしても指定されており、奈良市章はこの花をかたどっている。ナラノココノエザクラ（奈良九重桜）もこの公園に多く植栽されている種類であり、ヤマザクラが重弁化した一品種で、ヤマザクラ同様、花と同時に若い葉が出る。ソメイヨシノやヤマザクラに少し遅れて満開となる。かつて大正末から昭和初期に奈良県公園課長であった坂田静夫が奈良の八重桜よりも一段と美しいから九重桜と命名したが、1998（平成10）年にヤマザクラの園芸品種として記載された。サクラの時期には、花びらをついばむシカの姿も随所で見られ、奈良公園ならではの風景が展開する。

奈良公園の早春を代表するアセビは、2月から3月には小さな釣鐘型の白い花を房状につける。強い毒性があり、シカがこれを食べないことから、奈良公園内のそこここで見られる。春日大社の神職たちが居住した社家町である高畑から春日大社に至る「下の禰宜道」の両側にはとりわけ多い。

郡山城跡のサクラ　＊春、日本さくら名所100選

大和郡山市は、大和盆地の北部のほぼ平坦な地に、戦国時代に郡山城が豊臣秀長の居城となり、城下の整備が進められ、城下町として発展する。郡山城の石垣、堀の多くは現在もその姿をとどめているが、春には、城の櫓を包み込むサクラの風景が印象的である。

城跡のサクラは、1585（天正13）年に豊臣秀吉の命により多武峰の談山神社が郡山城の北に移された際、多武峰にあったサクラが城内に移されたのが始まりと伝えられる。1724（享保9）年に柳澤吉里が甲府より入城した際に多くのサクラを補植し、この時期には、藩士、町民に楽しまれていたという。明治になり城郭は取り払われたが、1880（明治13）年に旧郡山藩士により城跡の本丸に柳澤吉保を祀る柳澤神社が建てられ、その周辺にサクラを植え、かがり火をたいて夜桜が楽しまれた。その後明治後期には、町民の寄付金により3,000本が植えられている。

ソメイヨシノをはじめ、ヤマザクラ、サトザクラ、シダレザクラが植栽されており、1980年代に復元された追手門、追手向櫓、東隅櫓を背景にして優美な姿をみせている。築城から400年を経過する郡山城天守台の石

垣は破損が進み、立ち入りが禁止されていたが、2017（平成29）年に修復と展望施設の整備事業が終了した。天守台からは、足下の城内にサクラを遠望すれば、若草山をはじめ奈良盆地を囲む大和青垣の山々がはるかに見渡せる。

春日大社のフジ　＊春、史跡、世界遺産

奈良市街地の東、御蓋山の麓に768（神護景雲2）年に造営された春日大社の社紋は下り藤。広い境内のそこここに、4月下旬になるとフジの花が明るさを添える。

フジは境内の随所に古くから自生していたといわれ、ここに氏神を祀る藤原氏ゆかりの花でもある。参拝客の絶えない本殿の南門左手には、「砂ずりの藤」と称される樹齢800年といわれる古木が長い花房を伸ばし、見事である。本殿から若宮神社にかけての御蓋山の斜面では、スギやナギに絡みつくフジが紫色の花を広げる。そして、境内の神苑萬葉植物園にある「藤の園」では、回遊式庭園に20品種、200本ほどのフジが植えられ、園内を巡ると次々に現れる紫、薄紫、ピンク、白のフジに圧倒される。ここでは、日本産のフジ、ヤマフジの品種ばかりでなく、中国産のシナフジの品種も見られる。

奈良公園に植物園を設置する構想は、1910（明治43）年頃から計画されていたが、28（昭和3）年の御大典記念事業として万葉植物園を設置する案が浮上し、万葉学者佐佐木信綱の尽力、大阪朝日新聞や大軌（現近鉄）、有志寄付金を得て、造園家大屋霊城の設計により32（同7）年に開設された。『万葉集』に登場する植物種を200種以上植栽したが、生育条件の違う多くの種を一定の区画に植え込むことには困難があったとされる。「藤の園」は、86（同61）年に拡張整備された際に設置され、フジは萬葉植物園のメインフラワーとなっている。早咲きの品種から遅咲きの品種まであるが、花期は短く、開花から2週間ほど。

矢田寺のアジサイ　＊春

奈良盆地の北西部、生駒山地と並行してその東側に矢田丘陵が連なる。その南部に盆地から100メートルほど高い傾斜地に矢田山金剛山寺（矢田寺）はある。あじさい寺として知られるこの寺は、6月ともなると境内に

210

水色、赤色、紫色、白色のアジサイが色とりどりの花をつけ、一気に華やかになる。

矢田寺のアジサイは、本尊の地蔵菩薩にちなんで、1965（昭和40）年頃から植え始めたという。アジサイの花色が変化することが「諸行無常」の心を示すこと、丸い花が地蔵菩薩の持つ宝珠の形を示すことによるという。広い境内には60種ほど、1万株の色とりどりのアジサイの花が植えられているが、品種が多いことから5月中旬から9月に開く花まで見ることができる。あじさい庭園では、高低差のある立体的な回遊式の庭を進むと、ところ狭しと植えられたアジサイに四周を囲まれ、あじさい見本園では、数多くの品種を一度に見ることができ、アジサイの栽培品種の多様さを感じさせる。

長谷寺のボタン　＊春・冬、大和青垣国定公園

近畿地方中央部、初瀬川が奈良盆地に流れ入る手前の谷底平野に出る地点に長谷寺はある。仁王門から入って正面に続くのが登廊で、4月下旬になると150種、7,000株にも及ぶというボタンが登廊の両脇に豪華な花を広げる様子は忘れることができない。花の寺といわれるこの寺は、春はサクラ、ボタン、初夏はアジサイ、秋は紅葉と四季を通じて参拝客で賑わう。

この寺のボタンについて寺伝では、唐の僖宗皇帝妃が長谷寺十一面観音を祈願したところ願いが叶い、お礼として宝物にボタンを添えて献上したことに始まるという。9世紀末ということになる。ボタンはもともと薬用として中国からもたらされ、奈良時代にはもっぱら薬用であったが、観賞用も栽培されるようになり、長谷寺の古文書には、1700（元禄13）年に登廊の両側にボタンを植栽した記録があるという。

長谷寺のボタンは12〜1月にも見られる。春に蕾を、夏に葉を取り、藁の霜囲いをして保護し冬に開花させる寒牡丹と、温室で開花を調整した冬牡丹とが見られる。長谷寺では、多くの献木が行われ、ボタンの花が絶えない境内になっているという。

月ヶ瀬梅林のウメ　＊冬、名勝

近畿地方の中央部、奈良県と三重県、京都府の境界付近を流れ木津川に注ぐ名張川中流に月ヶ瀬はある。梅林の中を進めば、紅、ピンク、白の花

に包まれ、斜面に広がるウメの花の後ろに月ヶ瀬渓谷を見下ろす風景は、初春の風景として忘れられない。

　江戸時代には、紅花染の材料である烏梅の生産地として、文化文政年間（1810～30年頃）には、月ヶ瀬村内には10万本近くのウメが栽培されていたという。月ヶ瀬梅林は齋藤拙堂による『月瀬記勝』が1852（嘉永5）年に刊行され、そこで賞賛されたことで、ウメの名所としての地位が確立する。明治時代になると、化学染料が導入され烏梅の需要がなくなり、月ヶ瀬のウメも次々に伐採されるが、幕末から明治時代にかけ、月ヶ瀬を探勝した紀行文は数多く記され、観梅の名所としての評価は高くなる。この名所を維持するために旧月瀬村による梅林保護が進められ、また、住民による活動も行われ、1922（大正11）年にわが国最初の名勝として指定される。第2次世界大戦の前には2万本といわれたウメの木は、戦後は半分までに減少した。69（昭和44）年に8キロほど下流に高山ダムが建設され、川沿いの水没する場所にあったウメは3,800本、移植したものもある。現在管理されているウメは約1万本という。

　明治時代から、月ヶ瀬での観梅のポイントとして、一目千本、一目万本、一目八景といった場所が順次紹介され、近くに咲くウメと背景の月ヶ瀬川の渓谷を共に楽しむ風景が親しまれてきた。現在は、渓谷の北側斜面から尾根沿いに広がる梅林が見どころで、一目八景からウメごしに眼下に見下ろす渓谷の風景は迫力がある。

室生寺のシャクナゲ　＊春、室生赤目青山国定公園

　奈良県の東北部から三重県名張市にかけての山地は、1,500万年前に活動した室生火山群である。この山地の中心部、室生川に沿って室生寺はある。4月に、仁王門をくぐり左手に延びる鎧坂の石段では、奥に金堂を見上げる右左にピンク色、赤色のシャクナゲに息をのむ。鎧坂の両側の他、灌頂堂（本堂）前、五重塔の下、そして奥の院への急な石段にシャクナゲが見られ、石段や建造物を背景に咲く姿が美しい。境内に3,000本あるという。

　室生寺の周囲の急峻な山々は外輪山ともいわれ、火山群の中央の山地から渓流が室生川に注ぎ、岩窟、奇岩、断崖が見られる。このような地形からか、山岳信仰や雨乞い祈願の場とされてきた。女性にも開かれた真言密

教の寺院として、鎌倉時代以降は「女人高野」として信仰を集めてきたが、現在はシャクナゲの寺としても知られる。これは、昭和初期に当時の管長がシャクナゲの寺にすることを考え、境内に自生していた株の手入れをしたことから始まったようである。1934（昭和9）年には、地元の人々により「シャクナゲ講」が設けられ、宇陀郡内の曽爾村、御杖村などで採取し、境内まで運び植えたという。その後、シャクナゲ講の人々によって、下草刈り、施肥、株の補植といった手入れが続けられたという。

『古寺巡礼』で知られる写真家土門拳は、1939（昭和14）年に訪れて以来、生涯、室生寺の写真を撮り続けたが、花を取り上げた写真は少なかった。しかし、78（同53）年の室生寺の最後の作品『女人高野室生寺』では、シャクナゲに彩られる鎧坂、金堂、五重塔をはじめ、花を撮っている。最後に花の風景を求めたのだろうか。

葛城山のツツジとカタクリ　＊春、金剛生駒紀泉国定公園

奈良県と大阪府の境界をなす金剛山地に標高950メートルほどの大和葛城山はある。高原状になった山頂付近は、5月にはヤマツツジの大群落に覆われ、一面が赤色に染まる。

このツツジは、1970（昭和45）年に一帯を覆っていたカツラギザサが花をつけて枯れるとともに姿をみせ、一斉に生長して一大群落になったという。葛城山頂の南西側は、ヤマツツジの他、モチツツジ、コバノミツバツツジツツジが広がる。65（同40）年刊行の『御所市史』では、葛城天神社から山頂までカツラギザサ一色に塗りつぶされていて、ササの根元ではカタクリが繁茂していると記されており、山頂の北東側もササ原で現在とはだいぶ違った風景であった。山頂一帯はかつて麓の櫛羅集落の共有地として利用されてきていたが、葛城天神社の境内地だけはブナ林として残されている。神社は大正時代に櫛羅の神社に合祀されていたが、67（同42）年、葛城山上までのロープウェイ設置に合わせ、山上駅近くに神社の新社殿が造営され、再び山の神として祀られることとなった。一帯にはかつてカタクリが広く見られたとされるが、現在は、山上駅から北側に延びる自然研究路を行けば、4月に可憐な花が見られる。

30 和歌山県

日高川河口のハマボウ

地域の特色

紀伊半島の南西部を占め、西は瀬戸内海に臨み、北は和泉山脈、東は紀伊山地と熊野川、南は太平洋に接し、本州最南端の潮岬がある。県北部には中央構造線に沿って紀の川が西流し、和歌山平野をつくり、和歌山の町を生んだ。古くは紀伊の国であり、近世には徳川御三家として和歌山城を拠点とする紀州藩が置かれ、田辺、新宮に支藩を配した。古来、和歌浦、紀三井寺、高野山、熊野三山などが参詣者であふれ、湯浅醤油、粉河酢、備長炭、有田蜜柑などの産業が発展した。暖温帯の気候を示す。

花風景は、古くからの由緒ある寺院や現代のダム湖のサクラ名所、歴史のあるウメやモモのなりわいの花、寺院の多彩な花木、河口の海浜植物、高原の草原植物など、全体として里地里山の花などが特徴的である。

県花は県民投票によって定められたバラ科サクラ属のウメ（梅）である。早春に葉が出る前に、鋭い形姿を見せる枝に紅梅、白梅と呼ばれる美しい花をつけ、芳香も良く、古来、文芸や絵画などで愛でられてきた。みなべ町などの紀南地方は古くから食用のウメを生産し、現在も紀州南高梅としてブランド化している。ウメは大阪と福岡の府県の花でもある。

主な花風景

紀三井寺のサクラ　＊春、日本さくら名所100選

紀三井寺は紀ノ川河口の平野部の南、名草山の中腹にある。境内には約500本のサクラの木が植えられ、花期になると、名草山はサクラに包まれる。ソメイヨシノ、ヒガンザクラ、ヤマザクラが見られる。境内の楼門、本堂、鐘楼などの建造物を覆うようにサクラが咲き、これらの建物がサクラの花の間に見え隠れする風景が日本の春を感じさせる。本堂前には和歌山地方気象台季節観測用のソメイヨシノ標本木があり、近畿地方で最も早く開花

が宣言されることから、近畿地方に春を呼ぶサクラといわれる。高い本堂
や多宝塔からサクラの花の向こうに和歌浦も望める。和歌川を挟んだ紀三
井寺の対岸の和歌浦には、当初、慶安年間（1648〜52年）に紀伊徳川家初
代藩主の頼宣が水上に建設した観海閣が再建されており、ここから紀三井
寺を遥拝したといわれる。

根来寺のサクラ　＊春、史跡、日本さくら名所100選

　根来寺は、和歌山県最北部を東西に走る中央構造線がつくり出した和泉
山地の南麓、紀の川の北側に位置する。寺のすぐ南を中央構造線が走る。
12世紀に起源を持つこの寺の内外にはソメイヨシノ、ヤマザクラ、シダレ
ザクラなど7,000本ほどのサクラが見られ、花期には広大な敷地の内外が
サクラで覆われる。境内には推定樹齢300年を超えるシダレザクラの古木
も見られる。

　戦国時代には根来寺を中心とした僧兵集団が鉄砲で武装し、根来衆とし
て活動。大きな勢力となったため1585（天正13）年に豊臣秀吉に攻められ、
全山が焼失する。その際わずかに残り現在に伝えられる建造物は、日本最
大の木造の多宝塔である大塔と大師堂のみである。その後、徳川家による
再興の許しを得て江戸期に大伝法堂、大門が再建され、サクラ、紅葉の中
に堂宇が立つ現在の姿がつくられてきた。大門の近くのサクラが見もので、
門ごしに見え隠れするサクラが、その中に立つ仁王像を包み込むかのよう
に咲く。

七川ダム湖畔のサクラ　＊春、日本さくら名所100選

　古座川は紀伊半島最南部、かつての火山活動で生じた熊野カルデラの外
壁に沿って流下し、熊野灘に注ぐ。この川の上流、古座川の洪水調整と発
電を目的に1956（昭和31）年に七川ダムが完成し、その際、湖畔周囲に地
域住民が約3,000本のソメイヨシノを植樹したという。国道371号を北上し
佐田に入ると沿道にサクラ並木が続き、「佐田の桜」ともいわれ、開花期の
古座川桜まつりは多くの人で賑わう。

　ダム湖畔のソメイヨシノは老木となってきているため、クマノザクラの
植栽を進めるという。クマノザクラは熊野川流域地方に分布し、野生のヤ
マザクラやカスミザクラとは、花柄や葉の形の違い、開花期が早く重なら

ないなどの特徴を持ち、2018（平成30）年に新種と判断された。日本の野生のサクラとしては、9種が自生しているが、1915（大正4）年にオオシマザクラの種名が発表されて以来、約100年ぶりの新種の確認となった。

南部梅林のウメ　＊冬

　和歌山県の中央部、南部川の流域に広がるみなべ町は、梅と備長炭の生産が盛んである。中流から下流の斜面は、2月ともなると、ウメの白い花で霞がかかったように覆われる。

　2015（平成27）年の農林業センサスでは、和歌山県のウメの栽培面積は全国の約6割を占め、みなべ町は県内の栽培面積の5割弱、隣接する田辺市の栽培面積と合わせると9割近くに及ぶ、国内最大のウメ産地である。この地のウメ栽培は400年以上の歴史を持ち、江戸初期から田辺藩主がその栽培を奨励したとされる。みなべ町で栽培されるウメの大半が「南高梅」で、梅干にすると果肉が厚く皮が薄い良質な品種である。この地域ではさまざまな品種が試みられてきたが、1902（明治35）年、高田貞楠がみずからの畑に植えたウメの中に実が多く大きい優良な樹を見いだし、それを母樹として高田梅を育てた。50（昭和25）年、旧南部川村の中で優良品種のウメの調査選定が始まり、5年間にわたる調査の結果、高田梅が最優良母樹に選ばれた。調査研究に南部高校の職員・生徒が協力したことから「南高」と命名され、65（同40）年に種苗の名として登録された。南高梅は、この地をはじめ和歌山県内のウメの栽培面積の8割以上で栽培される品種となっている。

　「みなべ・田辺の梅システム」が、2015（平成27）年に国連食糧農業機関により、持続可能な農業システムとして世界農業遺産に認定された。斜面の土砂流出を防ぐために梅林の周囲にウバメガシの薪炭林を残し、備長炭をつくっている点、ウメの受粉にニホンミツバチを使っている点、ウメの生産者と加工業者が連携して梅干しを生産している点など、この地域のウメを中心とした農業生産システムが高く評価されている。

桃源郷のモモ　＊春

　和歌山県北部、紀の川に貴志川が合流する付近の低地は、「あら川の桃」の産地。3月の花期に紀の川の堤防に沿って進むと、ピンク色の花がどこ

までも一面に広がり、壮観である。

桃源郷と呼ばれるモモの一大産地がある安楽川地区は、河川の合流点で水害が多く「荒川」と呼ばれていたが、12世紀の半ば、鳥羽上皇の皇后美福門院が安楽川に改めたという。水はけが良い砂地で、温暖な気候と河川のもたらす肥沃な土壌に恵まれていることで良質なモモの産地となっている。現在は200ヘクタール以上で栽培され、主要品種は白鳳、清水白桃で、この地で発見された桃山白鳳も栽培されている。この地区でのモモの栽培は、元禄年間(1688〜1704年)までさかのぼるといわれるほど古い。1782(天明2)年に摂津国池田からモモの木を導入した記録が残されているが、明治時代以降には「あら川の桃」として、和歌山から大阪、そして全国へ販路を拡大していった。1963(昭和38)年に安楽川町と2村とが合併した際、モモの産地であることにちなんで町名を桃山町とし、この時期、他の地域ではミカンの生産を増加させるなか、モモ畑の拡大を積極的に行うことにより一大産地となっていった。堤防沿いに2キロ以上にわたり、山の斜面にかけてモモの栽培地が広がる。他の産地との競争の中で、ブランド桃を維持していく努力と共に春の風景はある。

子安地蔵寺のフジ　＊春

和歌山県最北部を東西に横切る紀の川の中流域北岸、和泉山脈の麓、のどかな田園地帯にある寺は、4月中旬ともなるとフジの花を見ようと境内に人があふれる。8品種、二十数本あるフジが紫、ピンク、白、紅に色づき、長い花房をたらし、また八重の花を咲かせる。

737(天平9)年、行基の開基と伝えられる古刹。本尊の地蔵菩薩も行基自身が彫った、日本最古の地蔵菩薩とされる。安産や子育て守護に霊力があるとされ、子安地蔵と呼ばれている。1581(天正9)年に織田信長勢により焼かれるが、その後、紀州藩初代藩主徳川頼宣の娘の難産を救ったことで境内の伽藍が再興され、歴代藩主に信仰された。今でも安産祈願の寺として信仰を集めている。

フジの花期には真っ赤なツツジも満開で、鮮やかなコントラストをみせる。初春にはウメ、春にはサクラ、初夏にはアジサイ、秋にはハギ、冬にはサザンカ・ツバキと四季を通じて花に包まれ、安産祈願の寺と共に花の寺として知られるようになった。

日高川河口のハマボウ　＊夏

　和歌山県の中部、日高川の河口の湿地に、7月になると、ハマボウが一面に黄色い大輪の花をつける。県内に数カ所群落が確認されているが、日高川河口のものが最大である。

　ハマボウは関東以西の本州、四国、九州と韓国の済州島に分布し、高さは1〜3メートルほどと高くはないが、大きなものは横に広がる。暖地の汽水域の湿地に生育し群落を形成する。花は朝に咲いて夕方にしぼむが、一つの木で次々に花は咲いていく。ハマボウの生育する河口付近や内湾の沿岸の湿地は、埋立てや護岸、堤防工事により、全国的に消失が進んできている。ハマボウの分布する府県のレッドデータブックでは、大阪府では絶滅、それ以外でも絶滅のおそれがある種として掲載される県が多い。その中で、日高川河口のハマボウは比較的安定した群落として維持されている。1968（昭和43）年に御坊市の天然記念物に指定され、また、市のシンボルとして94（平成6）年に市の花木に指定されている。市内のマンホールの蓋にはハマボウがデザインされ、市民に親しまれる花となっている。

生石高原のススキ　＊秋

　和歌山県の北寄り、有田川の中流域の北側、標高870メートルの生石ケ峰から稜線に沿って西側に約13ヘクタールにわたって広がるススキ原。10月になると一面の銀世界となる。

　関西一ともいわれるこのススキ原も、茅場としての利用がされなくなるとともに植生遷移が進み、県の調査では、1968（昭和43）年から96（平成8）年の間に約26ヘクタールから8.4ヘクタールへと規模を縮小させた。県は98（同10）年度から3カ年の調査を経てススキ草原復元の計画を策定し、2001（同13）年度からススキの刈り取り、雑木の処理、草原性の植物の増殖などの活動を地域住民、ボランティアと共に進めている。かつて行われていた山焼きは、03（同15）年から、地元町と観光協会により再開され、現在は毎年9.3ヘクタールの範囲で実施され、ススキ原が維持されている。

鳥取県

湯梨浜町の二十世紀ナシ

地域の特色

　山陰地方に位置し、北は日本海に面し、南は中国山地によって山陽地方と隔てられている。名山の大山（1,711メートル）がそびえ、温泉も多い。古くは因幡と伯耆の国からなり、近世には池田氏が鳥取城に入り、鳥取藩を治めた。中国山地からは千代川、天神川、日野川の河川が日本海に流れ、平野に鳥取、倉吉、米子の町を発展させ、海岸には砂浜と砂丘を形成した。山麓の二十世紀ナシや砂丘のスイカ、ラッキョウなどは独特の風景を生み出している。日本海側の暖温帯の気候である。

　花風景は、近世の城郭跡や近代の公園のサクラ名所、寺院の花木、二十世紀ナシやラッキョウなどの特産品のなりわいの花が特徴的であるが、低層湿原のカキツバタ、観光地の花畑なども見られる。

　県花はNHKなどによって選ばれたバラ科ナシ属の二十世紀ナシである。ナシの栽培品種で白い美しい花をつける。わが国には野生種のヤマナシなどが自生し、古くから食されてきたが、近世には多くの栽培品種が生まれた。後述するが、二十世紀ナシは19世紀末に千葉県で発見され、新時代のナシとして二十世紀と命名され、20世紀になり鳥取県で普及した。

主な花風景

久松公園のサクラ　＊春、史跡、日本さくら名所100選

　久松公園は、千代川が形成した沖積平野の縁にそびえ、鳥取市内のどこからでも望める久松山の麓にある。鳥取藩32万石の居城として存続した鳥取城跡に開設された公園では、花期には久松山麓斜面の旧城内と、山裾の堀の両側のソメイヨシノが一斉に開花し、斜面一帯がサクラで包み込まれる。久松山山頂部には中世の城郭遺構があり、山麓の城跡は近世のものである。久松公園は1923（大正12）年に開設され、公園内に240本余りあ

るサクラは、城内のものはほとんどソメイヨシノで、堀端にはシダレザクラもみられる。

鳥取城のサクラは、1621（元和7）年頃に内堀の堀端にサクラが植えられ「桜の馬場」とも呼ばれたというが、その後枯死し、1907（明治40）年に皇太子の山陰行啓（ぎょうけい）が行われた際、堀端に250本を植えたことで堀端のサクラの風景が整備された。城内のサクラは久松公園開設の頃に植樹され始め、24（大正13）年の皇太子ご成婚記念などを契機にヤマザクラ、ソメイヨシノが植樹されたという。その後、戦後、60（昭和35）年頃からソメイヨシノが数多く植えられ、春先に一斉に開花する現在の風景が形づくられている。

打吹公園のサクラ（うつぶきこうえん）　＊春、日本さくら名所100選

打吹山（うつぶきやま）は、鳥取県中部、天神川（てんじんがわ）中流域の倉吉（くらよし）盆地の縁に位置し、山陰地方では珍しく全山が照葉樹（しょうようじゅ）に覆われる。山の北麓にある打吹公園では4,000本のソメイヨシノ、シダレザクラが咲き、数万本あるというツツジと共に、山陰の春に彩りを与えている。

打吹山は中世には山上に打吹城が置かれたが、江戸期に廃城し山麓に陣屋（じんや）が設けられる。その後、1907（明治40）年の皇太子行啓を前にして、北麓に打吹公園が開設され、公園内に宿舎として飛龍閣（ひりゅうかく）が設けられた。66（昭和41）年には公園に多数のサクラが植栽され、サクラの名所となっている。04（明治37）年の打吹公園開設時に設けられた羽衣池（はごろもいけ）の周辺では、水面と池に架かる橋、サクラの組合せが美しい。明治期の池であるが、その後、1980年代に打吹山の天女伝説と結びつけ、羽衣池の名が付けられ、現在は断ち切りたい過去の思いを記した紙を水に浮かべ流す、願いの場となっている。

住雲寺のフジ（じゅううんじ）　＊夏

大山（だいせん）の北側山麓、海岸線から1キロほどのところに藤の寺として知られる住雲寺はある。5月には、境内を覆う藤棚に1メートルから1.5メートルの花が下がり紫に包まれる。

住雲寺は1334（建武元）年に建立されたと伝えられるが、その前年は、元弘（げんこう）の乱で隠岐（おき）に流されていた後醍醐（ごだいご）天皇が島を脱出した年であり、上陸

したという名和湊(なわみなと)はすぐ近くである。現在の建物は平成になって建て替えられたもの。住雲寺のフジは、六尺藤(ろくしゃくふじ)と呼ばれているが、フジの園芸品種ナガフジ系統の一種で、この系統は長い花房(はなふさ)が風に揺れて咲く美しい姿から多くの品種がつくり出されている。六尺藤は古くから関東地方で培養されていたといい、ここのフジも埼玉県のものを譲り受けて植えられたものである。4本の大木が藤棚いっぱいに広がる。

とっとり花回廊(はなかいろう)のサルビア　＊夏・秋

鳥取県最西部を流れる日野川(ひのがわ)中流域に広がる越敷野台地(こしきの)にある公園。大山の姿を借景した1ヘクタールの花の丘では、初夏にはブルーサルビアが青く、秋にはレッドサルビアが赤く一面を彩る。

とっとり花回廊は、鳥取県が観光振興と花き(か)園芸振興の拠点として整備し1999（平成11）年に開園した。面積約50ヘクタールに及ぶ公園の中心に直径50メートル、高さ21メートルのガラス温室であるフラワードームを置き、それを全長1キロの円形の展望回廊が取りまく。里山の地形にできるだけ手を入れずに水平に設置された回廊を進むと、時にトンネルになり、高い橋脚で沢を渡り、高木の梢の中に入っていく。園内にササユリが多く自生していることや全国的に野生ユリが減少していることから、遺伝資源の保全の観点から、公園のメインフラワーをユリとしている。日本原産の15種をはじめ世界の原種も多く集め、ユリの植栽展示に力を入れているほか、園内に配置されたさまざまな花壇では四季折々の花が見られる。

湯梨浜町(ゆりはまちょう)の二十世紀(にじっせいき)ナシ　＊春

鳥取県中央部、日本海の入江が堰き止められた海跡湖(かいせきこ)である東郷池(とうごういけ)の周囲、なだらかな斜面を二十世紀ナシの白い花が覆う。春、サクラが終わった頃に広がる梨の産地ならではの風景。

元禄(げんろく)時代に鳥取藩が農家の副業として果樹栽培を奨励したとされ、果樹栽培の歴史は長い。二十世紀ナシは1888（明治21）年に千葉県で発見、苦労して育成され、「新太白(しんたいはく)」という名で高い評価を受けた。二十世紀という品種名が付けられたのは1904（同37）年末か05（同38）年初めとみられるが、04（同37）年の春には鳥取県の篤農家が10本の苗木を県内に導入し、鳥取県内にナシ栽培が次第に広がっていく。二十世紀ナシが特に被害を受

中国地方

けやすい黒斑病(こくはんびょう)により、栽培をあきらめる農家が増え危機的な状況になるが、防除方法が確立し、産地として安定する。

旧東郷町(とうごうちょう)は、排水の良い花崗岩(かこうがん)系の土質の傾斜地であること、気候が温暖であること、台風が少なく収穫が安定していることなどから、ナシの適地として1950年代以降急速に栽培が拡大した。鳥取県のナシは、1980年頃には3,500ヘクタールを超えた栽培面積が、2015（平成27）年には5分の1ほどに減少するなか、湯梨浜町では「東郷梨」のブランドにより、減少傾向は2分の1程度でとどまっている。15（同27）年時点で、二十世紀ナシの栽培面積は全国的には10％を切っているが、鳥取県では65％と圧倒的に多い。中でも湯梨浜町は二十世紀梨を大切にする条例を制定し、生産者、町民、関係者が連携し、地域の特産を維持しようとしている。品質の良い梨の生産に水はけの良い傾斜地が好まれた時期もあったが、高齢化の中で傾斜地の栽培地から減少している現状で、作業負担を軽減する努力も求められている。

福部砂丘(ふくべさきゅう)のラッキョウ　＊秋、山陰海岸国立公園

中国山地の花崗岩(かこうがん)が砂となり千代川(せんだいがわ)に運ばれ、北西の季節風に打ち寄せられ、河口の東西に砂丘が形成される。福部砂丘は秋になると、うねうねとした砂地の畑を、薄い赤紫色の花がカーペットのように覆う。120ヘクタールあるというラッキョウ畑。防砂林の濃緑と眼下に広がる日本海の青と相まって、この地の代表的な秋の風景をつくり上げている。

ラッキョウは中国原産で、日本には平安時代に薬用植物として伝えられ、19世紀初頭の農業全書で野菜として栽培方法も紹介されている。千代川河口に広がる砂丘は、東西15キロに及び、東から福部砂丘、浜坂砂丘(はまさかさきゅう)、湖山砂丘(やまさきゅう)に大きく分けられる。現在鳥取砂丘(とっとりさきゅう)と呼ばれている場所は浜坂砂丘の一部が1955（昭和30）年に天然記念物に指定され、また、国定公園に指定され、観光化が進んだ個所である。西側の湖山砂丘は早くから畑地として利用され、住宅地、鳥取空港用地となっている。そして起伏に富んだ東の福部砂丘は、ラッキョウ畑に特化した利用が進められた。この地でのラッキョウ栽培は14（大正3）年に石川県から球根を取り寄せたことから始まる。砂丘地は病虫害も少なくラッキョウ栽培に適しており、大正期には県外への出荷が始まり、栽培が広がっていく。しかし、人力作業は非常

な重労働が伴うことから、65（昭和40）年度からの構造改善事業により、農道、圃場の整備、農地造成が進み、170ヘクタールの圃場が確保され、作業効率が格段に向上した。現在、作付面積は120ヘクタールとなっているが、販売価格の低迷、生産者の高齢化の問題は避けられない。省力化、安定生産といった課題と取り組みながら、砂丘の風景が維持されていく。

唐川のカキツバタ　＊春、天然記念物

　唐川湿原は、鳥取県の東部、岩美町内にあるが、鳥取市福部町を流下する塩見川の最上流部に位置し、標高370メートルほどの位置にある。5月下旬からはカキツバタの花で湿原が紫色に埋まる。カキツバタ群落は、江戸時代から観賞地として知られていたという。1944（昭和19）年、国の天然記念物に指定されるとともに、88（同53）年、鳥取県の自然環境保全地域に指定され、保全されている。

　カキツバタ群落のある湿原部分は、東西75メートル、南北130メートル、面積0.6ヘクタールほどと規模は大きくないが、湿原堆積物による泥炭層が見られることが珍しい。唐川湿原のすぐ上流には、ハッチョウトンボの生息地として知られる大沢池があるが、この池は灌漑用のため池として1873（明治6）年に完成したもの。それ以後は、ため池からの落とし水と、ため池から唐川集落への灌漑用水路からの漏出水によって湿原は維持されている。湿原には流水地から滞水地まで多様な水環境があることから、生育する植物の種類も多く、100種類以上を数える。春にはサワオグルマ、トキソウ、初夏から夏にはカキツバタの他、オオバギボウシ、コオニユリ、秋にはサワギキョウが湿原に花を咲かせる。

　現在、湿原の西側と南東側の尾根上には湿原と大沢池を囲むようにゴルフ場のコースが開設されている。湿原の水源は、大沢池とゴルフ場の沈殿池となっており、結果として定常的な水量が供給されており、大きな植生の変化はみられていない。また、水量のコントロールのために、老朽化した灌漑用水路の更新が行われるなど、湿原の環境維持を目的とした事業も行われ、微妙な水環境の上に成り立っている湿原植物群落の保全への配慮がなされている。

島根県

津和野のハナショウブ

地域の特色

 日本海に沿って細長く東西に延びる県であり、北には隠岐諸島を有し、南には中国山地が連なる。硬い溶岩が盛り上がってできた溶岩ドームの三瓶山や玄武岩などの柔らかい溶岩でできた火山地形の中海の大根島や宍道湖の嫁ヶ島などが見られる。出雲の神話にも出てくる神戸川や斐伊川が出雲大社のある出雲平野や松江城のある松江平野をつくった。石見、津和野などの歴史のある町もあり、由緒ある寺院などもある。日本海側の暖温帯の気候を示す。

 花風景は、近世の城郭跡や近代の河川堤防のサクラ名所、武家屋敷の草花、園芸用の花き栽培の生産地、寺院や公園の花木、離島の花木園、伝説の池の湿原植物などが特徴的であり、自然地域の花は比較的少ない。

 県花は NHK などによって選ばれたボタン科ボタン属の落葉樹のボタン（牡丹）である。中海の大根島が、近世からボタンの一大生産地を形成してきたことにちなむ。園芸品種が多く、花の色は多彩で、一重、八重、中輪、大輪など形も豊富である。中国では古来「富貴花」「花の王」と絶賛されてきた。

主な花風景

松江城山公園のサクラとヤブツバキ　＊春・冬、史跡、日本さくら名所100選

 松江平野の小丘陵上に1611（慶長16）年に堀尾氏が築城した松江城の城内に設けられた公園。春先には本丸のソメイヨシノが天守閣をひきたたせ、冬には本丸西側の椿谷にあるヤブツバキがそこここに花をつける。1871（明治4）年に廃城となった後、天守閣も取り壊される予定であったが、旧藩士が地元の豪農に保存の支援を求め、落札価格と同額を政府に納めることで、天守閣が存続することとなった。明治20年代にサクラ類の植樹が行

われた記録があり、現在は、本丸を中心にソメイヨシノが植栽されているが、本数は多くはない。ヤブツバキが赤、ピンク、白の花をつける椿谷には、江戸期からあったと推定されるスダジイやタブノキの古木が多い。ヤブツバキの古木もあり、もともとツバキ油の採取用に栽培されていたものの名残とみられる。現在あるヤブツバキは、戦後、椿谷を公園として整備する際に植栽を行い、昭和40年代に運動施設を撤去した跡地にさらに植栽されたものである。椿谷に200本以上と最も多く見られるが、城内には合わせて400本以上のヤブツバキがある。

斐伊川堤防のサクラ　＊春、日本さくら名所100選

斐伊川は、鳥取県境の船通山を源とし、島根県東部を北流し出雲平野を貫き、宍道湖、大橋川、中海、境水道を経て日本海に注ぐ。この中流域、雲南市木次では、春になれば堤防上に約2キロにわたって植えられたサクラの花の下を通り抜ける花見の人が絶えない。斐伊川は古来より氾濫を繰り返し、流域に多大な被害をもたらし恐れられ、神話の八岐大蛇の正体ともいわれる。この斐伊川の堤防に、1920（大正9）年頃から木次町民によってサクラの植栽が始められ、その後、昭和の御大典記念事業として昭和初期に本格的に堤防一帯に植えられたという。

旧木次町ではサクラを町のシンボルとし、サクラの管理のための「さくら守」を制度化し、一本一本のサクラを台帳化して年間を通じた管理作業を行ってきた。1988（昭和63）年には、全国の自治体に呼び掛け、「さくらサミット」を木次町で開き、現在まで自治体の連携が続けられている。堤防には約800本のソメイヨシノが植えられているが、樹齢も高く、その維持には相当の努力が払われている。

月照寺のアジサイ　＊夏、史跡

松江城の西側1キロほどの小高い丘に月照寺はある。初夏には紫、薄紫、水色のアジサイが参道の両脇にあふれ、石灯籠を包み込み、訪れる人が絶えない。

寺は松江藩松平家の初代から九代藩主までの墓所である。小泉八雲はこの寺を好み、ここに埋めてほしいと語ったといわれるが、「知られぬ日本の面影」の中で、境内の大亀が夜な夜な動き出して蓮池で泳ごうとし、

頭を折られたとの話を紹介し、大亀の寺としても知られる。石の大亀は不昧公として知られる七代藩主治郷がその父宗衍の長寿を祈願して置いたものである。ハス池は、境内で最も広い初代藩主直政の廟所に、アジサイに囲まれて広がっている。花期には、アジサイと紅いハスの花のコントラストも美しい。

津和野のハナショウブとツワブキ　＊春・秋、重要伝統的建造物群保存地区

　島根県の西端、津和野川が形づくった小盆地にある城下町。かつての武家屋敷があった殿町通りの掘割では、初夏には、1,000株ともいわれるハナショウブが開花し、白壁やなまこ壁が続く町並み、掘割とそこを泳ぐ鯉の風景を紫色、白色に彩る姿は、かつての初夏の城下町を彷彿とさせる。

　津和野城下町は、関ヶ原の戦後、坂崎直盛が藩政の基礎をつくり、直盛の没後、明治まで津和野藩主は亀井家が担う。殿町通りは、直盛が館を構えた地区で江戸期を通じて上級家臣の居住地であった。亀井家11代にわたり家老職を務めた多胡家の表門の他、藩校養老館の武道場などの建造物が残る。しかし、幕末頃の津和野を描いた図では、殿町通りは12間、20メートルを超える幅の広い通りが描かれており、掘割は見あたらない。城下町時代は今の掘割の底が道路面で、明治期の道路整備に際して盛土をし、通りの東側に水路を整備し、現在の姿となったとみられ、城下町時代の風景がそのまま現在に伝えられているものではない。ハナショウブは、幕末の絵図では、津和野藩庁内で植えられている様子が描かれ、江戸堀切より取り寄せ、栽培されていたことが確認できる。

　津和野の名は、かつてツワブキの生い茂る野であったことから名付けられたといわれ、町の花はツワブキである。殿町通りの掘割でも秋に黄色い可憐な花をつけるが、この地に生まれた森鴎外の墓所のある永明寺に多く見られる。

大根島のボタン　＊夏

　県の東端、中海にある玄武岩のほぼ平坦な島、大根島では、春には幾つもある牡丹園では大輪のボタンの花が広がる。品種は約300に及び、白系、赤系、ピンク系、紫系、黄系、黒系と多様。ボタンは島根県の花、松江市の花として地域を象徴する花となっている。

大根島のボタン栽培は、300年以上の歴史を持つという。昭和期に入ると急速に牡丹園が増加し、観賞用のボタン栽培が広がる。昭和30年代にはシャクヤクの台木にボタンを接合する接木栽培技術が確立され飛躍的に生産量が拡大し、輸出も開始された。その後促成栽培、抑制栽培の技術開発が進み、開花時期の調整が可能となった。特に抑制栽培は大根島独自の技術であり旧八束町が特許を取得している。ボタンの栽培面積は昭和50年代には60ヘクタールに達し、年間180万本余りを産出していたが、近年では80万本と半減し、栽培農家も減少傾向にある。

　大根島では天保年間（1830〜44年）に松江藩により雲州人参の作付けが始められ、藩財政を支えたという。明治維新後、栽培が自由化されると全島をあげてニンジン栽培が行われ、生産量は飛躍的に増加した。その後、ボタン栽培が拡大するが、もともとニンジンの栽培に利用されてきた耕地は狭く、機械化が図れず生産効率が上がらない。さらに、ボタンは4年から5年での連作障害があるなど産地を取り巻く状況は厳しい。しかし、持続可能なボタン産地づくりを目指した努力が続けられている。

三隅公園のツツジ　＊春

　県の西部、三隅川が日本海に注ぐ手前5キロほどの地点に三隅神社と境内に隣接する山の急斜面に三隅公園がある。4.5ヘクタールに及ぶ公園の下部には、ヒラドツツジやクルメツツジなど、約5万本が植えられ、春に斜面一面をピンク色、白色のツツジが覆う姿は圧巻。公園の上部は梅林となっており、初春には1,000本のウメが順次咲いていく。

　三隅の東方の高城山上に13世紀初めに益田兼信が居城を構え三隅氏を名乗る。三隅氏の四代、三隅兼連は、南北朝時代に南朝方の武将として戦い、三隅城で北方の城攻めを二度にわたって退けた。このため兼連は明治以降、忠臣として評価され、これを崇敬する地元民4千人余りが1928（昭和3）年に神社創建の請願を政府に提出し許可され、32（同12）年に高城山の麓に社殿が竣工する。その境内にツツジを植えたのが三隅公園のツツジの始まりとされる。

隠岐島後のオキシャクナゲ　＊春

　隠岐諸島は500万年から600万年前の火山活動で原型がつくられ、3島

で形成される島前と、ほぼ円形の島である島後に分かれる。島後の北西部、重酢湾が入り込んだ低地にある郡集落の奥、愛宕山麓の北向き斜面にオキシャクナゲが1万株、春の開花期には、濃淡のピンク色がスギ木立の合間に広がる。村上家隠岐しゃくなげ園である。

オキシャクナゲは、島後のみに分布し、わが国に自生するシャクナゲ4種のうちのツクシシャクナゲの品種で、葉が小さく花色も美しい。島後の山地に広く分布していたが、採取が続き減少し、島後東部の自生地は県の自然環境保全地域として保全されている。村上家隠岐しゃくなげ園は、明治初期洋風建築様式を今に伝える隠岐郷土館の裏手に位置する。旧五箇村長も務めた村上八束が1970年代半ばに自宅の裏山2ヘクタールに8,000本の植栽を始め、10年ほどで花期には毎年報道されるようになった。山陰地方の花の名所として現在まで維持されている。

姫逃池のカキツバタ　＊春、大山隠岐国立公園

島根県のほぼ中央にある火山群、三瓶山の主峰の男三瓶山北麓、標高約600メートルの地にカキツバタが自生する姫逃池はある。初夏、池のほとりと池に浮かぶ浮島が紫の花に覆われる。ところどころに白色の花が見られる姿も美しい。

姫逃池は、山麓の傾斜変換点に位置する窪地の不透水層上にできた池で、深さは1メートル程度である。カキツバタ群落は1968（昭和43）年に県の天然記念物に指定され、地域の人々や来訪者に親しまれてきたが、2000（平成12）年頃には、著しい水位低下と水面縮小、草本類の繁茂が進み、池としての広がりが失われつつあった。このため、島根県により不透水層の造成などの水位回復工事が行われ水面は回復するが、他の植物に被圧され、開花するカキツバタの数は増えない。05（同17）年から、カキツバタと競合する種の刈り取りが春と秋に行われ、次第にカキツバタの優占度が高くなり、美しい風景を回復している。関係者による草刈りの継続が、風景を維持する上で欠かすことができない。

岡山県

鷲羽山のコバノミツバツツジ

地域の特色

　瀬戸内海に面する山陽地方に位置し、北から南へ中国山地、津山・勝山盆地、吉備高原、岡山平野などが帯状に段差をなし、南端に児島半島がある。河川が瀬戸内海に流れ、沖積平野を形成し、岡山が発展した。瀬戸内海には多数の島々がある。山地を覆う春のモモの花も美しく、ブドウのビニールハウスの風景も面白い。古代は吉備の国として栄え、古墳や建築物の遺構などを残している。近世には名君の大名池田光政が岡山城に入り、その後の岡山繁栄の基盤をつくった。瀬戸内海の暖温帯の気候となっている。

　花風景は、近世の城郭跡のサクラ名所、宇宙旅行をしたサクラ、古代の遺構を残す場所に咲くなりわいの花、観光地の花畑、瀬戸内海らしさを告げる花木、里地里山や湿原の草花など多彩であり、物語もある。

　県花はバラ科モモ属の落葉樹のモモである。主な花風景でも後述するが、ひな祭りを桃の節句というように、早春に淡い桃色や紅色などの花を枝いっぱいにつける。かつてモモの果実生産量が全国第1位であったが、今は順位を落としている。しかし、ブドウと共に県を代表する果物であり、桃太郎伝説ゆかりの地としても、岡山とモモは強く結びついている。

主な花風景

鶴山公園のサクラ　＊春、日本さくら名所100選

　鶴山公園は岡山県の北部・津山市にある。津山城跡にある公園で1,000本ほどのサクラが石垣や2005(平成17)年に完成した備中櫓をバックに咲き乱れる様は美しい。津山城は織田信長に仕えて本能寺の変で討ち死にした森蘭丸らの末弟の森忠政が、美作一国18万石余を受封した翌年から鶴山に築城した平山城である。10年以上の歳月をかけて1616(元和2)年に一応の完成をみた。城は「鶴山城」とも呼ばれた。1874(明治7)年から翌年

には、石垣を除き、五層四庇の天守閣などの建物や門など全てのものが取り壊されたが、1900（明治33）年には旧津山町営の鶴山公園として開放された。公園面積は約8.5ヘクタールである。

　サクラの植樹に中心的役割を担ったのが1905（明治38）年に津山町議として初当選した福井純一である。私財を投じ、寄付集めに奔走したと伝えられている。サクラの本数が増えて、07（同40）年頃には公園としての様相が一通り整った。さらに15（大正4）年と28（昭和3）年には二度の御大典記念植樹が行われ、城跡が一面のサクラで覆われるようになったといわれている。

旧落合町吉念寺の醍醐桜のサクラ　＊春

　2005（平成17）年に真庭市の一部となった旧落合町は岡山県の北西部にある。吉念寺の集落から坂道を登り切った標高440メートルほどの丘の上に周囲を見渡すように1本だけ立つのが醍醐桜で、樹種はエドヒガン（アズマヒガン）である。おおよそ樹高は18メートル、枝張りは20メートルもあり、その姿には風格が漂う。春になると、濃い紅色の小さな花を纏い、よりいっそう凛とする。醍醐桜の名は後醍醐天皇の名に由来する。1332（元弘2）年、京の都から隠岐へ流される際、このサクラを称賛したと伝えられている。

　2008（平成20）年、地元にある別所小の児童が拾った種は、同年11月にスペースシャトルに乗った。種は国際宇宙ステーションの実験棟「きぼう」で保管され、09（同21）年7月に宇宙飛行士の若田光一と共に地球に帰ってきた。その後、10本の苗木が育ち、1本は真庭市役所本庁の敷地内に植えられて、14（同26）年に初めて花を咲かせた。

藤公園のフジ　＊春

　藤公園は岡山県東部・JR和気駅北東3キロほどの和気町藤野にあり、1985（昭和60）年に開園した。藤野の名の通り、かつてはフジが咲き乱れる場所だったという。

　藤公園には、国・県・市町村指定の天然記念物79種類を含む98種類以外に海外からきたフジも植えられている。北海道から鹿児島県まで46都道府県の他、中国と韓国から集められた全体の種数は約100種類となり、種

類の多さから「日本一の藤公園」として宣伝されている。花の房の長いものから短いものまで形態はさまざまである。花の色も紫からピンクや白いものまでさまざまなものが幅7メートル、高さ2.5メートル、総延長500メートルの藤棚を彩る。藤棚の下は通路となっており、藤を仰ぎながら、時には長い房をかき分けながら約150本のフジを楽しめる。

藤公園は、この地で生まれ、平安遷都の推進や造営などで知られる和気清麻呂の生誕1250年を記念して整備された。広さは0.7ヘクタールほどである。

備中国分寺のレンゲ　＊春、重要文化財

吉備路は、一般に岡山市北西部から総社市にかけての一帯の総称とされる。春になると吉備路のシンボルである備中国分寺の五重塔を背にして、レンゲの花が絨毯のように一面に広がる。今から30～40年ほど前、化学肥料の普及により見られなくなったレンゲ畑の風景を復活させたいとの地元の人々の願いから、周辺の農家の協力を得てレンゲの種まきが始められた。当初の規模は0.5ヘクタール程度だったという。

風景の中心となっている五重塔は1844（弘化元）年頃に完成したといわれ、五重塔として重要文化財に指定されている県内唯一のものである。備中国分寺は奈良時代に仏教の力で天災や飢饉から国を守ることを目的として聖武天皇の発願によって全国に建立された国分寺の一つである。中世には衰退し、江戸時代中期に日照山国分寺として復興した。五重塔をはじめとして現存する伽藍は全て江戸時代に建てられたものである。

この周辺一帯は吉備路風土記の丘県立自然公園に指定されている。備中国分寺跡、備中国分尼寺跡の他、5世紀前半につくられた全国でも4番目に大きな全長360メートルの前方後円墳である造山古墳などが指定地域内にある。見どころを経由するように整備されている吉備路自転車道は、総社市スポーツセンターから岡山市の岡山県総合グラウンドまでの約21キロの自転車・歩行者の専用道路であり、「日本の道100選」にも選ばれている。

笠岡湾干拓地の花畑　＊春・夏・秋

笠岡湾干拓地は岡山県の西部にあり、花畑は2011（平成23）年にオープンした道の駅笠岡ベイファームに隣接する。

春には1,000万本のナノハナや1,000万本のポピー、夏には100万本のヒマワリ、そして秋には3,000万本のコスモスが訪れた人々を出迎えてくれる。

　笠岡湾の干拓の歴史は江戸時代初期の新田開発に始まったと伝えられ、近世を通じて造成された約300ヘクタールが笠岡市の基盤となっている。1958（昭和33）年には105ヘクタールの国営旧笠岡湾（富岡）干拓地が造成された。花畑の広がる土地は66（同41）年に始まり90（平成2）年に終了した国営笠岡湾干拓建設事業で整備された農業用地1,191ヘクタールの一部である。島遍路や神島天神祭で知られた神島は、70（昭和45）年には神島大橋により本土とつながっていたが、事業が終了している現在では完全に陸続きとなっている。干拓地内には、近隣の農産物を大消費地に空輸するために飛行場（笠岡ふれあい空港）があり、防災拠点やスカイスポーツやさまざまなイベント会場としても利用されている。

　一方で、干拓により天然記念物に指定されていた生江浜のカブトガニの繁殖地が陸地化したため、1971（昭和46）年、生江浜の南側の神島水道海域が追加指定された。節足動物のカブトガニは、幼生時に古生代カンブリア紀に登場して大繁栄したものの、古生代末期には絶滅した三葉虫に似ていることもあり、「生きた化石」といわれている。

吉備丘陵の白桃のモモ　＊春

　「吉備丘陵の白桃」は2001（平成13）年に環境省が選定した「かおり風景100選」の一つである。なだらかな丘陵地に広大な桃畑が広がり、毎年3月下旬から4月上旬にかけて一面がピンク色に染まる。特に岡山市一宮地域（一宮山崎・佐山・芳賀など）、倉敷市玉島地域（玉島八島など）、そして本宮高倉山の麓（赤磐市鴨前など）が知られている。

　岡山でモモの栽培が本格的に始まったのは明治の初めの頃とされ、1901（明治34）年に大久保重五郎が育てた品種が実の色から「白桃」と名付けられて公表された。32（昭和7）年には岡山を代表する優れた品種「清水白桃」が「白桃と岡山3号の混植園の中の実生」（有岡利幸〈2012〉）から西岡仲一により発見された。岡山では多くの白桃系品種が栽培されているが、地域団体商標として登録されている「岡山白桃」は岡山県産の白桃の総称である。白い気品のある肌の仕上がりは丁寧な袋掛け作業の結晶である。収穫するまで風雨や害虫などから守られ、また、日光が遮られることで繊維質

の発達が抑えられて口当たりが滑らかになるという。
　岡山市北区の芳賀佐山団地付近の県道238号沿い新池の畔には「清水白桃発祥の地」の碑が立つ。磐梨郡弥上村山ノ池（現岡山市東区瀬戸町塩納）には大久保重五郎の顕彰碑が、赤磐市可真上の旧可真小学校跡（現赤磐市熊山老人憩いの家）には岡山県果樹振興の祖とされ大久保が師事して果樹栽培を学んだ小山益太と大久保両名の顕彰碑が建てられている。小山益太は1861（文久元）年、磐梨郡稗田村（現赤磐市稗田）に生まれた。「金桃」「六水」の2品種のモモを生み出したほか、防虫剤として全国で広く使用された「六液」を考え出したことなどで知られる。大原孫三郎からの評価も高く、1914（大正3）年に大原奨農会農業研究所（現岡山大学資源植物科学研究所）の創設時に招かれた。小山は果樹園をつくり、実地指導を行うとともに農家への技術指導も行った。24（同13）年の小山の没後、大原孫三郎は果樹園の名前を小山の雅号から楽山園とした。その功績を讃えて35（昭和10）年には、大原家により楽山園の中に顕彰碑が建てられた（現在、顕彰碑は岡山大学資源植物科学研究所敷地内に移設されている）。

鷲羽山・王子が岳のコバノミツバツツジ

＊春、瀬戸内海国立公園、名勝

　岡山県の南部に位置する鷲羽山や王子が岳は瀬戸内海国立公園に指定され、備讃瀬戸を代表する第一級の展望地としても知られている。春になるとコバノミツバツツジの花が風景に彩りを添える。コバノミツバツツジは本州（静岡県・長野県以西）・四国・九州（北部）に見られる。また、瀬戸内海沿岸域を代表するツツジでもある。落葉性の低木で、通常、葉が出る前に赤紫色の花を咲かせる。葉は「ミツバ」のとおり3枚一緒に枝先につく。
　瀬戸内海国立公園は1934（昭和9）年に雲仙（現雲仙天草国立公園）、霧島（現霧島錦江湾国立公園）と共に指定された日本初の国立公園である。当初、瀬戸内海国立公園の候補地は小豆島、屋島、五剣山であったが、倉敷出身で国立公園の父とされる内務省嘱託の林学博士田村剛や地質学の理学博士で東京帝国大学脇水鉄五郎が鷲羽山から展望する多島海景を屈指の風景地として高く評価した。この発見こそが瀬戸内海国立公園を誕生させたのである。

鏡野町のカタクリ　＊春

　鏡野町は岡山県北部のほぼ真ん中に位置する。カタクリの自生地は同町の西側、2005（平成17）年に鏡野町の一部となった旧富村大地区にある。自生地には約0.5ヘクタールに5,000本ほどが群生し、春を迎えると赤紫色の可憐な花が咲き誇る。カタクリはユリ科の多年草で、1本の花茎の先に花を一つ下向きに付ける。

鯉ヶ窪湿原の湿性植物　＊春・夏・秋、天然記念物

　鯉ヶ窪湿原は岡山県西部、新見市哲西町矢田地区にある。標高約550メートル、1694（元禄7）年に農業用ため池としてつくられた鯉ヶ窪池の周辺に湿原が広がる。「西の尾瀬」とも称され、貴重な生態系を有する中間湿原では、約350種もの植物が生育している。リュウキンカ、サワオグルマ、ヒツジグサ、ハンカイソウ、ノハナショウブ、オグラセンノウ、サワギキョウ、ビッチュウフウロ、ミコシギクなど、湿原を彩るさまざまな季節の花を楽しむことができる。

　鯉ヶ窪湿原は1980（昭和55）年に「鯉ヶ窪湿性植物群落」として天然記念物に指定されたが、21（大正10）年に小坂弘によって紅色の鮮やかな花をつけるオグラセンノウが採集されたことから注目されるようになり始めた（この時採集されたものは、31（昭和6）年に吉野善介によってオグラセンノウと確認された）。オグラセンノウは、大陸系遺存植物と呼ばれるもので、朝鮮半島と陸続きであったことを示す貴重な植物である。

　鯉ヶ窪湿原は環境省により、生物多様性の観点から重要度の高い湿地（重要湿地）の一つに選定されているほか、同省が全国にわたって1,000カ所程度設置したモニタリングサイトの一つでもある。わが国の多様な生態系の動向を把握するため、森林・草原、里地、湿原など生態系のタイプごとにモニタリングを行うために設けられている。長期間にわたり、基礎的な環境情報を継続して収集し、日本の自然環境の変化を早期に把握することが目的である。

34 広島県

平和記念公園のキョウチクトウ

地域の特色

瀬戸内海に面する山陽地方に位置し、北は中国山地の山々が連なり、その南に高原があり、緩傾斜で瀬戸内海へと続くが、山地の盆地と河川の扇状地が平野をつくり、広島、福山、竹原、三次、庄原、西条などの町を生んだ。瀬戸内海には芸予諸島など島々が連なる。古代には平清盛が厳島神社を造営し、近世には広島城の広島藩と福山城の福山藩が統治し、第2次世界大戦では軍事拠点であった広島に原爆が投下された。中国山地の一部は日本海側となるが、大部分は瀬戸内海の暖温帯の気候である。

花風景は、寺院やため池の近代のサクラ名所、戦災復興の広島のキョウチクトウや福山のバラ、歴史的名所の花木の他、特質すべきはなりわいの花のジョチュウギク（除虫菊）の伝承やレモンの栽培である。

県花は県木と同じムクロジ科カエデ属のモミジ（紅葉）である。植物学的にはカエデもモミジも同じで、共に総称である。モミジはイロハモミジのように葉の切れ込みが深く、紅葉も鮮やかである。カエデはイタヤカエデのように切れ込みが浅い。花は赤色や白色で小さく目立たないが、厳島、帝釈峡などモミジの名所が多く、もみじ饅頭も有名である。

主な花風景

千光寺公園のサクラ　＊春、日本さくら名所100選

千光寺公園は、広島県東部・JR尾道駅の北側に位置する標高140メートルほどの千光寺山の山頂から中腹にかけて広がる。頂上には展望台も整備され、手前に尾道の街並み、そして瀬戸内海国立公園に指定されている尾道水道越しに向島が見える。

春になると頂上から中腹にかけては、ソメイヨシノを中心にシダレザクラやヤエザクラなど約1,500本のサクラの花で埋め尽くされる。中腹には

名前の由来となった千光寺がある。弘法大師による806（大同元）年の開基と伝えられる真言宗の寺である。境内の鐘楼は「時の鐘」を近隣に告げ、人々の生活と共に歴史を重ねてきた。1996（平成8）年には環境庁（現環境省）により「千光寺驚音楼の鐘」として「残したい日本の音風景100選」に選定されている。

千光寺公園の公園化への道は、1968（昭和43）年に名誉市民に選ばれた三木半左衛門が千光寺住職の多田実圓和尚らの協力を得ながら進めた「尾道共楽遊園」の整備が第一歩であるという。この共楽遊園の整備に伴う樹木などは千光寺の寺領（約4,450平方メートル）と共に尾道市に寄付された。その後、「千光寺公園」と名称が変更された。15（大正4）年に御大典記念事業で公園の設計が行われることなり、林学博士本多静六らに調査が委託された。以後、公園整備が進められるとともに、1934（昭和9）年には千光寺山裏の自動車廻遊道路が開通した。

尾道は、文学のまちとしても知られる。千光寺山山頂から中腹にかけて、尾道ゆかりの志賀直哉や林芙美子をはじめとして、詩歌や小説の一節などが刻まれた25基もの文学碑が立つ。

上野総合公園のサクラ　＊春、日本さくら名所100選

上野総合公園は広島県北部、中国山地と吉備高原の間にあるJR備後庄原駅から南東約700メートルに位置する上野池を囲むように広がる公園である。上野池を中心に約600本のソメイヨシノなどが植栽されており、ライトアップされる夜桜の美しさは見事である。

公園の始まりは大正末期にさかのぼる。昭和初期には数千本のサクラが植えられたとされる。1929（昭和4）年に上野公園保勝会が設立され、33（同8）年には大阪市都市計画課技師であった大屋霊城を招き入れ、大屋の設計に基づき、地元の人たちの協力を得ながら整備が進められた。

上野池は慶安承応年間（1648～55年）の頃に灌漑用ため池に改修されたという。以後、堤の嵩上げなどが行われ、現在、広さは12ヘクタールほどである。また、上野池およびその周辺の地域約70ヘクタールが建築物などの規制がされる風致地区に指定されており、環境の保持が図られている。

広島県では中国地方5県にまたがる中国自然歩道とは別に県中央部を通る広島県自然歩道（125キロ）が整備されている。上野総合公園は広島県自

然歩道の七塚原牧場ルートの起終点になっている。七塚原牧場は1900（明治33）年に日本初の国立種牛牧場が開設された所で、現在は広島県畜産技術センターとなっている。また、ルート沿いの国営備北丘陵公園の中にある江戸時代につくられた国兼池は、工事の完成を祈り神に捧げる犠牲として人柱になった「お国」と「お兼」の名前に由来するとして、今に伝えられている。

平和記念公園のキョウチクトウ　　*夏、名勝、史跡、重要文化財、世界遺産

原爆投下により焦土化した広島の街にキョウチクトウはいち早く咲き、復興にむけて懸命に努力する人々に勇気や力を与えてくれたという。8月6日の平和記念日の頃に花の盛りを迎える。1973（昭和48）年に広島市の花に制定された。キョウチクトウ（夾竹桃）はキョウチクトウ科の常緑低木である。名前は、葉がタケのように細く、また花がモモに似ていることに由来している。59（同34）年、広島市とホノルル市は姉妹都市となり、61（同36）年にはハワイから届いた白いキョウチクトウが植えられた。

平和記念公園は、旧太田川（本川）が元安川と分かれる三角州の上流側に広がる。この中洲は戦前、市内の中心地として、広島県庁、商店街などがあったが、原爆で壊滅した。戦後、1949（昭和24）年8月6日に広島平和都市建設法が公布され、50（同25）年から平和記念公園などの建設が進められ、55（同30）年に完成した。平和記念公園は2007（平成19）年に名勝に指定されたほか、丹下健三が設計した広島平和記念資料館（本館）は06（同18）年に戦後建築物としては初めて、重要文化財に指定された。原爆ドームも平和記念公園の敷地内にあり、1996（同8）年に世界遺産に登録された。

福山市ばら公園・緑町公園のバラ　　*春・秋

福山市は広島県の東部に位置している。ばら公園では1.5ヘクタールの園内に280種、約5,500本のバラが、緑町公園の六角錐状の花壇には、330種、約5,100本のバラが咲き誇る。

福山市は1945（昭和20）年8月8日、米軍のB29爆撃機91機による空襲により、その8割ほどが焼失し、死者386人以上、負傷者864人以上という大惨事に見舞われた。戦後10年余りが経過した頃に「荒廃したまちに潤

いを与え、人々の心に和らぎを取り戻そう」と御門町南公園（現ばら公園）に付近の住民を中心とした市民有志により、約1,000本のバラが植えられた。「ばらのまち福山」の始まりである。これを契機として福山市も予算を確保し、住民たちの活動は民間と行政の協働活動へと広がっていった。活動が進められるなか、68（昭和43）年には全国美しい町づくり賞・最優秀賞（花園町町内会）を受賞する。この年から、今に続く、「福山ばら祭」が開催される。85（同60）年にはバラは市の花となり、93（平成5）年には「ばらシンボルマーク」が制定された。2001（平成13）年、防災機能を備える総合公園として整備されていた緑町公園の中の花壇が完成する。07（同19）年度に策定された第四次福山市総合計画では、将来都市像を「にぎわい　しあわせ　あふれる躍動都市～ばらのまち福山～」と定めた。10（同22）年には、市政施行百周年となる16（同28）年度に「100万本のばらのまち　福山」を実現するための行動計画が策定され、16（同28）年5月21日に100万本を達成した。折しもこの日は15（同27）年の「福山市ばらのまち条例」制定後、初の「ばらの日」であった。全国美しい町づくり賞・最優秀賞受賞の記念碑には「ここに善意の花ひらく」と刻まれている。今、善意の花は、駅前、歩道、店先、民家の庭先に至るまでに広がっている。

音戸の瀬戸公園のヒラドツツジ　＊春

　音戸の瀬戸は広島県南西部に位置する呉市の本州側と倉橋島側の間にある海峡である。可航幅が60メートルと狭く、潮流の速い海峡を1日700隻もの船舶が行き交い、瀬戸内海海上交通の難所となっている。1961（昭和36）年、海峡をまたぐ日本初の「2層半螺旋型高架橋」として音戸大橋が完成した。合わせて本州側の警固屋地区に音戸の瀬戸公園が整備され、ツツジが植えられた。現在、その数は約8,300本。4月から5月にかけて赤や白、ピンクの花が咲き、見頃を迎える。特に長崎県平戸原産に由来するというヒラドツツジと朱色の音戸大橋の競演は見事である。

　音戸の瀬戸は、平清盛が沈みゆく夕日を金の扇で煽ったところ、招かれるように太陽が昇り、その日のうちに音戸の瀬戸を切り開くことができたという「日招き伝説」でも広く知られている。

因島のジョチュウギク　＊春

　大正時代から昭和にかけて、初夏を迎えると瀬戸内海の沿岸域や因島など島々の段々畑はジョチュウギク（除虫菊）の花で一色になった。こうした先人たちの偉業を伝承すべく、保存と観光のために因島の北西部の重井西港を見下ろす馬神などで栽培が継続されている。特にこの辺りの除虫菊の栽培地は国内でも数少ない場所として環境省の「生物多様性保全上重要な里地里山」に選定されている。

　除虫菊は植物学的にはシロバナムシヨケギクが正式名でキク科の多年草である。原産地は地中海に面したダルマチア地方といわれる。日本には1885（明治18）〜86（同19）年にもたらされ、和歌山県の日高川流域で栽培が始められた。広島県には89（同22）年頃に向島に初めて移入された。因島では1907（同41）年頃から因島除虫菊の父といわれる村上勘兵衛によって栽培普及が進められた。大正期になると広島県は和歌山県をしのぐ生産地となり、最盛期の因島の作付面積は350ヘクタールあったという。重井町一本松には村上勘兵衛の功績を讃える碑が立つ。

生口島レモン谷のレモン　＊春

　レモン谷は瀬戸内海に浮かぶ生口島の尾道市瀬戸田町垂水地区一帯に広がるレモン畑の通称である。5月頃、一帯では柑橘類特有の白い小さな花弁をつけるレモンの花を楽しむことができる。広島県では豊田郡大長村（現広島県呉市豊町大長）が、1898（明治31）年に和歌山県からネーブルの苗木を購入した時、レモンの苗木3本が混入しており、それを生育させたのが始まりと伝えられている。瀬戸田では昭和初期に始められたという。以後、急速に拡大し、1953（昭和28）年に広島県は全国一の生産県となる。以後も生産量は増加したものの、64（同39）年のレモン輸入自由化などにより大打撃を受けた。しかし、輸入レモンの収穫後の防かび剤の使用が問題となり、安全性の観点から防かび剤を使用していない国産レモンが求められるようになり、これが復活の契機となった。2002（平成14）年度に行われた第8回環境保全型農業推進コンクールでは「エコレモン」として優秀賞を受賞。皮ごと食べられるレモンは島内で提供されるレモン鍋には欠かせないものになっている。

山口県

萩のナツミカン（県花）

地域の特色

北は日本海、西は響灘・関門海峡、南は瀬戸内海に接し、三方を海で囲まれている。東には中国山地の一部が連なるが、西へ向かうにつれて高度を減じる。日本海側には海食崖や火山地形が見られる。古くは周防の国と長門の国のからなり、近世には毛利輝元が萩に城下町を築き、防長両国を治め、西境に豊浦藩（長府藩）、東境に岩国藩を置き、それぞれの城下町を発展させた。山口県は長州藩として明治維新の人材を多く輩出し、近代には工業化を推進する。瀬戸内海側と日本海側の暖温帯の気候を示す。

花風景は、近世の名所や近代の都市公園のサクラ名所、歴史上の人物にちなむウメ、ナツミカンやハスなどのなりわいの花、日本海の暖流の影響を受けた花木群落、自然地域の海浜植物や花木などが特徴的である。

県花はNHKなどによって選ばれたミカン科ミカン属の常緑樹のナツミカン（夏蜜柑）である。白い花をつけた後に黄色い大きな果実を結ぶ柑橘類であり、甘酸っぱい香りを漂わせる。常緑の葉に黄色い果実の姿も美しい。後述の花風景でも紹介する通り、ナツミカンが南方から長門市に漂着し、その原樹が国指定史跡・天然記念物となっている。

主な花風景

吉香公園・錦帯橋のサクラ　＊春、名勝、重要文化財、日本さくら名所100選

山口県東部の岩国市に位置する吉香公園・錦帯橋一帯は春になると約3,000本ともいわれるソメイヨシノの花に覆い尽くされ、夜桜も楽しめる。

吉香公園は1968（昭和43）年に岩国市向山（川西4丁目）に移転した県立岩国高校の跡地に設けられた公園である。合わせて江戸時代に岩国を治めていた吉川家の居館跡（吉香神社境内）も公園化されている。県立岩国高校は、1880（明治13）年、藩校養老館の流れを受け継いで創設された旧

制岩国中学校の後身である。このエリアには岩国吉川藩々士の住宅で、当時の中級武家屋敷の意匠を今に伝える数少ない遺構として重要文化財に指定された旧目加田家住宅、85（同18）年に絵馬堂として建てられた錦雲閣などが残る。

錦帯橋は錦川に架かる五連の木造橋で名勝である。岩国三代藩主の吉川広嘉によって1674（延宝2）年に再建された錦帯橋は、各アーチの架け替えを繰り返しながら、1950（昭和25）年9月のキジア台風による洪水で流失するまでの約280年間、圧倒的な存在感を示してきた。53（同28）年、鉄筋コンクリート製での再建という意見もあるなか、木造橋として再建された。2001（平成13）年度から03（同15）年度には、老朽化した5橋全ての木造部分が架け替えられている。

常盤公園のサクラ

＊春、登録記念物、世界かんがい施設遺産、日本さくら名所100選

常盤公園は山口県南西部、周防灘に面する山口県宇部市にある。江戸時代の新田開発に伴って1698（元禄11）年頃に築造工事が完了した常盤湖（池）を核とする100ヘクタールほどの公園である。春になるとソメイヨシノを中心にして、ヤエザクラ、ヤマザクラ、カンヒザクラ、カワヅザクラなど約3,500本ものサクラが咲き乱れる。

サクラは常盤公園の誕生とも深く関わる。大正時代に入ると、湖岸の別荘地などにサクラが植えられ、湖岸は美しい景勝地として知られるようになった。買い占めの話もあるなか、1924（大正13）年、宇部興産の創業者として知られる地元の実業家・渡辺祐策らにより、一足早く常盤池周辺の土地購入が進められた。買い上げられた土地は宇部市に寄贈され、25（同14）年、宇部市常盤公園として開設されるに至った。常盤公園は現在、緑と花と彫刻に彩られた総合公園となっており、遊園地、動物園、植物園、キャンプ場、ホール、石炭記念館など多彩な施設が集積し、さまざまなレクリエーション活動を楽しむことができる場所となっている。

宇部市では戦後復興の過程で甚大な煤塵公害などを克服するために「緑化運動」や「花いっぱい運動」などの市民運動が盛んに行われた。1961（昭和36）年には日本初の試みとして、常盤公園を舞台に大規模な野外彫刻展「第1回宇部市野外彫刻展」が開催された。その試みは2年に一度開催されている野外彫刻コンクール「UBEビエンナーレ（現代日本彫刻展）」として

今も続いている。

　公園内には1969（昭和44）年に開館した宇部石炭記念館がある。地元政財界と多くの市民の寄付によって誕生した。現在も使われている展望台は東見初炭鉱で長い間使われていた竪坑櫓を移設したものである。地上37メートル、海抜65メートルの展望台からは常盤湖や市街地の他、周防灘越しに国東半島などを望むことができる。

東行庵のウメ　＊冬、史跡

　東行庵は山口県下関市内、JR山陽本線小月駅から北東4キロほど離れた吉田の地にある。毎年、2月中旬から3月中旬には、約200本のウメが咲き、遺言によってこの地に葬られた高杉晋作の墓に春を告げる。ウメは晋作が好んだ花といわれている。吉田は晋作らが創設した奇兵隊の拠点が1865（慶応元）年から69（明治2）年の解散まで置かれた場所である。晋作の菩提を弔うために、愛人おうの（梅処尼）が結んだ庵が東行庵であり、晋作の号である東行にちなんで名付けられた。

萩のナツミカン　＊春

　山口県の北部に位置する萩城下町は、ナツミカンの開花する5月になると白い花と花の香りに包まれる。2001（平成13）年には環境省により「萩城下町の夏みかんの花」として「かおり風景100選」に選定されている。ナツミカンは山口県の県花でもある。

　1863（文久3）年に藩の拠点が萩から山口に移り、多くの武士が山口住まいとなったことで、藩に依存していた萩の経済は打撃を受け、さらに明治政府が発足すると秩禄奉還などにより、萩に残された武士たちの生活は困窮していた。萩のナツミカンは、生活の糧を失った士族たちを救うため、76（明治9）年に小幡高政が苗木を配るなど奨励し、その後、広く栽培されるようになった。栽培には、主に空き地となった武家屋敷が利用された。白壁や塀が風を防いでくれる土地はナツミカン栽培には都合が良かった。

　ナツミカンは、その学名（*Citrus natsudaidai Hayata*）から、ナツダイダイが正式な名称とされており、ナツミカンという名称は明治中期に大阪市場に出荷する商品名として定着するようになった。

　ナツミカンの原樹は江戸時代中期に長門市青海島の大日比で発見され、

1927（昭和2）年に「大日比ナツミカン原樹」として史跡・天然記念物に指定されている。一説によると萩の城下にもたらされたのは文化年間（1804〜18年）の初めの頃で、萩の江向の楢崎十郎兵衛が大日比の知人から数個の実を送られ、その種を蒔いたのが始まりとされる。最初はユズの代用や観賞用として利用されていたが、幕末近い夏に収穫して食べたところ、美味しかったことから食べられるようになったという。1894（明治27）年には山口県のナツミカン生産量の90％を占め、生産量のシェアも全国でトップだった。大正時代（1912〜26年）になると一時期、栽培面積は減少したものの、戦後、再び栽培面積は増大し、昭和40年代に大規模な園地開発や寒害を防ぐ貯蔵法の開発などにより生産のピークを迎えた。以後、徐々に生産が縮小していたことから、2009（平成21）年3月、萩市と商工会、観光業界などと生産者が一丸となって「萩・夏みかん再生地域協議会」が設置され、ナツミカンをはじめ、柑橘類の更なる産地形成を目指して、取り組みが進められている。

岩国市尾津町のハス　＊夏

　ハス田はJR南岩国駅の東側（岩国市尾津町）に広がる。面積は約200ヘクタールである。7月から8月にかけて白やピンクの花がハス田を彩る。花は盆花としても利用されているという。地下茎の「蓮根」（「はすね」とも読む）はレンコンとして食卓を飾る。岩国でレンコンが栽培されるようになったのは今から200年以上前の江戸中期であると伝えられている。色が白く、粘り気がありながらシャキシャキとした食感が味わえる。地元では、おせち料理の他、岩国寿司（3段や5段に重ねられた押し寿司）や大平（野菜、鶏肉、シイタケなど具がたくさん入った汁気の多い煮物）などの郷土料理に用いられる。

角島のハマユウとダルマギク　＊夏・秋、北長門海岸国定公園

　角島は山口県下関市の北西部、響灘に浮かぶ広さ3.8平方キロメートルの島である。豊かな自然環境に恵まれ、約90キロに及ぶ海岸線と、点在する島々を中核とする北長門海岸国定公園の興味地点の一つとなっている。
　7月になると夢崎にある角島灯台の地先海岸はヒガンバナ科の常緑多年草であるハマユウの白い花が目立つようになる。ハマユウは下関市の花で

ある。また、10月中旬になるとキク科の多年草であるダルマギクが咲き始める。角島の最北端の牧崎に群生し、歩いていると随所で真ん中が黄色で周りの淡い紫色の花を目にすることができる。

2000（平成12）年に角島大橋（橋長1,780メートル）で本州とつながった。角島大橋は角島に住む人たちの「夢の架け橋」である一方で国定公園の核心地域を通過することから、鳩島を改変しないようルートから避け、また色や形から細部のデザインや工法に至るまでさまざまな知恵や工夫が取り入れられており、03（同15）年度土木学会「デザイン賞（優秀賞）」を受賞している。

笠山椿群生林のツバキ　＊冬・春、北長門海岸国定公園

笠山は山口県北部に位置する萩市内の日本海に突き出た陸繋島である。マグマのしぶきでできたスコリア丘を持つ笠山の名前は、もともと市で商売をする女性がかぶっていた「市女笠」に形が似ていることに由来する。

北端にあたる虎ヶ崎には、約10ヘクタールの広さに約25,000本のヤブツバキが群生している。開花期間は12月上旬〜3月下旬と長く、見頃を迎える2月中旬〜3月下旬に、例年、「萩・椿まつり」が開催されている。群生林内には笠山の名にちなむ「笠山侘助」「笠山黒」、萩の名にちなむ「萩小町」「萩の里」などのツバキが見られる。

藩政時代、笠山は萩城の北東「鬼門」の方角に当たるため、笠山の樹木の伐採や鳥獣の捕獲が禁止されていた。そのため原生林の様相を呈し、うっそうとして木々に覆われていた。しかし、明治時代になると大木は用材として、雑木類は薪炭用として伐採された。1970（昭和45）年、ツバキの研究家として著名な渡邉武博士が、この地を訪れ、椿林として高い潜在価値を有しているとして、市長に助言したことが契機となり、萩市では椿林の環境整備などに力を注いできた。2002（平成14）年には市の天然記念物に指定されている。

また、笠山には江戸時代の石切り場の跡が残る。石は萩城下町の石垣や墓石などに用いられた。硬く風化しにくい安山石の「笠山石」は萩の町や生活には欠かせないものであった。

徳島県

スダチ（県花）

地域の特色

北は讃岐山脈とその南麓の中央構造線の吉野川、東は北端に鳴門海峡、南端に蒲生田岬が位置する紀伊水道、南は阿南海岸が長く延びる太平洋、西は剣山などの高山を擁する四国山地となっている。吉野川は上流部支流に秘境と呼ばれる祖谷渓があるが、河口に沖積平野の徳島平野を生み、徳島や鳴門の都市を発展させた。近世には蜂須賀氏が阿波の国に入り、徳島に城下町をつくり、藍、塩、煙草などを特産品とした。近代には吉野川などの治水に力を注いだ。太平洋側の暖温帯の気候となっている。

花風景は、現代の都市公園のサクラ名所、町の花木、近代化遺産にちなむチューリップ園の他、特にハス・スダチ・ソバなどのなりわいの花、高原の花木や山岳信仰の山の貴重な山野草などが特徴的である。

県花は、後述の主な花風景でも紹介する通り、ミカン科ミカン属の常緑樹のスダチ（酢橘）である。小さな白い花をつけ、小さな果実を結ぶ柑橘類である。近縁のユズ（柚）、カボス（香母酢）などと同様に、爽やかな酸味と香りを持つ果汁が重宝されている。スダチは、わが国の柑橘類の野生種であるタチバナに関係し、「酢の橘」に由来しているという。

主な花風景

西部公園のサクラ　＊春、日本さくら名所100選

西部公園は徳島市にある眉山（290メートル）の北側斜面中腹部に位置し、面積約5ヘクタールである。春になると約500本のソメイヨシノが咲き誇る。もともと陸軍戦没者の墓地であった所を徳島市が公園として整備し、1958（昭和33）年に開設した。戦前までは、眉山北東麓の春日神社などがある大滝山界隈がサクラの名所として知られていたが、西部公園が整備され、サクラの植樹が進んだことで新たなサクラの名所が生まれた。86（同

61)年から88（同63）年にはサクラを活かしたかたちで再整備が進められ、90（平成2）年、「日本さくら名所100選」の一つに選ばれた。

　1989（平成元）年に西部公園南方500メートルの斜面を試掘したところ、岩盤を通じて水が噴き出し、藩政時代に藩主蜂須賀公がお茶用の水として愛用していた「桐の水」が復活したと関係者が喜び、公園の飲料水として導入した。眉山湧水群（徳島市の眉山山麓から湧き出る湧水群）では、一番高い所にある水源で、ミネラルの中ではマグネシウムが特に多いという。

石井町のフジ　＊春

　石井町は徳島県の北部を流れる吉野川沿いにある。フジは町の花であり、町内の各所で見られる。なかでも地福寺の境内には、紫藤と白藤の2種類の藤棚がある。紫藤は200年余り前に、第8代住職の隆淳和尚が植えたとされるものであり、町のシンボルとなっている。南北30メートル・東西6メートルほどの藤棚は、時期を迎えると1メートルにも及ぶ花房が垂れ下がる。毎年、4月下旬～5月上旬に開催される藤まつり期間中には、盆栽審査会や写真撮影会などのイベントも開催され、町内外から多くの人が訪れている。

　地福寺のほか町内では、徳蔵寺や空海（弘法大師）が幼少期に学んだことが寺号の由来とされる童学寺がフジの名所として知られている。

デ・レイケ公園のチューリップ　＊春、登録有形文化財

　デ・レイケ公園は徳島県北部、吉野川の支流である大谷川下流の河畔にある。春になると14種、約15,000本のチューリップが赤や黄など色とりどりの花を咲かせる。この公園はデ・レイケの偉業を讃えて2009（平成21）年に整備されたものである。

　デ・レイケは1873（明治6）年に明治政府が招へいしたオランダ人技師であり、公園の近くには彼の指導の下、86（同19）年から2年間かけて建設された石造の「大谷川堰堤」がある。堤長60メートル、堤高3.3メートルで、2002（平成14）年には登録有形文化財となった。デ・レイケは来日からオランダに帰国する1903年（明治36年）までの約30年の間、数回、休暇帰国した以外は、その大半を日本で過ごし、木曽三川改修、淀川改修、大阪築港など数々の業績を上げ、わが国の近代砂防の祖と称されている。デ・

レイケは、川を治めるためには最初に山を治めることから始めるべきである、という考えを持ち、それに沿って治山・治水を進めたという。1884（明治17）年の6〜7月に、22日間かけて吉野川の調査を行い、同年9月に吉野川検査復命書を提出している。水源涵養に着目し、流域の山林を監視する人を置き、林などを切り開いて畑とすることは禁止せよ、という趣旨の復命をしたとされ（『徳島県史』第五巻）、記述からもデ・レイケの治山・治水に対する考え方をうかがい知ることができる。

吉野川下流域のハス　＊夏

　ハス田は徳島県北東端にある鳴門市の大津町を中心に広がる。7〜8月にかけて白やピンクの花をつける。

　徳島県は「蓮根」（「はすね」とも読む）と表すレンコンの全国有数の生産量を誇る。吉野川の豊かな水と肥えた粘土質の土により育まれている。大津でレンコン栽培が始まったのは今から100年ほど前とされる。1946（昭和21）年の南海地震による地盤沈下により水稲が塩害を受けたことを契機として本格的に始まり、昭和40年代に入ると水田からの転作で一気に広まったという。路地栽培の主力は備中種である。色が白く光沢があり、シャキシャキ、ホクホクといった歯ざわりの良さが魅力となっている。

　ハス田は「鳴門市平野部のレンコン畑」として環境省が選定した生物多様性保全上重要な里地里山の一つである。ナベヅル、コウノトリの飛来地・えさ場となっているほか、農業水路には市街地近郊にもかかわらず希少な淡水魚や絶滅が危惧されている湿性植物が生息・生育している。

徳島のスダチ　＊春

　スダチは5月頃に白い小さい花を咲かせる。徳島県を代表する果物であり、栽培面積、収穫量ともに全国一を誇る。1974（昭和49）年に県の花に指定された。また、観光宣伝などで見かける「すだちくん」は93（平成5）年に開催された東四国国体で登場した徳島県のマスコットであり、最近では「とくしま創生サポーター」として徳島県の地方創生の取り組みを応援するなど、活躍している。

　スダチは徳島県では古くから庭先に果樹として植えられていたが、商業生産の歴史は比較的新しく戦後のこととされる。1956（昭和31）年頃、神

山町鬼籠野地区で養蚕業が立ち行かなくなり、農家有志がスダチ栽培に取り組み始め、市場の開拓を推し進めた。また、81（同56）年には県内各地を襲った寒波により温州ミカンが甚大な被害を受けたことから、佐那河内村では耐寒性のあるスダチへと一気に生産転換が図られたという。現在、スダチは徳島県内のほぼ全ての市町村で生産されており、主な生産地は神山町、佐那河内村、阿南市、徳島市などである。

「四国のみち」の阿南市阿瀬比から22番札所平等寺を経由してJR阿波福井駅までの区間11.6キロは「竹林とスダチ香るみちコース」と名付けられて親しまれている。「四国のみち」は正式名称を「四国自然歩道」といい、全国に整備されている長距離自然歩道の一つである。四国のみちは全長約1,546キロで起点は徳島県鳴門市、終点は徳島県板野町である。四国霊場の他、各地の自然や文化に親しみながら歩いて四国を一周することができる。

にし阿波地域のソバ　＊秋、重要伝統的建造物保存地区、世界農業遺産

にし阿波地域は、徳島県北西部の2市2町（美馬市、三好市、つるぎ町、東みよし町）で構成されている。この地域では、かつて地元の人が主食としていたソバが栽培され、秋になると可憐な花をつけて風景に彩りを添える。

2018（平成30）年、この地域で行われている「にし阿波の傾斜地農耕システム」が「国連食糧農業機関（FAO）により世界農業遺産に認定された。世界農業遺産とは、「世界的に重要かつ伝統的な農林水産業を営む地域（農林水産業システム）をFAOが認定する制度」（農林水産省）である。急傾斜地にある農地にカヤ（ススキ、チガヤなどの総称）をすきこむことによって肥料として活かすとともに土壌流出を防ぎ、また、独自の農具の使用や技術などによって、段々畑のような水平の土地をつくらずに急傾斜の土地のまま農業を営むものである。雑穀や地域固有品種野菜の栽培の他、畑・採草地・古民家などがモザイク状に広がる山村風景や農耕とともにあった伝統行事などが継承されてきたことも評価された。

特に2005（平成17）年に重要伝統的建造物保存地区に選定された落合集落（三好市東祖谷）では対岸の中上地区から眺めるとソバの花と民家と石垣が織りなす一体となった風景を味わうことができる。落合集落は、東祖

谷のほぼ中央、山の斜面に沿って広がる。保存地区の面積は約32.3ヘクタールである。東西約750メートル、南北約850メートルの範囲であり、地区内の高低差は約390メートルと大きい。保存地区内には江戸中期から末期に建てられた主屋などが多く残されている。

船窪(ふなくぼ)つつじ公園のツツジ　＊春、天然記念物

　船窪つつじ公園は、徳島県北部の吉野川市と美馬市の境界付近に位置する。阿波富士ともいわれる美しい姿の高越山(こうつざん)(1,133メートル)から奥野々山(おくのの)(1,159メートル)に至る尾根筋に位置する高原状の窪地に広がる公園である。5月中旬頃から朱赤色の鮮やかなオンツツジの花で一面が染まる。一帯は長さ約500メートル、幅約60メートル、面積約3ヘクタールで、オンツツジを中心にトサノミツバツツジなど約1,200株が群生している。特にオンツツジの株は1株に20数本の主幹を持つものや高さ6メートルに及ぶものもある。

剣山(つるぎさん)のキレンゲショウマ　＊夏、剣山国定公園

　剣山(1,955メートル)は石鎚山(1,982メートル)と並ぶ四国山地の主峰であり、西日本第2の高峰である。

　キレンゲショウマは夏の剣山を代表する花である。長さが数センチのラッパ状で、やや肉厚の黄色い花をつける。和名はレンゲショウマに似ており、花が黄色であることに由来するとされる。テレビドラマ化もされた宮尾登美子の小説『天涯(てんがい)の花』で広く知られるようになった。剣山に鎮座する剣神社の宮司(ぐうじ)夫妻の養女となった主人公の珠子(たまこ)は、山小屋で親を手伝う典夫(のりお)に案内されてキレンゲショウマの花と対面。美しさに魅せられた珠子は我を忘れ立ち尽くしてしまう。2000(平成12)年、この小説の記念碑が見ノ越(みのこし)の剣神社に建てられた。

　剣山一帯は吉野川上流の大歩危(おおぼけ)・小歩危(こぼけ)や祖谷渓などと共に1964(昭和39)年に国定公園として指定された。剣山の海抜1,700メートル以上の地域は亜高山帯に属し、特にシコクシラベ群落は類例をみない特異なものであり、54(同29)年に「剣山並びに亜寒帯植物林」として県の名勝天然記念物に指定されている。

香川県

小豆島のオリーブ（県花）

地域の特色

瀬戸内海に突き出した讃岐半島と小豆島や塩飽諸島の島々からなる。県土は狭いが、平野が多く、高松は四国の玄関口となっている。南には山岳が東西に走り、小河川が瀬戸内海へと流れ、讃岐平野をつくっている。典型的な瀬戸内海の気候で降雨量が少なく、古代に貯水池満濃池がつくられ、ため池も多く、戦後、香川用水が建設された。四国八十八カ所は讃岐出身の空海にちなみ、近世には主に高松藩と丸亀藩に統治され、高松城主の譜代の松平氏は文化を振興した。瀬戸内海の暖温帯の気候である。

花風景は、近世の巨大な銭形砂絵の地や多島海展望地のサクラ名所、空海ゆかりのため池付近のヒマワリ園、瀬戸内海らしい花き園芸の花やなりわいの花、自然海岸の海浜植物などが特徴的である。

県花はNHKなどによって選ばれたモクセイ科オリーブ属の常緑樹のオリーブであり、後に公募によって県木にも選定される。小さな白い花をつけ、果実はオリーブオイルなどさまざまに加工される。後述の花風景でも紹介する通り、19世紀の近世末期に渡来するが、20世紀初頭に香川県小豆島で栽培に成功する。健康志向などにより栽培地が急増している。

主な花風景

琴弾公園のサクラ
＊春、瀬戸内海国立公園、名勝、日本さくら名所100選

琴弾公園は香川県西部の観音寺市にある。瀬戸内海に面した有明浜と高さ60メートルほどの琴弾山一帯に開設された48ヘクタールの公園で、春になると約450本のソメイヨシノなどが咲き誇る。また、琴柱池周辺には、春から夏にかけてサクラの他、ツツジ、フジの花が季節を彩る。

琴弾公園は1897（明治30）年に県立公園として開設された。92（同25）年に三豊郡長であった豊田元良が郡長を休職する際、いつか琴弾山と有明

浜の公園化を実現してもらいたいとして県の土木技師に測量・設計を依頼した。また、その図面を観音寺町長に渡すように言い残したことがそもそもの始まりと伝えられている。これを受けて県議会や町議会での動きが活発化した。観音寺町では公園用地として町有地（約13.9ヘクタール）の他、琴弾山麓の民有地（約1.3ヘクタール）を購入して県に寄付することに加え、琴弾山官有地（約1.6ヘクタール）と合わせて県立公園化する案を取りまとめ、県と内務省の承諾を得た。公園の設計は、「明治庭園記」などを著し、また、堺市大浜公園や1910（明治43）年にロンドンで開催された日英博覧会の庭園などの設計で知られる小沢圭次郎に依頼した。

　園内にある琴弾山の頂上からは、巨大な銭形砂絵「寛永通宝」や約2キロ続く白砂青松の有明浜、そして遠方には讃岐うどんのダシとして欠かせない「いりこ」の加工場が連なる伊吹島を眺めることができる。銭形砂絵は、一説によると1633（寛永10）年に丸亀領主であった生駒高俊公を歓迎するため、わずか一夜にしてつくられたといわれている。東西122メートル、南北90メートル、周囲345メートルの楕円形が、琴弾山山頂付近から見るときれいな円形に見える。

　琴弾公園は1934（昭和11）年に名勝に指定され、54（同29）年には頂上に至る道路と山上展望台が整備された。また、琴弾山一帯は56（同31）年、瀬戸内海国立公園に編入されている。

紫雲出山のサクラ　＊春、瀬戸内海国立公園

　紫雲出山（352メートル）は香川県の西部、瀬戸内海に突き出た荘内半島の中央にそびえる。春になると瀬戸内海に浮かぶ島々を背景に約1,000本のサクラで山がピンク色に染まる。その光景は成田国際空港株式会社の2015年版カレンダーに「世界の絶景12景」の一つとして取り上げられた。

　三豊市詫間町生里は浦島太郎の生まれた所と伝えられるなど、荘内半島には浦島伝説が残る。浦島太郎が玉手箱を開けた時に出てきた白煙が紫色の雲になって山にたなびいたのが紫雲出山の由来とされる。

　紫雲出山一帯は1950（昭和25）年に瀬戸内海国立公園となった。サクラの植樹は頂上に至る道路建設を契機として観光振興などを目的に行われたという。74（同49）年には第1回桜まつりが開催されるなど、1970年代にはすでにサクラの名所になっていた。この景観を維持しようと2000（平成

12)年から5カ年計画で山頂に詫間中学校、詫間町緑の少年団、旧詫間町職員、地域ボランティアなど多くの人たちの協力により、ソメイヨシノなど500本が植樹されている。

　紫雲出山は弥生時代の遺跡があることでも知られている。山頂一帯に遺跡があり、紫雲出山遺跡館が整備されている。2,000年前の高地性集落（防衛などのために山頂や丘陵地にできた弥生時代の集落）の竪穴住居なども復元され、当時の人々の生活を垣間見ることができる。この遺跡は昭和20年代に郷土史家・前田雄三が発見し、当時、京都大学の講師であった小林行雄らによって1955（昭和30）年から発掘が進められた。

フラワーパーク浦島のマーガレット　＊春

　フラワーパーク浦島は前述の紫雲出山と同じ荘内半島にある。その紫雲出山（352メートル）の東麓に位置する休耕田を活用したお花畑である。花づくりの世話は地元の高齢者の人々が中心となって行っている。

　サクラが散り始める頃になるとマーガレットが咲き始める。日本初の海員養成学校のあった粟島を背景に白いマーガレットの花が一面に咲く風景はとても美しい。晴天の日は、花の白さがより輝く。明治時代に日本に導入されたマーガレットが、香川県で栽培され始めたのは1955（昭和30）年頃とされる。今ではマーガレット出荷量が全国1位を誇る。その生産の中心地が荘内半島に位置する三豊市の詫間町と仁尾町である。詫間町も仁尾町も除虫菊の栽培が盛んに行われていた所である。花のつき方に違いがあるとはいえ、同じキク科の白い花である。かつて栽培されていた除虫菊が広がる光景を思い描かせてくれる。冬でも温暖な気候、水はけの良い土壌などが花き栽培に適した環境となっている。栽培されている品種のほとんどが純白の花をつける。マーガレットは花の時期を過ぎても花が落ちず、次々と花を咲かせることから「落ちない花」として受験生にも人気があるという。春にはマーガレットの他にキンセンカやポピー、秋にはコスモスが見られる。

まんのう町のヒマワリ　＊夏

　まんのう町は香川県のやや西より、南は徳島県と接している。まんのう町にはかんがい用ため池として日本一を誇る満濃池がある。その原形をつ

くったのが空海(弘法大師)とされる。香川県内のため池の数は一説では約14,000。ため池が水がめとなって、農業を支えてきた。

夏、満濃池の西側にある仲南地区、帆山地区を中心とする20ヘクタール以上に100万本以上のヒマワリの花が風に揺れる。

減反作物の一つとしてヒマワリの栽培が始まったのは1992(平成4)年とされる。ヒマワリ栽培は減反との格闘の結果でもあった。当初は0.23ヘクタールだった栽培面積は2017(平成29)年には約22ヘクタールほどに広がり、25年かけて10倍になっている。少しずつ、そして着実に地域の輪は広がってきた。花の時期と合わせて「ひまわり祭り」が開催され、県内外から大勢の人が訪れる。

もともと観賞用としてヒマワリを植えたわけではなく、搾油用である。油以外にも花びらなどを材料にしたアイスクリームにもチャレンジしてきた。チャレンジは続く。2014(平成26)年には牛生産者と協力して、ヒマワリ油の搾りかすを飼料として与えたブランド牛が誕生している。ヒマワリ油の搾りかすのオレイン酸が肉をおいしくするのだという。「オリーブ牛」に続く「ひまわり牛」の誕生である。

小豆島のオリーブ　＊春

小豆島は瀬戸内海に浮かぶ周囲126キロ、東西29キロ、南北15キロ、総面積153平方キロメートルの島である。島内で盛んに栽培されているオリーブは、小豆島のシンボルであるばかりでなく、香川県の県花・県木であり、また、県章のモチーフにもされている。オリーブは乳白色の小さく可憐な花をつける。一面に咲く花の世界は、近づいて十分に堪能したい。オリーブは、モクセイやヒイラギなどと同じモクセイ科の常緑樹であり、起源は小アジアとされている。日本には安土桃山時代にポルトガル人の宣教師がオリーブオイルを持ち込んだ。当時、ポルトガルの油が訛ってホルトの油と呼ばれたという。日本へのオリーブの伝来は、幕末期に将軍の侍医となった蘭方医・林洞海の意見により、フランスから苗木を輸入して植えられたのが最初とされている。

小豆島にオリーブが伝わったのは1908(明治41)年のことである。農商務省が三重、香川、鹿児島の3県を指定してアメリカから輸入した苗木で試作を始めたなかで、小豆島だけが栽培に成功した。以後、試験研究が続

けられ、農家での栽培も進み、小豆島を中心に香川県、岡山県、広島県などにも広がった。17（大正6）年に香川県より試験用に配布されたオリーブの原木は小豆島・西村（にしむら）の地に残る。59（昭和34）年のオリーブ製品の輸入自由化は国内生産に大打撃を与えたが、平成に入り、健康食品への関心の高まりやイタリア料理の流行など食生活の変化によってオリーブ製品が再び注目を集めるようになり、91（平成3）年あたりから国内の収穫量は増加傾向へと転じてきている。

オリーブの品種は、世界で1,600以上あるとされているが、小豆島では、ミッション、マンザニロ、ネバディロ・ブランコ、ルッカの4種が主に栽培されている。オリーブは一般に蜜を持たないとされ、多量の花粉を風により飛散させて受粉する。同じ品種の花粉では実がなりくい性質もオリーブの大きな特徴である。

有明浜（ありあけはま）の海浜植物　＊春・夏・秋、瀬戸内海国立公園

有明浜は香川県の最西端・観音寺市内にある。財田川（さいたがわ）河口から有明富士とも呼ばれる江浦草山（つくもやま）（九十九山）に至る瀬戸内海に面した約2キロの砂浜で、1969（昭和44）年には市の天然記念物に指定されている。財田川は香川県で最大の流域面積を有している。

春から秋にかけて、ハマエンドウ、ハマナデシコ、ハマボウフウ、ハマヒルガオ、ハマウツボ、ハマニガナ、ナミキソウ、タイトゴメ、ハマゴウ、ウンランなどが次々と花を咲かせる。瀬戸内海の他の地域ではあまり見られないハマニガナ、ナミキソウをはじめ、希少な海浜植物の生育地としてきわめて貴重な場所となっている。

有明浜は前述の琴弾公園一帯と合わせて瀬戸内海国立公園に指定されている。瀬戸内海国立公園は1934（昭和9）年に指定された日本で最初の国立公園であるが、この辺りは当初から指定されていたわけではない。56（同31）年に行われた公園区域の第3次拡張に際して、国立公園の興味地点の一つとして、白砂青松の美しい風景が評価されて、津田の松原（つだのまつばら）（香川県さぬき市）などと共に編入されたのである。

愛媛県

ミカン（県花）

地域の特色

北は瀬戸内海、西は宇和海に面し、広島県（安芸）から愛媛県（伊予）にかけては芸予諸島が連なり、山口県（周防）からは防予諸島が連なる。宇和海にも島々が散在している。断層の中央構造線が東西に走り、北側は花崗岩の瀬戸内海沿岸部を、南側は広大な四国山地を形成している。温暖な気候から柑橘類栽培が行われ、石鎚山脈山麓の別子銅山は古くから開発された。近世には伊予八藩と称して8藩に分割統治され、松山城、宇和島城などの城跡が残っている。瀬戸内海の暖温帯の気候となっている。

花風景は、近世の城郭跡のサクラ名所、大名庭園のフジの奇木、都市公園や観光地の花木、現代庭園や高原の花畑などの他、特にミカンのなりわいの花や鉱山跡地のシャクヤクの花などは風土を特徴的に表している。

県花は、後述の花風景でも紹介する通り、ミカン科ミカン属の常緑樹のミカン（蜜柑）である。植物学的にはウンシュウミカン（温州蜜柑）という。小さな白い花をつけ、その純白と清楚が県民性を象徴するにふさわしいとされる。長い間全国一の生産量を誇っていたが、今は和歌山県に引き離され、現在はレモンや新品種など多様な柑橘類を栽培している。

主な花風景

松山城のサクラ　＊春、史跡、重要文化財、日本さくら名所100選

松山城は愛媛県の県庁所在地・松山の街を見下ろす130メートルほどの小高い丘の上にある。

ソメイヨシノを中心に約200本の花が城に彩りを添える。なかには早咲きのツバキカンザクラ、遅咲きのオオシマザクラ、シオガマザクラ、ボタンザクラなどがあり、比較的長い期間、サクラを味わうことができる。ツバキカンザクラは「カンヒザクラとシナミザクラ（カラミザクラ）との交雑

種と推定」(広島大学デジタル自然史博物館)されており、松山市内の伊豫豆比古命神社(別名椿神社)に原木がある。

　松山城は約400年前、加藤嘉明が1602(慶長7)年から約25年もの歳月をかけて完成させた城郭である。天守などは1784(天明4)年の落雷による焼失後に再びつくられたものであるが、江戸時代以前に建てられた天守が今も残るわが国12城の一つであり、江戸時代最後の完全な城郭建築とされる。天守をはじめ、望楼型二重櫓の野原櫓、乾櫓、隠門など21棟の建造物が重要文化財に指定され、松山城の本丸、二之丸、三之丸(堀之内地区)を含めた全域が都市公園(城山公園)となっている。

天赦園のフジ　＊春、名勝

　愛媛県の南部・宇和島市にある天赦園には6基の藤棚がある。江戸時代に亀戸天神から移植されたものと伝えられる野田藤をはじめ、池上にかかる長さ24メートル、幅4メートルほどの太鼓橋式の藤棚を飾る白玉藤で知られている。白玉藤は房が垂れ下がる一般のフジと異なり、上向きに伸びるのが特徴であり、「上り藤」とも呼ばれている。

　宇和島藩主二代藩主伊達宗利が1672(寛文12)～76(延宝4)年にかけて浜御殿を造成したことが天赦園へとつながっている。江戸末期、第7代藩主宗紀は、この浜御殿の南寄りの一角に隠居所をつくるため、1862(文久2)年に工事を行い、完成した潜淵館に居を移した。63(同3)年には勘定与力であった五郎左衛門に命じて庭づくりに着工し、1866(慶応2)年に完成した庭園を天赦園と名付けた。名前は、初代秀宗の父伊達政宗がつくった漢詩「馬上少年過　世平白髪多　残軀天所赦　不楽是如何(馬上に少年過ぎ　世は平にして白髪多し　残軀は天の赦す所　楽しまずんば是を如何せん)」(この漢詩は天赦園入口付近の場所に設置されている「園内見取図」を参照した)に由来する。

　作庭年代は江戸時代末期と比較的新しいが、意匠や技法に優れたところがあり、かつ園路に沿って一周しながら眺める風景が変化に富んでいることから、1968(昭和43)年に名勝に指定されている。面積は約1.1ヘクタールで、園池を中心に、池は岬、入江など屈曲が多く、要所の石組には和泉砂岩が用いられている。園の周囲はクロマツ、クスノキ、ウバメガシなどの常緑樹により遮蔽されており、園内にはソテツやビロウといった暖帯性

の樹木も見られる。

冨士山公園のツツジ　＊春

　愛媛県中西部・大洲盆地中央にそびえる冨士山（320メートル）は、その姿が富士山に似ていることから名付けられた。別名「大洲富士」と呼ばれている。公園としての面積は約45ヘクタールである。

　ツツジの名所として知られ、その数は6万本を超える。最盛期に山頂が赤やピンクに染まる様は鮮やかである。

　冨士山の山頂からは眼下には臥龍淵のある肱川、大洲市街、そして大洲城を眺めることができる。臥龍淵は肱川随一の景勝地とされ、また龍にまつわる伝説が残る。その一つは、日照り続きで人々が困り果てて雨乞い踊りをしていると、激しい雨が降り始めて龍が現れ、稲妻の中を天に昇っていったというものである。臥龍淵を臨む3,000坪（約1ヘクタール）の土地には現大洲市新谷出身の貿易商河内寅次郎が余生を故郷で過ごしたいと願い、1897（明治30）年頃に庭園から整備を始め、10年余りをかけて築造した臥龍山荘が建つ。

南楽園のハナショウブ　＊春・夏

　南楽園は愛媛県南部、宇和島市津島町にある。5月中旬頃になると造園家伊藤邦衛設計の池泉回遊式の庭園に設けられた2カ所のショウブ園（計4,000平方メートル）では紫、黄、白など3万株、25万株のハナショウブが咲き競う。特に江戸中期の建築様式を取り入れた茅葺の休憩所を点景にした風景は見る人の心を和ませてくれる。

　1969（昭和44）年に閣議決定された新全国総合開発計画（新全総）は「豊かな環境の創造」を基本目標に掲げ、観光レクリエーションの主要計画課題として「自然観光レクリエーション地区の整備および大規模海洋性レクリエーション基地の建設」を盛り込んだ。70（同45）年には旧建設省が「レクリエーション都市整備要綱」を決定する。南楽園は、この整備要綱に基づき進められた南予レクリエーション都市整備事業の一環で誕生したものである。正式開園は85（同60）年で広さは約15ヘクタールある。造園学者の進士五十八（2001）によれば、護岸の石組資材はトンネル工事などで発生した8,000トンの自然石であるという。

よしうみバラ公園のバラ　＊春・夏・秋

　よしうみバラ公園は愛媛県北部・瀬戸内しまなみ海道の通る大島にある。大島西側には、ぽっかりと口を開けたような入江があり、その入江の奥に広がる吉海港に面する公園である。面積は約2.8ヘクタールで、開園は1993（平成5）年である。

　世界各地のバラ400種3,500株が園内花壇に植栽され、5月中旬から12月末までバラの美しさを堪能することができる。5月にはバラ祭りが開催され、大勢の人で賑わう。フランス屈指のバラ庭園「ライ・レ・ローズ」からナポレオン皇妃ジョセフィーヌが蒐集したオールドローズの「ジョセフィーヌ・コレクション」、1998（平成10）年、宇宙飛行士の向井千秋がスペースシャトル「ディスカバリー号」で無重力状態における香の生成に関する宇宙実験に用いたバラを株分けした"宇宙バラ"、花の大きさが1センチ以下という世界一小さいバラ「ショウノスケ」などで知られる。

翠波高原のナノハナとコスモス　＊春・秋

　翠波高原は愛媛県東部・四国中央市に位置する翠波峰（890メートル）の南側を中心に広がる。かつて牧場があった高原では、春には約30万本のナノハナが、また秋には約30万本のコスモスが咲き、約3ヘクタールの花畑となる。隣接地にはワシントンのポトマック河畔から日本に里帰りしたサクラが植えられている「ワシントン桜の園」がある。1984（昭和59）年に旧伊予三島市の市制30周年を記念して整備されたものである。

マイントピア別子のシャクヤク　＊春

　マイントピア別子は愛媛県東部・新居浜市に位置する鉱山観光テーマパークである。マインは「鉱山」、トピアは「ユートピア」に由来する。

　敷地内には中国・四国地方屈指のシャクヤク園がある。黄色のオリエンタルゴールド、紅が冴えたレッドチャーム、ピンクのサラベルナール、白いアルプスなど、40種、約3万本のシャクヤクが咲き誇る。

　マイントピア別子は別子銅山採鉱本部跡地を利用したテーマパークとして1991（平成3）年に誕生した。現在、端出場ゾーンと東平ゾーンの二つの地区からなる。端出場ゾーンは、30（昭和5）年に東平地区から移転さ

れた採鉱本部が73（同48）年の閉坑時まで置かれていた場所である。約6ヘクタールの敷地には、拠点施設で温泉施設のあるマイントピア本館の他、点在する観光坑道や旧水力発電所などの産業遺産がある。一方、東平ゾーンは、もともと採鉱本部があった場所で最盛期には約5,000人が住んでいた。標高750メートル付近にある東平索道停車場跡、東平貯鉱庫跡など、その光景はインカの天空都市マチュピチュを彷彿させる。

愛媛のミカン　＊春

　ミカンは愛媛県を代表する特産品の一つである。5月になると県内の多くの畑がミカンの白い花に彩られ、甘い香りに包まれる。県内生産量では西宇和地域の八幡浜市、宇和島市、西予市が上位を占める。傾斜地では段々畑を石垣が支える。石垣の石は熱を吸収すると冷めにくい。空から降りそそぐ太陽の光、海からの反射する光、そして石垣からの輻射熱は「三つの太陽」として、良質なミカンを育てる。

　愛媛県のミカン栽培は、一説によると、今から200年ほど前に加賀山平治郎が四国遍路の途中に高知県で苗木を手に入れて持ち帰り、それを植えたのが始まりとされる。その子孫となる樹が宇和島市吉田町立間地区にある。

篠山のアケボノツツジ　＊春、足摺宇和海国立公園

　篠山（1,065メートル）は愛媛県と高知県の県境に位置する。名前は山頂に広く生育しているミヤコザサに由来する。

　アケボノツツジは山頂部に群生している。春になるとピンク色の花をつける。足摺宇和海国立公園の興味地点の一つであり、多くの人が訪れる。近年、当該地のアケボノツツジが九州のみに生育するとされてきたツクシアケボノツツジであることが確認された。分類学的にも貴重な群落である。

　一方で、1993（平成5）年頃からシカの食害によりミヤコザサの衰退が始まり、表土流出や土壌浸食などが進行したことにより、根ごとひっくり返ったアケボノツツジが見られるようになった。このため、2000（同12）年から、優良種子の採取や防鹿柵・土留柵の設置が、16（同28）年度からは、地域関係者で構成する篠山観光開発協議会によるモニタリングなどの対策が進められている。

高知県

足摺岬のヤブツバキ

地域の特色

県最高峰瓶ヶ森(1,696メートル)を擁する四国山地が県の大部分を占め、南の室戸岬と足摺岬の間に太平洋の土佐湾を抱いている。四国山地から南流する物部川、仁淀川などが高知平野をつくり、四万十川が中村平野をつくり、土佐湾に注いでいる。四国山地と太平洋は交通の障壁で、発展を阻害してきた。古代から紀貫之の『土佐日記』(935年頃)で知られ、近世に大名山内一豊が土佐の国に入り、高知城を築き、以後近代まで山内氏が統治し、現在も高知が中心都市である。太平洋側の暖温帯の気候である。

花風景は、高知県出身の植物学者牧野富太郎にちなむサクラ名所や植物園・都市公園のサクラ名所、モネの庭を再現した草花、里地里山の草花や花木などの他、海岸の花木や山地の山野草も特徴的である。

県花は県民投票と選定委員会によって選ばれたヤマモモ科ヤマモモ属の常緑樹のヤマモモ(山桃)である。雌雄異株で雌花と雄花とがあり、共に穂のような小さく赤い花が咲き、雌花には真っ赤な果実を結ぶ。甘酸っぱい果実は食用になる。温暖な海岸の山地などが適地で、高知県には多く自生している。西日本では庭園、公園などにも植栽されている。

主な花風景

牧野公園のサクラ　＊春、日本さくら名所100選

牧野公園は高知市から少し西にある佐川町内、JR佐川駅から南西400メートルほどに位置する。公園ではソメイヨシノだけでなく、牧野富太郎が命名したセンダイヤやワカキノサクラなど、10種以上のサクラを楽しむことができる。

牧野公園は1920(明治35)年、佐川出身の植物学者の牧野が東京からソメイヨシノの苗を送り、地元の有志たちが奥の土居(現牧野公園)に植え

たことが一つの契機となった。14（大正3）年には大正天皇即位の御大典記念事業として、奥の土居をはじめ、町内全域にソメイヨシノ1,300本が植樹された。大正末期から昭和10年代にかけてサクラは見頃となり、大勢の花見客で賑わった。しかし、戦時中の食料増産の他、台風被害、樹木の老齢化などにより、サクラはほとんどなくなってしまった。56（昭和31）年、奥の土居を復活させるべく、商工会を中心に地元の人が立ち上がり、1,000本以上のサクラの苗を植えた。58（同33）年には公園内の道路が完成し、「牧野公園」と名付けられた。中腹には牧野の墓があり、近くには牧野夫人の名前「寿衛子」から名付けられたスエコザサが植えられている。

2008（平成20）年に老朽化したサクラの再生事業が開始された。また、牧野にちなんだ四季折々の草花も楽しめるようにと、14（同26）年度から10カ年計画でリニューアル事業が進められている。「みんなで育てる公園」をモットーに、購入に頼らず、種から育てた苗を植栽する活動が地域住民によって行われている。その中心的な役割を担っているのが「はなもりC-LOVE」である。10（同22）年頃から活動を始め、15（同27）年頃、「はなもりC-LOVE」に名称変更されたという。

現在、牧野公園では牧野ゆかりの植物であるバイカオウレンの他、ヤマトグサ、フクリンササユリ、ノジギクなど牧野が命名した植物やオキナグサなど希少な植物を見ることができる。

鏡野公園のサクラ　＊春、日本さくら名所100選

鏡野公園は高知市の北東・南国市にあるJR土佐山田駅から東北東約3.5キロの所に位置する。公園にはソメイヨシノやヤエザクラなどが見られ、運動広場の周囲には「サクラの園」が広がる。圧巻は何といっても隣接する高知工科大学との間にある全長200メートルを超えるサクラのトンネルである。

鏡野公園は1978（昭和53）年5月に開催された第29回全国植樹祭を記念し、県内で4番目の都市公園として設置された。鏡野公園は、明治時代に設置された三つの公園（高知公園、五台山公園、種崎千松公園）のように設置後に都市公園になったものと異なり、56（同31）年に制定された都市公園法に基づき県内で初めて整備された都市公園である。面積は5.4ヘクタールで「四国のみち」のルートの一つ「龍河・弥生文化のみち」の終点に

もなっている。このルートは四国霊場第28番札所である大日寺から天然記念物と史跡に指定されている龍河洞を経由し、長さは9.5キロである。

「四国のみち」は正式名称を「四国自然歩道」といい全国に整備されている長距離自然歩道の一つで、全長約1,546キロ、起点は徳島県鳴門市、終点は徳島県板野町である。四国霊場の他、各地の自然や文化に親しみながら歩いて四国を一周することができる。

北川村「モネの庭」マルモッタンのスイレン　＊春・夏・秋

「モネの庭」は高知県東部・北川村にある。《睡蓮》などで知られる印象派の巨匠クロード・モネが43歳から生涯の半分を過ごしたというフランス北部のジヴェルニーにある庭と邸宅への想いが北川村に再現された。

「モネの庭」を代表するスイレンは4月末頃から10月末頃まで楽しむことができる。スイレン以外にも、チューリップ、フジ、バラ、ガウラ、ダリア、マリーゴールドなど季節の花が次々と咲き競う。

「モネの庭」への道は平坦ではなかった。高齢化と過疎化が進行するなか、ユズ産業を基幹として村おこしを目指すも1996（平成8）年には計画の大幅な縮小と新たな事業への展開を余儀なくされた。こうした状況の中で、地域の特性を生かした観光と文化の拠点づくりのためにフラワーガーデンに方針を変更して実現させた。開園は2000（同12）年である。1999（同11）年秋には、当時の村長がフランスを訪問し、「モネの庭」やモネ財団の管理機関であるアカデミー・デ・ボザールの終身書記・アルノー・ドートリヴ氏から「モネの庭」マルモッタンとして名称使用の許可を得た。マルモッタンは、《印象・日の出》などモネ作品のコレクションで知られるマルモッタン・モネ美術館に由来する。

高知県立牧野植物園の牧野富太郎ゆかりの植物　＊春・夏・秋・冬

牧野植物園はJR高知駅から南東約3.7キロ、五台山（131メートル）の山頂近くにある。展示館中庭では、牧野富太郎ゆかりの植物など約250種類、3,000株が植えられており、四季を通じて花を楽しむことができる。牧野が和名と学名を付けたヤマトレンギョウ、ヤマトグサ、ヒメキリンソウ、アリマグミ、ヨコグラノキ、オウゴンオニユリ、シナノアキギリ、ヤナギノギク、ヤマヒヨドリバナ、ノジギク、シロバナヤブツバキ、ツルゴカヨウ

オウレンのほか、牧野が学名を付けた植物などが、鉢展示を含めて折々に花を付けていく。大久保三郎と一緒に牧野が学名を付けたヤマトグサは、日本の出版物における初の新種発表だった。

　高知県立牧野植物園は「日本植物分類学の父」とされる牧野富太郎博士の功績を広く世の中に知ってもらうため、博士が亡くなった翌年の1958（昭和33）年4月に開園した。面積は約6ヘクタールである。99（平成11）年には敷地面積を拡張し、植物に関する教育普及や研究の拠点・牧野富太郎記念館が新設された。この記念館の設計により、内藤廣は第13回村野藤吾賞を受賞している。また、環境省と（公社）日本植物園協会の間で締結された「生物多様性保全の推進に関する基本協定書」に基づき、絶滅のおそれのある野生植物の生息域外保全事業などに取り組んでいる。

入田ヤナギ林のナノハナ　＊春

　入田ヤナギ林は高知県西部を流れる四万十川の下流域、四万十市に広がる。春になると、1,000万本のナノハナが咲き、黄色い絨毯を一面に敷き詰めたような風景が広がる。

　この風景には、地域の60以上の団体で構成される四万十川自然再生協議会（事務局・国土交通省四国地方整備局中村河川国道事務所）をはじめ、学識者、漁業協同組合、地元地区などが一体となって進める「四万十川自然再生事業」が関わっている。人と自然とが共生できていた昭和40年代の風景の保全・再生を目指すもので、入田地区では「アユの瀬づくり」が行われている。河畔に樹林が拡がり、瀬が狭くなってきたことから、アユの産卵場となる瀬や広い礫河原の再生を目的に、2002（平成14）年度から09（同21）年度にかけて河畔の樹木や竹の伐採・間伐を行った。間伐して日当たりが良くなったヤナギ林などでは、その後、ナノハナが自然に見られるようになったという。

帰全山公園のシャクナゲ　＊春

　帰全山公園は高知県北部・嶺北地域の中央部・本山町役場近く、吉野川が大きく右に蛇行して半島状に突き出た場所にある。江戸時代の政治家で南学者としても知られている野中兼山が、母の秋田夫人をこの地に埋葬する際、山号を依頼した儒学者の山崎闇斎によって帰全山と命名された。中

国の古典の中の「父母全うしてこれを生み、子全うしてこれを帰す、孝と謂うべし」という言葉からきているという。儒学の一つである朱子学の一派の南学は土佐の国で興った。

公園は春になると3万本ものシャクナゲが咲き誇りピンク色に染まり、その様子から別名「シャクナゲ公園」とも呼ばれている。本山町教育委員会が設置した現地の「帰全山の由来」解説板には、シャクナゲは「町内の篤志家によって自生石楠花を移植」とある。

帰全山公園の土地は1905（明治38）年に本山村が買収し、日露戦争記念帰全公園として開園した。白髪山県立自然公園にも指定されている。

足摺岬のヤブツバキ　＊冬、足摺宇和海国立公園

足摺岬は四国の最も南、半島状に突き出た地形の突端にある。岬には灯台が立つ。足摺に自生するヤブツバキの数は、半島全体で約15万本、岬の先端だけで約6万本といわれている。歩道沿いの密生した場所ではトンネル状のヤブツバキを楽しむことができる。

足摺岬は足摺宇和海国立公園を代表する風景地である。真っ青な海と花崗岩の断崖絶壁に立つ白い灯台が見事なコントラストをみせる。冬には真っ赤なツバキの花が彩りを添える。

近年、メダケの繁殖などのため、ヤブツバキが衰退しつつあり、環境省、土佐清水市、観光協会、「足摺岬の自然を守る会」などが高知県立牧野植物園の協力を得て再生を進めている。

大豊町のフクジュソウ　＊冬・春

大豊町は高知県の北東部に位置し、香川県と隣接している。

フクジュソウは春の到来が近いことを知らせてくれるかのように花を咲かせる。3センチほどの黄色い小さな花は可憐である。また、雪の中で咲く花に日光が当たり黄金色に輝く様は、まばゆいほどに美しい。漢字で「福寿草」と書き、縁起のいい花として、お正月の鉢花として飾られる。

大豊町南大王では、南斜面約2ヘクタールの土地に5万株以上のフクジュソウの花が咲く。かつて乱獲されて少なくなったが、地元の人たちが植栽を続けた成果であるという。

40 福岡県

太宰府天満宮のウメ

地域の特色

関門海峡を隔てて本州と近接し、九州の玄関口となり中心地となっている。北は日本海、東は瀬戸内海に臨み、那珂川が北流する福岡平野、筑後川が南流する筑紫平野などを形成している。南には英彦山と並んで県最高峰の釈迦ヶ岳(1,231メートル)を擁している。古くは筑前と筑後の国と豊前の国の北の半分となっていた。内陸部には古代の九州統治や外交・防衛のために大宰府が置かれていた。20世紀には炭鉱業、鉄鋼業などの四大工業地帯の一つとなっていた。太平洋側と同じ暖温帯の気候を示している。

花風景は、大都市の歴史的な公園や古い城下町や英彦山山麓のサクラ名所、古い歴史を持つ神社の観賞用梅林や生産用梅林、市民が育成したコスモスなどが多く、高山などの自然の花が少ないことが特徴的である。

県花はNHKなどの公募で決まったバラ科サクラ属のウメ(梅)である。菅原道真公ゆかりの太宰府天満宮のウメにちなんだものである。道真公は京の都から大宰府に左遷されるとき、愛でていたウメに別れの歌として「東風ふかば においおこせよ 梅の花 主なしとて 春な忘れそ」と詠む。この梅は大宰府へ飛んで行ったという「飛び梅」伝説が残っている。

主な花風景

西公園のサクラ　＊春、日本さくら名所100選

九州の最大都市福岡市のほぼ中央部にある面積約17ヘクタールの風致公園である。博多湾に臨み古くは荒津山と呼ばれた丘陵地となっており、陸繋島の志賀島、砂州の海の中道、能古島などの博多湾の美しい風景を一望できる。ソメイヨシノ、ヨウコウザクラなど約1,400本のサクラが咲き誇り、花見は大いに賑わい、夜間のライトアップも行われる。モミジの紅葉やイチョウの黄葉も美しく、シイ、カシなどの常緑広葉樹の自然林も楽

しめる市民の憩いの場である。

　1881(明治14)年に自然の丘陵と渓谷、展望風景を活かした太政官公園として誕生し、荒津山公園と称していた。江戸時代、黒田氏藩主の福岡藩は、荒津山を霊山として、徳川家康を神とする東照権現を祀り、景勝地であったことから、73(同6)年の公園設置の太政官布告に基づき公園となったものである。85(同18)年、サクラ、モミジなどを植栽し、1900(同33)年、県営公園となり、西公園と改称された。

　明治時代の九州の中心地は軍の拠点である鎮台を置いた熊本であった。その後、官営八幡製鉄所が建設され、筑豊などの石炭を利用して、北九州が九州の中心になっていく。しかし、1990年代になると、グローバリゼーションによってコンビナートは空洞化し、新たに台頭してきたのがサービス産業を中心とする福岡であった。近代化、産業化、情報化へと変化するにつれて九州の中心も移動した。西公園の存在価値も高まっている。

秋月杉の馬場のサクラ　＊春、重要伝統的建造物群保存地区

　県中央部朝倉市の秋月の城下町には杉の馬場通りに約200本のソメイヨシノのサクラ並木が約500メートルのサクラのトンネルをつくっている。秋月は「筑前の小京都」といわれる古処山(860メートル)の麓の小盆地であり、清らかな川が流れる。秋月城跡に接する杉の馬場のサクラ並木は武家屋敷や土塀の町並みと調和して独特の情緒を生み出している。

　秋月は中世から秋月氏が支配し、近世になって黒田氏の福岡藩となるに至り、福岡藩の支藩として秋月藩が生まれ、黒田氏子孫が12代にわたって治めることとなる。近代になると交通の不便さから取り残されるが、その結果、近世の城下町の名残である古い街並みが残ることとなる。現在見られる古い街並みは、街路や屋敷地割がよく旧態をとどめ、武家屋敷や町家、社家などの伝統的建造物も残り、周囲の豊かな自然とあいまって特色ある歴史的景観を伝えていることが評価されて、町全体が重要伝統的建造物群保存地区となっている。

添田公園のサクラ　＊春

　福岡県と大分県にまたがる英彦山(1,199メートル)の北山麓にある添田町の岩石山(454メートル)は麓から中腹にかけて添田公園になっている。

巨大な楼門を通り抜けた公園内にはソメイヨシノ、ヤエザクラ、ヤマザクラなど約2,000本のサクラが咲き誇っている。この他、ウメやツツジなどの花が季節に応じて順次彩りを添えている。南に位置する英彦山は古くから奈良県大峯山、山形県羽黒山と共に、修験道の霊場として栄えた所であり、山頂部がわが国最初の国定公園の一つである耶馬日田英彦山国定公園となっている。

太宰府天満宮のウメ　＊冬・春

　太宰府天満宮の境内には、一重、八重をはじめ約200種、約6,000本の白梅や紅梅が咲き誇る。ウメには500種以上の品種があるといわれ、花や実の多様性やさまざまな環境への適応性を有している。太宰府天満宮は京都の北野天満宮と共に菅原道真公を御祭神とする天満宮・天神社の総本社である。太宰府天満宮は道真公のご墓所に造営された。道真公については福岡県の県花と北野天満宮の紹介でふれている。太宰府天満宮ではサクラ、ツツジ、ヤマブキ、ハナショウブ、キクなどの花も見られる。

　大宰府は古代に遠の朝廷と称された奈良や京の都の国の出先機関の政庁が置かれた所である。九州の政治経済、大陸に対する軍事や外交を司る役所であり、また、アジアに開かれた玄関口として異文化が伝えられた場所でもあり、都の役人などが出向き、防人として軍人が赴いた。

谷川梅林のウメ　＊冬・春

　福岡県南部の八女市の谷川地区は有数の梅の産地で、谷川梅林と呼ばれ、果実生産のみならず観梅の名所ともなっている。約80ヘクタールのなだらかな丘陵に約3万本もの白梅が咲き乱れている。ウメは基本的に温暖多湿地帯を好む樹木である。古来その樹形と花が愛でられ、果実は食用とされる。燻製にされたウメは烏梅と称し、漢方薬になり、かつては紅花染めの触媒に用いられた。枝や樹皮も染色に用いられる。観賞用の花ウメと食用の実ウメがあるが、谷川梅林は両方を兼ねている。付近は八女茶の生産地であり、美しい茶畑を見ることができる。

北野コスモス街道のコスモス　＊秋

　県南部の久留米市北野町に筑後川に注ぐ陣屋川が流れ、その土堤の道路

九州・沖縄地方

沿いに約3.5キロにわたって約50万本の桃色、白色などのコスモスが咲き誇っている。透きとおるような花が心地良い秋の到来を告げている。隣接するコスモスパーク北野で開かれるコスモスフェスティバル期間中には普段、自動車が通る土堤の道路は歩行者専用道路になり、大勢の人々がコスモスを観賞しながら散策を楽しんでいる。

2015(平成27)年、未来に残したい日本の花風景として「池坊花逍遥100選」に認定された。前年の花の産業と文化を守り育てる「花き振興法」の制定を受けて、華道家元池坊が華道の精神を映し、日本文化を誇る花風景を全国から募集して選定したものであり、地域ブランドになることも念頭に置いている。「花逍遥」とは、池坊のいけばなが四季を彩る自生の花に学ぶように説き、そのためにはみずからの足でそぞろ歩いて花を愛でなければならないという理念に基づいている。

コスモス街道のそもそもの発端は1971(昭和46)年頃に陣屋川土提沿いに住む個人が、当時未舗装の道路の雑草や土堤沿いの廃棄物違法投棄を憂い、また、長女の誕生もあり、家族のために美しい環境にしたいという願いを込めて、周辺にコスモスの種を播いたのが始まりと伝えられている。その後、地域の人々もコスモス街道の延伸に協力し、現在では広範な団体が参加するコスモス街道育成愛好会が結成され、コスモスを愛する人々の輪が広がっている。多くの人々が春の除草剤散布、播種から、毎月の除草や施肥を行い、秋の開花までボランティア活動を続けている。お陰で今や「コスモスの町北野」といわれるまでになっている。

国営海の中道海浜公園のバラとコスモス　＊春・夏・秋

海の中道海浜公園では、色とりどりの花の美しさと香りを楽しめるバラ園、群生する朱色のヒガンバナ、一面に広がる桃色や白色の透明感あふれる花のコスモス園などを季節に応じて堪能できる。青い海を間近に咲き乱れる花風景が美しい。また、コキアという草本の紅葉の風景やパンパスグラスという草本の白い穂も珍しい。海の中道とは北の玄界灘と南の博多湾を分ける砂州であり、先端の志賀島につながっている。志賀島は金印が出土したことで有名で、大陸との関係を物語っている。博多は大陸との貿易の拠点となったが、元寇など外敵の脅威にもさらされた。今、美しい海浜公園にたたずむと、遠い昔の元寇の戦争の恐怖を追憶することは難しい。

41 佐賀県

浄徳寺のシャクナゲ

地域の特色

標高1,000メートル級の北東の脊振山地から南西の多良岳山系を結ぶ丘陵で二分され、北西部は玄海灘に、南東部は有明海に臨んでいる。南東の佐賀平野には佐賀市などがあり、北西の海岸沿いには唐津市などがある。現在は小県ではあるが、朝鮮半島や長崎に近いことから多彩な歴史や文化を持つ。外来文化の進取の気風に満ち、古来の窯芸文化や佐賀藩（鍋島藩・肥前藩）の洋式兵器産業などは典型である。佐賀藩は薩摩、長州、土佐と共に明治維新の立役者となる。太平洋側と同じ暖温帯の気候を示す。

花風景は、近世の大名庭園のサクラ名所やツツジ名所、近世から生育する寺院や私邸の古木など歴史を感じさせるものが特徴的であるが、一方、現代の都市公園のハナショウブ園、コスモス園などもある。

県花はクスノキ科ニッケイ属のクスノキ（クス・楠）である。西日本の暖地に自生し、特に九州には多い。常緑広葉樹で巨木になり、枝も大きく張り、白色や淡黄色の小さな花は目立たない。クスノキは樟脳という成分を含み、芳香、防虫、鎮痛などの効果がある。『肥前国風土記』にはクスノキが繁茂する「栄の国」だと記され、力強い発展を象徴している。

主な花風景

小城公園のサクラ　＊春、日本さくら名所100選

江戸前期17世紀の小城藩主の小さな丘をいだく池泉回遊式の大名庭園跡に約3,000本のソメイヨシノなどのサクラが咲き誇る。庭園は小城藩の初代藩主鍋島元茂とその子の２代目藩主鍋島直能によって造営される。初代が丘にサクラを植え、茶屋を設け、２代目になってサクラのいっそうの植樹が進められ、「桜岡」と名付けられたという。直能は桜岡の周辺にさらに庭園を充実させ、「心」の字をかたどった心字池をつくり、サクラを植

え、橋なども設け、「自楽園」と命名した。現在、園内には約25,000株のツツジも咲き乱れ、フジも美しい。特に、「角槙」と呼ばれる直方体に刈り込んだ、樹齢約350年と推定されるイヌマキの古木は大きく圧巻である。園内には他にも直方体に刈り込んだ樹木がある。

　佐賀藩主鍋島氏の佐賀城は現佐賀市にあり、その東に隣接して現小城市に支藩の小城藩が配置され、佐賀藩主鍋島勝茂の子の鍋島元茂が初代藩主となったのである。元茂は勝茂の正室の子である嫡男ではなく、家督を継げず、支藩に追いやられたが、父と共に島原の乱に出陣した柳生新陰流の剣の達人であり、華道や茶道にも通じる風流人であったと伝えられている。将軍家剣術指南役の柳生宗矩とは生涯親交があり、三代将軍徳川家光に剣術を教えたともいう。また、禄高を大幅に増やした政治家でもあった。その子直能は江戸屋敷に生まれ、政治家であるよりも文化人であり、本家や他の支藩と軋轢があったという。直能はみずから和歌集を編纂し、さらに、そうそうたる儒学者の木下順庵、林鵞峰などや、公家の歌人飛鳥井雅章、道光法親王などとも親交を持ち、庭園を愛でる漢詩文や和歌の創作を委嘱していた。元茂と直能の生き方は、江戸時代の戦乱の世から平和な世への武家の在り方の変化を象徴しているのかもしれない。

　当地は、1873年（明治6年）の公園設置の太政官布告に基づき、その2年後には「桜岡公園」として佐賀県最初の公園となる。この時点では、桜岡のみが公園で自楽園の庭園は含んでいなかったが、1951（昭和26）年、鍋島家が自楽園を市に寄贈し、現在の「小城公園」となった。

御船山楽園のサクラとツツジ　　＊春、登録記念物

　県西部の温泉で有名な武雄市御船山南西麓に御船山楽園があり、約50ヘクタールにわたって約2,000本のソメイヨシノ、オオシマザクラ、ヤエザクラと約5万本のクルメツツジ、ヒラドツツジなどが咲き誇る。御船山は岩山として鋭く屹立して印象的であり、その姿が唐船に似ているということから唐船山とも呼ばれている。この山麓に一面覆い尽くして広がる花風景は断崖絶壁を背景として見事である。また、御船山東麓には約1万本のウメが咲く観梅の御船が丘梅林もある。

　御船山楽園は、そもそもは第28代武雄藩主鍋島茂義が別邸の地として選び、池もある池泉回遊式庭園として1845（弘化2）年に「萩の尾園」として

造営したものである。将軍家の御用絵師である狩野派の絵を学んでいた茂義は造営にあたり、京の都から狩野派の絵師を招き、庭園の構想を練るためにこの地を描かせたという。その後、明治末年以後にサクラや大量のツツジが植えられ、遊覧の名所として発展した。なお、茂義は西洋式大砲の鋳造や試射を行い、わが国で最も早く西洋の軍事技術を導入し、洋式砲術や科学技術を究め、幕末期の佐賀藩の台頭に寄与した人物である。

国の登録記念物（名勝地関係）の名称としては「旧武雄邑主鍋島氏別邸庭園（御船山楽園）」である。邑主とは治世者といった意味であろう。登録区域は約14ヘクタールと限られている。

浄徳寺のシャクナゲ　＊春

神埼市の背振山南麓にある浄徳寺は別名シャクナゲ寺とも呼ばれているシャクナゲの名所である。浄徳寺は1689（元禄2）年の開山と伝えられている。境内や裏山には、約30種、約1万本の桃色、赤色、白色のシャクナゲが咲き誇り、特に裏山の樹齢約400年くらいと推定される「弁財天シャクナゲ」は樹高約6.5メートル、枝張り約7メートルで淡い桃色の花をつけ、シャクナゲとしては巨木で見事な花模様に圧倒される。弁財天シャクナゲには伝説がある。弁財天は七福神の一人で、吉祥天、弁天とも呼ばれる女神である。弁財天が英彦山で開かれた神様の集まりに招かれた時、美しいシャクナゲに魅せられ、天馬に乗って勝手に持ち帰ろうとして、天狗に見つかり、追いかけられる。途中で落とした1本がこの背振山のシャクナゲである。

志気の大シャクナゲ　＊春

唐津市の西部、伊万里市に接する丘陵地帯の北波多志気地区の斜面林間に樹齢約200年余りと推定される大シャクナゲがある。樹高約5メートル、最大枝張り約5メートルのシャクナゲが4株、その他に樹齢約40年のシャクナゲが20株程度生育している。桃色、赤色、白色の可憐な花を常緑の葉の樹木いっぱいに開花させる。付近は、稲作の棚田や茶畑、梨園などが広がる田園地帯であり、ナシの白い花も美しい。

大シャクナゲは江戸後期の寛政年間（1789～1801年）に唐津城石垣工事の褒美として唐津藩家老から賜ったものと伝えられている。現在、その子

九州・沖縄地方　271

孫の私有地に生育しているが、「さが名木100選」に指定され、見学できる。シャクナゲはツツジの仲間で寒さと暑さにも強く世界に分布し、ヒマラヤのシャクナゲは有名である。自生種、栽培種ともに品種が多く、数百種類はあるといわれる。わが国では、東北・中部地方のアズマシャクナゲ、伊豆半島のアマギシャクナゲ、西日本のツクシシャクナゲ・ホンシャクナゲなどがあり、地域固有のハクサンシャクナゲ、ヤクシマシャクナゲなどもある。志気の大シャクナゲはツクシシャクナゲである。

大和中央公園花菖蒲園のハナショウブ　＊春・夏

　佐賀市に合併した元大和町の大和中央公園花菖蒲園は約1ヘクタールの湿地に白色、黄色、紫色など色とりどりの約4万株のハナショウブが咲き誇り、剣のような緑の葉もみずみずしく、その花風景は壮観である。江戸系、伊勢系、肥後系の多様なハナショウブがあるという。園内には木製の八橋を通ることができ、橋の風景も風情がある。また、園内ではアジサイ1,200株、サツキ・ツツジが885株、クチナシなどの花も楽しむことができる。

　ハナショウブはノハナショウブの園芸品種である。花の色は鮮やかで、白色、黄色、青色、紫色、桃色など多数あり、品種を細かく分類すると約5,000種類にも達するといわれている。古くから園芸品種が発達し、大きく分けると、品種数が豊富な江戸系、室内生け花用の伊勢系と肥後系、原種の特徴を残す長井古種の4系統に分類できる。アヤメ科アヤメ属のハナショウブは同じ科属のアヤメやカキツバタに類似しており、これらを全て総称してアヤメと呼ぶこともある。

金立公園のコスモス　＊秋

　佐賀市の北部、金立山の麓に約27ヘクタールの総合公園が広がる。その中に約3.5ヘクタールのコスモス園があり、約33万本の桃色、赤色、白色の透きとおるような花が秋に一面咲き誇り、同じ場所に春にはナノハナが咲き誇る。園内を彩るサクラや池に浮かぶハスの花も美しい。金立山（502メートル）は背振山地の南端に位置し、秦の始皇帝の命によって不老不死の薬草を探しに来日した徐福の伝説を残す山として知られている。徐福はこの山でも不老不死の薬草を探したのである。これにちなみ、金立山公園には徐福長寿館、薬用植物園もある。

長崎県

雲仙岳のウンゼンツツジ（県花）

地域の特色

長崎県は東シナ海に突き出す四つに分岐した半島とその沖合の離島からなる複雑な形をしている。離島は北から対馬、壱岐、平戸島、五島列島などが並ぶ。平地部が少なく、長崎の坂の町やジャガイモ・柑橘類の段々畑は象徴的である。島原半島の雲仙岳は古来大噴火による大災害をもたらしてきたが、一方、特異な火山景観も生み出してきた。古くは肥前の国であり、長崎の天領の他、対馬藩、平戸藩、福江藩、大村藩、島原藩などが置かれた。太平洋側と同じ暖温帯の気候を示す。

花風景は、近世の城郭跡の公園のサクラ名所やハナショウブ名所、現代の花木園や観賞用花畑、島原半島のジャガイモ、五島列島や雲仙岳の自生種など、都市、里地、自然の地域にわたる花が特徴的である。

県花はツツジ科ツツジ属の低木のウンゼンツツジ（雲仙躑躅）で、雲仙岳に広く生育し、群生して美しく春を彩るツツジであり、ミヤマキリシマの別称である。約700メートル以上の山地に桃色の花を春に咲かせ、雲仙地獄周辺、池ノ原、宝原と順次移動し、その後、仁田峠一帯に咲き誇る花の群生をつくって見頃を終える。

主な花風景

大村公園のサクラとハナショウブ
*春、天然記念物、日本さくら名所100選

大村市玖島にある玖島城跡の大村公園には約20種類、約2,000本のサクラが咲き誇る。一般的なソメイヨシノ、シダレザクラ、ヤエザクラの他、オオムラザクラ（大村桜）、クシマザクラ（玖島桜）、タカトオコヒカンザクラ（高遠小彼岸桜）、カンザン（関山）、ショウゲツ（松月）、ウコン（鬱金）、ギョイコウ（御衣黄）、フゲンゾウ（普賢象）、その他珍しい多彩なサトザクラが城郭跡を彩り、次々に咲き乱れ、フジ、ツツジ、ハナショウブも順

次観賞できる。ハナショウブは約1ヘクタールの花菖蒲園に室内生け花用の伊勢系と肥後系や品種数が豊富な江戸系が約170種類、約30万本が一面に咲き競い、見事である。夜間ライトアップは幻想的な風景に変わる。

この中で、オオムラザクラは「大村神社のオオムラザクラ」として国の天然記念物に指定されている。大村神社とは玖島城本丸跡に造営された神社であり、オオムラザクラはこの社殿前両側を中心に約300本生育している。第Ⅰ部の「室町時代のツバキとサクラ」の項で述べたが、わが国の本来のサクラの自生種は一説に5種であり、その他は自然に生まれた変種や園芸品種として改良された変種である。これらを総称してサトザクラ（里桜）と呼ぶ。オオシマザクラは、1941（昭和16）年に発見され、一つの花が二重になる二段咲きで、花弁が60枚から200枚に及び、優美で気高く、名桜中の名桜、サトザクラの逸品と評価されている。花の色も、つぼみがえび茶、満開で桃色と変化する。クシマザクラも67（同42）年に発見された二段咲きのサクラで県の天然記念物になっている。

玖島城は1599年（慶長4）年に肥前の国大村藩の初代藩主大村喜前が築城し、1614年（同19年）頃に大村純頼（1616年に第2代藩主）によって拡張され改修された。当時は大村湾に突き出した半島にあり、三方を海に囲まれた海城であったが、今は周辺が埋め立てられている。海城は喜前が豊臣秀吉の朝鮮出兵でその軍事的な強さを学び、純頼の改修は喜前と親しかった戦国武将で肥後（熊本）の大名加藤清正の助言を得たという。大村氏は中世以来この地の領主であった。明治時代の1871（明治4）年に廃城となり、建造物は取り壊された。84（同17）年、本丸跡に大村氏を祀る大村神社が造営され、この時サクラが植えられたという。

眉山治山祈念公苑のサクラ　＊春、世界ジオパーク

島原半島にある雲仙岳東麓の有明海を望む眉山山麓に、島原市の総合運動公園があり、その一画に眉山治山祈念公苑がある。そこに聖観世音菩薩像が建立され、その像の周囲とアプローチ階段にソメイヨシノ460本が咲いている。サクラは地元青年会議所の「一万本桜植樹」計画の一環として植えられたものである。近くの島原城跡周辺にもサクラが美しく咲いている。背後には雲仙天草国立公園に指定されている険しい眉山が望め、眼下には島原の街並みと有明海を一望することができる。この公苑は火山災害

の犠牲者の供養と郷土の眉山の治山による安泰繁栄を願ってつくられたものである。像の製作者の故北村西望は島原半島の出身者であり、代表作に長崎平和公園の長崎平和祈念像があり、彫刻界の大家であった。

この地は、1792(寛政4)年、雲仙岳の普賢岳(1,359メートル)の噴火により、眉山の大崩壊によって埋め尽くされ、島原の九十九島が形成された所である(西海の九十九島とは異なる)。雲仙岳は「三峰五岳の雲仙岳」といわれ、その三峰の一つ普賢岳は昔から活発に活動していた。噴火では大地震を誘発し、東の眉山の大崩壊を起こして島原の町を埋め、有明海に津波をもたらし肥後(現熊本県)を襲った。「島原大変肥後迷惑」と伝えられ、犠牲者約15,000名の歴史上わが国最大の火山災害といわれる。

長串山公園のツツジ　＊春、西海国立公園

佐世保市の長串山(234メートル)の長串山公園には山腹西斜面にツツジが一面に咲き誇り、北九十九島と平戸島などを眼下に一望できる。佐世保市に合併した元鹿町町が1969(昭和44)年からツツジの植栽を行ったもので、約20ヘクタールにヒラドツツジやクルメツツジ約10万本が西海国立公園の海の青や島の緑に調和して、桃色や赤色の鮮やかな彩りを添えている。佐世保市の「九十九島八景」として、冷水岳、高島番岳、船越、石岳、鵜渡越、展海峰、弓張岳と共に8カ所の優れた九十九島展望台に選ばれている。公園にはビジターセンター、キャンプ場、ちびっ子広場などもある。

西海国立公園は長崎県の西部、佐世保の九十九島、生月島・平戸島から五島列島へと続く島嶼と海岸の風景を見せる海洋公園である。200余りの小さな島々が密集している九十九島は、リアス海岸(沈降海岸)であり、海岸も溺れ谷地形で変化に富んでいる。海岸沿いの玄武岩の溶岩台地には九十九島八景で述べた展望台があり、遊覧船も巡っている。

ヒラドツツジ(平戸躑躅)はツツジ科ツツジ属の一種である。九州の南の南西諸島原産のケラマツツジ、本州・四国原産のモチツツジ、西日本原産のキシツツジなどの交雑で生まれた。江戸時代の書物にその名は記され、名の由来は長崎県の平戸で栽培されてきたことによるとされている。常緑低木の主幹のない株立ちの樹形で、樹冠を覆い尽くすように満開の大きな花をつけ、刈込みに強いので、庭園、公園などに広く植栽され、園芸品種は多い。クルメツツジ(久留米躑躅)はキリシマツツジと同種であり、ツ

ツジの中では小型であるが、ヒラドツツジのように樹木全体に赤色、白色など派手な色彩の花をつける。江戸後期に福岡県の久留米で藩士がミヤマキリシマ、ヤマツツジなどから品種改良を行った園芸種であり、多くの品種を総称してクルメツツジと呼んでいる。小ぶりなので庭植えや鉢植えが楽しまれ、公園などにはあまり普及していない。

白木峰高原のナノハナとコスモス　＊春・秋

諫早市の白木峰高原は五家原岳（1,058メートル）南の山腹の標高約330メートルの丘陵に位置する。約1ヘクタールに春にはナノハナ約10万本が黄色の花で埋め尽くし、秋にはコスモス約20万本が桃色、白色、赤色、赤紫の花で染め上げる。春のナノハナの中に咲くサクラも添景となって風情がある。眼下に有明海が望め、諫早湾干拓や雲仙普賢岳を遠望できる。有明海最奥の諫早湾は国営干拓事業で水門が閉め切られ、淡水化・高潮防止のため干拓を推進する閉門派の農業者と、漁業被害増大による開門派の漁業者の対立が長く続いている。白木峰高原の管理運営は諫早市が指定管理者制度を用いて白木峰高原育成会に委託している。近くにはコスモス花宇宙館や諫早市こどもの城などもある。

島原半島のジャガイモ　＊春

島原半島にはジャガイモ畑が多く、ジャガイモの濃緑の葉が広がる一面に白色や紫色の可憐な花が茎の先端に咲き、美しく並んで点在する。もちろん農家に迷惑をかけないように、観賞しなければならない。島原半島にはその他、段々畑も残っていて農業のなりわいの風景を楽しむことができる。長崎県は五島列島の福江島もジャガイモの生産地である。

ジャガイモの花はあまり注目されない。しかし、農業には人間の手が丹念に入り、水田や茶畑のような整えられた風景のように、よく見ると美しい風景が多い。従来、農作物で花が愛でられるのはナタネ（ナノハナ）、ソバ、ウメ、モモ、リンゴなどのなりわいの風景であるが、もっとなりわいの風景が評価されてもよいであろう。その一つがジャガイモの花である。ジャガイモの花の美しさを伝える逸話として、18世紀のフランスの悲運の王妃マリー・アントワネットが舞踏会などでジャガイモの花の髪飾りを着けていたという。ジャガイモは大航海時代の到来で16世紀に南米からヨー

ロッパに移入された。一説では、国王のルイ16世がジャガイモを国民に普及するため王妃にジャガイモの花の髪飾りを着けさせたともいわれている。

　ジャガイモの生産量は北海道が圧倒的に多く、長崎県は北海道に次いでわが国第2位である。長崎県は生育適温などが比較的恵まれた気象条件とはいえ、冷涼な北海道が一大生産地であるように、品種改良のたゆまぬ努力があった。冷涼地ではなく、暖地にも育つ品種改良を本格的に行ったのは、島原半島の現在の雲仙市愛野町にある1951 (昭和26) 年発足の長崎県農業試験場愛野試験地 (現農林技術開発センター農産園芸研究部門馬鈴薯研究室) の技師宮本健太郎であった。55 (同30) 年、最初の暖地二期作用のジャガイモ2品種が生まれ、ウンゼン、タチバナと名付けられ、タチバナは普及した。後にシマバラという品種も生まれたが、現在ではニシユタカ、デジマ、アイユタカなどが普及している。地元には宮本健太郎を顕彰する記念碑が建立されている。

五島列島のヤブツバキ　＊冬・春

　五島列島は長崎県沖合に北東から南西に連なる島々で、大きくは最大の五島市福江島を中心とする南側と、2番目に大きな新五島町中通島を中心とする北側に分かれる。島々は火山の地形地質とリアス海岸の複雑な海岸線を見せている。五島列島はツバキ油を取るヤブツバキの実の生産高がかつて全国第1位であり、現在は伊豆大島に次いで第2位である。ヤブツバキは暖地の各地に生育する常緑樹で、海岸近くでは群落をつくっている。照葉樹林の典型的な種で、クチクラという膜によって葉には光沢がある。

　中通島の北に長く延びる岬の先端に白い津和崎燈台があり、付近には椿公園があり、自生のヤブツバキが群生し、深紅の花が美しい。変種が多く、福江島玉之浦のヤブツバキは深紅の花弁に白い縁があるという珍しい花であり、この品種は「玉之浦」と呼ばれ、世界の愛好家にも知られている。1947 (昭和22) 年、炭をつくる地元の人が山に入った時に偶然発見したものである。突然変異の一種であったのであろう。これは播種では増やせず、挿し木、接ぎ木で増やしたが、原木は心ない人によって盗掘され、今では自生種はない。「2020国際ツバキ会議・全国椿サミット」が五島市で開催されるが、ロゴマークは玉之浦のヤブツバキをデザインしている。ツバキは県の花木であり、新上五島町の町花にもなっている。

雲仙岳のミヤマキリシマ

＊春、雲仙天草国立公園、特別名勝、天然記念物、世界ジオパーク

　ミヤマキリシマはツツジの一種で、春に山が緑で覆われる頃、樹高1メートルくらいの樹冠に一斉に桃色、紫色、赤紫色の花をつけて群生する。その花風景は、九州ならではであり、感動させられる。雲仙岳では標高約700メートル以上の高地に群生し、雲仙地獄（680メートル）、宝原（750メートル）、池の原（750メートル）、仁田峠（1,100メートル）、国見岳・妙見岳（1,340メートル）と標高の低い所から高い所にかけて、4月下旬頃から5月下旬頃に次々と満開のピークを迎える。場所によって花の色が異なり、国見岳・妙見岳の稜線では紫色、仁田峠では桃色と赤紫の花が混じり、両地は大群落を形成している。

　ミヤマキリシマは雲仙岳の他、大分県の鶴見岳、九重山地、熊本県の阿蘇山、宮崎県・鹿児島県の霧島山などの九州の火山地帯の高地に自生する花である。別称として、雲仙岳ではウンゼンツツジ、霧島山ではキリシマツツジと呼ぶことがある。火山活動によって生まれた生態系の優占種で、火山活動が終息し、本来の生態系が出現すると森林化によって生育できなくなる。キシタエダシャクというガの一種の幼虫（シャクトリムシ）が九州のミヤマキリシマ群落において大発生し、花が咲かなくなることが時々起きる。ミヤマキリシマは観光客や登山者が楽しみにしていることから大きな被害として問題になり、薬剤散布をすべきかどうか議論になった。しかし、ミヤマキリシマが枯死に至るほどではなく、薬剤散布は生態系そのものを破壊するので、一応議論は収束している。

　島原半島にある雲仙岳は普賢岳（1,359メートル）、国見岳、妙見岳の三峰と他の五岳からなる火山の総称で「三峰五岳の雲仙岳」と呼ばれていた。普賢岳の火山活動の恐ろしさは記憶に新しく、1991（平成3）年の火砕流では44名の犠牲者を出した。この活動では新たな溶岩円頂丘の平成新山（1,483メートル）を生み出した。34（昭和9）年、わが国最初の国立公園の一つ雲仙国立公園が誕生する。審議の過程で風景の傑出性について議論があったが、長崎港に近い外国人の保養地であったこと、11（明治44）年にすでに長崎県営公園となっていたことなどがあり、さらに、ミヤマキリシマが古くから注目を集めていたことも評価されて、国立公園となった。

熊本県

阿蘇のヒゴタイ

地域の特色

　九州のほぼ中央に位置し、東には雄大な阿蘇山とその外輪山、九州山地などがそびえ、西は有明海・島原湾、八代海（不知火海）に臨み、天草諸島が連なる。阿蘇山は古代から全国に知れ渡った活火山であるが、先史時代から人々が住みついた場所でもあり、阿蘇の牛馬を飼う草原は約1,000年の歴史がある。近世には加藤清正が肥後国熊本藩の大名として熊本城の城下町を築き、加藤氏の後を細川氏が継承した。明治時代には九州を治める行政の中枢県として機能する。太平洋側の暖温帯の気候を示す。

　花風景は、近世の城郭跡の公園と現代のドライブウェイやダム湖のサクラ名所、驚くばかりの樹齢の古木の花、阿蘇山特有の高原や草原の花など、古い歴史と雄大な自然などにちなむ花が特徴的である。

　県花はNHKなどの公募で決まったリンドウ科リンドウ属のリンドウ（竜胆）である。里山や草地に咲く山野草で、鮮やかな青紫色の釣り鐘型の花を茎の先端に幾つも咲かせる。変種や園芸品種も多く、これらを総称してリンドウと呼ぶこともある。県内各地に自生し、特に広大な阿蘇草原には多く見られる。長野県の県花も同じである。

主な花風景

熊本城のサクラ　＊春、重要文化財、特別史跡、日本さくら名所100選

　熊本市内中心部に入ると突然眼前に威風堂々としてそびえ立つ熊本城が現れる。威厳のある黒いお城は圧巻であり、熊本市のシンボルである。熊本城は熊本公園として、このお城を飾るように約800本のソメイヨシノ、ヤマザクラ、ヒゴザクラなどで埋め尽くされ、来訪者はお城と調和したサクラ風景に魅入られていた。夜間のライトアップではお城と共にサクラが幻想的な風景を生み出し、多くの人々が酔いしれていた。しかし、2016（平

成28)年の熊本地震で残念ながらこの風景は一変した。しばらくは復興を待たねばならない。なお、竹の丸地区には肥後名花園があり、江戸中期18世紀に藩主の細川氏が武士に奨励した園芸に由来する肥後六花(椿・芍薬・花菖蒲・朝顔・菊・山茶花)を鑑賞できる。

熊本地震は震度7の大地震で、1回目より2回目の地震が大きく、いっそう被害を甚大にした。従来の本震、余震の概念をくつがえし、前震、本震と言い直された。この熊本地震において、熊本城は大天守の屋根瓦が落ち、小天守の石門が崩れた。飯田丸五階櫓は石垣が崩れ、「奇跡の一本石垣」と呼ばれるようになった1筋の石積みがかろうじて建物を支えたが、戌亥櫓、北十八間櫓、東十八間櫓などは石積みが崩れ、建物も倒壊し、これらは特に甚大な被害であった。その他、曲輪(お城の各区画)や大手門の石垣も崩壊した。これらの中には再建したばかりの建造物もあった。

熊本城は近世・近代の歴史を刻んできた。また、城郭の再建の歴史でもあった。熊本城は築城の名手と称えられた大名加藤清正が1601(慶長6)年から07(同12)年にかけて築いた名城である。清正は当初肥後国(現熊本県)の北部を治めていたが、03(同8)年の関ヶ原の戦い以後、肥後全域を治める。しかし、加藤氏は2代目で断絶し、以後、明治維新まで細川氏が治める。1877(明治10)年の西南戦争では熊本鎮台(88年に大日本帝国陸軍第6師団に改組)として政府軍の拠点となったが、激戦のため天守閣など多くを焼失してしまった。しかし、宇土櫓をはじめ城門、櫓などをよく遺存し、石垣、堀などもよく旧観を残している。現在の天守閣は1960(昭和35)年の再建であり、その後、櫓なども近年多く再建されてきた。サクラは熊本城の歴史を追憶させてくれる。

水俣市チェリーラインのサクラ　*春、日本さくら名所100選

県南端の水俣市には山地から海岸にわたるサクラ並木の道路がある。このなかでも湯の児温泉へと続く八代海沿いの約4キロ、約500本のソメイヨシノなどのサクラが碧い海や変化に富んだ海岸線に映えて美しい。八代海は夜の沖合に火のような不思議な光が見えることから不知火海とも呼ばれている。一説には蜃気楼の現象だといわれている。

1956(昭和31)年に公式発表された有機水銀中毒の水俣病の悲劇は、不治の病を抱えた人も多く、また、病気の認定をめぐって未だに終息してい

ない。Minamata diseaseとして世界に知られている。20世紀の経済優先の豊かな物質文明はさまざまな負の遺産を残してしまった。しかし、水俣市は今や環境先進都市としてトップランナーを走っている。

市房ダム湖のサクラ　＊春、日本さくら名所100選

　九州山地市房山（1,725メートル）西麓の水上村に位置する市房ダム湖には周囲約1.4キロにわたり、ソメイヨシノなどのサクラ約1万本のサクラ並木がある。「1万本桜」とも呼ばれ、地元の観光地となっている。スイスのジュネーブ湖の有名な大噴水のように、ここでも高さ約80メートルの噴水を楽しめる。市房山東麓は宮崎県の椎葉村や西米良村があり、奥深い山地である。市房ダム湖は球磨川の上流部に当たる。日本三急流の一つといわれる球磨川は九州山地を西流し、人吉と八代の町を通って、八代海へと抜ける。市房ダムは1960（昭和35）年に建設され、これに合わせてダム湖周辺にソメイヨシノを植栽し始めた。

　江戸時代には渓谷や渓流の風景を賞賛していた。今も、キャンプ、バーベキュー、水浴、魚釣りなどで河畔を楽しむが、戦後、昔ほど渓谷や渓流を愛でなくなった。同時に、至る所に治水、利水、発電などのダムが建設された。雨量が多く、急傾斜の山地を持つわが国ではやむを得ないが、今や人為の手が入っていない河川はほとんど失われている。疲弊している中山間地域では地域活性化のためダム湖の活用に苦心している。

麻生原のキンモクセイ　＊秋、天然記念物

　県中央部甲佐町麻生原の観音堂に接してキンモクセイの巨樹がある。樹高約20メートル、幹周り約3メートル、枝張りが半径約10メートルあり、樹齢約750年と推定されている。淡黄色の花を秋に二度開花させ、芳香が約500メートル離れた緑川を越えて約2キロまで届くとまでいわれている。甲佐町は町のシンボルとして、地中の根を踏圧などから守るために周辺の土地を買収し、公園として手厚い保護を図っている。

　この花木は天然記念物においてもキンモクセイの名称が用いられているが、現在ではウスギモクセイであることがほぼ定説になっている。モクセイは大きく分けて橙色の花をつけるキンモクセイ（金木犀）、白色の花をつけるギンモクセイ（銀木犀）、そして、黄色い花をつけるウスギモクセイ（薄

黄木犀）の3種とされ、前2者が庭園に広く用いられ、キンモクセイは特に香りが強い。近年、ウスギモクセイはギンモクセイの園芸品種だという説も出てきている。

相良のアイラトビカズラ　＊春、特別天然記念物

　県北部山鹿市の相良観音を祀る相良寺の近くに藤棚のような棚があり、太い蔓が巻きつき、常緑の光沢のある大きな葉が覆い尽くしている。その棚のトンネル中に入ると、妖艶な暗い紫色をした大きな花がブドウの房のように垂れ下がり、独特の香りを放っている。これは、熱帯系の花のような趣であるが、中国揚子江の中流域に分布しているというアイラトビカズラである。アイラトビカズラはマメ科の大型の蔓性常緑木本植物で、樹齢1,000年の古木と推定され、ここのみに自生していると見なされたことから、国の特別天然記念物に指定された（後に長崎県にもあることが発見された）。アイラトビカズラの花は、かつては何年かに一度しか咲かないといわれてきたが、現在は毎年花をつけている。

　アイラトビカズラ（相良飛蔓）は、平安時代12世紀末の源平合戦にまつわる伝説をいくつか残している。その一つに、源氏側が平氏側を討つため、山鹿の相良寺を焼いた時、寺の相良観音が蔓に飛び移って難を逃れたという物語がある。

波野高原のスズラン　＊春・夏

　県の北東部阿蘇市波野の大分県に接する波野高原にスズランの自生地がある。二重式火山の阿蘇山の外輪山東部外側の標高700〜800メートルの高原地帯である。ススキのような長い草の草原が波うつように広がっていることから波野という名になったと伝えられている。外輪山北部外側には広大な阿蘇草原が広がっている。スズランは、高さ20センチ程度の1本の茎に、可憐な鈴のような小さな白い花を幾つかぶらさげるように咲き、芳香をただよわせる。本来、東北地方以北の植物で、北海道では原野に多く咲く山野草である。花は美しいが、根や茎などには毒があり、牛馬は食べないので放牧地で群生していることもある。波野で1974（昭和49）年に発見され、現在は、県によって保護されている。なお、波野には白い花が一面に咲き誇るソバ畑もある。

阿蘇(あそ)の草原植物(そうげんしょくぶつ)

＊春・夏・秋　阿蘇くじゅう国立公園、世界ジオパーク

　活発に活動している火山の阿蘇山周辺は、古代から牛馬の畜産業が盛んで、放牧地や採草地となる広々とした草原が広がっている。ここには草原特有の美しい草花が生育し、貴重な草花の宝庫となっている。春の風物詩となっている野焼き後の黒い焼け跡に、キスミレが黄色い花をつけて絨毯のように群生し、春の訪れを実感させる。春には、ハルリンドウが群青色や白色の星のような花をつけて一面に咲き乱れ、サクラソウが桃色の可憐な花をつけて湿地に咲き誇る。夏になると、ハナシノブが青紫色の可憐な花をつけて日当たりの良い草原に生育し、ツクシマツモトが鮮やかな朱色の印象的な花をつけて咲き誇る。夏から秋にかけて、ヒゴタイが瑠璃色の球形の特異な花を日当たりの良い草原に彩りを添える。これらは、サクラソウを除いて、大陸系遺存植物といわれ、氷河期に日本列島がユーラシア大陸とつながっていた頃に分布を拡大し、大陸との分離後も生き残っている貴重な植物である。特にハナシノブとツクシマツモトは阿蘇の固有種できわめて貴重で、中でもハナシノブは絶滅の危機に瀕していることから、種の保存法による希少種に指定され、保護されている。サクラソウは栽培種が普及し、自生種は貴重である。ツクシマツモトも江戸時代から栽培されていたという。

　その他、夏には、ユウスゲ（キスゲ）が黄色い大きな花をつけてススキが茂る草原に夕刻から早朝にかけて咲き乱れ、夏から秋にかけて、秋の七草の桃色のカワラナデシコや黄色のオミナエシ、淡い紫色のヒゴシオンなどが美しく咲いている。秋の終わりには、多くの花々が消えゆくなかで、紫色のリンドウや白色のウメバチソウが残照のように花の終わりを告げる美しい姿を見せてくれる。

　しかし、約1,000年間にわたって維持されてきた草原が今消えようとしている。牛肉の輸入自由化や後継者の不足などで畜産業は衰退し、放牧、野焼き、採草などが維持できず、草原の森林化が始まっているのである。かつて肥後(ひご)（現熊本県）の赤牛、豊後(ぶんご)（現大分県）の黒牛といわれ、茶色と黒色の牛が草原に風情を添えていたが、今はその風景も少なくなった。そこで、現在、ボランティアによる野焼きや環境省の風景地保護協定により、地域の人々や団体が協力して阿蘇の草原再生事業が進められている。

九州・沖縄地方

大分県

坊ガツルのノコンギク

地域の特色

北は瀬戸内海、東は豊後水道に面し、北部・中部は別府から九重山地にかけて火山帯に属し、鶴見岳、由布岳、久住山、大船山などの多くの火山を擁する。南部は九州山地で、全体に平野に乏しいが、東の大分平野と北の中津平野があり、それぞれ豊後と豊前の国に属した。近世以降、豊臣・徳川政権は大友氏のような大勢力出現を恐れて、中津、日出、臼杵、竹田、森など8藩の小藩や日田の天領などに分立させた。その結果、文化面、産業面で各地に個性をもたらした。太平洋側の暖温帯の気候である。

花風景は、近世の城郭跡や現代の道路沿線のサクラ名所、現代の生産用の栽培された梅林などがあるが、特に久住高原の広大な園芸植物の花公園、九重山地のミヤマキリシマ群落や湿原植物が特徴的である。

県花はバラ科サクラ属のブンゴウメ(豊後梅)である。古い国名にちなんでいる。一説にはウメとアンズの雑種だと推測されている。ウメは古代中国から九州にもたらせられ、豊後梅や肥後梅と呼んで、全国に広まった。観賞用の花ウメと食用の実ウメがある。ブンゴウメは白花の白梅が主だといわれる。

主な花風景

岡城跡のサクラ　＊春、史跡、日本さくら名所100選

瀧廉太郎の名曲『荒城の月』で知られている竹田市の岡城跡にはソメイヨシノを中心にヤマザクラ、ボタンザクラなどが咲き誇る。岡城跡の急勾配の道を上ると、石垣に囲まれた平らな城跡に出て、阿蘇山などの遠方の山並みを眺められる。石垣はほぼ垂直に近く、美しい曲線を描いている。サクラは、城郭や河岸などに映えるが、『荒城の月』の哀愁に満ちた旋律や「むかしの光いまいずこ」の歌詞の一節のせいもあるのか、どこか寂寥

とした感のあるこの城跡によく映えている。この城跡は時の流れや無常を強く感じさせる。瀧廉太郎は少年時代にこの荒廃した岡城跡に上ってよく遊び、そのイメージが1900（明治34）年の『荒城の月』の作曲に投影されていると伝えられている。作詞は著名な詩人であり英文学者の土井晩翠（作詞当時の姓は「つちい」、後に改称）である。岡城二の丸跡には瀧廉太郎の銅像がある。岡城は南北朝時代以来の中世山城としての起源を持つが、現存する城跡は、1594（文禄3）年に播磨国三木城（現兵庫県）から移った岡藩初代藩主中川秀成により約3年間を費やして拡張整備された。稲葉川と大野川に三方を囲まれた丘陵地の尾根筋にある天然の要害であり、難攻不落の城といわれた。1871（明治4）年の廃藩置県によって、廃城になり、建造物は取り壊され、石垣のみが往時を偲ばせることとなった。「日本さくら名所100選」では「岡城公園」として選ばれている。

御岳山のサクラ　＊

　県南部豊後大野市清川町の御岳山（568メートル）には南北に林道が走り、約4キロにわたって約3,000本のソメイヨシノ、ヤエザクラなどが咲き誇り、「桜ロード」とも呼ばれている。山頂からは九重山地や阿蘇山を望むことができ、時に遥か遠くの由布岳も見渡せることができる。近年では、このサクラも樹齢50年を過ぎた老木になり、樹勢の衰えが目立つものも出てきている。そこで、清川町では2016（平成28）年から「御嶽山桜ロード再生事業」をスタートさせ、さまざまな団体がボランティアで若木の補植を行い始めている。当面は1,000本植えることを目標にしている。

　この御岳山は古くからの信仰の山であり、山頂には御嶽神社が鎮座し、その背後には仙の嶽と呼ばれる巨石がそそり立っている。おそらく古くは神が御降臨する磐座であったろう。ここには国の重要無形文化財に指定されている御嶽流神楽が残っており、サクラの季節にはこの神楽も披露される。なお、御岳山自然公園のサクラと紹介されている場合もあるが、この自然公園は自然公園法に基づくものではなく、この地域を整備してきた豊後大野市と合併する前の旧清川村が名付けたものであろう。

大山町梅園のウメ　＊冬・春

　県北西部の日田市は山地にある典型的な盆地であるが、このうち大山町

ではウメ栽培が広がり、果実栽培や梅園観賞の梅林が広がっている。約6,000本のウメが咲き誇るおおくぼ台梅林公園は代表的な梅園で、大山梅まつりが開かれ、白梅や紅梅を間近に観賞できる。日田市は古来盛んであった日田杉や漆器の生産が低迷してきたことから、1960年代から梅、栗、キノコなど山間地作物への転換を進め、その後、町内に共同の梅酒工場や農協の直営店もあるように、生産、加工、販売全てを行う6次産業化に力を入れてきた。

くじゅう花公園のチューリップとコスモス　＊春・夏・秋、阿蘇くじゅう国立公園

　竹田市久住町の標高850メートルの久住高原に広がる22ヘクタールの花公園には春から秋にかけて約500種約500万本の園芸植物の花が絢爛に咲き乱れる。春には珍種を含むチューリップ、丘を覆うシバザクラ、寒さにも強いパンジー、青色のネモフィラ、元気をくれるポピー、キラキラ輝くリビングストンデージー、夏には鮮やかなケイトウ、香りの女王ラベンダー、季節感あふれるヒマワリ、秋には鮮烈なコントラストをつくるサルビア、一面に広がる約100万本の圧巻のコスモスなど、あふれる色彩の花の絨毯で飾られる。バラのローズガーデンには春から秋にかけて美しい花が咲き続けている。夏に咲くカサブランカは、1970（昭和45）年頃にオランダで誕生し、白く大きくて気品があることから世界に普及したユリの品種である。

　花公園は九重山地の南側の高原で、久住山（1,785メートル）を見上げながら、南方の熊本県に広がる阿蘇山の雄大な風景も望める大自然の地である。久住高原は素晴らしい自然資源を持ちながら、大都市からのアクセスや国立公園の制約などの難点から観光開発が遅れていた。1980年代のバブル時代には宿泊施設を中心としたリゾート開発も検討されたが、実現しなかった。そこで、地元の民間会社が1993（平成5）年にようやく誕生させたのが、くじゅう花公園であった。登山ではなく、あらゆる年齢層が大自然とふれあいながら、非日常的な花の別世界も楽しめるものである。レストランやさまざまなショップなどがある「花の村」もある。さらに、ハーブなど五感で楽しめるイングリッシュ風ガーデンなどの新たな魅力も生み出していった。体験型のレクリエーションも楽しめる。

　この結果、2005（平成17）年には社団法人日本観光協会（現公益社団法

人日本観光振興協会）主催、国土交通省後援の「花の観光地づくり大賞」を受賞した。この賞は1999（昭和11）年に創設されたもので、花による地域振興が各地で行われ、フラワーツーリズムが盛んになってきたことを物語っている。

九重山地のミヤマキリシマ　＊春、阿蘇くじゅう国立公園、天然記念物

　ミヤマキリシマは、長崎県の雲仙岳の節でも述べたが、ツツジの一種で、春に山が緑で覆われる頃、樹高1メートルくらいの樹冠に一斉に桃色、紫色、赤紫色の花をつけて群生する。九州の火山地帯の高地に自生する花風景であり、九重山地のミヤマキリシマの大群落も圧巻である。九重山地は九州本土最高峰の中岳（1,791メートル）をはじめとして、久住山、稲星山、星生山、三俣山の溶岩円頂丘や、大船山、平治岳の成層火山など1,700メートル級の火山が連なっている。付近一帯にはミヤマキリシマが群生し、見事に咲き誇る。九重山地の西麓に、阿蘇山から瀬ノ本高原を越えて湯布院・別府へ抜けるやまなみハイウェイ（大分県道11号線）が走り、この道路沿いからもミヤマキリシマを見ることができることから、シーズンには混み合う。九重山地は、利用拠点の長者原などから比較的容易に登れることから、また、山麓には筋湯温泉や坊ガツル湿原などの魅力も多いことから、登山者は多い。九重山地の北側に火砕流台地の飯田高原、南側に久住高原があり、広大な草原景観は壮観で、阿蘇山の遠景も雄大である。

　九重山地のミヤマキリシマの大群落はこの山地を象徴する花風景であった。しかし、近年、自然の植生遷移であろうが、ノリウツギなどの低木が繁茂し、ミヤマキリシマ群落の衰えが目立つようになってきている。そこで、環境省ではミヤマキリシマを衰退から守るため、関係団体の連携の下、九重山地の各地で保全のためのノリウツギ除伐活動を実施している。

　阿蘇国立公園は1934（昭和9）年の誕生で主に熊本県の阿蘇山と大分県の九重山地からなっていた。戦後、大分県の由布岳ややまなみハイウェイ沿いを追加する。86（同61）年、大分県に配慮して、阿蘇くじゅう国立公園の名に改称する。「くじゅう」としたのは、九重山地の他、久住山・久住高原の名称があり、何よりも当時、九重山地は九重町と久住町（現竹田市）の二つの町名に分かれていたので、「九重」にも「久住」にもできず「苦汁」の選択であった。

九州・沖縄地方

坊ガツル・タデ原の湿原植物　＊春・夏、阿蘇くじゅう国立公園、ラムサール条約登録湿地

　やまなみハイウェイが通る九重山地の利用拠点長者原に隣接して標高約1,000メートルのタデ原湿原があり、少し山奥に標高約1,200メートルの坊ガツル湿原がある。山岳地域の国内最大級の中間湿原で、色とりどりの可憐な花が咲き乱れる湿原植物の宝庫である。2005（平成17）年にラムサール条約の湿地に登録された。共に火山群の湧水地に誕生した湿原で、坊ガツル湿原は三俣山、大船山、平治岳の火山群に囲まれた盆地にできた湿原であり、タデ原湿原は三俣山の火山地形の扇状地にできた湿原である。黄色い花のキスミレ、ミツバツチグリ、サワオグルマ、ユウスゲ、桃色や紫色の花のイワカガミ、ノアザミ、ノハナショウブ、サワギキョウ、ヤマラッキョウ、マツムシソウなど多彩である。紫色の花のツクシフウロ、白い花のシムラニンジン、黄色い花のコウライトモエソウ、クサレダマなどは絶滅危惧種であり、貴重な湿原植物も多い。山岳にはミヤマキリシマが群生する。中間湿原とは、主に低地に位置する低層湿原、主に高地に位置する高層湿原の中間を占める湿原であり、高地に行くほど水中に堆積した泥炭層が厚く、地下水の影響が少なくなって、富栄養から貧栄養へ向かう。

　近年、外来植物のヒメジョオン、セイヨウタンポポ、アメリカセンダングサなどの侵入がみられることから、環境省、竹田市、九州電力グループの社員やその家族などが、これらを根から抜き取る作業を行っている。近くには1977（昭和52）年に稼働した九州電力のわが国最大出力を誇る八丁原地熱発電所がある。

　タデ原には木道（ボードトレイル）が整備され、『坊がつる讃歌』で有名な坊ガツルには法華院温泉やキャンプ場もある。山男の歌『坊がつる讃歌』は1978（昭和53）年のNHK『みんなのうた』を通じて国民に普及したが、九重山地の四季を讃美する歌である。

　坊ガツルやタデ原は変わった地名である。「坊」は当地の山岳信仰の法華院を指し、「ツル」は水流のある平坦地で湿原を指している。長者原は古代この飯田高原の地で栄え、栄枯盛衰の伝説を持つ「朝日長者」にちなみ、タデ原はその長者が好んで食べたタデの一種ヤナギタデの植物が繁茂していたことに由来していると伝えられている。

45 宮崎県

都井岬のアジサイ

地域の特色

東は太平洋の日向灘に面し、北と西は広大な九州山地が占め、南西には霧島火山群が連なり、南端には志布志湾を囲んで都井岬が突き出している。霧島火山群から大淀川が発し、都城盆地を経て、宮崎平野へと東流する。九州山地からの河川は東流して、渓谷や秘境を生み、延岡、日向、西都などの町を形成した。古代の一時期には栄え、古墳群が数多く存在する。近世には延岡藩、高鍋藩、飫肥藩などが発展するが、薩摩藩、人吉藩（現熊本県）、天領なども入りくんだ。太平洋側の暖温帯の気候である。

花風景は、近代の初頭から植え続けられた歴史あるサクラ名所、近世の城郭跡の自生の花木、現代の観光のための古墳群に広がる花畑や多彩な花を咲かせる園地、自然地域に群生する花木などが特徴的である。

県花は、当初 NHK などが公募で選び、後に宮崎県80周年を記念して制定したヒガンバナ科ハマオモト属の草花のハマユウ（浜木綿）である。独特のそりかえった細く白い花と、厚みと艶のある緑の葉が南国情緒を生み出している。花は夕方から開花し始め、深夜に満開になり、芳香を放つ。温暖な海岸に生育する海浜植物であり、青島や海岸に多く自生している。

主な花風景

母智丘のサクラ　＊春、日本さくら名所100選

都城盆地の北西部にあり延長2キロ弱のサクラ並木のトンネルの先に母智丘神社がある。花期に、小高い神社から見下ろす母智丘公園と参道のサクラの帯は圧巻である。

姶良カルデラからの火砕流が堆積したシラス台地上に位置し、神社は台地から少し頭を出す丘陵に位置する。明治の初め、都城島津家に代わって都城の統治を任された三島通庸が、この台地に300本のサクラを植え、荒

廃していた稲荷神社を母智丘神社としたことに始まる。その後、大正から昭和初期に黒岩常次郎、江夏芳太郎といった都城の実業家がサクラを寄贈し、参道のサクラが形づくられていく。江夏は昭和初期に霧島の国立公園選定のため写真帖をつくり配布するなど、地元の観光振興に力を尽くしている。現在、ソメイヨシノ、ヤエザクラなど2,600本のサクラが見られる。

延岡城跡・城山公園のヤブツバキ　＊冬

　宮崎県北部、五ヶ瀬川が河口手前で大瀬川と分流し、その中洲の標高50メートルほどの城山を中心とする公園に、3,300本ほどのヤブツバキが自生している。白色の花が多く、ピンク色、濃紅色の花もそこここに開き、12月から3月の期間、多彩な花を見せてくれる。

　城山には1603年（慶長8年）に縣城が築かれ、後に延岡城と改称される。この地のヤブツバキが注目されたのは近年のことである。1983（昭和58）年に当時の県農林振興局の職員がこの地のヤブツバキに注目し調査し、85（同60）年に延岡市に調査結果を報告した。石垣の隙間に生育している木が多いこと、一定の間隔で生育していないことなど、人為的に植栽されたものではないと考えられ、自生のツバキ群落として全国的にも珍しいとされる。この地のヤブツバキは、花の色、花の形の変異が大きく、形は筒状、ラッパ状、椀状など6通りのものが確認されており、色は白色、淡桃色、桃色、紅色、濃紅色が見られ、白や淡桃の花弁に濃い桃色や紅色の模様が入る「絞り」や紅や桃色の花弁の周縁に細く白色や紅色が出る「覆輪」など、突然変異で生じる花が多様である。そして、現在もその変異の幅が広がっている。まとまって一斉に咲く風景はないが、一つ一つの樹の花の違いを楽しむことができる。

西都原古墳群のナノハナとコスモス　＊夏・秋、特別史跡

　宮崎平野の北西部には、「○○原」と呼ばれる段丘地形が多く見られ、西都原は一ツ瀬川の右岸に形成された台地。この地に3世紀末頃から7世紀中頃に築造されたと推定される300余りの古墳が点在する西都原古墳群がある。中心にある「このはな館」の前の約8ヘクタールの畑には春になるとナノハナが広がり、それを縁取るように約2,000本のソメイヨシノが咲く。ピンクと黄色のコントラストが美しい。同じ場所が夏にはヒマワリに、

秋には300万本のコスモスが咲く。

　西都原古墳群は、大正期から本格的発掘調査が開始され、1934（昭和9）年に史跡、52（同27）年に特別史跡の指定を受けている。66（同41）年度からは、国により、史跡を自然環境と一体として広域保存し資料館の設置公開などを進める「風土記の丘」事業が開始され、68（同43）年にその第1号として「西都原風土記の丘」が開設された。特別史跡のほとんどが民有地となっていたが、この事業により、公有地化、公園の造成、資料館建設が県によって進められ、その後の古墳や古墳群整備のモデルの一つとなった。2004（平成16）年には西都原考古博物館の設置など、史跡としての保存、利用が進められている。西都原古墳群は県内で一、二を争う観光地となっているが、古墳の存在はもちろんのこと、季節ごとに多くのボランティアによって植物を植え替え、四季それぞれの花風景を見せることによって支えられている。

こどものくにのツバキとバラ　＊冬・春・秋、日南海岸国定公園

　宮崎県中南部に広がる宮崎平野の最南端、砂丘地に広がる公園。椿園では1月から3月にかけて400種、1,000本のツバキに、バラ園では春、秋に300品種、3,500株のバラに包まれる。

　「こどものくに」は、経営不振であった宮崎鉄道の社長となった岩切章太郎（いわきりしょうたろう）が沿線の観光開発の一環として1939（昭和14）年に「子供の国」として開園した。第2次世界大戦後、青島（あおしま）から都井岬（といみさき）までの海岸を「日南海岸」（にちなんかいがん）として宮崎の観光の中心とする活動が繰り広げられ、55（同30）年に国定公園として指定される。49（同24）年に改称された「こどものくに」には56（同31）年にバラ園が新設される。宮崎市内の岩切邸の庭にバラが植えられ、開花時期には市民に開放されており、市民の希望を入れてここにバラ園がつくられたという。この時期、ハイビスカスやハマユウも植栽され、椿園も開園し、花の公園となった。60（同35）年の清宮内親王（すがのみや）の新婚旅行、62（同37）年の皇太子ご夫妻の来訪が相次ぎ、日南海岸は新婚旅行の地として多くの来訪者を迎え、こどものくにはその一角を担った。2017（平成29）年にリニューアルされたが、バラ園と椿園は岩切の遺志を受け継ぎ維持継承されている。リニューアルに合わせ公園の名称も「岩切章太郎メモリアルパークこどものくに」と改称され、宮崎の観光を支え続けてきた花風景で

ある。

都井岬のアジサイとヒガンバナ　　＊春・秋、日南海岸国定公園、天然記念物

　宮崎県の最南端、太平洋に突き出した長さ3.5キロほどの断崖絶壁で囲まれる半島状の都井岬。日本在来の馬の生息地として知られるが、5月から6月には岬先端に向かう沿道にアジサイの列が続き、9月下旬には赤い帯状のヒガンバナと草地のシバの緑とのコントラストが鮮やかで、その中で悠然と草を食むウマの姿も都井岬に独特の風景となっている。

　都井岬の放牧地は、1697（元禄10）年に高鍋藩秋月家が軍馬を生産するための牧場、御崎牧を開いたことに始まり、明治維新後、地元で組織した御崎牧組合に払い下げられる。1953（昭和28）年に日本の在来馬が維持されているものとして「岬馬とその繁殖地」が天然記念物に指定され、68（同43）年には都井岬馬保護対策協力会が発足、御崎牧組合に協力し、今日まで維持されている。

　岬の沿道に広がる1万株ほどのアジサイは、地元、都井岬振興会がボランティアによって1995（平成7）年から植栽を始めたもの。草原では、ヒガンバナの他、オキナグサ、ムラサキセンブリなどの草原性の希少植物も見られ、放牧地がもたらした風景が見られる。

生駒高原のコスモス　　＊秋

　さまざまなタイプの火山が連なり火山の博物館とも称される霧島連山。その連山の北端に位置する夷守岳の北麓、標高500メートルほどの高原は、9月から10月にかけてコスモス、キバナコスモスのピンク、紅色、白色、橙黄色の花で一面を覆われる。その数100万本といわれる。

　コスモスは熱帯アメリカ原産の園芸植物で、メキシコからヨーロッパに渡り、日本には明治初期に導入された。和名はオオハルシャギク、アキザクラとも呼ばれるが、学名のコスモスが一般に使われている。早くから国内で広く栽培されていたが、生駒高原のコスモスは、1957（昭和32）年、翌年に一部開通が予定されていた霧島連山を小林市から鹿児島県牧園町まで縦断する有料道路の開通を前に、道路入口に彩りを加えるために宮崎交通と小林市観光協会がコスモスの種を播いたことに始まる。63（同38）年には、日本で最初のコスモス園として開園し、現在まで、苗から育てたコ

スモスを手植えして一面のコスモスの風景をつくり出している。コスモスの品種も多くあるが、別種のキバナコスモスの橙黄色の花が夏の終わりから長期間楽しめる。この種は繁殖力が強く、道路沿いで見かけることも多い。春にはポピー、夏にはサルスベリ、アメリカフヨウ、サルビアとコスモスの季節以外も「花の駅　生駒高原」は花に彩られる。高速道路のインターにも近く、霧島連山へ向かう道路の入口に位置する生駒高原もまた、宮崎県の観光資源の開発を進めた岩切章太郎が残した花風景である。

霧島連山のミヤマキリシマ　＊春、霧島錦江湾国立公園

　宮崎と鹿児島両県にまたがる霧島連山では、えびの高原、中岳、新燃岳、高千穂峰などに広くミヤマキリシマが見られ、宮崎県側では、5月中旬頃から硫黄山の斜面で開花し、その後つつじヶ丘で、6月中旬頃には標高の高い韓国岳へと開花場所を移し、紅紫色から薄紫色の花がそこここに広がる。

　ミヤマキリシマは火山活動によって攪乱された山肌に生育し、硫黄山では地熱の影響でつつじヶ丘より開花時期が早いといわれる。つつじヶ丘は、6ヘクタールに約3万株が見られ、霧島連山でも有数のミヤマキリシマの群生地となっている。霧島山系では、標高1,000メートルより高い場所ではミヤマキリシマ、標高700メートル以下はヤマツツジが、その間では両者の雑種であるキリシマツツジの集団があるとされる。元禄年間（1688～1704年）に霧島から取り寄せた種類キリシマにより江戸でツツジの園芸ブームが起こるが、これはキリシマツツジであり、江戸時代に日本中で栽培されたという。

　ミヤマキリシマの群生が美しいえびの高原もまた、宮崎の観光の立役者である岩切章太郎によって見いだされた。1952（昭和27）年に最初に訪れた際、高原の景観に驚き、美しい景観を妨げる樹木や藪を除き、赤松の自然林やミヤマキリシマの群落が観賞できる場所の創出を導いたという。

九州・沖縄地方

鹿児島県

諸鈍のデイゴ

地域の特色

九州の南端に位置し、北には霧島山地などが取り囲み、南には大隅と薩摩の2半島が突き出す。錦江湾を擁し、湾奥に鹿児島の市街と桜島がある。シラス台地が県土の過半を占め、自然災害をもたらすが、一方、サツマイモ、アブラナなどの農作物の生産地でもあり、大藩の島津氏の薩摩藩を潤した。南には南西諸島の一部をなす大隅諸島、トカラ列島、奄美群島からなる薩南諸島が連なり、西には甑島列島が並び、離島面積はわが国最大である。九州本土の暖温帯と薩南諸島の亜熱帯の気候を示している。

花風景は、近世の名将にちなむ都市公園や名君の別邸のサクラ名所、九州本土や島嶼の多彩な花や観光用の花園、一面に広がる農業のなりわいの花などが見られるが、特に亜熱帯の色鮮やかな花が特徴的である。

県花はツツジ科ツツジ属の低木のミヤマキリシマ（深山霧島）である。霧島山一帯に自生し、赤、紫、白と鮮やかな花が咲き乱れる。ミヤマとは「深山」を意味し、1909（明治42）年、植物学者牧野富太郎が新婚旅行の際に霧島山で発見し、「ミヤマキリシマ」と命名した。九州の火山の高山地帯に多く自生し、長崎県の県花のウンゼンツツジも同種である。

主な花風景

忠元公園のサクラ　＊春、日本さくら名所100選

鹿児島県最北部の内陸、九州でも寒冷となる大口盆地の台地上に忠元神社、忠元公園がある。戦国時代の名将新納忠元を祀る神社とその前に広がる公園。三角の形をした公園の外周はサクラ並木に縁どられ、花期にはサクラに包まれる。「忠元桜」として親しまれている。忠元公園のサクラは、新納忠元没後300年祭の記念行事として1907（明治41）年に地元出身者により植栽が始められ、サクラの名所として親しまれたが、第2次世界大戦

中に全て伐採される。戦後、忠元桜を復活させるため大口市による植樹事業が行われるが、事実上、地元出身の造園業者の負担で千本のサクラが植樹され、57（昭和32）年頃には忠元桜は復活する。しかし、この時期に植栽されたサクラは、平成に入ると、次第に病気や台風による被害を受け、サクラ並木が途切れる状況となった。この状況を危惧した市民による寄付によって植樹、手入れが行われるようになる。現在見られるソメイヨシノは戦後植えられた太いものと、その後植えられたものが混じっている。忠元桜を残していきたいという市民の思いが、サクラの名所を支えている。

仙巌園のサクラ　＊春、名勝、霧島錦江湾国立公園

　姶良カルデラの絶壁を背にして錦江湾に臨む平地に島津光久が1658（万治元）年に建てた別邸の庭園。磯という地にあることから磯庭園としても親しまれている。桜島や錦江湾を背景に、初春からカンヒザクラが咲き始め、ヤマザクラ、ソメイヨシノ、サトザクラが次々と見頃を迎える。

　仙巌園の広大な敷地は、幕末に島津藩が、製鉄、紡績、ガラス製造などの工場を集積させた集成館事業の中心地として用いられ、1865（慶応元）年に竣工した国内最古の石造の洋式機械工場である旧集成館機械工場などがあり、明治日本の産業革命遺産として世界文化遺産の登録資産となっている。近代化に貢献した建造物や島津家の御殿や庭とサクラの取り合わせが穏やかである。中でも、濃紅色のカンヒザクラと背後の建物、錦江湾、その上に裾野まで雄大に広がる桜島へと連なる眺めは、初春の薩摩の風景として忘れられない。

藤川天神のウメ　＊冬・春、天然記念物

　鹿児島県北西部、川内川とその支流に沿った平野部に広がる旧東郷町藤川に菅原道真を祀る菅原神社があり、藤川天神ともいう。道真が植えた一株が始まりと伝えられる梅林では、初春、淡い紅色の八重咲の花が咲き始め、その後には一面の梅花に包まれ、馥郁とした香りが遠くまで広がる。梅林は参道の右左に広がるが、左手奥のものは天然記念物に指定されている「藤川天神の臥龍梅」。もともと1本であったが、地面に着いた枝から根を下ろし、新株となることを繰り返し50株ほどに増えたという。その姿から臥龍梅と呼ばれ、樹齢千年を超える古木も見られる。

ここに菅原神社が置かれたのは、太宰府天満宮の荘園がこの地にあったためといわれ、1815（文化12）年、島津氏による神社改築に合わせ竹藪を伐りウメの繁茂を促し、1902（明治35）年に行われた菅公一千年祭に際し梅園が拡張されたが、戦後の混乱期に荒廃し、以前の面影はなくなった。その後、地元による保存整備が進められ、現在、参道の周囲に150本ほどのウメが見られる。

かのやばら園のバラ　＊春・秋

　大隅半島の中央部、鹿屋市の南西部のなだらかな丘陵に霧島ヶ丘公園がある。公園の南東部分の丘陵地8ヘクタールは広大な敷地に3万5千本のバラが植えられるかのやばら園が占め、春は一斉に咲くバラに包まれ、秋は色鮮やかになるバラを一輪一輪楽しむ。なだらかな山を背景にのびやかに広がる開放的なバラ園。春は4月下旬から6月上旬、秋は10月上旬から12月下旬までと長い期間、花を楽しむことができる。

　鹿屋市は大隅地域の誘客の核となる施設としてバラ園の整備を決め、1993（平成5）年に1ヘクタール、6,000株ほどでオープン。その後2006（同18）年に8ヘクタールの現在の規模に拡大した。この間、かのやばら園のオリジナル品種で、大輪の八重咲で花びらの表が赤く裏が白色の「プリンセスかのや」を作出している。また2006（同18）年、周辺3町の合併に際し、新鹿屋市の花をバラに改め、「バラを活かしたまちづくり計画」による地域再生に力を入れている。

甑島のカノコユリ　＊夏、甑島国定公園

　薩摩半島の西部、東シナ海にある甑島列島は、夏に平地部や海岸線の断崖でカノコユリがそこかしこに濃紅色、淡紅色、白色の花を咲かせる。大きく反り返った花弁に鹿の子模様の斑点が入り、学名 *speciosum*（スペキオスム＝美しい）は文字通り。シーボルトが日本からヨーロッパに持ち帰り、人々を驚かせ、その球根は同じ重さの銀と取引されたという。

　カノコユリの球根は、島での飢饉の際の救荒食として重要であった。明治初期には食用として輸出されたが、1900（明治33）年頃からは観賞用として輸出され、55（昭和30）年頃に出荷は頂点に達し、島の経済を支えることとなる。しかし、70（同45）年頃には海外での価格が低下し、80年

代半ばには、甑島での商業的な栽培、球根出荷はなくなる。カノコユリはススキ草原が多かった上甑島、中甑島に多く、そこでは、球根輸出が軌道に乗った明治末・大正期から、共有地に冬季に火入れをして、ススキ草原の維持を図っていた。かつては甑島の産業の風景となっていたカノコユリであるが、時代と共にその姿を変えている。

池田湖畔のナノハナ　＊冬・春

薩摩半島の最南部にある池田湖は、約6,000年前の一連の噴火により形成されたカルデラに水がたまった湖。最深部は233メートルと深く、湖底には比高150メートルに及ぶ溶岩ドームがある活火山である。湖の北と南西に広がる平地には、12月下旬からナノハナが咲き始め、1月には満開となり、一面に黄色の花が広がる。日本一開花が早いナノハナといわれる。

池田湖の南部には池田カルデラからの火砕流堆積物がつくる台地が広がり、その先は約4,000年前から噴火活動が始まった開聞火山の裾野に連なっている。この平坦な台地に広がるナノハナと円錐形の開聞岳の背景の組合せは、一連の火山活動がつくり出したものである。また、池田湖の北側からは、前景の一面の黄色い花と中景の池田湖、遠景の開聞岳の組合せが早春の風景として定着している。

1月には、いぶすき菜の花マラソン、いぶすき菜の花マーチが続けて開かれる。黄色いじゅうたんの中を走り、歩くイベントも回数を重ね、なじみ深いものになっている。

諸鈍のデイゴ　＊春

奄美大島の南、大規模な沈水海湾である大島海峡を隔てて加計呂麻島が位置する。島内でも大きな集落である諸鈍が面する長浜沿いにデイゴ並木が続き、初夏、梅雨が始まる頃に真っ赤な花をつける。樹齢300年を超えるデイゴの古木が列をなす場所は他では見られず、一列に開花する姿は壮観。開花期でなくとも、古木の並木は独特の南国的雰囲気を醸し出す。

長浜の隣にある大屯神社では、旧暦9月9日の祭で諸鈍芝居（シバヤ）が演じられる。手製の紙製の面（カビティラ）と陣笠風の紙の笠をつけた男が、さまざまな演目を踊る村芝居の一種である。源平の戦いに敗れた平資盛がこの地に来て城を築き、土地の人々に教えた演舞が始まりと伝

えられ、芸能構成や芸態が古歌舞伎を思わせると国の重要無形民俗文化財となっている。演目には中国や琉球の演舞に似たものもあり、四、五百年前に北からと南から伝わったものが一つの芸能になったと考えられる。デイゴは奄美以南の気候条件で生育し、琉球のイメージが強いが、海上交通の要衝であった奄美群島には、大和と琉球の交わる独特の自然・文化が見られる。

沖永良部島のテッポウユリ　＊春

　奄美群島は奄美大島、喜界島から与論島まで長さ約200キロにわたって連なっているが、沖永良部島は与論島に次ぎ沖縄島に近い島である。隆起珊瑚礁の島で地下の鍾乳洞が発達している。テッポウユリの栽培が盛んで、春には純白の花が島を包む。和泊町、笠石海浜公園のユリは、黄色、オレンジ、赤など色とりどりの花が一斉に咲き、見事である。

　テッポウユリは九州南部と南西諸島に分布し、もともと沖永良部島に自生していた。シーボルトによって欧米に紹介されたテッポウユリは、人気となり、1899（明治32）年に英国の貿易商人が沖永良部に来島し、野生種を見いだし、1902（明治35）年に欧米用に球根の輸出が開始される。日本から輸出されたユリ球根の数は明治30年代から徐々に増え、毎年500万個から3,000万個が輸出されているが、その7割以上をテッポウユリが占め、輸出先は米国と英国であった。テッポウユリの栽培地は、当初は関東地方が多かったが、南西諸島、九州本土に移動し、第2次世界大戦後は沖永良部島だけが産地として残った。島では、野生種から選抜した品種の栽培を行っていたが、第2次世界大戦による輸出中断を経て、その後は米国産や国内の品種を栽培するようになり、現在栽培されている国内品種は南琉球原産の野生種を改良した品種と考えられている。沖永良部島のテッポウユリは100年以上の栽培の歴史を持ち、その時々に島の花風景を形づくってきた。

沖縄県

国営沖縄記念公園海洋博公園のハイビスカス

地域の特色

　九州から台湾に向かって弧状に南北約1,200キロにわたり南西諸島が連なるが、その北半が薩南諸島38島で鹿児島県に属し、南半が琉球諸島108島で沖縄県である。この琉球諸島は沖縄本島周辺の沖縄諸島、宮古島周辺の宮古列島、石垣島周辺の八重山列島からなる。15世紀に琉球王国成立、17世紀に薩摩（現鹿児島県）による武力征服、19世紀に沖縄県設置、20世紀に連合国軍アメリカ直接統治と本土復帰と複雑な歴史を歩む。北回帰線の熱帯域に近接した亜熱帯の気候で島嶼でもあり、独特の生態系を育んでいる。

　花風景は、琉球王国の城跡の歴史を持つサクラ名所、本土復帰を記念した国営公園や民間の植物園の亜熱帯植物、八重山諸島の亜熱帯の花木群生地やマングローブなど、風土を端的に表している。

　県花はマメ科デイゴ属の落葉樹のデイゴ（梯梧）である。樹高は約10メートルに生長し、枝を横に広げ、樹冠全体に燃えるような深紅の美しい花をつける。インド原産で沖縄はほぼ北限とされ、南国を象徴する花としてふさわしく、春には街路や公園などの至る所で見ることができる。生長が早く、材が柔らかく加工しやすいので、漆器の材料にもなっている。

主な花風景

名護中央公園のリュウキュウカンヒザクラ　＊冬、日本さくら名所100選

　沖縄本島北部名護市の西麓の小高い丘に名護中央公園があり、約3,000本のリュウキュウカンヒザクラが1月下旬から2月上旬に全国に先駆けて咲き誇る。サクラの開花が日本一早い場所である。全国に最も普及しているソメイヨシノは白く淡い桃色であるが、リュウキュウカンヒザクラは赤に近いぐらいの濃い桃色である。ただし、県内全体を見渡すと白色もある

という。カンヒザクラの園芸品種は多く、リュウキュウカンヒザクラもその一種である。リュウキュウカンヒザクラの植樹は大正時代（1912～26年）の初期に地元の青年団によって行われ、徐々に広がっていったという。また、一説には1928（昭和3）年に神殿と拝殿の改築を記念して、青年団が参道添いに植樹したともいう。

この丘陵は14世紀頃に築城された名護城の城跡である。名護按司の居城であった。按司とは領主を意味する役職名である。沖縄本島南部の佐敷按司であった尚巴志が1429年に沖縄を統一し、琉球王国を成立させるが、やがて、名護按司も王朝のある首里へ移動する。この地には沖縄独特の信仰の地御嶽の拝所もあり、地元の人々は氏神を祀って尊崇し続け、今日に至っている。神域でもあり、豊かな森林が残り、国の天然記念物のカラスバトや特別天然記念物のノグチゲラの生息が確認されている。名護中央公園は面積約71ヘクタールの沖縄県の広域公園として守られるとともに、自然とふれあう市民の憩いの場ともなり、展望台からは名護市内やその先の美しい東シナ海が一望できる。

国営沖縄記念公園海洋博公園の熱帯・亜熱帯植物　＊春・夏・秋・冬

沖縄といえばトロピカルなリゾート地のイメージがある。エメラルドグリーンの透明な海、そして、エキゾチックな鮮やかな色をした熱帯・亜熱帯の花が印象的である。赤い花のハイビスカス、赤や紫の花のブーゲンビリアは沖縄の街路、公園、庭園などを飾り、南国の楽園を思わせる。一説にハワイ諸島原産といわれる南国の花のハイビスカスは園芸品種が5,000種以上あるといわれる。ブーゲンビリアは、中南米の熱帯林原産と推定され、18世紀にイギリスのジェームズ・クックと太平洋諸島などの探検を競ったフランスのルイ・アントワーヌ・ド・ブーガンヴィルの隊員の植物学者フィリベルト・コマーソンが発見し、隊長か友人の名を付けたという。赤い花のデイゴやサンダンカ、橙色や黄色の花のオオゴチョウは沖縄の三大名花といわれ、デイゴとサンダンカは街路樹にも用いられ、沖縄らしさを引き立たせている。公園内にはらせん状に上る高さ36メートルの巨大な展望塔の遠見台があり、公園全体や美しい東シナ海を一望できる。

国営沖縄記念公園の海洋博公園は美ら海水族館やイルカショーで知られているが、熱帯ドリームセンターの熱帯・亜熱帯植物の花々も見事であり、

たわわに実るトロピカルフルーツも楽しませてくれる。熱帯ドリームセンターには、ランの花が常に2,000株以上咲き誇り、前述した花ももちろん観賞でき、「一千年の木に咲く白い妖精」といわれるアフリカバオバブや南米の最大直径2メートルの大きな葉と2日間咲く花を持つ不思議な水草オオオニバスなどの珍しい花も見ることができる。

国営沖縄記念公園は沖縄本島にある国営公園で、本部町の臨海部にある海洋博覧会地区71.6ヘクタールと、那覇市にある首里城地区2.7ヘクタールの二つの地区からなる。海洋博覧会地区は、1972（昭和47）年の沖縄の本土復帰を記念して、75（同50）年から翌年に開催された沖縄国際海洋博覧会の跡地で、76（同51）年に国営沖縄海洋博覧会記念公園とした。その後、87（同62）年に公園名を国営沖縄記念公園に改称し、翌年、首里城地区を飛び地で編入した。首里城は第2次世界大戦で破壊されたので、国営公園として国の力で復元することとしたが、国営公園を1県に2カ所設置することもできず、また、首里城は小面積になることから、編入案となった。92（平成4）年、沖縄本土復帰20周年を記念して開園した。首里城は2000（同12）年に「琉球王国のグスク及び関連遺産群」として世界遺産になった。

東南植物楽園の熱帯・亜熱帯植物　＊春・夏・秋・冬

沖縄市にある民間の植物園で、ユスラヤシ、トックリヤシ、リュウケツジュ、バオバブなどの樹木が熱帯地方の雰囲気を醸し出している。熱帯・亜熱帯の美しい花々も豊富で、沖縄を代表する赤いハイビスカス、デイゴ、サンダンカ、紫のブーゲンビリアはもちろん咲き誇り、その他黄色のコガネノウゼン、ソウシジュ、桃色のオオバナソシンカやイッペイ、赤色のハナチョウジ、ハナキリン、ランタナ、白色のゲットウ、プルメリヤ、青色のヒスイカズラ、紫色のコダチヤハズカズラ、ネッタイスイレンなどが多彩に咲き乱れる。

石垣島平久保のサガリバナ　＊夏

南西諸島のほぼ最南端に位置する石垣島北部の平久保に何とも不思議で妖艶な美しいサガリバナの群生地がある。常緑の高木にフジのように幾つもの花が線状に連なり、枝から垂れ下がる。ただ、花はフジとは異なり白い糸のようなものが花火のように広がっている。これは花弁（花びら）で

九州・沖縄地方

はなく、おしべだといわれる。まるで丹念に細工された装飾品のようである。香りも良い。「幸福に導く花」といわれている。平久保川の上流部に約300本自生しているという。奄美大島以南の南西諸島のマングローブ林付近の湿地などに自生し、当地が最大といわれている。花がより美しく思えるのは、夜に咲き一夜で落花する儚さからかもしれない。また、大自然の満天の夜空が美しすぎるのかもしれない。落花すると地面が花で覆われ、この風景もまた美しい。

　地元では発見者を中心に「ペーブク（平久保）サガリバナ保存会」を結成して、保全に努め、安全に鑑賞できるようにロープライトという足元のみの照明器具が設けられている。2013（平成25）年には、「夏の夜空に彩るペーブクサガリバナでふるさとづくり」が評価されて、「沖縄、ふるさと百選」に選ばれた。なお、隣接する西表島においては、カヌーによるサガリバナ観賞ツアーを実施している。夜明けのツアーでは花が川面に落ちる音が聞こえ、花が川面に浮かび、芳香をただよわせるという。

西表島のマングローブ　＊春、西表石垣国立公園、天然記念物

　石垣島に並ぶ八重山諸島の最大の島西表島には仲間川や浦内川の河口に広大なマングローブが発達している。このマングローブを見るエコツーリズムとして、カヤック体験がある。マングローブは独特の根を持つ樹形を楽しみ、特に花は観賞しないが、よく見ると美しい花である。仲間川下流域にはオヒルギ中心のわが国最大のマングローブが広がっている。常緑の大きな葉を持つ高木で、深紅の色鮮やかな萼に包み込まれて、黄色や淡黄色の花を咲かせる。残念ながらその下を通過するだけでは花は見えにくい。あまりにも萼が目立つのでアカバナヒルギとも呼ばれる。

　マングローブとは、熱帯・亜熱帯地方の河口の淡水と海水が混じる汽水域の湿地に群生する樹林の総称である。わが国にはメヒルギ、オヒルギ、ヤエヤマヒルギ、ハマザクロなどのマングローブが生育している。河口の泥質では根が酸素を吸収しにくいことから、潮位の干満差のときに根が空中に現れ、酸素を取り入れるという独特の仕組みを持っている。干潮時には呼吸根と呼ばれる、タコの足のようにはびこる根を見ることができる。世界的にはマングローブは自然破壊により減少傾向にあり、貴重な湿地の森林となっている。

付録1　都道府県の花

「都道府県の花」は都道府県のシンボルとなる花であり、地域ゆかりの花が選ばれている。条例で正式に定めている所もあれば、慣例で決めている所もある。1954（昭和29）年、NHKなどによって選定された「郷土の花」に由来しているものが多い。

都道府県名	植 物 名	科 ・ 属
北海道	ハマナス（浜梨）	バラ科バラ属
青森県	リンゴ（セイヨウリンゴ　林檎）	バラ科リンゴ属
岩手県	キリ（桐）	キリ科キリ属
宮城県	ミヤギノハギ（宮城野萩）	マメ科ハギ属
秋田県	フキノトウ（蕗の薹）	キク科フキ属
山形県	ベニバナ（紅花）	キク科ベニバナ属
福島県	ネモトシャクナゲ（根本石楠花）	ツツジ科ツツジ属
茨城県	バラ（薔薇）	バラ科バラ属
栃木県	ヤシオツツジ（八汐躑躅）	ツツジ科ツツジ属
群馬県	レンゲツツジ（蓮華躑躅）	ツツジ科ツツジ属
埼玉県	サクラソウ（桜草）	サクラソウ科サクラソウ属
千葉県	ナノハナ（アブラナ　菜の花）	アブラナ科アブラナ属
東京都	ソメイヨシノ（染井吉野）	バラ科サクラ属
神奈川県	ヤマユリ（山百合）	ユリ科ユリ属
新潟県	チューリップ（鬱金香）	ユリ科チューリップ属
富山県	チューリップ（鬱金香）	ユリ科チューリップ属
石川県	クロユリ（黒百合）	ユリ科バイモ属
福井県	スイセン（水仙）	ヒガンバナ科スイセン属
山梨県	フジザクラ（富士桜）	バラ科サクラ属
長野県	リンドウ（竜胆）	リンドウ科リンドウ属
岐阜県	レンゲソウ（ゲンゲ　蓮華草）	マメ科ゲンゲ属
静岡県	ツツジ（躑躅）	ツツジ科ツツジ属

都道府県名	植物名	科・属
愛知県	カキツバタ（燕子花・杜若）	アヤメ科アヤメ属
三重県	ハナショウブ（花菖蒲）	アヤメ科アヤメ属
滋賀県	シャクナゲ（石楠花）	ツツジ科ツツジ属
京都府	シダレザクラ（枝垂桜）	バラ科サクラ属
大阪府	ウメ（梅） サクラソウ（桜草）	バラ科サクラ属 サクラソウ科サクラソウ属
兵庫県	ノジギク（野路菊）	キク科キク属
奈良県	ナラノヤエザクラ（奈良八重桜）	バラ科サクラ属
和歌山県	ウメ（梅）	バラ科サクラ属
鳥取県	二十世紀ナシ（二十世紀梨）	バラ科ナシ属
島根県	ボタン（牡丹）	ボタン科ボタン属
岡山県	モモ（桃）	バラ科モモ属
広島県	モミジ（紅葉）	ムクロジ科カエデ属
山口県	ナツミカン（夏蜜柑）	ミカン科ミカン属
徳島県	スダチ（酢橘）	ミカン科ミカン属
香川県	オリーブ（橄欖(かんらん)）	モクセイ科オリーブ属
愛媛県	ミカン（ウンシュウミカン 蜜柑）	ミカン科ミカン属
高知県	ヤマモモ（山桃）	ヤマモモ科ヤマモモ属
福岡県	ウメ（梅）	バラ科サクラ属
佐賀県	クスノキ（クス 楠）	クスノキ科ニッケイ属
長崎県	ウンゼンツツジ（雲仙躑躅）	ツツジ科ツツジ属
熊本県	リンドウ（竜胆）	リンドウ科リンドウ属
大分県	ブンゴウメ（豊後梅）	バラ科サクラ属
宮崎県	ハマユウ（浜木綿）	ヒガンバナ科ハマオモト属
鹿児島県	ミヤマキリシマ（深山霧島）	ツツジ科ツツジ属
沖縄県	デイゴ（梯梧）	マメ科デイゴ属

付録2　日本さくら名所100選

　日本さくら名所100選は、1990（平成2）年、公益財団法人日本さくらの会がさくら名所100選選定委員会を設置して知名度、健全度、利用者数などを基準に、各都道府県から最低1カ所を選定。現国土交通省、現環境省、林野庁、全国知事会なども後援した。

都道府県名	場　所　名
北海道	松前公園　　二十間道路桜並木
青森県	弘前公園　　芦野池沼群県立自然公園藤枝ため池
岩手県	高松公園　　北上市立公園展勝地
宮城県	船岡城址公園・白石川堤
秋田県	千秋公園　　真人公園　　桧木内川堤・角館武家屋敷
山形県	鶴岡公園　　烏帽子山公園
福島県	鶴ヶ城公園　　霞ヶ城公園　　三春町のシダレザクラ
茨城県	日立市かみね公園・平和通り　　静峰公園
栃木県	日光街道桜並木　　太平山県立自然公園
群馬県	赤城南面千本桜　　桜山公園
埼玉県	大宮公園　　熊谷桜堤　　長瀞
千葉県	泉自然公園　　清水公園　　茂原公園
東京都	新宿御苑　　上野恩賜公園　　隅田公園　　井の頭恩賜公園　　小金井公園
神奈川県	神奈川県立三ツ池公園　　衣笠山公園　　小田原城址公園・城山公園
新潟県	大河津分水　　村松公園　　高田公園
富山県	松川公園　　高岡古城公園
石川県	兼六園
福井県	足羽川・足羽山公園　　霞ヶ城公園（坂井）
山梨県	大法師公園
長野県	臥竜公園　　小諸城趾懐古園　　高遠城址公園
岐阜県	新境川堤・百十郎桜　　根尾谷・淡墨公園　　霞間ヶ渓
静岡県	さくらの里　　冨士霊園
愛知県	山崎川四季の道　　鶴舞公園　　岡崎公園　　五条川

都道府県名	場　所　名
三重県	三多気　　宮川堤
滋賀県	豊公園　　海津大崎
京都府	嵐山　　御室桜　　醍醐寺　　笠置山自然公園
大阪府	造幣局の通り抜け　　大阪城公園　　万博記念公園
兵庫県	姫路城　　明石公園　　夙川公園・夙川河川敷緑地
奈良県	奈良公園　　郡山城址公園　　吉野山
和歌山県	紀三井寺　　根来寺　　七川ダム湖畔
鳥取県	久松公園　　打吹公園
島根県	松江城山公園　　斐伊川堤防桜並木
岡山県	鶴山公園
広島県	千光寺公園　　上野公園
山口県	常盤公園　　吉香公園・錦帯橋
徳島県	西部公園
香川県	琴弾公園
愛媛県	城山公園
高知県	鏡野公園　　牧野公園
福岡県	西公園
佐賀県	小城公園
長崎県	大村公園
熊本県	熊本城　　水俣市チェリーライン　　市房ダム湖畔
大分県	岡城公園
宮崎県	母智丘・関之尾県立自然公園
鹿児島県	忠元公園
沖縄県	名護城公園

● 引用・参考文献 ●

あ

青木茂編著『新修　尾道市史（第三巻）』尾道市役所（1973）
青山潤三『山の花1200　山麓から高山まで』平凡社（2003）
明石市史編さん委員会編『明石市史　現代編Ｉ』明石市（1999）
足摺宇和海国立公園篠山アケボノツツジ保全管理方針検討会／環境省中国四国地方環境事務所『足摺宇和海国立公園篠山地区アケボノツツジ群落保全対策管理方針書』（2016）
網代智等、河野裕子『室生寺　古寺巡礼奈良6』淡交社（2010）
安部勝『五箇村誌』五箇村（1989）
天城自然ガイドクラブ『山と高原地図31　伊豆　天城山』昭文社（2018）
有岡利幸『ものと人間の文化史　157・桃（もも）』法政大学出版局（2012）
池田誠一『瑞穂区の近代―語り継ぎたい四つの街の物語』（2018）
伊勢市教育委員会『名勝宮川堤保存管理方針』伊勢市教育委員会（2015）
市南文一「鳥取県における日本梨栽培の変化」日本地理学会春季学術大会（2017）
井上繁『47都道府県・くだもの百科』丸善出版（2017）
井上雅仁「三瓶山姫逃池におけるカキツバタ群落の保全活動と植生動態」『島根県三瓶自然館研究報告』11（2013）
伊予三島市史編纂委員会編『伊予三島市史　下巻』伊予三島市（1986）
岩手日報社編『岩手の花名所』岩手日報社（1996）
宇部市史編纂委員会編『宇部市史　通史篇』宇部市史編纂委員会（1966）
宇部市史編集委員会編『宇部市史　史料篇　下巻』宇部市（1990）
江藤奈保編『延岡城址のヤブツバキ』延岡城山のヤブツバキを楽しむ会（2017）
愛媛県高等学校教育研究会地理歴史・公民部会編『歴史散歩㊳　愛媛県の歴史散歩』山川出版社（2006）
愛媛県農林水産部農業振興局農産園芸課『愛媛みかんのはなし』（2014）
戎谷遵・二神良太・岡浩平「瀬戸内海中部沿岸域における海浜植物の希少性評価」『日緑工誌』41（1）、日本緑化工学会（2015）
大口町史編纂委員会『大口町史』愛知県丹羽郡大口町（1982）
大場秀章監修『シーボルト　日本の植物』八坂書房（1996）
岡崎市『岡崎城跡整備基本計画―平成28年度改訂版』岡崎市教育委員会社会教育課（2017）
岡山県生活環境部自然保護課『岡山県版レッドデータブック　2009』（2010）
岡山県の歴史散歩編集委員会編『歴史散歩㉝　岡山県の歴史散歩』山川出版社（2009）
奥田重俊編著『生育環境別　日本野生植物館』小学館（1997）

か

香川県の歴史散歩編集委員会編『歴史散歩㊲　香川県の歴史散歩』山川出版社（2013）

樫本慶彦『千光寺山頂から尾道の景色を楽しもう！ 尾道千光寺公園の開発と三木半左衛門』

加田勝利『分県登山ガイド21　静岡県の山』山と渓谷社（2017）

勝木俊雄『桜の科学』SBクリエイティブ（2018）

金井利彦『新宿御苑』『東京公園文庫』3　東京都公園協会監修（1999）

上林好之『日本の川を甦らせた技師デ・レイケ』草思社（1999）

河津町産業振興課『河津桜保護育成計画―河津桜守人マスタープラン』（2014）

川本昭雄「隅田公園」『東京公園文庫』40　東京都公園協会監修（1981）

観音寺市誌増補改訂版編集委員会編『観音寺市誌（資料編）』観音寺市（1985）

観音寺市誌増補改訂版編集委員会編『観音寺市誌（通史編）』観音寺市（1985）

岸上明彦「天下の嶮に挑む箱根登山鉄道」『鉄道ピクトリアル』532　電気車研究会（1990）

北川尚史・伊藤ふくお『奈良公園の植物』トンボ出版（2004）

北村信正他「小金井公園」『東京公園文庫』34　東京都公園協会監修（1995）

樹下明紀監修『図説　萩・長門の歴史』郷土出版社（2006）

樹下明紀監修『保存版　萩・長門今昔写真帖』郷土出版社（2009）

樹下明紀監修『目で見る　萩・長門の100年』郷土出版社（1998）

京谷昭・手嶋潤一・堀繁「国道119号宇都宮―今市間の桜並木の空間的特徴とその成立過程に関する研究」『ランドスケープ研究』66.5　日本造園学会（2003）

国守進監修『保存版　ふるさと宇部』郷土出版社（2011）

熊華磊「花見と地域社会―鹿児島県伊佐市忠元公園の事例より」『地域政策科学研究』10（2013）

黒岩康博『好古の瘴気―近代奈良の蒐集家と郷土研究』慶應義塾大学出版会（2017）

黒田義隆『明石市史　上巻』明石市（1960、1972復刊）

黒田義隆編『明石市史　下巻』明石市（1970）

小出公大『岡山県の顕彰・頌徳碑―その人となりを訪ねる』創文社（2017）

高知県高等学校教育研究会歴史部会編『歴史散歩㊴　高知県の歴史散歩』山川出版社（2006）

神戸市立森林植物園編『森のなかのあじさい』神戸市公園緑化協会（2010）

国立公園協会・日本自然保護協会編『日本の自然公園』講談社（1989）

越沢明「パークウェイとして整備された夙川公園の特徴とその意義」『国際交通安全学会誌』、国際交通安全学会23.1（1997）

御所市史編纂委員会編『御所市史』御所市（1965）

小林市史編纂委員会編『小林市史第3巻戦後編』小林市（2000）

小林安茂「上野公園」『東京公園文庫』5　東京都公園協会監修（1994）
菰野町教育委員会編『菰野町史　自然編』三重県三重郡菰野町（1991）
小山鉄夫編著『黒船が持ち帰った植物たち』アボック社出版局（1996）

さ

西都市史編纂委員会等編『西都市史通史編下』西都市（2016）
佐川町『佐川町歴史的風致維持向上計画』（2009）
佐川町史編纂委員会編『佐川町史（下巻）』佐川町（1981）
桜井満・大石泰夫編『葛城山の祭りと伝承』桜楓社（1992）
佐竹義輔・大井次三郎・北村四郎・亘理俊次・冨成忠夫『フィールド版　日本の野生植物　草本』平凡社（1985）
佐竹義輔・原寛・亘理俊次・冨成忠夫編『フィールド版　日本の野生植物　木本』平凡社（1993）
山陽新聞社編『岡山くだもの紀行』山陽新聞社（2000）
静岡県日本史教育研究会編『歴史散歩㉒　静岡県の歴史散歩』山川出版社（2006）
自然公園財団編『瀬戸内海国立公園パークガイド　瀬戸内海東部地域』自然公園財団（2004）
自然公園財団編『中部山岳国立公園パークガイド　上高地』自然公園財団（2004）
柴田英明『〈育てて楽しむ〉オリーブ　栽培・利用加工』創森社（2016）
清水寛厚ほか「鳥取県岩美町唐川湿原の自然環境」『鳥取大学教育学部研究報告（自然科学）』47（1998）
樹林舎『写真アルバム　淡路島の昭和』兵庫県教育図書販売（2015）
庄原市史編集委員会編『庄原市の歴史　資料編』庄原市（2004）
白幡洋三郎『花見と桜』PHP新書（1996）
白幡洋三郎『プラントハンター』講談社選書メチエ（1994）
白幡洋三郎「日本八景の誕生」『環境イメージ論』弘文堂（1992）
進士五十八「リサイクル社会と景観創造」『グリーンエイジ』2001年2月号、日本緑化センター（2001）
清野聡子・宇多高明・土屋康文・土屋圭示「岡山県笠岡湾におけるカブトガニ保護および天然記念物指定繁殖地の保全策の変遷とその教訓」『海洋開発論文集』第18巻、土木学会（2002）
全国農業協同組合連合会（JA全農）『Apronエプロン』473（2017）
全国農業協同組合連合会（JA全農）『Apronエプロン』480（2018）
造幣局泉友会編『通り抜け—その歩みと桜』創元社（1996）

た

宝塚市史編集専門委員編『宝塚市史　第三巻』宝塚市（1977）

宝塚市立宝塚園芸振興センター（あいあいパーク）『たからづかのダリア』（2014）
玉起彰三『六甲山博物誌』神戸新聞総合出版センター（1997）
中国新聞社『広島県文化百選　①風物編』（1986）
中国新聞社『広島県文化百選　⑦花と木編』（1990）
月ケ瀬村史編集室編『月ヶ瀬村史』月ヶ瀬村（1990）
都築正昭『土門拳と室生寺』KKベストセラーズ（2001）
哲西町『鯉ケ窪湿原における湿原復元事業工事報告書』（2002）
土井作治監修『図説　福山・府中の歴史』郷土出版社（2001）
東京興農園「驚くべき優等新梨（新太白）の紹介」『興農雑誌』12巻124（1904）
東郷町郷土史編集委員会『東郷町郷土史』東郷町（1969）
徳島県史編さん委員会編『徳島県史　第五巻』徳島県（1966）
徳島県の歴史散歩編集委員会編『歴史散歩㊱　徳島県の歴史散歩』山川出版社（2009）
土佐山田町史編纂委員会編『土佐山田町史』土佐山田町教育委員会（1979）
鳥取市教育委員会『史跡鳥取城跡（久松公園）サクラ管理計画』（2018）
外山幹夫『医療福祉の祖　長与専斎』思文閣出版（2002）
豊田哲也「スダチの産地形成」『発見！　徳島の自然と文化』阿波学会60周年記念誌刊行委員会（2014）
豊橋市教育委員会ほか『愛知県指定天然記念物　葦毛湿原』（2014）
鳥越皓之『花をたずねて吉野山―その歴史とエコロジー』集英社（2003）

な

中尾佐助『花と木の文化史』岩波新書（1986）
中西進編『万葉集事典』講談社文庫（1985）
中西弘樹「ハマボウの保全の歴史と現状」『保全生態学研究』15（2010）
西田正憲『瀬戸内海の発見』中公新書（1999）
西田正憲編著『47都道府県公園／庭園百科』丸善出版（2017）
西山信一「鳥取県立とっとり花回廊」『日本植物園協会誌』40（2005）
野間晴雄「野生ユリの栽培化から球根商品化への過程」『人文地理』30巻3（1978）

は

萩・夏みかん再生地域協議会『夏みかん物語』
波磨実太郎「愛知岐阜福井三県下の植物調査報告」『天然紀念物調査報告　植物之部　第5輯』内務省（1926）
林有章『名勝熊谷桜』西村徳太郎出版（1928）
日高敏隆・白幡洋三郎編『人はなぜ花を愛でるのか』八坂書房（2007）
百武充・広野孝男『自然公園への招待』国立公園協会・自然公園財団（2012）

兵庫県の歴史散歩編集委員会編『歴史散歩㉘　兵庫県の歴史散歩　上、下』山川出版社（2006）

平池一三・山下芳雄編著『ふるさとの想い出　写真集　明治大正昭和　宝塚』図書刊行会（1981）

広島県の歴史散歩編集委員会編『歴史散歩㉞　広島県の歴史散歩』山川出版社（2009）

深田久弥『日本百名山』朝日文庫（1998）

福部村史編さん委員会編『福部村誌』福部村（1981）

藤枝市史編さん委員会編『藤枝市史　通史編下　近世・近現代』藤枝市（2011）

北隆館『日本列島・花 maps　中国・四国の花　PART2』（1993）

ま

前島康彦「井の頭公園」『東京公園文庫』2　東京都公園協会監修（1995）

前島康彦「向島百花園」『東京公園文庫』17　東京都公園協会監修（1994）

松江市『史跡松江城保存活用計画』松江市（2017）

松平雅之「シャクナゲの寺　室生寺―台風被害修復なった室生寺五重塔」『森林技術』769（2006）

松谷真紀「地域特産品のブランディングに関する考察」『和歌山大学観光学会観光学』4号（2010）

真辺征一郎「天城山」『決定版　花の百名山登山ガイド　下巻』山と渓谷社（2003）

水野克比古『重森三玲の庭園』光村推古書院（2015）

宮尾登美子『天涯の花』集英社（1998）

宮崎市観光協会編『みやざきの観光物語』宮崎市観光協会（1997）

宮本善樹『広島文化叢書1　平和公園　広島の神話から』広島文化出版（1973）

三好昭一郎監修『保存版　徳島市・名東・名西今昔写真帖』郷土出版社（2009）

や

山口県歴史散歩編修委員会編『歴史散歩㉟　山口県の歴史散歩』山川出版社（2006）

吉野川市教育委員会生涯学習課文化振興係編『国指定天然記念物「船窪のオンツツジ群落」緊急調査報告書』徳島県吉野川市教育委員会（2012）

横川水城・堀田満「西南日本の植物雑記　2.霧島山系におけるミヤマキリシマ、キリシマツツジ、ヤマツツジ諸集団の形質変異」『植物分類・地理』46巻2（1995）

◆ 公式ホームページ（2018.1.1～12.25閲覧）
環境省、国土交通省、文化庁、都道府県、市町村、公益法人などの公式ホームページを参照した。

索　　引

あ行

会津鶴ヶ城公園のサクラ（福島県） 87
相良のアイラトビカズラ（熊本県） 282
赤城南面千本桜のサクラ（群馬県） 104
明石公園のサクラ（兵庫県） 201
秋田駒ケ岳の高山植物（秋田県） 77
秋月杉の馬場のサクラ（福岡県） 266
あしかがフラワーパークのフジ（栃木県） 100
足摺岬のヤブツバキ（高知県） 264
芦野公園のサクラ（青森県） 56
足羽川・足羽山公園のサクラ（福井県） 144
麻生原のキンモクセイ（熊本県） 281
阿蘇の草原植物（熊本県） 283
熱海梅園のウメ（静岡県） 164
安比高原のレンゲツツジ（岩手県） 67
天城山のアマギシャクナゲとアマギツツジ（静岡県） 168
綾部山梅林のウメ（兵庫県） 202
荒川花街道のコスモス（埼玉県） 114
嵐山のサクラ（京都府） 184
有明浜の海浜植物（香川県） 254
生口島レモン谷のレモン（広島県） 239
池田湖畔のナノハナ（鹿児島県） 297
生駒高原のコスモス（宮崎県） 292
石井町のフジ（徳島県） 246
石垣島平久保のサガリバナ（沖縄県） 301
石戸蒲ザクラ（埼玉県） 111
伊豆大島のヤブツバキ（東京都） 125
伊豆沼のハス（宮城県） 70
泉自然公園のサクラ（千葉県） 115
市貝町芝ざくら公園のシバザクラ（栃木県） 102
市房ダム湖のサクラ（熊本県） 281
伊那谷のアカソバ（長野県） 156
伊那梅園のウメ（長野県） 155
いなべ市農業公園のウメとボタン（三重県） 178
犬山西洞池のヒトツバタゴ（愛知県） 173
井の頭恩賜公園のサクラ（東京都） 122
茨城県フラワーパークのバラ（茨城県） 98
茨城県蓮根のハス（茨城県） 98
伊吹山の草原植物（滋賀県） 183
葦毛湿原のシラタマホシクサ（愛知県） 174
西表島のマングローブ（沖縄県） 302
岩国市尾津町のハス（山口県） 243
因島のジョウチュウギク（広島県） 239
上野恩賜公園のサクラとハス（東京都） 120
上野総合公園のサクラ（広島県） 236
牛島の藤のフジ（埼玉県） 112
淡墨公園根尾谷の淡墨ザクラ（岐阜県） 160
卯辰山公園のハナショウブ（石川県） 141
打吹公園のサクラ（鳥取県） 220
雲昌寺のアジサイ（秋田県） 78
雲仙岳のミヤマキリシマ（長崎県） 278
永沢寺花しょうぶ園のハナショウブ（兵庫県） 204
越後のチューリップ（新潟県） 133
越前水仙群生地のスイセン（福井県） 145
愛媛のミカン（愛媛県） 259
生石高原のススキ（和歌山県） 218
大潟村菜の花ロードのサクラとナノハナ（秋田県） 75
大賀ハス園のハス（岐阜県） 161
大河津分水のサクラ（新潟県） 131
大阪城のウメとサクラ（大阪府） 195
大豊町のフクジュソウ（高知県） 264
太平山県立自然公園のサクラとアジサイ（栃木県） 100
大平つつじ山のツツジ（三重県） 178
大法師公園のサクラ（山梨県） 147
大宮公園のサクラ（埼玉県） 109
大村公園のサクラとハナショウブ（長崎県） 273
大山町梅園のウメ（大分県） 285
岡崎公園のサクラ（愛知県） 170
岡城跡のサクラ（大分県） 284
小城公園のサクラ（佐賀県） 269
置賜さくら回廊のサクラ（山形県） 79
隠岐島後のオキシャクナゲ（島根県） 227
沖永良部島のテッポウユリ（鹿児島県） 298
奥裾花・牟礼・梅池のミズ

312

バショウ（長野県） 158
奥秩父の高山植物（山梨県） 150
雄国沼湿原のニッコウキスゲ（福島県） 92
越生梅林のウメ（埼玉県） 111
尾瀬ヶ原のミズバショウとニッコウキスゲ（群馬県） 108
尾瀬沼・大江湿原のニッコウキスゲ（福島県） 91
小田原城址公園のサクラ（神奈川県） 126
御岳山のサクラ（大分県） 285
音戸の瀬戸公園のヒラドツツジ（広島県） 238

か　行

海津大崎のサクラ（滋賀県） 180
偕楽園のウメ（茨城県） 95
鏡野公園のサクラ（高知県） 261
鏡野町のカタクリ（岡山県） 234
鶴山公園のサクラ（岡山県） 229
角館武家屋敷・桧木内川堤のサクラ（秋田県） 73
笠岡湾干拓地の花畑（岡山県） 231
笠間稲荷神社のキクとフジ（茨城県） 96
笠山椿群生林のツバキ（山口県） 244
霞城公園のサクラ（山形県） 81
春日大社のフジ（奈良県） 210
霞ヶ城公園のサクラ（福島県） 87
霞ヶ城のサクラ（福井県） 143
形原温泉のアジサイ（愛知県） 172
月山の高山植物（山形県） 83
葛城山のツツジとカタクリ（奈良県） 213
可児川自然公園のカタクリ（岐阜県） 161
カネコ種苗ぐんまフラワーパークのチューリップ（群馬県） 106
かのやばら園のバラ（鹿児島県） 296
鎌掛谷のホンシャクナゲ（滋賀県） 183
霞間ヶ渓のサクラ（岐阜県） 159
上高地・穂高の高山植物（長野県） 157
かみね公園・平和通りのサクラ（茨城県） 93
亀戸天神社のフジとキク（東京都） 123
唐川のカキツバタ（鳥取県） 230
臥竜公園のサクラ（長野県） 153
河津町のカワヅザクラ（静岡県） 166
祇園祭のヒオウギ（京都府） 192
帰全山公園のシャクナゲ（高知県） 263
北上展勝地のサクラ（岩手県） 61
北川村「モネの庭」マルモッタンのスイレン（高知県） 262
北野コスモス街道のコスモス（福岡県） 267
北野天満宮のウメ（京都府） 190
吉香公園・錦帯橋のサクラ（山口県） 240
衣笠山公園のサクラ（神奈川県） 127
吉備丘陵の白桃のモモ（岡山県） 232
紀三井寺のサクラ（和歌山県） 214
旧落合町吉ぎ寺の醍醐桜のサクラ（岡山県） 230
久松公園のサクラ（鳥取県） 219
京都御苑のシダレザクラとサルスベリ（京都府） 189
霧島連山のミヤマキリシマ（宮崎県） 293
霧降高原のニッコウキスゲ（栃木県） 103
金立公園のコスモス（佐賀県） 272
九重山地のミヤマキリシマ（大分県） 287
くじゅう花公園のチューリップとコスモス（大分県） 286
熊谷堤のサクラ（埼玉県） 110
熊本城のサクラ（熊本県） 279
栗駒山世界谷内の高山植物（宮城県） 72
京成バラ園・谷津バラ園のバラ（千葉県） 118
月照寺のアジサイ（島根県） 225
県立三ツ池公園のサクラ（神奈川県） 127
兼六園のキクザクラ（石川県） 139
鯉ヶ窪湿原の湿性植物（岡山県） 234
小岩井農場のサクラとサクラソウ（岩手県） 62
高知県立牧野植物園の牧野富太郎ゆかりの植物（高知県） 262
甲府盆地のモモ（山梨県） 149
神戸市立森林植物園のアジサイ（兵庫県） 204
こおり桃源郷のモモ（福島県） 89
郡山城跡のサクラ（奈良県） 209
古賀総合公園のハナモモ（茨城県） 96
小金井公園のサクラ（東京都） 121
国営海の中道海浜公園のバラとコスモス（福岡県） 268
国営沖縄記念公園海洋博公園の熱帯・亜熱帯植物（沖縄県） 300
国営滝野すずらん丘陵公園のチューリップ（北海道） 45
国営ひたち海浜公園のネモフィラ（茨城県） 97
国営武蔵丘陵森林公園のヤマユリ（埼玉県） 112
国営淀川河川公園背割堤のサクラ（京都府） 188
御在所岳のアカヤシオとシロヤシオ（三重県） 179

甑島のカノコユリ(鹿児島県) 296
小清水原生花園のハマナス(北海道) 53
五条川のサクラ(愛知県) 169
小須戸のボケ(新潟県) 134
古代蓮の里のハナハス(埼玉県) 112
五島列島のヤブツバキ(長崎県) 277
琴弾公園のサクラ(香川県) 250
こどものくにのツバキとバラ(宮崎県) 291
小諸城址懐古園のサクラ(長野県) 151
子安地蔵寺のフジ(和歌山県) 217

さ 行

西都原古墳群のナノハナとコスモス(宮崎県) 290
桜川のヤマザクラ(茨城県) 95
桜草公園のサクラソウ(埼玉県) 114
さくらの里のサクラ(静岡県) 163
佐倉ふるさと広場のチューリップ(千葉県) 117
桜山公園のフユザクラ(群馬県) 105
篠山のアケボノツツジ(愛媛県) 259
刺巻湿原のミズバショウ(秋田県) 76
醒井地蔵川のバイカモ(滋賀県) 182
佐用町南光のヒマワリ(兵庫県) 203
沢底のフクジュソウ(長野県) 155
紫雲出山のサクラ(香川県) 251
塩屋海岸の海浜植物(石川県) 141
四季彩の丘のチューリップ(北海道) 46
志気の大シャクナゲ(佐賀県) 271
静岡県の水ワサビ(静岡県) 168

静峰ふるさと公園のヤエザクラ(茨城県) 94
七川ダム湖畔のサクラ(和歌山県) 215
島田市ばらの丘公園のバラ(静岡県) 167
島原半島のジャガイモ(長崎県) 276
清水公園のサクラ(千葉県) 116
下田公園のアジサイ(静岡県) 165
住雲寺のフジ(鳥取県) 220
夙川公園のサクラ(兵庫県) 201
じゅんさい池公園のシダレザクラ(新潟県) 132
浄徳寺のシャクナゲ(佐賀県) 271
小豆島のオリーブ(香川県) 253
諸鈍のデイゴ(鹿児島県) 297
白石川堤・船岡城址公園のサクラ(宮城県) 68
白木峰高原のナノハナとコスモス(長崎県) 276
白水阿弥陀堂の中尊寺ハス(福島県) 91
新宿御苑のサクラとキク(東京都) 119
神代植物公園のバラ(東京都) 125
神田の大イトザクラ(山梨県) 148
水郷潮来あやめ園のハナショウブ(茨城県) 97
水郷佐原あやめパークのハナショウブ(千葉県) 118
翠波高原のナノハナとコスモス(愛媛県) 258
須賀川牡丹園のボタン(福島県) 90
隅田公園のサクラ(東京都) 121
西部公園のサクラ(徳島県) 245
仙巌園のサクラ(鹿児島県) 295
千光寺公園のサクラ(広島県) 235
千秋公園のサクラ(秋田県) 74

戦場ヶ原のワタスゲとホザキシモツケ(栃木県) 102
仙台市野草園のハギ(宮城県) 70
造幣局通り抜けのサクラ(大阪府) 194
添田公園のサクラ(福岡県) 266
曽我梅林のウメ(神奈川県) 127

た 行

大厳寺のフジ(三重県) 177
醍醐寺のサクラ(京都府) 185
大根島のボタン(島根県) 226
大雪山の高山植物(北海道) 52
高岡古城公園のコシノヒガンザクラ(富山県) 136
高清水自然公園のヒメサユリ(福島県) 89
多賀城跡のアヤメとハナショウブ(宮城県) 69
高田公園のサクラとハス(新潟県) 130
高遠城址公園のタカトオコヒガンザクラ(長野県) 152
宝塚ダリア花つみ園のダリア(兵庫県) 205
滝川市のナノハナ(北海道) 50
たけふ菊人形のキク(福井県) 146
太宰府天満宮のウメ(福岡県) 267
忠元公園のサクラ(鹿児島県) 294
舘野公園のヤマザクラ(青森県) 57
館林市つつじが岡公園のツツジ(群馬県) 105
立山の高山植物(富山県) 138
谷川梅林のウメ(福岡県) 267
多摩森林科学園サクラ保存林のサクラ(東京都) 122
たんとう花公園のチューリップ(兵庫県) 204
丹波高原美山のソバ(京都府) 193
たんばらラベンダーパークのラベンダー(群馬県) 107
木馬瀬のフクジュソウ(群

馬県) 106
鳥海山の高山植物(山形県) 84
月ヶ瀬梅林のウメ(奈良県) 211
角島のハマユウとダルマギク(山口県) 243
爪木崎のスイセン(静岡県) 166
津谷川のヒガンバナ(岐阜県) 161
鶴岡公園のサクラ(山形県) 80
剣山のキレンゲショウマ(徳島県) 249
鶴舞公園のサクラ、バラとハナショウブ(愛知県) 171
津和野のハナショウブとツワブキ(島根県) 226
デ・レイケ公園のチューリップ(徳島県) 246
天赦園のフジ(愛媛県) 256
都井岬のアジサイとヒガンバナ(宮崎県) 292
東行庵のウメ(山口県) 242
桃源郷のモモ(和歌山県) 216
東光院のハギ(大阪府) 197
東南植物楽園の熱帯・亜熱帯植物(沖縄県) 301
唐丹町本郷のサクラ(岩手県) 61
常盤公園のサクラ(山口県) 241
徳島のスダチ(徳島県) 247
徳仙丈山のツツジ(宮城県) 71
ところざわのゆり園のユリ(埼玉県) 112
とっとり花回廊のサルビア(鳥取県) 221
砺波と入善のチューリップ(富山県) 137
砥峰高原のススキ(兵庫県) 206
冨士山公園のツツジ(愛媛県) 257
十和田市官庁街通りのサクラ(青森県) 55

な 行

長井あやめ公園のハナショウブ(山形県) 82
長瀞のサクラ(埼玉県) 110
中之島公園のバラ(大阪府) 198
長串山公園のツツジ(長崎県) 275
名護中央公園のリュウキュウカンヒザクラ(沖縄県) 299
那須高原と八ヶ原のツツジ(栃木県) 103
那須フラワーワールドのチューリップ(栃木県) 101
灘黒岩水仙郷のスイセン(兵庫県) 203
波野高原のスズラン(熊本県) 282
奈良公園のサクラとアセビ(奈良県) 208
成田ゆめ牧場のヒマワリ(千葉県) 117
南楽園のハナショウブ(愛媛県) 257
にし阿波地域のソバ(徳島県) 248
西木町のカタクリ(秋田県) 77
西公園のサクラ(福岡県) 265
西田梅林のウメ(福井県) 144
二十曲道路桜並木のサクラ(北海道) 42
西和賀町のカタクリ(岩手県) 64
日光街道桜並木のサクラ(栃木県) 99
日中線記念自転車歩行者道のシダレザクラ(福島県) 88
入田ヤナギ林のナノハナ(高知県) 263
仁和寺のサクラ(京都府) 186
根来寺のサクラ(和歌山県) 215
根津神社のツツジ(東京都) 123
能登鹿島駅のサクラ(石川県) 140
延岡城跡・城山公園のヤブツバキ(宮崎県) 290
乗鞍岳の高山植物(岐阜県) 162

は 行

長野の信州リンゴ(長野県) 155
萩のナツミカン(山口県) 242
白山の高山植物(石川県) 142
函館のサクラ(北海道) 44
箱館山山麓のソバ(滋賀県) 182
箱根湿性花園の湿性植物(神奈川県) 129
箱根登山鉄道のアジサイ(神奈川県) 128
長谷寺のボタン(奈良県) 211
八幡平の高山植物(岩手県) 66
八甲田山の高山植物(青森県) 59
花の寺のサクラ(京都府) 187
花はす公園のハス(福井県) 146
花巻温泉バラ園のバラ(岩手県) 64
花見山公園のサクラとハナモモ(福島県) 86
花桃の里のハナモモ(長野県) 154
早池峰山の高山植物(岩手県) 65
ハンターマウンテンゆりパークのユリ(栃木県) 101
万博記念公園のサクラとハス(大阪府) 197
斐伊川堤防のサクラ(島根県) 225
東沢バラ園のバラ(山形県) 83
東藻琴芝桜公園のシバザクラ(北海道) 46
日高川河口のハマボウ(和歌山県) 218
日高巾着田のヒガンバナ(埼玉県) 113
羊山公園のシバザクラ(埼玉県) 113
備中国分寺のレンゲ(岡山県) 231
日比谷花壇大船フラワーセンターのシャクナゲ(神奈川県) 129
姫路城のサクラ(兵庫県) 200
姫逃池のカキツバタ(島根

県) 228
日和山公園のサクラ(宮城県) 69
弘前公園のサクラ(青森県) 54
弘前のリンゴ(青森県) 57
ファーム富田のラベンダー(北海道) 47
福部砂丘のラッキョウ(鳥取県) 222
福山市ばら園・緑町公園のばら(広島県) 237
藤川天神のウメ(鹿児島県) 295
藤公園のフジ(岡山県) 230
伏見酒蔵のナノハナとサクラ(京都府) 192
富士霊園のサクラ(静岡県) 164
船窪つつじ公園のツツジ(徳島県) 249
フラワーパーク浦島のマーガレット(香川県) 252
平和記念公園のキョウチクトウ(広島県) 237
坊ガツル・タデ原の湿原植物(大分県) 288
豊公園のサクラ(滋賀県) 181
北竜町のヒマワリ(北海道) 49
幌加内のソバ(北海道) 49

ま 行

マイントピア別子のシャクナゲ(愛媛県) 258
牧野公園のサクラ(高知県) 260
松江城山公園のサクラとヤブツバキ(島根県) 224
松尾大社のヤマブキ(京都府) 191
松川公園のサクラ(富山県) 135
松前公園のサクラ(北海道) 43
松山城のサクラ(愛媛県) 255
真人公園のサクラ(秋田県) 75
眉山治山祈念公苑のサクラ(長崎県) 274
円山公園のシダレザクラ(京都府) 189
まんのう町のヒマワリ(香川県) 252
万葉自然公園かたくりの里のかたくり(栃木県) 101
箕郷梅林、榛名梅林、秋間梅林のウメ(群馬県) 105
三隅公園のツツジ(島根県) 227
三多気のサクラ(三重県) 175
南部梅林のウメ(和歌山県) 216
水俣市チェリーラインのサクラ(熊本県) 280
南アルプスの高山植物(山梨県) 149
南房総のお花畑(千葉県) 116
三春の滝桜のサクラ(福島県) 85
御船山楽園のサクラとツツジ(佐賀県) 270
三室戸寺のツツジとアジサイとハス(京都府) 191
宮川堤のサクラ(三重県) 176
行幸田そば畑のソバ(群馬県) 107
妙高蓮峰の高山植物(新潟県) 134
向島百花園のハギ(東京都) 124
村松公園のサクラとユキワリソウ(新潟県) 132
室生寺のシャクナゲ(奈良県) 212
明月院等鎌倉のアジサイ(神奈川県) 128
毛越寺庭園のハナショウブ(岩手県) 63
母智丘のサクラ(宮崎県) 289
茂原公園のサクラ(千葉県) 116
盛岡の高松公園のサクラと石割桜(岩手県) 60

や 行

矢勝川のヒガンバナ(愛知県) 172
矢田寺のアジサイ(奈良県) 210
八橋のカキツバタ(愛知県) 172
山形市高瀬地区のベニバナ(山形県) 81
山崎川のサクラ(愛知県) 170
山田池公園のハナショウブ(大阪府) 198
山高神代ザクラのサクラ(山梨県) 148
大和中央公園花菖蒲園のハナショウブ(佐賀県) 272
山中湖花の都公園のヒャクニチソウ(山梨県) 149
結城神社のウメ(三重県) 177
湯島天満宮のウメ(東京都) 123
湯河原つばきラインのツバキ(神奈川県) 129
湯の丸高原のレンゲツツジ(群馬県) 108
熊野の長フジ(静岡県) 165
湯梨浜町の二十世紀ナシ(鳥取県) 221
羊蹄山麓のジャガイモ(北海道) 48
横浜町のナノハナ(青森県) 58
与謝野町のヒマワリ(京都府) 193
よしうみバラ園のバラ(愛媛県) 258
吉野川下流域のハス(徳島県) 247
吉野山のサクラ(奈良県) 207
夜ノ森のサクラとツツジ(福島県) 88

ら 行

林昌寺のツツジとサツキ(大阪府) 199
礼文島の高山植物(北海道) 51
蓮華寺池公園のフジ(静岡県) 167
ろうばいの郷のロウバイ(群馬県) 107

わ 行

鷲羽山・王子が岳のコバノミツバツツジ(岡山県) 233

47都道府県・花風景百科

令和元年5月15日　発行

編著者　西田正憲

著作者
上杉哲郎
佐山　浩
渋谷晃太郎
水谷知生

発行者　池田和博

発行所　丸善出版株式会社
〒101-0051　東京都千代田区神田神保町二丁目17番
編　集：電話 (03)3512-3266／FAX (03)3512-3272
営　業：電話 (03)3512-3256／FAX (03)3512-3270
https://www.maruzen-publishing.co.jp

© Masanori Nishida, Tetsuro Uesugi, Hiroshi Sayama, Kotaro Shibuya, Tomoo Mizutani, 2019

組版印刷・富士美術印刷株式会社／製本・株式会社 星共社

ISBN 978-4-621-30379-5　C 0539　　Printed in Japan

JCOPY 〈(一社)出版者著作権管理機構 委託出版物〉
本書の無断複写は著作権法上での例外を除き禁じられています。複写される場合は、そのつど事前に、(一社)出版者著作権管理機構(電話 03-5244-5088, FAX 03-5244-5089, e-mail：info@jcopy.or.jp)の許諾を得てください。

【好評関連書】 いずれも定価（本体3,800円＋税）

47都道府県・**伝統食百科**　ISBN 978-4-621-08065-8
47都道府県・**地野菜/伝統野菜百科**　ISBN 978-4-621-08204-1
47都道府県・**魚食文化百科**　ISBN 978-4-621-08406-9
47都道府県・**伝統行事百科**　ISBN 978-4-621-08543-1
47都道府県・**こなもの食文化百科**　ISBN 978-4-621-08553-0
47都道府県・**伝統調味料百科**　ISBN 978-4-621-08681-0
47都道府県・**地鶏百科**　ISBN 978-4-621-08801-2
47都道府県・**肉食文化百科**　ISBN 978-4-621-08826-5
47都道府県・**汁物百科**　ISBN 978-4-621-08947-7
47都道府県・**和菓子/郷土菓子百科**　ISBN 978-4-621-08975-0
47都道府県・**乾物/干物百科**　ISBN 978-4-621-30047-3
47都道府県・**くだもの百科**　ISBN 978-4-621-30167-8
47都道府県・**妖怪伝承百科**　ISBN 978-4-621-30158-6
47都道府県・**米/雑穀百科**　ISBN 978-4-621-30182-1

ISBN 978-4-621-30180-7

ISBN 978-4-621-30295-8

ISBN 978-4-621-30224-8

ISBN 978-4-621-30122-7

ISBN 978-4-621-08996-5

ISBN 978-4-621-08761-9